[德]伯特·海灵格 著　霍宝莲 译

爱的序位

家庭系统排列个案集

世界图书出版公司
北京·广州·上海·西安

图书在版编目（CIP）数据

爱的序位：家庭系统排列个案集 /（德）伯特·海灵格（Bert Hellinger）著；霍宝莲译. —北京：世界图书出版有限公司北京分公司，（2024.5重印）
书名原文：Love's Own Truth
ISBN 978-7-5062-7726-6

Ⅰ.①爱… Ⅱ.①海…②霍… Ⅲ.①心理学—心理治疗 Ⅳ.①R749.055②B84

中国版本图书馆CIP数据核字（2005）第104363号

Love's Own Truth © 2001 Bert Hellinger
Hellinger Publications, GmbH & Co. KG
publications@hellinger.com
www.hellinger.com
Simplified Chinese edition © 2005 Beijing World Publishing Corporation
All rights reserved.

书　　名	爱的序位：家庭系统排列个案集 AI DE XUWEI
著　　者	［德］伯特·海灵格
译　　者	霍宝莲
责任编辑	梁沁宁
封面设计	佟文弘
出版发行	世界图书出版有限公司北京分公司
地　　址	北京市东城区朝内大街137号
邮　　编	100010
电　　话	010-64038355（发行）　64037380（客服）　64033507（总编室）
网　　址	http://www.wpcbj.com.cn
邮　　箱	wpcbjst@vip.163.com
销　　售	新华书店
印　　刷	三河市国英印务有限公司
开　　本	787mm×1092mm　1/16
印　　张	32.75
字　　数	450千字
版　　次	2005年10月第1版
印　　次	2024年5月第28次印刷
版权登记	01-2003-5582
国际书号	ISBN 978-7-5062-7726-6
定　　价	59.00元

版权所有　翻印必究
（如发现印装质量问题，请与本公司联系调换）

FOREWORD

引 言

　　近年来《爱的序位》（德文版：Ordnungen der Liebe，2001）已被誉为一本超越心理治疗的基本生活丛书，很多人在面临日常生活中的问题时，都能从这本书里得到帮助。

　　本书所讲述的是有关人类关系中的一些秩序，这些秩序往往早已被爱所排定。唯有我们洞察这些秩序，爱才能成功。我们经常困惑于盲目的、没有了解的爱，并且没有领悟这些秩序。但是当真正的爱使我们知道并且尊重这些秩序时，便能实现我们所渴望的。不论是对我们或是对我们周遭的人，爱会散发着安详的气息并具有治疗的效果。

　　全书主要是三节治疗课程的记录，内容尽量依照现场对话交流进行记录，只略做删改。

　　第一节课是关于"种种牵连纠葛和它的解决方法"，这是一项自我体验和进修课程。课程介绍家庭系统排列工作：在家庭和亲族中存在的牵连与纠葛及它们的影响均会通过排列过程呈现出来。尤其重要的是，排列可以展示在什么时候，以什么方法和根据哪些准则能够成功地解决这些牵连纠葛。

排列过程清楚显示出，在家庭和亲族中对联结和平衡有着同样的要求，无法容忍成员被排除，否则，后人便会在不知不觉中承受以及延续前人不幸的命运。这就是牵连纠葛的意思。

被排除的人若能得到在世亲属的敬重，并且被他们接纳，他们曾遭遇过的不公平便得到补偿，他们的命运亦不会重演。这就是牵连纠葛获得解决方法的意思。

牵连纠葛服从一项秩序——不幸的人要以不幸来赎罪，"渺小的"清白的人要为"伟大的"带着罪恶的人受惩罚。解决方法是服从另一项秩序——利用含有治疗效果的方法满足对联结和平衡的要求。这两种秩序——"恶劣不祥"以及"祥和治疗"——皆包含在"爱的秩序"之中，我们要清楚两者的分别。

第二节课是为家庭辅导师而设。书中节录父母不全的孩子的问题。如果孩子是单亲或是孤儿，应该何去何从；又或者父母将孩子交给别人收养，以及陌生人在没有足够理由的情况下收养孩子，会有何后果。

第三节课是为当事人、治疗师以及医生而设。当事人在一百多名观众面前排列他们的家庭。不论是当事人、代表或观众均能在排列过程中看到家庭和亲族怎样引致疾病、意外和自杀，以及怎样扭转这种结果。

这本书是包含多项意义的教材：

首先，这本书挑选了一些系统排列课程，不加任何修改，记录下来。读者在阅读时，有着置身现场之感，从而得到对自己的困境或精神疾病的治疗的启发，找出一个解决途径。

其次，这本书示范了家庭系统排列的重要治疗方法，并对其进行了解释。这主要是指通过家庭系统排列，将各种牵连纠葛及其解决方法展现出来，同时重建了当事人与父亲或母亲中断了的联系，因早期分离和丧失所产生的恐惧、破坏也得到消减或治疗。

第三，这本书让那些求知的人，在对书中描写的秩序得到领悟的同时，可以切身体验到，解决性和治疗性的认知是单从聚精会神的"看"中便可获得的，那就如同闪电刹那掠过黑暗一般（即现象学的心理治疗）。

参加者的姓名及居住资料均已被更改。、

各个阶段的排列均在插图中记录下来。家庭排列的运作方式以及重复的模式会在各章之间加以解说，其中也有故事和总结。书中结尾的访问（与诺伯特·林茨的对话）使读者对全书有更深一层的了解。这个访问描述了我的治疗工作的开展情况，清楚显示了重要治疗运作手法背后的目的与认知。我希望各位在阅读这本书时，能够在爱的秩序中获得喜悦和洞见，并且通过由此获得的知识真正获得爱。

伯特·海灵格

PREFACE
译者序

I

不论是尝试解释还是陈述海灵格的家庭系统排列，都会有一份"言有尽而意无穷"的感觉；同时心头亦带着一份"不能够也不需多讲"的情怀——一切尽在不言中。

海灵格以"现象学"的工作方法，一步一步地在家庭系统排列中，依据学员代表的身体现象反应，把深深埋藏心底的情感——那些盲目、完全不被意识的情感——展现出来。整个过程是一次令人惊讶及赞叹的心灵探索。

透过家庭系统排列，我们最终会获得自身在家庭亲族这个命运团体中恰当的序位。人不再是单一的独立个体，而是带着浓厚亲情与祖先宗族紧密联结的一环。

海灵格对中国文化中的老庄哲学颇有见地。他把老庄哲理中的"无为"以及儒家学说的"人伦观念"，结合心理治疗学中多方面的技巧，以一种探险家的精神，将埋藏心底的问题揭露出来，这一过程是扣人心弦且震撼心灵的。海灵格的家庭系统排列融合东西方文化，在心理治疗、思想灵修，以及人际关系方面均有很大贡献。家庭系统工作确实是一门包含深广的学问。

II

若是只有爱……

现今婚姻大都是通过自由恋爱而建立起来，爱是伴侣关系的基础。父母子女间原始的亲情之爱更是人类拥有的天性。但为何有不少夫妻会反目成仇，进而离异，使得美好家庭随之破裂瓦解？为何会父不慈子不孝，"家"也变得徒具虚名？在这一连串莫名的情绪行为转变的背后，是否有某种动力在运作着？

海灵格认为，在家庭中有一股强大的系统动力引领着每一个活在系统中的成员，这份动力是来自亲族多代成员之间的联系，并受着对平衡的原始需求的支配。我们的情感动向会为了达到系统平衡而做出一些表面上看起来非常不合情理的行为。

海灵格提出的"爱的序位"指的就是支持着这份爱存续下去的一种恒常秩序。

为何要舍弃、远去，甚至是沉沦落败？

人的行为总有一个方向，从一个阶段的终点迈向下一个阶段的起点。假若行动是朝向美好的一方，我们固然庆幸，但若是朝向挫败、灾祸，甚至死亡，那便是另一回事了。

令人百思不得其解的是：我们很多时候会发现有些人总是做着伤害自己的事情，他们总是带着一份与他们周遭的环境不相吻合的情绪，令人不由自主地替他们担心，为他们难过。我们心里也会揣测着他们背后或许隐藏着一些秘密，甚至是一份无人敢探究的秘密。

海灵格的"爱的序位"便把这一股不为人知、不为人见的动力以巧妙的排列工作展现出来。

我们若能静心品味海灵格在进行家庭系统排列工作时，所说出的每一句"点到为止""一针见血"的话语，定会有"听君一席话，胜读十年书"的喜悦与顿悟。这也是译者衷心希望读者在阅读本书时所能有的收获。

个人档案——家庭系统排列带来的个人体验

十七年，一段不短的岁月，理论上我似应安顿下来，把德国视为家园，承认这个地方是我生活的中心点。但我不能，因我仍然在寻找着一个合乎我思想结构的理由——一个要到德国的理由，或者说是，一个要离开我生于斯，长于斯的香港的理由。

为了我的远去，我应该提供怎么样的理由？为了一段异国姻缘，一个足以令人鼓舞、充满浪漫色彩的敢作敢为的想法，而放弃刚刚开始的事业、乍现曙光的前途。这就是我如此这般的解释吗？

我是被一股超越为我所能理解的动力——一股来自远方的动力——支配、驱使着。在一个非常偶然的初缘下我认识了前夫，但只有几天时间的接触。他回德国四个月之后，我便冲动得带着"逃难"的心情离开香港，到德国找他。家人并不知道我有什么打算。我的行动根本没有经过深思熟虑，我也不了解自己的生命方向。在整个离乡的行动中，我好像不是自己，好像是在做着别人的事情。

因此我也没有"正常的"离乡背井的不舍情怀，由于家人根本不知道我这个"一去不回头"的打算，故连送行也节省下来了。于是我非常洒脱地一飞而去。这是为了一段情，或是其他的呢？

我要逃离家乡，因为我要寻找，或者说是追随一个一直无人提及，却非常重要的人物——我的外婆，这个甚至连我妈妈也不认识的亲人。我们根本没有她的信息，因妈妈自小被收养，并在我出生几年后去世。在一次家庭系统排列中，外婆的代表面对着我站着，以刀尖一般锐利的目光盯着我，她甚至没有望向伏在我身旁的妈妈——被她遗弃的女儿，只是定神地望着我。那一刻我完全融化在哀伤中，但外婆是引导我生命的重要人物，这一点是再清楚不过的了。

母亲的原生家庭是一个谜。在一次原生家庭系统排列中，我的代表清楚明确地要逃离家庭系统，她满怀恐惧、慌张、悲痛地退步到门边，她的情绪反应十分激动，反映出曾体验某些创伤。而外婆的代表又有体验暴力的经历，根据时间计算，外婆出生于战乱年代（当时爆发第一次世界大战，中国处于军阀混战时期），可能经历过战争，在兵荒马乱之际，很有可能也要逃亡，外婆因此不得不把孩子送交别人抚养。

外婆曾有的遭遇现已不得而知，但我却带有她的悲伤。一次旅行中，在南斯拉夫青山秀水的拥抱中，我竟有自杀意念，还盘算着别人会怎样为我的生命历程建构一个故事。为什么我会有这般可怕的念头？那时才是我结婚的第二个年头呢！

家庭系统排列就是以一幕幕画面把真相——那构成自己今时今日生存模式的种种元素——显示出来。一切百思不得其解的行为动机、思维情绪也可找到解释，不再是支离破碎的偶然巧合，而是带着深层意义的生命演绎。正如海灵格所说："真相若被见到，便是友善的。"我深深体会着，也深信这句话，对自己的负面情绪，我已有了深一层的认识，领悟到这也是爱的表现。当我能够承认真相，便可以在生命的洪流，尤其是在自己家庭的剧本中找到意义，知道行为中爱的元素、爱的动力怎样运作着，从而尽力以祥和善良的途径与亲人以及周围的人建立深厚的联结，纵然这可能也只是普通的关系接触而已。

霍宝莲

2005年9月

Contents 目录

爱的序位

引言 / I

译者序 / V

洞见——通过舍弃而获得

助人的启示 003

实验科学和现象学的探索途径 004

过程 005

舍弃 005

勇敢 005

和谐 006

哲学的现象学和良知 007

心理治疗的现象学 008

心灵 009

宗教的现象学 010

故事：回归本源 010

专业助人技巧进阶训练课程：各种牵连纠葛及其解决方法

第一天 / 015

开场白 015

收养是冒险的 015

牵连的角色 017

故事：多或少 018

双重转移 018

第一任女人 020

幸福需要勇气 021

家庭系统排列：儿子无意识地认同了舅舅 021

认同和模仿的区别 030

用最少的介入 031

个人化会降低关系的强度 032

爱，遵循既定原则 033

优先原则 033

第一任亲密关系的优先权　034
家族系统的层级制度　034
有亲密关系身份而地位被排除　035
离婚的优先权　035
异议　037
组织内的层级次序　037
拒绝生育的决定　038
　"选择，还是放弃"　039
拒绝生育对伴侣关系的影响　039
争执　040
孩子学业成绩差　041
转移的悲伤　041
家庭系统排列：女儿代表了父亲已故的妹妹　043
以不幸作为补偿　048
在较高的层面来补偿　048
通过承认和尊敬来补偿　049
家庭系统排列：接受自己的生命，即使许多人为之付出代价　049
故事：他们来了　053
承认个人的罪恶感并以此作为力量的来源　061
为父亲保留面子　062
受苦比接受解决方法更容易　063
谦卑的解决方法会带来痛楚　063
孩子与父母的联系被中断　064
肩膀的疼痛　067

挥之不去的念头　067
家庭系统排列：母亲恐吓要和孩子一同自杀　068
家族中谋杀和恐吓杀人的后果　077
丧失归属权的人必须离开　079
有益与无益的问题　079
治疗师在做家庭系统排列工作时的责任　081
观察过程而非结果　081
在家庭系统排列中与其他人的牵连纠葛　082
母亲的自杀恐吓　083
故事：终结　085
攸关生死大事　086
坟墓　088
家庭系统排列：被排除的舅公和被鄙视的舅舅　088
家族系统的成员　094
联合组成的命运共同体：生还者与死难者、加害者与受害者　096
妻子恐吓要自杀　096
家庭系统排列：女儿代表了父亲从前的未婚妻　097
对孩子最好的位置　102
无意识地认同了父母之前的伴侣　103
对上帝的忧虑　105
母亲吸毒，孩子的监护权应归谁？　107

导致成瘾行为的原因　108
以成瘾行为作为赎罪的方法　111
直觉取决于爱　111

企图以成瘾行为自杀　111
与母亲的联系具有治疗性　112
孩子与父母中断联系时的解决方法　113

第二天 / 116

接收受害者的角色并以此作为报复的手段　116
再次肯定　117
平衡　118
出人意料的痊愈　118
友善的感觉　118
识别双重转移　119
家庭系统排列：解决双重转移　119
错误的宽恕　126
双重转移对孩子的影响　127
家庭系统排列：残废的哥哥与不被承认的异母哥哥都死于幼年　127
故事：圆满　136
无望的挣扎　138
承接他人的悲伤会使自己脆弱　139
在排列时的心理建设　139
快乐的压力　140
离婚与罪恶感　141
孩子经常为父母不负责任的离异而赎罪　142
通过赎罪强制补偿　142
以罪恶感否认事实真相　143

经由性爱的联结　144
在母亲的影响范围之内　144
家庭中不同方式的施与受　145
甜蜜的负担　147
家庭系统排列：父亲是私生子，祖父被家族排除在外　149
当孩子承担了父母之一的角色　156
女性因分娩而死的赎罪　156
故事：幻象　160
父与子　163
从未知晓的祖父　164
以自己的母亲为荣　165
替代的热情　165
家庭系统排列：女儿认同了父亲以前的未婚妻　166
主观与客观的僭越　172
对父亲的渴望　173
家庭中丈夫优先，还是妻子优先　174
女人跟随男人，男人服务女人　175
无望的爱　177
我一定对你做过什么错事，才会使我对你如此愤怒　178

以愤怒作为对抗痛苦的防卫 178
愤怒的克制 179
不同种类的愤怒 179
谨慎与勇敢 181
家庭系统排列：儿子代表母亲以前的
　　未婚夫 182
平衡的系统观念 185
各种不同的良知 186
故事：清白 187
良知与补偿 187
建设性与破坏性的平衡 188
补偿的限制 189
透过感谢和谦卑达到平衡 190
持久的清晰 190

逝者如斯，回归平静 191
只有灰烬留下 192
背疼已经消失 193
家庭系统排列：不平等的伴侣关系及
　　补偿法则 193
妒忌与补偿 198
清白感与罪恶感 199
婚姻中的忠与不忠 199
承接而来的报复感觉 201
对于清白的深入思考 201
送给母亲的礼物 201
危机达到高峰之后最容易解决 202
家庭系统排列：另一个画面 202

第三天 / 207

轮流发言 207
假想的症状 209
恰如其分 212
如释重负 213
代价高昂 213
基本感觉及改变它的方法 215
经由爱得到和平 216
不为人知的幸福 217
另一种知识 218
施而不受 219
新的观点 219

对于关系的无益空想 220
伴侣关系中的施与受 220
让压力得以疏导 221
宗教上的问题 222
哀悼死于集中营的姑姑 223
尊敬残障孩童的父母 223
僭越及其后果 224
迈向幸福途中 226
对生育的抉择 227
吸烟的决定 228
消除头痛 229

荣耀自己的父亲——上帝位于父亲
　　身后 230
拒绝接受补偿 230
家庭系统排列：最小的女儿对外婆的
　　认同 231
有代价和没有代价的继承 236
家庭系统排列：在命运的掌握之中 239
简短的轮流发言 249
以双脚稳固地站立 250
想要逃避丰富的情感 250
完整与圆满 250
故事：天下无不散的筵席 251
喜欢与尊敬 252
不卑不亢的真正的平等 253
通过清楚的表达得到和解 254
保持专注 254
自制，带着专注与活力 255
清白感的界限 255
活在当下的解脱 256
注意内在运作的过程 257
如何帮助乱伦的受害者 257
如何帮助乱伦的加害者 263
故事：静止 264

关于道德上的义愤 265
故事：红杏出墙 265
家庭系统排列：以上帝姿态出现的女
　　人何以缩小格局 267
故事：幸运不常在 268
女人与男人 278
与上帝脱离关系 278
故事：更强大的信念 280
家庭系统排列：祖父母在集中营里被
　　杀，而外祖父母因藏匿得以存活 281
生命的恩典 287
家庭系统排列：寻找并且承认早逝的
　　父亲 288
家庭系统排列：适当的离异 293
错误事件所隐藏的祝福 298
下一步 299
亲密与约束 299
母亲与孩子 300
为年老的父母做适当的安排 300
勇于为所当为 301
展望未来 301
故事：世界之道 302
敬重曾经做过的 303

归属权的秩序：针对家庭治疗师所举办之工作坊

解决之道犹如宗教实践　307
家庭系统排列：不孕的女人收养一个
　小孩　308
代价　316
归属权的等级制度　316
异议　316
孩子有归属父母的权利　318
焦点在受害者及孩童身上，而非加
　害者　319
下一步　320
借由终止而得到解决之道　322

震惊而恐怖　323
同情和遗忘　324
耳闻与眼见　325
同样的罪恶有着同样的结果　326
异议妨碍解决之道　326
洞察力与行动力　327
继承而来的孩子　329
家庭系统排列：男人同意私生女继父
　的收养权　329
故事：天堂与人间　337

疾病与健康的系统条件："医疗与宗教"国际会议中针对重症患者及其医师和治疗师所举办的研讨会

介绍性演讲：信念促成疾病，醒悟便得康复 / 343

天和地　343
命运共同体　344
家族忠诚及其后果　344
渴望平衡　344
疾病跟随深切渴望而来　345
"宁愿是我而不是你"　346
睿智的爱　349
"我将代替你离去"　349
"虽然你离去，我仍然留下来"　350
"我将随你而去"　351

"我将继续再活一段时间"　351
导致疾病的信念　352
以爱康复　352
故事：信念与爱　353
以疾病赎罪　354
以赎罪作为补偿却使不幸加倍　354
补偿的治疗方法　355
和解比赎罪好　356
人世间的罪恶是会消逝的　357
疾病乃是企图为他人赎罪的结果　357

疾病乃是拒绝以自己父母为荣的
　　结果　357

以自己的父母为荣便是以大地为荣　357
故事：不在与存在　358

研讨会 / 361

家庭系统排列："我将跟随你"　361
补充资料　373
家庭系统排列：母亲跟随残障的孩子
　　步入死亡　373
家庭系统排列：宁愿死去也不向自己
　　的父亲鞠躬　387
家庭系统排列：小儿麻痹症、不易受
　　孕及难产的后果　398
家庭系统排列：异性认同　406
同性恋者及精神病患者的异性认同　410
从认同母亲的恋人转成支持父亲　412
知识必须产生行动　413
家庭系统排列："宁愿是我而不
　　是你"　413
家庭系统排列经由内在画面发生
　　效用　424
"正确的事"　425
使用象征性物品做家庭系统排列　425
家庭系统排列：大哥夭折，二哥
　　自杀　426
出于爱的动机而自杀　432
以责备他人作为抗拒痛苦的防卫　433
拒绝回答　433

当母亲自杀时　434
当事人何时加入排列？　435
去世的人和活着的人在排列中应保持
　　多少距离？　435
家庭系统排列：吸毒的女儿——系统
　　中缺少男性元素　435
子女跟随父亲就像妻子跟随丈夫　442
家庭系统排列：对男人毫不关心　447
现在优先于过去　453
孩子代表父母从前的伴侣　454
因婚外情出生的孩子　455
堕胎与其他子女无关　456
没有解决之道时将会如何？　457
家庭系统排列：儿子遭遇一连串意
　　外——"亲爱的父亲，我将代替
　　你死去"　457
家庭系统排列：患厌食症的女
　　儿——"亲爱的父亲，我将
　　代替你离去"　462
过食呕吐症　468
与上天的旨意及恩惠和谐一致　469
故事：知识与智慧　471

关于系统的问与答

从系统的角度看问题和命运　477
老师及其影响　479
家庭系统排列　483
"看"　484
对"看"的保留意见　485
米尔顿·艾瑞克森的催眠疗法　486
故事　487
个人经验　488
洞见　489
　爱　489
　平衡与补偿　490
　归属的平等权利　491

家庭中疾病的起因及治疗　492
重要的治疗步骤　492
　采取领导　492
　直到极限　493
　信任真相，即使真相令人震惊　494
　制止当事人描述问题　496
　跟着能量走　497
　以最小值来工作　497
　终止工作　498
　禁止好奇心　498
　不需要证明成功　499
　当下即是　500

洞见
——通过舍弃而获得

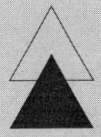

我以一个故事作为开始：

助人的启示

一个年轻人，骑着自行车到乡村去，他要寻找新的知识。探索的欲望驱使着他，让他感到热血沸腾。离开平素行走的路线，他找到一条新路。这里没有路标，他必须依靠自己的眼睛观察，依靠自己的双脚探索。现在只有靠自己的直觉才能体验这一切。

小路的尽头是一条宽阔的河流，他下了车。他明白继续向前就必要离开岸上的一切，离开身边实实在在的一切，让自己置身于强大的力量当中，让自己服从这个力量并顺流向前。他犹豫不决，然后掉头回去。

这是他得到的第一个启示。

回家的路上，他醒悟到自己懂得很少，帮不了其他人，而且就算自己懂得那些少得可怜的东西，也没有办法和其他人交流。他想象着自己正在跟着另外一辆自行车，这辆车的挡泥板咔嗒咔嗒地乱响。他想象着自己大声地说："嘿，你的挡泥板咔嗒咔嗒地乱响！"前面的人应道："什么？"他想象着自己扯开喉咙大叫："你的挡泥板咔嗒咔嗒地乱响！"那人答道："我听不见你的话。我的挡泥板太响了！"他认识到："他根本就不需要我的帮助。"

这是第二个启示。

过了不久，他问一个须发皆白的哲人："你是怎么帮助其他人的？

很多人到你这里来征求意见，虽然你对他们的事并不了解多少，可是他们走的时候却都感觉到好了很多。"

哲人答道："当人们丧失勇气不想继续向前的时候，并不是因为他们缺少知识；问题在于，他们需要勇气的时候，他们却想得到安全，在没有选择的情况下，他们却要寻找自由。他们只不过是在兜圈子。一个哲人要看透表象和幻象。他放松自己，静待有益的信息出现，就像张帆启航的小船等待风儿一样。当人们来寻求帮助时，哲人只不过在等候来访者自己决定何去何从，如果有了答案，那么双方都会为之有所收获，因为大家都在接收信息。"

然后哲人又说："坐在那里等待是不用费什么力气的。"

实验科学和现象学的探索途径

有两种活动使我们获得洞见。一种活动是开放向外的，是要理解并掌握目前尚且未知的世界，这是一种科学的探索。这种实践活动努力改造、保护以及丰富着我们的世界、我们的生命，它的成就也是我们有目共睹的。

我们在向外探索的过程中，也能够止步思考，不再只专注于某些已经掌握的特定事物之上，而是把注意力朝向更大的整体，这样我们便能够在同一时间内吸收更多知识，这就是另一种探索的活动。当我们从容地投身在这种活动中，例如面对一片山水、一件任务或是一项难题时，便能够察觉到我们的注意力在同一时间是既充实亦虚空的。我们首先要超越个别事物，才能置身于更丰富充实的整体中。在向外探索的活动中我们止步思考，才可以应对更大的整体的广袤无边及繁杂多元。

这一种"先止步，后退守"的探索活动，我称之为现象学的活动。它有别于开放向外的求知活动，它引发出另一种洞见。虽然如此，这两种求知活动其实是相辅相成、互相补充的。在向外探索的实验科学求知活动当中，有时也要止步，将目光由细微转为广阔，由近转向远。另一方面，我们也必须检验从现象学所获得的洞见的正确性。

过程

当一个人处于现象学的求知途径中，便是让自己置身于广阔的天地里，既不选择亦不偏好。这种求知途径所要求的是一种迈向虚空的精神状态，放弃已有的概念以及所有相关的内心活动，而且不论它是否有关情感、意志力或判断力的元素，也都要一并放弃。当中的注意力应是流动的，既有所指向亦无所指向，既有企图亦漫无目的，同时是既集中又扩散的。

现象学的态度所要求的是一种无为的警觉应对状态。这种警觉驱使我们置身于高度的感知意愿和强大的能力之中。如果能把持这份警觉，片刻之后，便能体验到那多样化的差异如何融合集聚于一个中心，并于刹那间认知到一种关联性、系统性、一个真相，或是所要采取的下一个步骤。这份洞见仿佛神来之笔，一般而言是不常出现的。

舍弃

以这种方法获得内在洞见经验的首要条件是一颗没有意图的心。我们的意图会迫使我们将自己的观点置于真相之上，或者会根据我们先入为主的概念而去改变事实真相，或者是去影响或说服他人。一旦带有某种目的，我们便会表现出好像我们是凌驾于真相之上，似乎真相是我们仔细检视的客体对象，但相反地，事实上真相才是仔细检视我们的主体。当我们放下自身的企图，即便是良善的企图时，就能清楚地看见我们所舍弃的是什么。就好像我们做了一个选择，而经验显示出，即使是基于最好的企图也经常出差错。所以，目的绝不能代替洞见。

勇敢

获得这种内在洞见经验的次要条件是无所畏惧。当我们害怕可能展示出来的真相时，我们便如同带上了眼罩，将会视而不见。当我们说出自己之所见时，如果我们畏惧别人可能会怎么想，或是怎么说，那么我们将会封闭自己，而无法进一步地观察。而当一个辅导者或治疗师害怕去面对当事人的真相时，例如无法面对当事人已来日不多之事实，那么他将无法应付当事人之真相，而且会让当事人产生相对的不信任感，甚至会被当事人所害怕。

和谐

没有意图及无所畏惧的自由，使人得以和真相的本然达至可能的和谐，甚至得以和真相可怕的、压倒性的、恐怖的一面达至和谐。这样的自由允许一个治疗师或辅导者获得和谐：包括幸运与不幸、无辜与罪咎、健康与疾患、生存与死亡。正是由于这份和谐，一个治疗师才能获得洞见和力量，以面对困难，与真相在和谐中扭转劣势。以下有另一则故事：

门徒问大师："告诉我，什么是自由？"

"哪一种自由？"大师反问。

"第一种自由是愚笨。正如骏马自鸣得意地摔落骑士。它所得到的却是其后更加收紧的操纵。"

"第二种自由是懊悔。好比一个舵手，船只触礁之后，没有登上救生艇，却在破船上苦等，最后随船淹没。"

"第三种自由是洞察。唯有经历过愚笨和懊悔之后，洞察才会来临。就像小麦穗杆随风起舞，皆因它能弯下柔弱的部位，故在强风中，方能持久耐受。"

门徒问："就这样？"

大师说："很多人自以为在寻找他们灵魂的真相，却有所不知，是他们内心中那更伟大的灵魂在思考及寻找。好比大自然一样，更伟大的灵魂允许很多的误差，但却可以将那些胆敢违反自然真相的人，轻易地复归原处。而对于那些允许更伟大的灵魂在他们内心思考的人，更伟大的灵魂便反过来会允许他们些许的自由，去帮助他们，正如流水帮助游泳者，若他顺应水势，与流水化作一体，便能以共同的力量达至彼岸。"

哲学的现象学和良知

我想谈谈有关哲学和心理治疗的现象学。哲学的现象学和对现实世界的丰富本质的了解有关，当我完全开放自我，并置身于现实世界的丰富多彩中时，就会了解其本质，然后，本质的东西就像闪电掠过黑暗一般从未知的世界中闪现出来，超越了我的理解和想象，也让我对先前的知识和概念有更好的领悟。但是，我们要知道，最主要的本质是永远无法"全部"呈现出来的，它裹藏在神秘领域之中，就好比存在于虚无中。

我通过现象学的探索获得对"良知"本质部分的洞察。比如说，我洞察到家庭系统具有平衡感，帮助我去感觉自己是否与系统和谐相处。或者，我们的所作所为是维持和保障我们的归属权，还是危害和瓦解我们的归属权。因此，从这一点来看，"好的良知"只是意味着我仍然属于我的群体；"坏的良知"也只是意味着我不可能再属于原来的群体。由此，良知是有别于一般理解的法律和真理，而是带着相对性，随着群体的不同而有所变化的。

同样是根据这个方法，我开始认识到：如果是与归属权的问题无关，而是有关"给予与接受的平衡"，良知的反应则完全不同；而若是有关共同生活的秩序，它又会是另外的反应。良知内每一种不同的功用是被不同的情感，或清白或罪恶，所引导和支配的。

更加重要的是被感受的和被隐藏的良知之间的不同。我们会依从被感受到的良知，而去抗拒被隐藏的良知。纵使在被感受的良知层面，我们自觉清白，但在被隐藏的良知层面，仍能洞识这项行为的罪恶。两种良知的矛盾便是每一个悲剧的基础，基本上也是每一个家庭悲剧的起因。它会引发悲剧性的牵连纠葛，在家庭中导致重病、意外或者自杀。这种矛盾也导致很多伴侣关系的悲剧结局，例如男女双方虽然有无比的爱，但他们的关系仍然走向了破裂。

心理治疗的现象学

以上所说的洞察不能单靠哲学意义上的知觉而获得，也不能利用现象学的求知途径，而是采取哲学手法而发掘。这份洞察需通过另外一个途径才可得到，我称之为"通过参与的理解"。家庭系统排列（Family Constellations）开启了这个途径，但它必须本着现象学的方式来运作。

在家庭系统排列之中，当事人为自己或其他重要的家庭成员，在团体里随机地挑选代表，例如为父亲、母亲和兄弟姐妹。接着他根据各人彼此之间的情感关系，将之排列在一个空间里。在排列过程中，隐藏的、令人惊讶的家庭动力可能会突然浮出水面。这意味着家庭排列的过程会让当事人接触到之前隐藏着的信息。

例如有位同事陈述，在一次排列工作中，当事人是一位女性，其代表非常明显地反映出，当事人认同了父亲从前的恋人。事后当事人询问父亲及亲人，他们却没有一个人记得有这么一个恋人。但是数周之后，她父亲收到了俄国来的一封信，来自他在大战期间的俄国恋人。

但这只是故事的一面，是当事人所说的那一面。而故事的另外一面是：当代表们被一一排列之后，他们马上便能感觉到他们所代表的人的感受，有时他们甚至也会感觉到他们的症状，有些代表甚至会知道他们所代表的人的姓名。这样的事情的确会发生，即使代表们对于他们所代表的人一无所知，只知道他们所代表的人跟当事人之间的关系而已，然而身处在代表的位置上，便可以一一体验到。

家庭系统排列展示出，一种场（field）的动力在当事人与系统成员之间运作着，当中无须事先告知，单是通过参与便能得到了解。而且更令人惊奇的是，即使是那些与家庭毫无关系的陌生人，一旦被排列进入这个场中，也能感应到这股运行于家庭以及家族成员之间的动力，从而能联结上这个家族的真相。

相同的情况当然也会发生在治疗师或辅导者身上。动力能够运行无阻，其附带条件是治疗师、代表以及当事人，皆愿意以毫无意图、毫无畏惧、不固着旧有的理论或经验，正视并同意所呈现出来的真相。当中采用的是心理治疗的现象学态度。没有这种态度，便不能正视当前所呈现的真相，而是会导致夸张、轻视，甚至误解，如此一来，家庭系统排列便流于表面，而且会轻易地导向谬误的结论，这是没有多少动力的。

心灵

相较于通过参与而了解，我观察到的更令人震惊的现象是：这种感知的场，或者是我个人较为偏好称之为心灵（the soul）——它是超越那指导着每一个独立个体的心灵之整体，它能够主动地找寻并且发现远远超过我们逻辑思考能力所及的解决之道。这些解决之道的效用，也是远远超越我们深谋远虑的行动所能达到的。在排列中我们清楚地看到，当治疗师尽其所能地自我克制，例如，治疗师只排列必要的人物，不给予任何指示，只是将他们交托给不可抗拒的力量，这股力量像是由外在而移动他们，也能够带领他们，进入以其他方法所不可能达到的内在洞见和经验之中。①

例如，最近在瑞士的一个家庭系统排列中，当排列接近尾声时，有个男人说他是犹太人。我便排列七个代表，作为二次大战时纳粹对犹太人的大屠杀中的受害者，然后在他们后面我也排列七个人代表大屠杀中的谋杀者，然

---

① 这是海灵格在近几年发展出来的新方式，他称之为The movement of soul（心灵的移动），在世界各地引起许多治疗师及参加者的震撼与学习。如果读者想了解进一步信息，可洽询海灵格机构，网址：www.hellinger.com。

后我让受害人转身。在接下来的十五分钟，在完全的静默中，他们之间发生了难以置信的变动。整个变动清楚显示出死亡是一个过程，即使在肉体死亡很久之后，它依然在寻求完结。当受害者和加害者都加入了死亡，并且知道他们都是同样地容易受到伤害，而且那股力量是超越他们所能控制的，如此死亡才算完结；最后当他们都体验到自己在这股力量的保护之下得以安息，这时死亡对受害者和加害者来说，才算是真正地得到完结。

宗教的现象学

哲学的以及心理治疗的现象学层面，被另一种更伟大广博的境界所替代，当中我们体验到自身处于一个更伟大的整体（the greater whole）的慈悲之中，我们了解到这更伟大的整体是超越一切万物的终极。这个层面可称之为宗教的或是灵性的境界，但即使在此境界中我仍然保持现象学的态度，没有意图，无所畏惧，毫无偏颇，纯净地置身于当下所呈现的一切。最后，我以一个故事来形容这种宗教上的洞见和宗教上的实现所代表的意义。

故事：回归本源

有个人在自己的国家、自己的文化和自己的家庭里出生长大。孩提时，先知和上帝的故事就让他深深地着迷，他深深地渴望自己能像心中的偶像一样。经过长期的训练，他已经完全接受了自己的偶像，从思想到语言、动作，都和他一模一样。

但是，他认为还差最后一点。因此，他便出发远行，准备长途跋涉，到最僻静、最寂寞的地方，希望在那里能够突破最后的障碍。在路上，他经过一个古老的花园，花园里一片荒芜。虽然地上盛开着娇艳的野玫瑰，高高的树上硕果累累，但没人采集，他也没有看在眼里，依然继续赶路。

他来到了沙漠的边缘。

不久，他认识到自己正笼罩在莫名的空虚之中，不管走哪条路，都同样是空虚和寂寞。他感受到了这块大地上的极大的孤独，脑海中的幻想磨灭了，不再去寻求找到任何特殊的道路的可能。

他漫无边际地到处游荡，早已不再信任自己的感官了。终于有一天，他惊喜地看到前面大地上冒出了一个个水泡。他静静地看着这些水珠，看着这些水珠重新被沙漠里的沙粒吞噬，但是，只要在有水滋润的地方，沙漠就会变得像天堂一样。更令人惊奇的是，当他向四周环顾时，发现有两个陌生人就在附近。他们也像他一样，都是为了追随自己的先知和教主，落到和自己差不多的田地。他们像他一样，来到这荒芜的沙漠，也是希望突破最后的障碍。他们也是最后才到达这处泉水的。接着，三个人一起弯腰，同样地喝了口水，每个人都觉得已经达到了自己的目标。然后，他们呼唤起自己心中的神灵："如来佛祖与我同在。""基督耶稣与我同在。""先知穆罕默德与我同在。"

最后，夜幕降临了。他们看到夜空中布满了闪亮的星星，寂静而深邃。面对永恒，他们满怀着敬畏，心中充满平静。这一刹那，他们中的一人突然领悟到，他们的神灵必然也曾像他们一样，感受过无奈，也曾认识到人为设想的幼稚，也曾对宇宙自然臣服。同时，他也领悟到，当明白自己的罪责不可逃避时，应当如何面对。

因此，在破晓时分，他转身踏上归途，最后逃离了沙漠。他再一次经过荒废的花园，最终在那里停了下来。他知道，这才是属于自己的。一个老人正在站在门旁，好像在等候他。老人说："如果某人像你那样，从遥远的他乡找到回家的道路，他必然会热爱这湿润肥沃的土地。他知道生长的一切必将死亡，死亡同时也孕育着生命。"流浪者答道："现在我归顺大地了。"

然后他开始像丈夫对妻子那样，珍惜、呵护自己的花园。

专业助人技巧进阶训练课程：
各种牵连纠葛及其解决方法

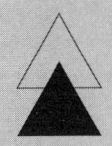

第一天

开场白

海灵格：欢迎各位，在课程开始之前，请各位做简单的自我介绍，你的姓名、职业、家庭状况，以及你想在这个课程中处理的问题。

学员一旦提出他们的问题，我们就会开始寻找解决方法。你们可以通过直接参与或间接观察而体验当中的每一个步骤，并且可以试验其中的效果。如果你们有任何关于过程、结果或基本原理的问题，我都会尽力解答。

收养是冒险的

卡尔：我叫卡尔，我和妻子及我们的养子住在一起。我们自己一共有四个儿女。之前在家中还住着三个年纪跟我们女儿相近的养女。现在唯一与我们一同住的孩子就是其中一个养女的儿子。我是牧师，服务对象是残疾儿童、青少年及他们的家庭。去年经你提醒，我了解到现在的工作对我有很大压力，因为不论是处理残疾人士或问题家庭，我以前总是针对个人的问题来处理。但现在我察觉到，如果要帮助一个孩子，而不理会他的家庭，又或者他的家人对问题的看法跟我不一样时，这项工作便会徒劳无功。

海灵格：你要撤销领养。

卡尔：撤销领养？

海灵格：对，一定要撤销领养。

卡尔：这是我无法想象的。

海灵格：你没有权力把别人的孩子占为己有，那是一个很大的冒险。某人如果没有迫不得已的理由而领养孩子，他将要付出很大的代价，不是牺牲自己的骨肉就是失去伴侣。那样的牺牲便是对领养的补偿。是谁想要领养？

卡尔：我妻子和我都想。

海灵格：孩子为什么不跟他母亲在一起？

卡尔：孩子当时只有四个月大，他母亲把他送到我们这里，留下来做寄养，因为她想和她的男友住在一起。

海灵格：寄养是没有问题的，但领养就太过分了，这远超过孩子所需要的，领养切断了他的根。

卡尔：你现在所讲的我仍然不大明白，因为孩子和他母亲的关系跟从前一样，维持得很好。

海灵格：孩子和母亲现在的关系不可能跟从前一样了。因为你攫取了孩子父母的权利与责任。孩子的父亲发生什么事？

卡尔：他是土耳其人，现在与一个土耳其女人结了婚，他与这个孩子已断绝来往。

海灵格：为什么孩子不能跟着父亲？难道你怕孩子会变成回教徒？

卡尔：是有这种可能。

海灵格：这一点你必须要弄明白。孩子是男孩还是女孩？

卡尔：男孩。

海灵格：那他一定要跟着父亲。

卡尔：我要好好考虑一下。

海灵格：你知道吗？你说的"好好考虑一下"就好像从前牧师在灵性修炼结束之后说，"糟糕！每次修炼完毕，我总要花上六个星期的时间才可以恢复常态"。

牵连的角色

碧姬：我叫碧姬，是名心理医生，有私人诊所。在第一段婚姻中有四个女儿，后来我离婚了，前夫也去世了。之后我再婚了，但我和丈夫之间始终保持着一段距离，也许是因为我不想将精力完全投注在婚姻上。我参加这个课程，只想学点东西，但不想过度操劳伤神。

海灵格：你想学点东西，但又怕过度操劳伤神，这两个愿望互相抵触。你真正想得到什么？

碧姬：我只想顺应当时的内心状态，做有限的参与。

海灵格：让一个要封闭自我、不愿意做尝试和面对自我的人参加课程，对我来说是一件危险的事情。所以现在我必须告诫你，我们在这里处理的问题，不是纯粹当作旁观者来看的。

碧姬：我不想被误解。只是，我是这里一些学员的训练导师，而这个团体又这么大，所以我想做点保留。当然，若有需要，我会参与的。

海灵格：我已经将规则讲得很清楚，而你也明白了。但我仍然想告诉你一个故事。

故事：多或少

美国的一位教授召见他的学生，给他一张一元钞票和一张百元钞票，并说：

"在候诊室有两名男子，你给其中一名一张一元钞票，另一名一张百元钞票。"

学生心想："教授又有古怪念头了。"他拿了钞票，走进候诊室，将钞票分别给了两名男子。他却有所不知，教授事先秘密地跟一个男子说："稍后你会收到一元钱。"对另一个男子说："稍后你会收到一百元钱。"学生凑巧给了期望收到一百元的男子一张百元的钞票；给期望收到一元的男子一张一元的钞票。

海灵格：（笑着）真奇怪！现在我正感到纳闷我为什么要讲这个故事。

双重转移

克劳迪娅：我叫克劳迪娅，是名心理医生，我不单从事心理治疗工作，也在家庭法律事务方面执行审定评核工作。我离了婚，但说出来有点不好意思，因我结婚只有半年就离婚了。我左思右想也不清楚应该把自己当作已婚还是离异。

海灵格：你曾经是已婚，这是不能改变的事实。你有子女吗？

克劳迪娅：没有，没有子女。

海灵格：你们为什么会分手？

克劳迪娅：因为我感到十分可怕。我俩先前了解不深，认识后很快便决定结婚，接着我就感到十分可怕。

海灵格：你感到十分可怕，那他呢？

克劳迪娅：我已经尽力而为。他也感到十分可怕。

海灵格：在你自己的家庭中，你是否跟某个"愤怒的女人"十分相似？

克劳迪娅：毫无疑问，那一定是我的母亲。

海灵格：尝试再找另一位。我的问题是，在你原生家庭中有哪一个女人是有足够理由对丈夫生气的。根据你的描述，这种情况通常是出于双重转移的动力。你知道这是什么吗？

克劳迪娅：不知道。

海灵格：我给你举一个例子，在依莲娜·比金（Jirina Prekop）的拥抱治疗示范课程中，她要求一对夫妇互相拥抱。突然之间，妻子脸色大变，毫无理由地对丈夫生气。接着我对比金说，"你看！她的脸色大变，由此你可以察觉到她是认同哪一个人。"女人忽然间现出了一副80岁老人的面容，但她才只不过35岁！接着我对她说，"留意一下你的脸，是什么人有着这样的一张脸？"她说："我祖母。"我再问："你祖母发生了什么事？"她说："祖父母有一间酒铺。祖父对她的态度很差，有时甚至会当着所有客人的面拉着她的头发到处跑，行为非常粗暴，但是祖母却能容忍他。"

你可不可以想象祖母真正的感受是怎样的？她对丈夫一定是十分愤怒的，但是她没有表达出来。孙女承受了她这份被压抑的愤怒，这是一个主体的转移，由祖母转移至孙女。但孙女愤怒的发泄对象却不是祖父，而是丈夫。因为丈夫爱她，把他作为发泄对象，是没有问题的。这就是双重转移的运作动力，但这却不为人知。现在的问题是，你是否也有同样的情况？

克劳迪娅：我不大清楚。

海灵格：如果真的有这情况，那你就欠丈夫很多了。

克劳迪娅：唔！

海灵格：对！（克劳迪娅笑）我说中了吗？

克劳迪娅：不完全是这样。但我刚刚想到，我很高兴我丈夫目前还很好。

海灵格：这是来自一份罪恶感。我所讲的是不是正确，待我们稍后在家庭系统排列中验证，暂时只是一个假设。

第一任女人

格特鲁德：我叫格特鲁德，我是一名医生，独身，但有一个将要满19岁的儿子。

海灵格：孩子的父亲呢？

格特鲁德：我差不多有五年没有见过他。

海灵格：他发生了什么事？

格特鲁德：他结了婚，有三个孩子。大约在五年前他又和另一个女人一起，又生了一个女儿。不过，这是他的事，我和他从五年前起已没有来往。

海灵格：当你认识他时，他是否已婚？

格特鲁德：到目前为止，他已结三次婚了。当我们在一起时，他是结了婚的，我想是第一次。当时他正准备离婚。我们是在求学时期认识的，当时在同一个学校读书，后来我们分开了。他迁到另一个城市，也是在那里结婚的。第二次婚姻，他是出于好心才结的；因为那个女人可以借着结婚而逃离匈牙利。后来他们离婚，他又第三次结婚。

海灵格：没有人是为要做好事而结婚的。在他第一次结婚之前，你与他是否已有性关系？

格特鲁德：有。

海灵格：那你就是他的第一个女人。跟其他女人相比，你有一份优先权。这是一份很好的感觉，对吗？

格特鲁德：对，但也并不容易。

海灵格：有什么困难？

格特鲁德：我并不在意这份优先权，一点都不在意。

海灵格：这份优先权跟你的感受无关。

格特鲁德：哦！是这样。

海灵格：这是事实，这是不受感觉的影响而存在的。

幸福需要勇气

海灵格：我来谈谈有关幸福这回事。人在幸福中会体验到危险与不安，因为幸福令人感到孤独；对于问题的解决之道也是如此，也会有这份危险不安的感觉。反之，在遭受重重困难和不幸时，人与人更可以保持在群体中。

在困难和不幸当中，人有一份清白和忠诚的感觉；但在脱离困境和拥有幸福时，却有罪恶和反叛的感觉。所以，只有当人能正视这份罪恶感时，他才可以得到幸福和解决。这并不表示罪恶是合理的，但我们就是有这份感觉。所以，从问题到解决是这般艰难。

家庭系统排列：儿子无意识地认同了舅舅

哈里：我叫哈里，是名企业管理顾问，也在宗教哲学方面做研究工作。我在第一段婚姻中有两个女儿，分别是27岁和30岁。我离婚后又结婚了，和现在的妻子已分居七年，每年见一面，仍维持着夫妻名分。

海灵格：你想在课程中得到什么？

哈里：我想知道在人际关系中要怎样做才好。我已变成了一个独行侠，并因此失去了很多东西。我感到自己是充满着爱的，但又不知如何是好。

海灵格：我们现在排列你的家庭。你有没有做过家庭系统排列？

哈里：我不大清楚它是根据什么模式在做，在脑海中却有个概念架构。

海灵格：这个架构肯定是错的，这只不过是一个防卫工具。任何一些自以为是的根据，或者各式各样关于问题的叙述都是防卫招数。只有在他行动起来开始排列时，才是认真的。好了，谁可以代表你的父亲？

哈里：罗伯特可以，因为……

海灵格：你不需要多做解释了。你有多少兄弟姐妹？

哈里：有一个弟弟、一个妹妹和一个同父异母妹妹。这个妹妹不是跟我一同长大。

海灵格：父亲以前曾经结过婚吗？

哈里：没有，父亲和母亲离婚后再婚，生下这个妹妹。母亲没有再婚。

海灵格：谁是第一个孩子？

哈里：我。

海灵格：父母当中有谁曾经结过婚、订过婚，或曾经有过固定的亲密关系？

哈里：没有，但母亲本来是有另一个理想人选的，他后来成了我的教父。

海灵格：我们需要这个人。还有哪些重要人物？

哈里：我舅舅非常重要。

海灵格：为什么？

哈里：因为母亲一直渴望与他同住，也希望我仿效他。

海灵格：他是神父吗？

哈里：不是，他是位著名的演员。

海灵格：母亲想跟他同住？

哈里：母亲对他比对父亲更好。

海灵格：稍后再排列他。我们首先排列父亲、母亲、你的弟弟妹妹、父亲的第二任妻子、同父异母妹妹和母亲的男友。在团体内挑选每一个代表：男的代表男人或男孩；女的代表女人或女孩。然后根据你现在对他们相互之间的关系所拥有的感觉，排列他们的位置。例如：母亲与父亲距离多远，他们目光投射的方向。不要说话或做解释，只要排列他们就好了，要认真和集中精神，否则便没有效用。

父：父亲的代表

母：母亲的代表

说明：画面上的四方形代表男性，圆形代表女性。符号上的三角开口方向指出代表面孔朝向的方向。

（哈里排列家庭，见图1）

海灵格：现在退后几步看看，若有需要便做调整。找一个有利观察的位置，然后坐下。

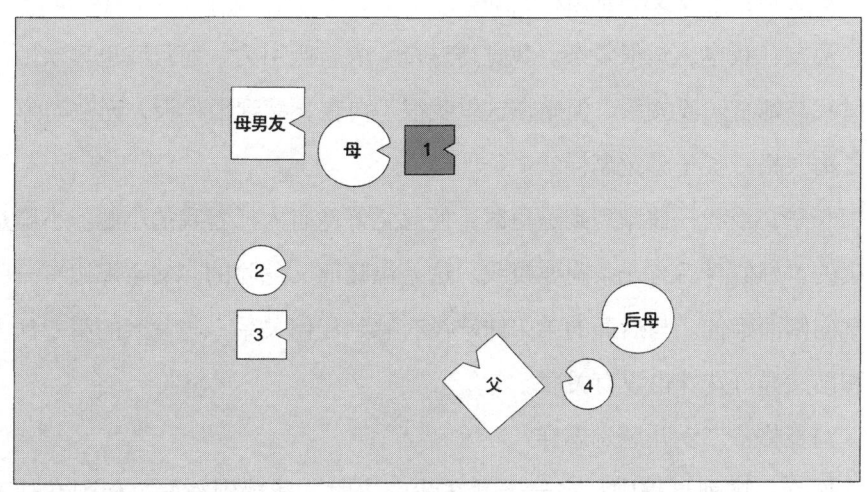

图1

父：父亲的代表

母：母亲的代表

1：第一个孩子的代表，男孩（哈里）

2：第二个孩子的代表，女孩

3：第三个孩子的代表，男孩

后母：父亲的第二任妻子的代表

4：第四个孩子的代表，女孩，父亲与第二任妻子的女儿

母男友：母亲的前任伴侣

海灵格：父亲有什么感觉？

父亲：在这里我感到十分孤单。从前的家庭离我很远，不知道背后有些什么东西。

海灵格：母亲感觉怎样？

母亲：刚才我感到很麻木，现在与前夫有接触。

海灵格：现在感觉有变化吗？

母亲：我感到很无助，无法行动。

海灵格：对你后面的另一个男人，哈里的教父，有什么感觉？

母亲：他站在我后面，我的颈部感到他的压力，感觉很复杂。

海灵格：男友又感觉怎样？

男友：我也感觉很复杂。我觉得这个女人有吸引力，而且我也喜欢她，同时我与她有一段关系。但站在这里我很不自在，感到很死板，无法动弹。

海灵格：长子感觉怎样？

长子：当我一被排列到这里时，便感觉好像有人抓着我的小腿。小腿是暖暖的，好似身后有一条狗要咬我。这是温暖而又危险的。父亲那边有一股暖气向侧面延伸。与后面的弟弟妹妹没有感到任何关系，与父亲的第二任妻子和同父异母妹妹也没有关联。

海灵格：二女儿感觉怎样？

次女：排列过程中，在母亲站在我旁边时，我感到很好，但现在却不好了。

海灵格：三儿子感觉怎样？

三子：我可以看见父母，但不能决定是否想走向父亲，而且又不能离开这里。

海灵格：第二任妻子感觉怎样？

第二任妻子：我问自己，丈夫为什么不可以转向我这边？

海灵格：同父异母的妹妹感觉怎样？

四女：先是感到生疏，之后感到父亲很可怕。自从母亲站到我后面，我觉得好多了。但父亲的位置却阻碍着我看到母亲。

长子：当我这样站着，好像充了电一样，前面十分温暖。我感觉想要抓住某些东西。

海灵格：（对哈里）我现在将母亲的弟弟加入排列中。（见图2）

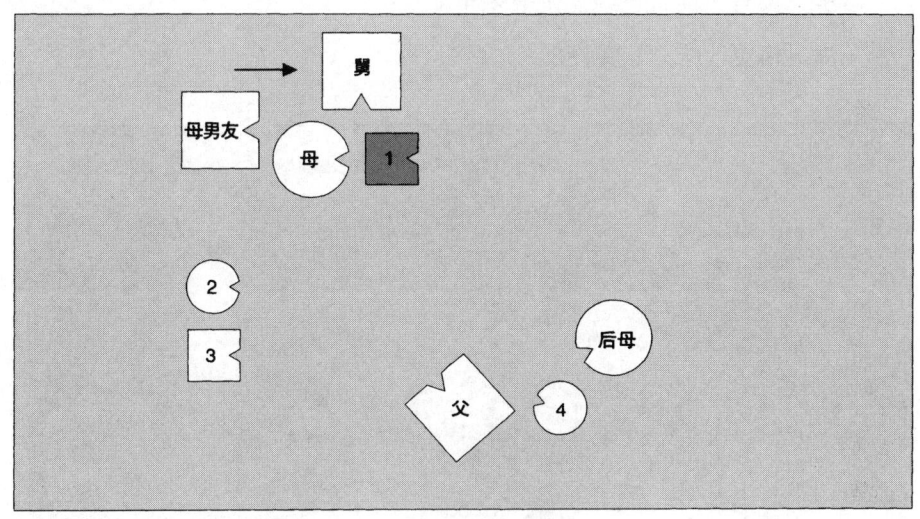

图2

舅：母亲弟弟的代表

海灵格：（对长子说）这样对你有没有改变？

长子：左边有股向外拖的力量。我在想舅舅为什么会在那里？他会有怎样的行动？

海灵格：较好还是较差？

长子：刚才那股力量现在从左边消失。我被拉扯着。有一点力量是向父亲那边流去。后面凝聚着很多力量，但左边就失去了一点力量。

海灵格：舅舅感到怎样？

舅舅：我不知道为什么要在这里。

海灵格：母亲现在感觉怎样？

母亲：我有种狭窄的感觉。

海灵格：非常的狭窄吗？

母亲：对！（她笑了。）

海灵格：（对哈里）那演员有没有结婚？

哈里：没有，而且已经死了很多年。

（海灵格更改排列，见图3。）

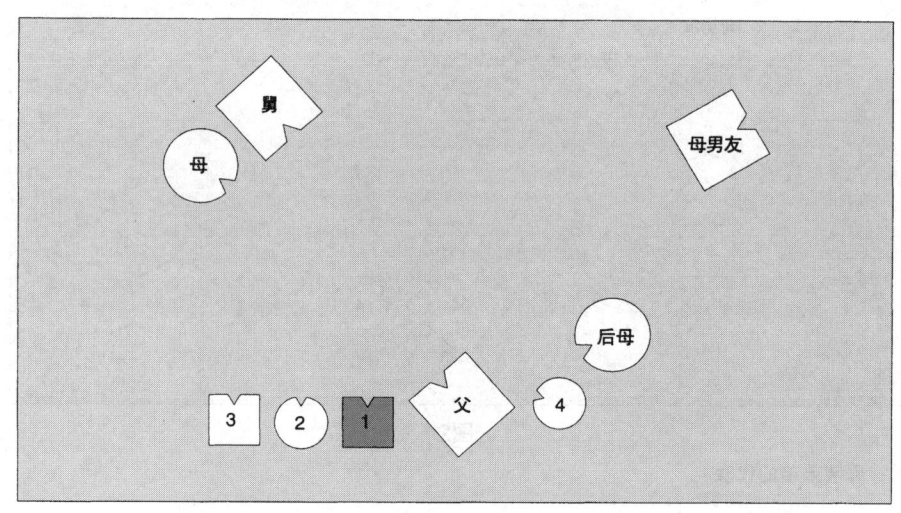

图3

海灵格：第二任妻子现在感觉怎样？

第二任妻子：他们这样站着，我感到很舒服，感觉到这就是对的。

海灵格：长子怎样，是较好还是较差？

长子：突然间，我清楚这是一个好的位置。

海灵格：父亲怎样？

父亲：现在我可以关心目前的家庭了。

（海灵格更改排列，他要求母亲的男友离开排列，因为他的角色已经不再重要了，见图4。）

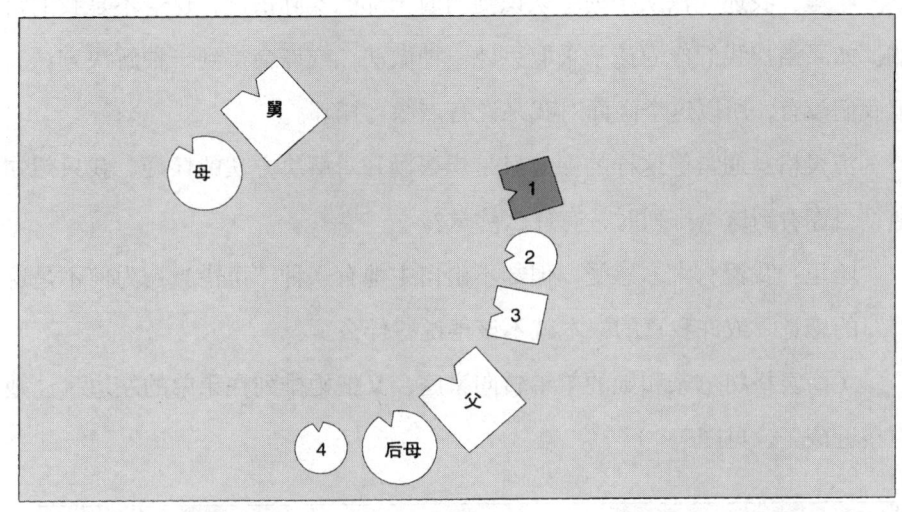

图4

海灵格：对父亲有什么影响？

父亲：很好，我现在可以平静地看着前妻。我们的婚姻是失败的。新的关系是对的。孩子又在身边，我感到很好。

海灵格：三儿子感到怎样？

三子：我想更接近母亲一些。

海灵格：女儿感觉怎样？

次女：我感到这个位置不错。

海灵格：长子感觉怎样？

长子：很好，现在同父异母妹妹和她母亲也归属于我们，母亲可以离开了。

海灵格：母亲现在感觉怎样？

母亲：我很想看到孩子。

海灵格：弟弟感觉怎样？

母亲的弟弟：在这里感觉很好。我不自觉地想做点什么事。

海灵格：（对哈里）对这个排列你有没有问题？

哈里：我还无法从排列中认识到当时全部的实际情况，这也不是我的目的。如果当初我们作为孩子采取另外一种做法，或许会得到一种解决方法。但我们没有，所以这个画面对我来说有点像乌托邦。

海灵格：通常像这样的评论只是想要抛开对解决方法的怀疑。我只想知道，当你看到这个排列时，有什么感觉？

哈里：我没有太多感受，但却不由自主地有一种"可惜当初为何不是这样"的感觉。或许我真的根本就不该再说些什么。

（海灵格将母亲和她的弟弟转向家庭，又把她排列在弟弟的左边，让她更接近孩子，见图5。）

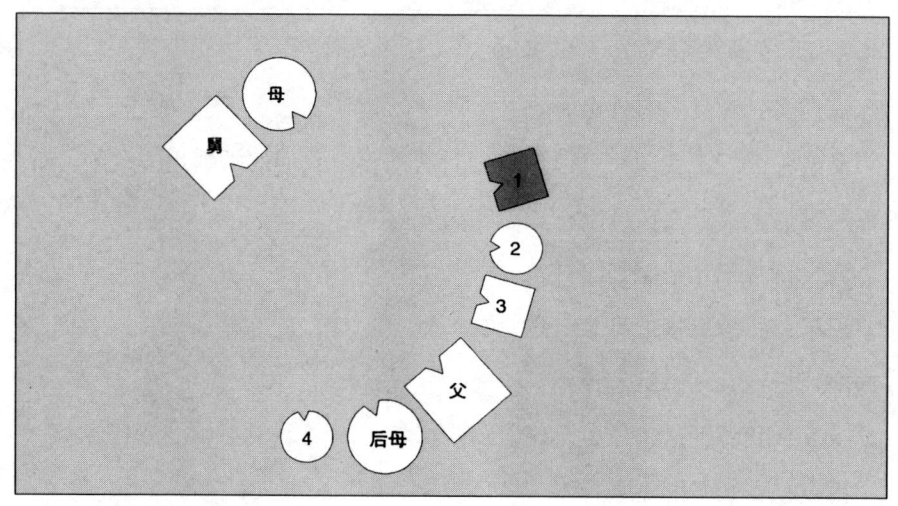

图5

海灵格：（对代表）是较好还是较差？

长子：比较温暖。

次女：比较不好。

海灵格：对母亲呢？

母亲：比较好。

母亲的弟弟：对我一样。

海灵格：（对团体）这个女人欺骗了丈夫。

（母亲的代表笑了。）

这个女人欺骗了丈夫，因为她根本不想要他，所以她要向后转身，她应该向那边看。

（海灵格让母亲和她弟弟向后转，母亲站在她弟弟的后面，见图6。）

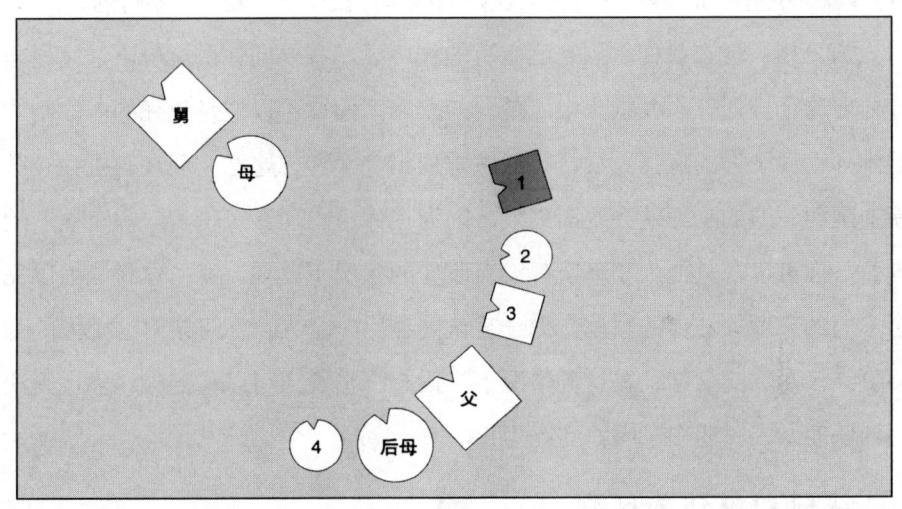

图6

海灵格：（对代表）现在怎样？

母亲：这样感觉很好。

海灵格：没错！

（对团体）你们可以看到哈里认同哪一个人。现在母亲和她弟弟的关系正如她刚才和她的长子一样。哈里认同她的弟弟。

长子：我的脊背感到一股寒气，心中涌出一句"可怜的母亲"。

海灵格：（对团体）在这个家庭中上演着一幕没人能左右的戏剧一般的现实。我们也不知道为何会有这个发展，也无法干预，唯有让它这样。对哈里来说，到父亲那里是唯一的方法。

海灵格：（对哈里）想不想站到自己的位置上？

哈里：想！

（哈里站到他的位置。）

海灵格：（对团体）现在我们可以看到爱会设定一些法则。如果亲情关系和爱情关系想获得成功，就必须符合爱的法则，如果偏离就会导致混乱和问题。要解决这样的问题只能通过对法则的服从，仅仅依靠爱，是不行的。

海灵格：现在我们得到家庭应有的秩序了。我要向你讲解一下，应该怎样处理这个排列。你在脑海中所带着的家庭画面，可以说是疯狂的。你刚才的排列表现了它的疯狂。我已将秩序排列出来。若你愿意，现在有机会接纳新的画面，旧的画面便会逐渐失效。因为在你身上现在正带着一幅有秩序的画面，你可以在其他人和环境都没有改变的状况下单独改变，你将能够以完全不同的态度关注你的家庭。你一直认同着另一个人，你母亲对这个人的爱慕更甚于对你的父亲，在这种情况下，没有一个女人可以得到你，你也无法得到任何女人。明白了吗？到此为止。

认同和模仿的区别

艾达：在哈里的家庭系统中，为何会产生与舅舅认同①这回事？

海灵格：他母亲无意识地在她家庭中找一个人代表她弟弟——一个她在

---

① 在家庭系统排列中，"认同"一词有其特殊意义。与日常生活中所用的意思不同，海灵格所指的"认同"是指在家族系统中所观察到的一种现象：当一个人没有刻意模仿另一个人，甚至不知道或不认识那个人，但却变成像那个人一样，有着与那个人相同的情绪感受、行为模式和命运遭遇。他观察到这个现象是家族系统动力所造成的影响，而非自己主动去认同的，往往与家庭系统中有人被排除或不被承认有关。

原生家庭中失去了的人。儿子便在他自己和母亲都没有察觉的情况下承接了舅舅的角色。

哈里：但究竟是母亲根据舅舅把我建构成这样，还是我自己以他作为模仿对象？但我没有这样做。是否有两种不同性质的认同？

海灵格：不是。模仿有别于认同。在模仿中我可以看到对象，因此我与模仿对象是分割开的，我是自由地决定是否要模仿他；而在认同中我是身不由己的，我甚至不知道自己是置身在认同当中。所以，在认同中我对自己会有陌生的感觉。

哈里：你用"认同"一词客观描述出一段无人意识到的过程是很好的。

海灵格：对！而且也没有罪恶感这回事。你母亲不是刻意挑选你去认同，所以不可以责备她。这是来自系统结构产生的动力，没有人能够意识到它，也没有孩子能够抗拒得了它。

哈里：那么每一个涉入其中的人都是受害者？

海灵格：对！每个人都以不同方式涉入了这个牵连纠葛。这也就是为什么在整个事件中，不会引起罪恶感或是苛责的问题。

用最少的介入

达格玛：你的意思是他现在无须将母亲的家庭排列出来去研究其中的问题？

海灵格：如果那样做又能怎么样呢？哈里不需要如此。他很清楚现在的解决方法。其他发生过的事，已不能再现出来，若要尝试，只会走进幻想领域中。他已得到一切行动所需的，我们不要做多余的延续。对不在场的人，我不会为他们找寻解决的方法。我是用"最少的介入"的原则来工作。意思是只针对在场的人，一旦找到解决方法，我便停止，随即做下一个排列。我也不做冗长的事后观察检讨。现在我做的是例外，只为进修用途，否则没有这个需要，更不要衡量成功与否，这只会消耗能量。

个人化会降低关系的强度

艾达：子女可否在刚才新的排列中得到一些正向的东西？

海灵格：当然可以。无论家庭结构有多少牵连纠葛，它仍是生命的源头。但因为存在这样一个结构，所以个人的发展会受到其影响。例如，长子承受了一些塑造他发展的东西，然而现在他得到了一个机会去脱离那些负向的影响。

我们自己以及原生家庭通常都会向着个人化的方向发展，也就是说个人终将从他的联结中解放出来。被解放的同时也是朝向了一个更大的系统联结。在那里的人相互都有着联结，但又保持着自由。

这好比某人走出一个繁杂的村庄，攀上山峰。当他越走越高时，便得到更广阔的视野，体验到与更多事物的联结；但他爬得越高，就越感到孤独寂寞。摆脱约束的方法是与较大的体系相联结，这当然要付出孤独的代价。所以，对很多人来说，由亲密的关系走向新的和广阔的关系是如此的困难。但是，每一种亲密的联结都是向着较广阔和较远的方向发展的。因此，当一对伴侣的爱达到高峰时（高峰便是第一个孩子的诞生），它的强度便会减弱，并向较广远的方向发展。关系是丰富了，但强度必定减弱。

有些人以为，当他们投身于一段关系时，他和伴侣会永远亲密地在一起。但是他们可能没有想过，"关系"其实也会经历从"出生"到"死亡"的过程。这就如关系中某一部分的强度虽然减弱了，但在另一个层面上这关系又增添了一份有别于前的新品质——一份更安宁，更轻松和更广阔的情怀。

艾达：这是否就是从前消逝了的爱？

海灵格：不一样。这份爱更伟大，并带着另一种品质。

爱，遵循既定原则

海灵格：很多问题的出现，是由于人有一种想法，以为他可以靠着说服力，或是用努力，或是用爱——正如传教士所鼓吹的——去驾驭秩序。但秩序却是早已被排定了的，也是不能以爱来取代的。人要回归秩序，面对真相，只有如此才可以找到解决之道。

哈里：你刚才说了一句残忍的话：有些问题是不可以用爱解决的。事实上我的确已经多方面尝试，但总是失败，这真是一个可怕的洞察。

海灵格：爱是秩序的一部分。秩序是早已被排定了的，爱只可以在秩序的范围内成长。假若我将爱与秩序的关系倒转，一定会失败。爱是建立在秩序里的，在其中得到成长。正如种子安置在泥土中，得以成长和发育。

哈里：那我就是真的疯狂了，做了不少错误的事。

海灵格：对！但你现在有机会回归秩序。若愿意做出行动，有些人可以在短时间内得到很大的收获。忏悔和惋惜只会取代或破坏行动，令人变得软弱。

优先原则

达格玛：你将哈里的家族系统排列在一个有层级的秩序中，那是一个怎样的秩序？

海灵格：根据系统中的归属权，会发展出层级秩序，这是一个原生秩序，它是根据归属权在时间上的先后顺序而定的。所以，在哈里的系统中第一任妻子优先于第二任妻子；长子也优先于其他较年幼的弟妹。若要将这个家庭按照这个秩序排列出来，例如在一个圆周，层级较低的人以顺时针方向排列在层级较高的人的左边。

秩序的存在由时间决定，它的层级也是由时间决定，时间安排着一切。某个最早出现在系统的人，与日后到来的人相比，具有优先权。同样原理，某些首先出现在系统的事物，与其后出现的事物相比，也是有优先权的。由此看来，第一个出生的孩子有优先权；夫妻关系较之作为父母的身份有着优先权。这个安排是应用在家庭系统之内的。

在系统与系统之间也有一个层级次序。跟旧的系统相比，新的系统有优先权。例如目前的家庭与原生的家庭相比有优先权。假如位置调换了，便会出现问题。例如哈里母亲把优先权交给原生的家庭，便不能关怀目前的家庭了。

达格玛：你是说，一个是在系统内的优先权，另一个是系统之间的优先权，是不是这样？

海灵格：在系统之内，优先权是根据归属权的开始计算的。但在系统之间的次序，新的家庭是有优先权的。

第一任亲密关系的优先权

弗兰克：系统之间的优先权应该根据它们的质量而定，就是自然、健康的和不自然、病态的系统做比较。

海灵格：没有这种分别。第一任的亲密关系，不论质量怎样，总是比第二任先出现。第二任亲密关系中伴侣之间的联结总比第一任的要弱。联结的深度会随着关系的增加而减弱。联结不等同于爱。第二任关系的爱可能较深，但联结却较弱。当一个人脱离一段关系时，我们可以从他的罪恶感多少看出这份联结有多深。往往人们脱离第二段关系时，他的罪恶感是较轻的。然而，作为一个规则来说，后来的亲密关系要以先前的亲密关系拥有优先权，尤其是当后来的亲密关系中有孩子时就更是如此了。

家族系统的层级制度

海灵格：我想就层级秩序多谈一些，尤其是关于原始秩序的话题。每一个团体都会根据归属权开始的时间产生一个层级秩序，不论在家庭或在组织中都是一样。

在家庭内出现的悲剧，往往是因为后人违反了原始的秩序，意思是他做了本应属于前人分内的事情。例如：孩子尝试代替父母赎罪或承担所犯错误的后果，便是僭越的要求。孩子的行动是出自爱，根本不能察觉有这个要求。所以，悲剧中的英雄是盲目的，他们以为自己正做着伟大和美好的事情，但这个信念不会令他们免于失败。

对于这个要求，孩子是无法反抗的，因他是被爱推动着的，带着一片好意。唯有等他长大成人后获得了解，才可以从要求的枷锁中释放出来，返回应有的序位。但这个放弃绝不容易，因为他要从根本开始，凭自己的力量去重建生命。在属于自己的序位上，他才能与自己的中心联结；而在不属于自己的序位上，他会生气，并对自己感到陌生。

所以，家庭辅导工作中首先要注意的是：是否有人做出了僭越的行为。这也是首先要处理的问题。

有亲密关系身份而地位被排除

孩子永远不应该知道属于父母亲密关系的事情，这与他无关。伴侣之间发生的事，别人也绝对不能干涉。伴侣一方若向别人透露有关他们两人之间亲密的事情，便会破坏信心，带来严重后果，关系也会破裂。亲密的事应永远对其他人保密，例如一切有关与第一任伴侣的亲密事情不可以向第二任伴侣透露。父母如果向孩子讲述他们之间亲密的事，对孩子是非常不幸的，例如堕胎。就算在治疗师面前，也只可以在伴侣受到保护的情况下透露两人关系的隐私。

离婚的优先权

学员：当父母分手时，如果孩子问"你们为什么分手？"，应当如何处理？

海灵格：就对他们说，"这与你们无关，我们是分开了，但仍然是你们的父母"。父母和孩子的关系是不能分割的。离婚个案中孩子通常被判给父母中的一方。但没有人可以夺去父母的孩子，尽管离婚，父母仍然保留着对孩子的权利和义务，分割的只是伴侣的关系。如果孩子不被允许自己决定跟随父母哪一方，父母商量决定之后告诉孩子便是了。就算孩子提出反对，私底下他们也会感到愉快，因为不需要在父母之间做选择。

学员：实际上有很多父母尝试找孩子作为倾诉对象，向他们讲述伴侣关系之间哪里出错了。

海灵格：我们在这里工作时，要本着一个出发点，即伴侣分手，不是因为某些罪过，事实上，分手往往是不可避免的。不论在自己或在对方身上寻找罪过或犯错者，只是在逃避现实，而分手的痛苦是必须面对的。分手是牵连纠葛下的结果。双方都是在各自不同的情况下被缠绕着，所以，身为治疗师，我不会试图寻找到底是谁犯了错。我只对他们说，你们虽然曾经满怀热情地走在一起，但一切已经过去了。如果他们能够正视痛苦，便可以和平地分手，和平地处理分手的事务，之后也能自由地面对未来，这是我的处理方法。

学员：我参加过一个研究，研究的问题是离婚对孩子的影响。我想听听您的见解。每当父母向孩子提及离婚的企图时，通常孩子的第一个反应是以为自己做了错事，所以父母要离婚。

海灵格：父母之间出现问题，孩子总会在自己身上找过失，宁愿是自己有错。如果父母说，"我们不再作为伴侣在一起生活了，但我们还是你们的父母，你们还是我们亲爱的孩子"，这可以解除孩子的心理负担。

学员：我觉得这个处理方法很好。不过，很多父母都令人失望，所以孩子常常问到有关离婚的事情，我该怎么办？

海灵格：我已经讲了解决的方法。重要的是，孩子应该跟着父母之中比较尊重另一方的那位，一般来说是父亲，往往父亲会更为尊重孩子的母亲，我也不知道其中的原因。大部分伴侣有着美好的开始，所以即使离婚了，仍能拥有那段愉快的记忆，并且将孩子视为那段美好回忆的呈现，这对孩子是很有帮助的。

异议

格特鲁德：我对这种层级秩序很感兴趣。我现在有一种感觉——一种我无法解释的感觉，当我知道了这些准则后就在想，我儿子的父亲当初是否真的想与我结婚？他很令我感动，我觉得很好，但同时又马上粉碎了这段感情。

海灵格：从前有个忍受饥荒痛苦的人，他幸运地得到美味佳肴，但他说"哪里会有这种美事？！"，他便继续饥饿下去。

组织内的层级次序

海灵格：组织中根据各部门的功能及其目标，也有一个团体的层级次序。例如，相较于其他部门而言，行政部门有优先权，它有保障组织的作用。例如在一家医院内，老板的身边是行政人员，他是老板的左右手，他的职责是建立组织各部门的基础；跟着便是医生，他们履行医院的具体职责；然后是护理人员，他们自成一个团体；之后还有其他的工作人员，例如食堂职工，也是自成一个团体。

除此之外，职员之间根据加入组织的时间顺序来决定他们的层级次序。在医生团体中最早就职的比后来上任的有优先权。依照这个排序方式，我们可以继续排列下去。这个层级次序的安排跟职员的工作能力无关，它是根据职员在组织归属权的时间先后而定。

如果老板是新加入一个组织，他虽然是老板，但依照先来后到的顺序，他仍是排列在后面，必须要以最后排的序位领导这个团体。如果他了解他的任务是为团体服务，从而能够以最后的序位做领导，便更能赢得众人之心，也更容易执行任务了。

依照着先来后到的顺序原则，部门与团体之间有时也会出现层级次序。例如，一家医院增添了一个新部门，这个新部门的序位是排列在其他部门之后的，除非其他旧有的部门对它有高度的依赖。

学员：新老板可否辞退一个比他早来，也就是有较高序位的职员？

海灵格：老板如果在不合理的情况下解雇职员，自然会令组织不安，公司会有瓦解的危机。但如果职员犯了错，解雇便不成问题。职员如果是失职，或办事能力不佳，老板可以把他降级。但被降级的职员在先后顺序上没有丧失他的序位。这是两个不同的范畴，职位的功能是一个，先后顺序是另外一个。

后来加入的部门如果提出一些本来属于较早成立部门的僭越要求，组织也可能解散。例如行政人员不想受命于老板，而且企图控制他；或者在部门内，新职员向旧职员提出僭越要求，都会令组织不稳定。

拒绝生育的决定

索菲：我叫索菲，37岁，是名心理医生，有自己的诊所，结婚已有十年。

海灵格：有孩子吗？

索菲：没有！我正想讲，这正是丈夫和我目前的问题，因为我们的年纪也不小了，应该要做个决定。

海灵格：你们已经有了决定。

索菲：已经有了决定？你的意思是我们决定不要孩子吗？

海灵格：是的！

索菲：唔！你怎么知道？

海灵格：我可以看得出来。

索菲：是吗？我经常问自己。

海灵格：你们已经做了决定，现在就面对它吧！否则只会再度犹豫。

"选择，还是放弃"

海灵格：关于"决定"，我要谈一谈。当某人做决定时，他通常要放弃另一样东西。对他来说，他所决定的东西是存在着的，可以实现的；另一样他放弃的东西其实也是存在的，可以实现的，但他只视它为"不在"。

每一样存在的、实在的、可以实现的东西都是被一种"不在"包围着的。但是，"不在"也有它的位置，有它的影响力，绝对不是一无所有。当我鄙视"不在"时，"不在"会带走存在的东西。例如：当一个女人决定选择事业，而放弃家庭和孩子时，如果她鄙视或看轻家庭、孩子或男人，这个她没有选择的东西会带走她所选择的其中某些东西。反之，如果她尊敬为了事业而放弃的东西，那些东西会对她的选择做出赐予，一切也变得更伟大和丰盛。你能够理解其中的意义吗？

索菲：可以。

海灵格：如果你愿意的话，可以运用在你自己的身上。

（请参阅本书第358页故事"不在与存在"。）

拒绝生育对伴侣关系的影响

索菲：我选择的不是事业，而是我和丈夫的关系。我想，如果有了孩子，伴侣的关系可能会破裂。当你说，我俩决定不要孩子时，我马上意识到，这只是我个人的决定。我想我不能剥夺我丈夫拥有孩子的权利。

海灵格：丈夫如果想要孩子，但你却不想，这表示伴侣关系已经结束，你要考虑这个决定的后果，否则只是欺骗自己罢了。如果他不介意，仍然决定与你在一起，你便要对他做出特别的尊重。

争执

艾达：我叫艾达，是和丈夫威廉一起来的。我们工作上的压力很大。我在公司担任要职，同时又是母亲和妻子，但我更想从事心理学方面的工作，成为一名心理医生，不过现在看来还不可能。我有一个问题想要问你。上次来的时候，我跟你发生了争执。

海灵格：你经常会和我发生点儿小争执。

艾达：是的，是有一点点。但现在我若有所失。我曾经把你和我的生活紧紧联系在一起，每当面对棘手的问题时，我总会对自己说，"哎，我要写信给伯特"，跟着便开始写信，我在信中尽可能清楚地阐述问题，并且会反复修改信的内容。直到后来，即使不打扰你，我也能够找到解决问题的方法了。但这两年，我却做不到了，还会经常和你发生争执。

海灵格：你仍然有没解决的问题。你还需要向我求助，需要和我进行争执。

艾达：我想重新获得失去的，因为它对我来说很重要。

海灵格：当某件事情已经无法实现时，也许是时候以更好的东西来替代它了。

艾达：但是伯特，我什么都没有找到啊？

海灵格：我们可以一同找，看看我们是否能找到更好的。

艾达：对我个人，我损失了……

海灵格：我已经给了你一个建议，你能接受吗？

艾达：还有一点，我昨天用剪刀把刘海剪短了。

海灵格：但还是不够短。

（团体大笑。海灵格曾经在工作坊中谈到过，女人额前的刘海越长，就越混乱。）

海灵格：还有问题吗？

艾达：有。虽然身边仍是一片混沌，但我感觉很好。

孩子学业成绩差

沃尔特：我叫沃尔特，在大学工作，也兼职做一些心理辅导。我已经结婚并有两个孩子。我觉得在这里讨论个人问题没有太多机会了。让我担忧的是，如果孩子在学校的成绩不好，我会大受打击。而近日，我发现儿子的成绩很差。

海灵格：你以前在学校的成绩怎样？

沃尔特：小学时成绩非常好，到了中学以后成绩下降，自此之后再也没有什么好转。

海灵格：孩子的成绩不好，你要对他说，"我以前也是一样，成绩一旦下降，就没有什么好转！"

沃尔特：我先要想一想。

海灵格：不要想，你要对他们这样说。

海灵格：（对团体）他会不会对孩子说？他不会，他是在逃避解决问题。

海灵格：（对沃尔特）一个女人曾对我说，她担心女儿，因为她迷上了那个迈克尔·杰克逊（Michael Jackson，美国歌手），她为他建了一座供坛，每天都朝拜他，迈克尔·杰克逊咳嗽，她就咳嗽。女人问该怎么办，我告诉她，你应该对女儿说"我从前也是这样的"。

你知道当我们面临良药时的两难选择在哪里？你可以立刻把它整颗吞下去，药因此而生效；你也可以把药切碎进行检查，但如果这样做，恐怕也就永远不再会把它吞下去了。

转移的悲伤

罗伯特：我叫罗伯特，是一名公司管理顾问，有三个成年子女。现在最小的儿子与我一起住。

海灵格：你离婚了吗？

罗伯特：分居。

海灵格：从什么时候开始分居？

（罗伯特开始啜泣。）

海灵格：睁开你的眼睛，这情感使你虚弱，没有用处。看着我！有没有看到我？看到我眼睛的颜色吗？

（对团体）他要转移注意力到其他的东西上，才可以摆脱那份情绪。

（对罗伯特）你分居多久了？

罗伯特：有半年了。

海灵格：谁先提出离婚的？你还是你妻子？

罗伯特：她。

海灵格：发生了什么事？

罗伯特：她不想再继续下去。

海灵格：留意一下你刚才的感受，以前是否曾有过呢？

罗伯特：是的，我想那是一份很早以前曾经历过的感受。

海灵格：当有这份感受时，你有多大年纪？

（对团体）如果你们看着他，是可以看出来的。

（对罗伯特）估计一下，那时你有多大？

罗伯特：3岁。

海灵格：没错！当时发生什么事？

罗伯特：妹妹死了。

海灵格：你的妹妹？就是这个了。

（对团体）现在出现的是你旧日的情况与旧日的情感，它被推延到现在。你还在这份情感中，所以我不能为你做治疗的工作。你应该回到旧日的地方，用当时的情感和情况寻找解决的方法。

（对罗伯特）我现在排列你目前的家庭。

罗伯特：不好，晚些时候吧！（他开始哭泣，流泪。）

海灵格：我给你一个最后机会。

（罗伯特排列了目前的家庭，见图7。）

家庭系统排列：女儿代表了父亲已故的妹妹

海灵格：（对罗伯特）你与妻子当中有谁曾经结过婚或订过婚？

罗伯特：没有。

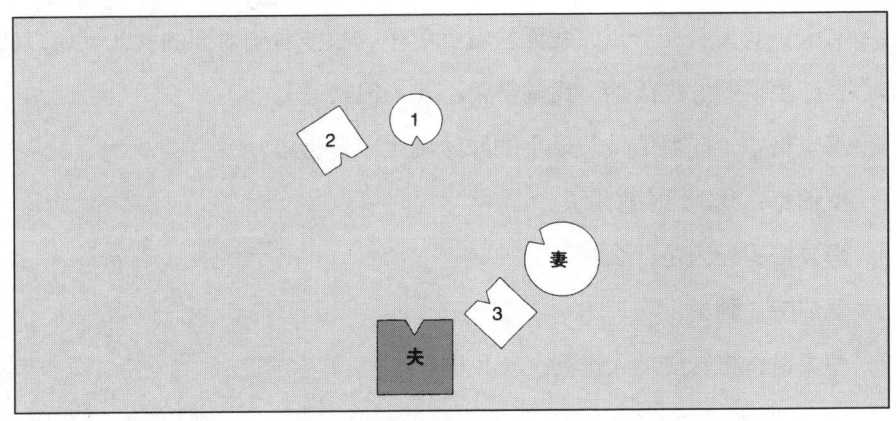

图7

夫：丈夫的代表（罗伯特）
妻：妻子的代表
1：第一个孩子的代表，女孩
2：第二个孩子的代表，男孩
3：第三个孩子的代表，男孩

海灵格：丈夫感觉怎样？

丈夫：我虽然站在家庭成员中，但感到十分失落。

海灵格：妻子感觉怎样？

妻子：我觉得好像要疯狂了，我看着长子，但同时又想转身。

海灵格：感觉怎样呢？

妻子：不好！

海灵格：女儿呢？

长女：站得很好，但只可以看见父亲。

海灵格：次子呢？

次子：不错！可以看到全部的人，不过就是少了一点接触。

海灵格：最小的儿子呢？

三子：一点也不好！这个位置使我与大哥产生强烈的对抗；但另一方面，被父母包围着的感觉很好。

丈夫：我要补充一点，我无法看到妻子，只能看到对面的女儿，所以我的心里产生了一份失落感。我觉得跟小儿子很亲近。

海灵格：（向罗伯特）最小的妹妹发生了什么事？

罗伯特：我3岁时她死了。

海灵格：死因是什么？

罗伯特：肺炎。

海灵格：将妹妹加入排列。（见图8）

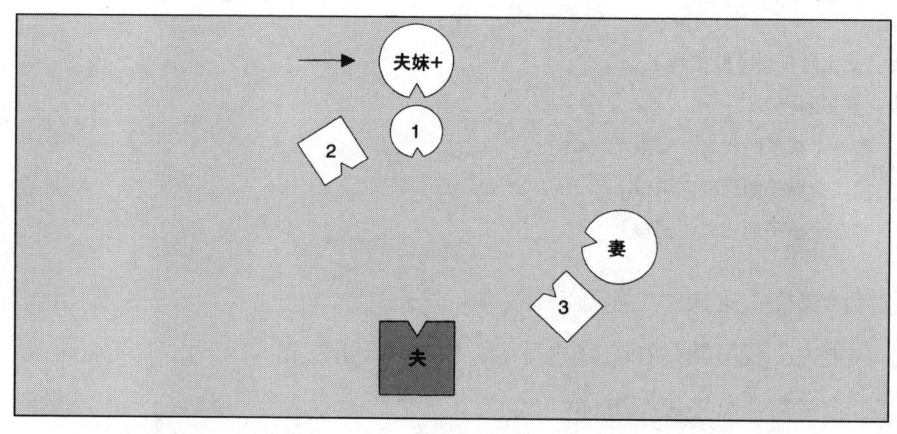

图8

夫妹+：丈夫妹妹的代表，已夭折

海灵格：（对团体）可以看到，你女儿认同了你的妹妹，为了父亲，她代表他过世的妹妹。丈夫有没有改变？

丈夫：我现在浑身发抖。

海灵格：女儿觉得怎样？较好还是较差？

长女：我感到兴奋。

海灵格：妻子现在感到怎样？

妻子：一些很重要的事情逐渐变得清晰了，让我感觉很不一样，比刚才好些了。

海灵格：（对团体）妹妹是重要的人物。不论什么原因，当系统失掉一个重要人物时，它会被破坏。这个人物重回系统后，系统会获得新的力量，然后才有能力做出改变。

海灵格：过世的妹妹感到怎样？

过世的妹妹：我说不出来。

（海灵格排列过世的妹妹，让她在她哥哥旁边，见图9。）

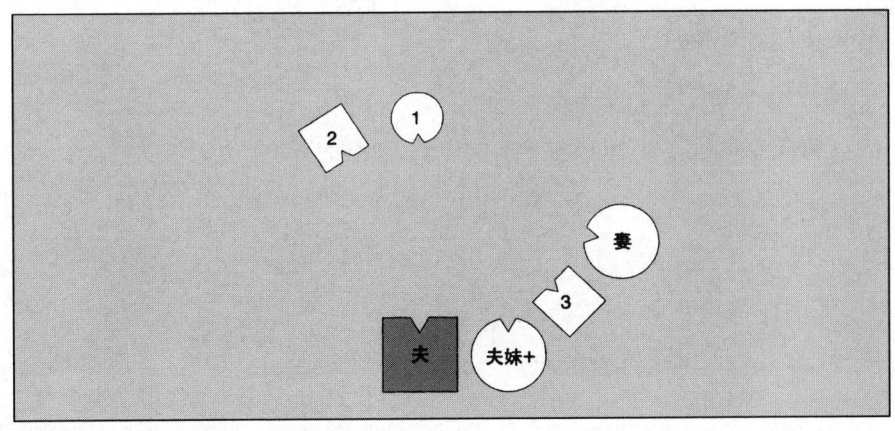

图9

海灵格：妻子感觉怎样？

妻子：真奇怪！我现在竟然可以亲近丈夫了。

（海灵格更改排列，见图10。）

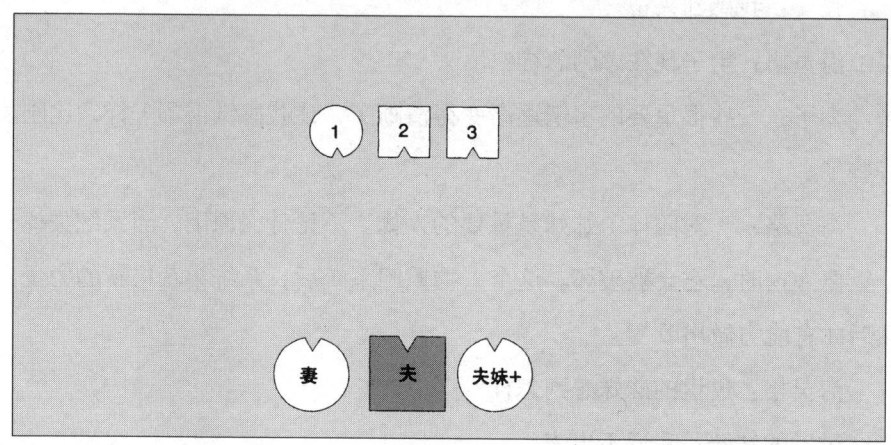

图10

海灵格：这样的改变对丈夫有什么影响？

丈夫：小妹妹加入排列时非常好，妻子加入时也是好的。但我感觉她们两个的位置好像相反了。

海灵格：是有这个可能。

（海灵格调换了小妹妹与妻子的位置，见图11。）

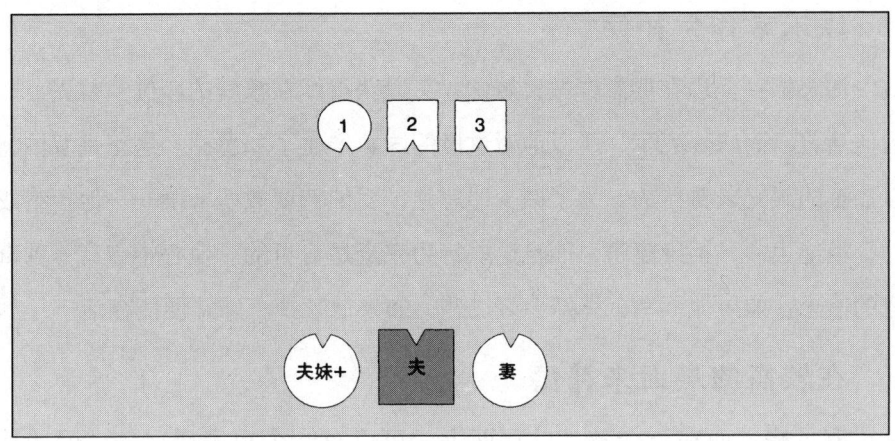

图11

丈夫：这样好！

妻子：现在有了改变，比较好。

海灵格：过世的妹妹感觉怎样？

过世的妹妹：好！

海灵格：孩子呢？

全部代表：好！

海灵格：（对妻子）当孩子这样面对着你，感觉怎样？

妻子：很好！

海灵格：（对罗伯特）现在站到你的位置上去。

罗伯特：（罗伯特站到他的位置）我不明白发生了什么事。

海灵格：你不需要明白，只需站在那里就好了。

（罗伯特摇着头。）

海灵格：（对团体）你们看到吗？接受解决之道是十分困难的，看看他是怎样在挣扎反抗着解决之道呢！这种情况是常有的。好了，到此为止？！

以不幸作为补偿

海灵格：他现在要怎样做，妹妹才可以获得她在家庭的序位？首先，因为他活着，而妹妹死了，所以他对过世的妹妹产生了罪恶感。这正是罗伯特以孩童的眼光来看待的。为了减少罪恶感，罗伯特要做些补偿——他拒绝成功，拒绝生命，拒绝妻子，而且这些行为完全是盲目的。他心中带有一种奇怪的信念：如果他不幸，妹妹会好过些；如果他死掉，妹妹便能存活。

在较高的层面来补偿

海灵格：而在一个较高的层面上，可以有一个更高层次的"爱的秩序"。通过那里的爱，我们可以避免进行盲目补偿，因为在那里，不论是自己的命运，还是其他深爱的人的命运，都可以得到相应的承认；在那里，我们是谦卑地被引领着的。

他现在要怎样实践这一解决方法呢？他要发自内心地承认：自己怀有罪恶感，然后向妹妹说一句有解决效果的话……你怎样叫她？

罗伯特：阿德莱德。

海灵格："亲爱的阿德莱德"，跟着我说"亲爱的阿德莱德"。

（罗伯特哭泣。）

海灵格：你现在这样对妹妹会很不好的。

（对团体）当他任由自己这样痛苦时，妹妹的死便会变得更加悲惨。因为他表达的意思是：不单妹妹已死，他也要死。他哀悼的方式使妹妹的命运更为不幸，因为妹妹也同样爱他。

就算他不接受，我也要说出这句带有解决效果的话，"亲爱的阿德莱德，你已经死了，而我会再活一段日子，然后我也会死去"。这就是带来解决的话语，它包含了补偿和自由，是非常谦卑的，生存和死亡也因此可以共存。

其次，我建议他做一个对他和妹妹都有帮助的练习，一年之内他在想象中带领妹妹认识这个世界。试着想象：他牵着妹妹的手，与她四处漫游，介绍她认识妻子和孩子，这是一个替她寻找一些补偿的方法。

（对罗伯特）当你面临困难时，可以让妹妹来到身旁，从她的身上获取力量，完成一些无法靠一己之力应付的任务，她的早逝也可以借此产生积极的影响。通过你，她可以在良善之中继续存活下去，这是和解，也是再一次的补偿。

通过承认和尊敬来补偿

艾达：现在我知道我忘记了的人就是我的姐姐。

海灵格：她发生了什么事？

艾达：她是我大姐，她阻止我与母亲建立亲密的关系。一直以来我只看到她负面的部分，当然这其中有负面的东西，但姐姐给予我很多，我很感激她。

海灵格：你其实可以公开地说出来。

艾达：我常希望为她做点事，但总是办不到。

海灵格：在这种情况下，你唯一可以做的就是敬重她。首先要经过一段心路历程，然后才可以说出来，例如，"我知道你所赐给我的，我十分敬重它"。这也是人们最终可以做到的，这要比送礼物作为补偿具有更深刻的意义。

家庭系统排列：接受自己的生命，即使许多人为之付出代价

克拉拉：我叫克拉拉，是名社工人员。我想解决一些有关家庭的问题。

海灵格：你有什么问题？

克拉拉：问题与姐姐有关。大姐芭芭拉是母亲和另一个男人的孩子；二姐弗朗西斯卡是父亲的孩子，但我不认识她。

海灵格：她的母亲是谁？

克拉拉：父亲认识她母亲时是已婚，不久父亲遇上我母亲。父亲与弗朗西斯卡母亲的关系很短。

海灵格：父亲从前曾经结过婚？

克拉拉：是。

海灵格：你父亲的前妻发生什么事？你父亲为什么离开她？

克拉拉：当时在战争。父亲说他们合不来。

海灵格：他们有孩子吗？

克拉拉：没有。

海灵格：然后你父亲认识了第二个女人？

克拉拉：是的。

海灵格：他们生了一个女儿，也就是芭芭拉？

克拉拉：是的。

海灵格：他们为什么不结婚？

克拉拉：我想因为他很快便认识了我母亲。

海灵格：你母亲之前是否曾经结过婚？

克拉拉：没有。

海灵格：但她有一个孩子。

克拉拉：对。

海灵格：孩子的父亲发生了什么事？

克拉拉：母亲说，一开始是他不想和她结婚，后来她也不愿意嫁给他。

海灵格：（对团体）你们可以想象到，她所说的在系统上所具有的意义。她的生命是在很多人失掉他们的位置的情况下而来的。有多少个？父亲的第一任妻子、第一个女儿和她母亲、母亲的第一个男友和他们的女儿，一共五个人。在这种情况下，孩子会为了敬重他们，为了平衡获得和损失而牺牺自己。这是个很复杂的个案,分量很重,可能无法处理。在很多人的损失之下仍然可以丰盛地生活,是不太可能的。

(对克拉拉)你有没有曾经尝试自杀?

克拉拉:没有!

海灵格:有没有曾经想过自杀?

克拉拉:没有!

海灵格:真是上天保佑。

(克拉拉曾因严重的车祸而残废。)

(克拉拉排列原生家庭的伴侣和子女,见图12。)

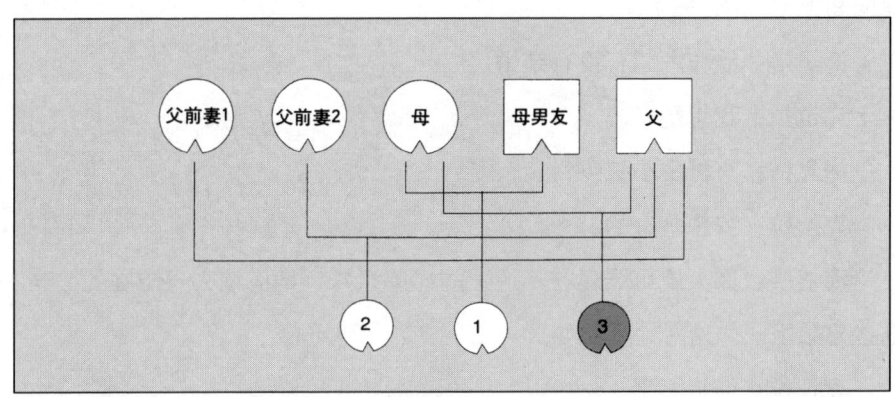

图12

父:父亲的代表,母亲的第二任丈夫

母:母亲的代表,父亲的第三任妻子

母男友:母亲男友的代表,长女的父亲

1:第一个孩子的代表,女孩,母亲与男友所生

父前妻1:父亲的第一任妻子的代表

父前妻2:父亲的第二任妻子的代表,第二个孩子的母亲

2:第二个孩子的代表,女孩,父亲与第二任妻子所生

3:第三个孩子的代表,女孩,父亲与母亲共同的孩子(克拉拉)

海灵格：（对克拉拉）我们现在排列你的家庭，你家里有哪些人？

克拉拉：父亲、母亲、我、父亲的第一任女人、他的第二任女人，她和父亲生下一个女儿，但我不认识她，还有母亲的第一任男人、她与这个男人生下的女儿。

海灵格：姐妹的排行如何？

克拉拉：最先是母亲的第一个女儿，接着是父亲与第二任女人生下的女儿，最后是我。当父亲的女儿出生时，他仍与第一任女人维持着婚姻。

海灵格：你的母亲为什么没有与她第一个孩子的父亲结婚？

克拉拉：当他认识我母亲时，他已经和别人订婚了，而孩子出生之后，他便马上回东德①去了。

海灵格：他在东德有没有结婚。

克拉拉：我想是有。

海灵格：有再生小孩吗？

克拉拉：我想是有的。

海灵格：你大姐可能还有不认识的兄弟姐妹，她应该去寻访她的父亲和这些兄弟姐妹。这对她很重要。

克拉拉：但她不想。

海灵格：你母亲可以从中帮助她。

克拉拉：她不会那样做的。

海灵格：我讲一个小故事给你听。

---

① 东德：德意志民主共和国（1949年—1990年），简称东德或民主德国，是1949年到1990年之间，存在于现在德国东半部的社会主义共和国。——编者注

故事：他们来了

在我的课程中曾经有一个年轻人，他从未见过他的父亲。他的母亲年轻时在巴黎认识了一个法国男人，因而怀了他。男方的家人马上安排他和另外一个女人结婚，因为在法国一个已婚男人是无须为其他的女人付赡养费的。接着他便避而不见，完全与这个怀孕的女人断绝了一切来往。

当那个男孩20岁时，母亲和他一起去法国找寻他的父亲。母亲一直认为孩子的祖父是站在她这一边的，她相信孩子的祖父将会引领他们找到孩子的父亲。某日，他们来到一个村落，在一家门牌上看见了孩子父亲的姓氏，他们便进入屋内，问女主人是否认识一个叫某某某的人。女主人说："请稍等一会儿。"她马上打了一通电话，说："他们来了！"

海灵格：（对克拉拉）好了！现在来进行排列吧。（见图13）

学员：父亲的第一任女人怎样？她还活着吗？有没有家庭？

海灵格：这个信息不重要。太多信息只会令人混淆，无法得到正确的感受。

（当她将自己的代表排列在父母的中间时，对克拉拉）父母是否离婚了？

克拉拉：没有。

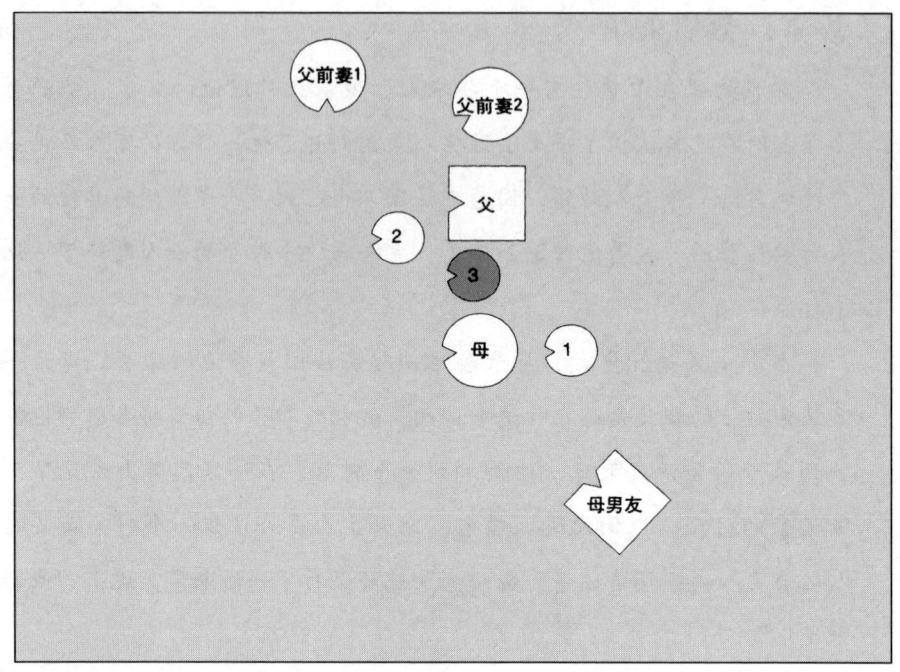

图13

父：父亲的代表，母亲的第二任丈夫

母：母亲的代表，父亲的第三任妻子

母男友：母亲男友的代表，第一个孩子的父亲

1：第一个孩子的代表，女孩，母亲与男友所生

父前妻1：父亲的第一任妻子的代表

父前妻2：父亲的第二任妻子的代表，第二个孩子的母亲

2：第二个孩子的代表，女孩，父亲与第二任妻子所生

3：第三个孩子的代表，女孩，父亲与母亲共同的孩子（克拉拉）

　　海灵格：我马上排列秩序。（见图14）

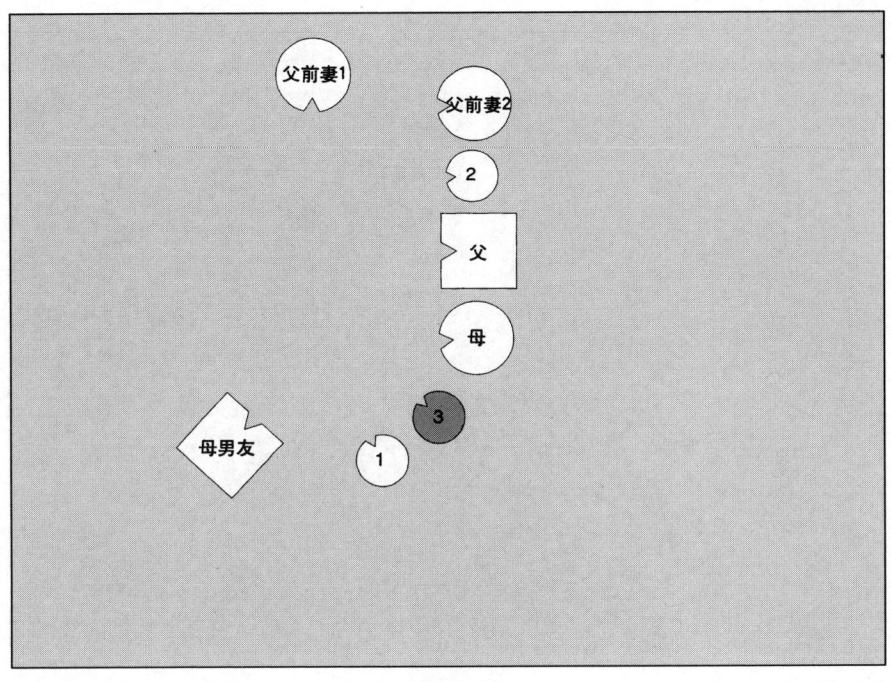

图14

海灵格：第二个孩子觉得怎样？

次女：比较好。

海灵格：跟母亲调换个位置吧。（见图15）

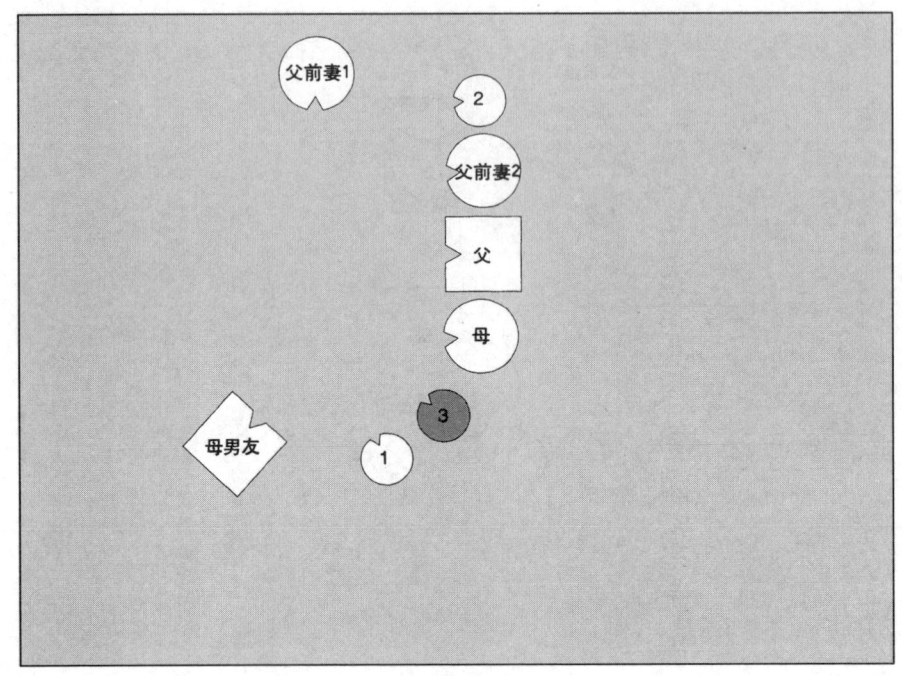

图15

次女：这个位置更好。

海灵格：父亲的第二任妻子感到怎样？

第二任妻子：不错。

母亲：我也一样。

海灵格：（对克拉拉的代表）三女儿感到怎样？

三女：刚才站在父亲旁边，感到有点奇怪。我注意到自己是怎样地离开母亲而朝向父亲，直至看不到她。当姐姐仍然站在我面前时，我想，这好像是一个防护罩，这样别人就看不到我和父亲有怎样的行动。我现在站在母亲旁边还是有点紧张，除此之外还是不错的。

海灵格：大姐感觉怎样？

长女：当我站在母亲后面时，感到似乎拥有某种权力，对母亲和妹妹有影响力，但又感觉很陌生，不属于那里。我觉得这里是属于我的位置。

海灵格：长女的父亲感觉怎样？

母亲的男友：刚才站在孩子母亲的后面时，我感觉右边非常温暖，好像她要拉我过去似的。当你把我排列到这里时，虽然是较为和谐，但我左边好像失掉了某些东西。

海灵格：那个位置属于你目前的家庭。父亲的第一任妻子感觉怎样？

第一任妻子：我感到似乎在地上生了根，我不停地问，究竟是怎么一回事，但我还是不明白。

海灵格：男人给第二任妻子和孩子优先权，第二段关系就瓦解了第一段关系。

长女：刚才在我母亲后面时，我感到有权力，但却是愤怒的。我不知道这是为什么。现在我仍然有刚才的感觉，是坚强，但还是愤怒的。这跟很多女人有关，我感到在所有女人当中，我是最为强壮的一个，但我仍很气愤有这么多女人。

海灵格：我想做另一个尝试，加入母亲男友的未婚妻。（见图16）

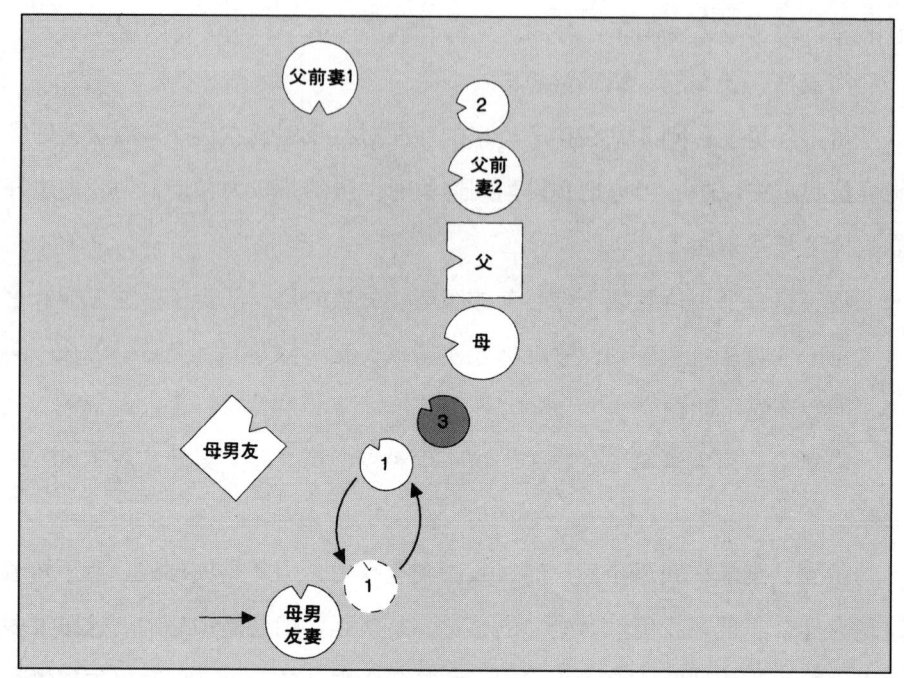

图16

母男友妻：母亲男友的未婚妻

海灵格：未婚妻感到怎样？

未婚妻：在男友的左边时有头晕的感觉，当换到他的右边时，我发现有些呼吸困难。现在的位置，也就是在他后面较远的地方，比较好。

海灵格：（对长女）你是否感觉到与这个女人的联结？

长女：此时，我有种要向后退的冲动。

海灵格：站到未婚妻旁边。现在怎样？

长女：比较好。

海灵格：你认同了她。

长女：这个位置实在是好多了。

海灵格：这是认同产生的效果。你承受了未婚妻的情感，她被你的父母所背叛。在这所有的人当中，你感受到了她的愤怒，这是她的情感。

（对克拉拉）你可以理解吗？

克拉拉：可以。

海灵格：（对克拉拉）现在回到你原来的位置。我们只想测试一下你是否认同了她。

（对克拉拉的代表）你感觉怎样？

三女：刚刚感到脊背由上而下好像要向后折断。这跟大姐离去有关。她回到原来的位置之后，这感觉便减弱了。

海灵格：与妈妈交换一下位置。（见图17）

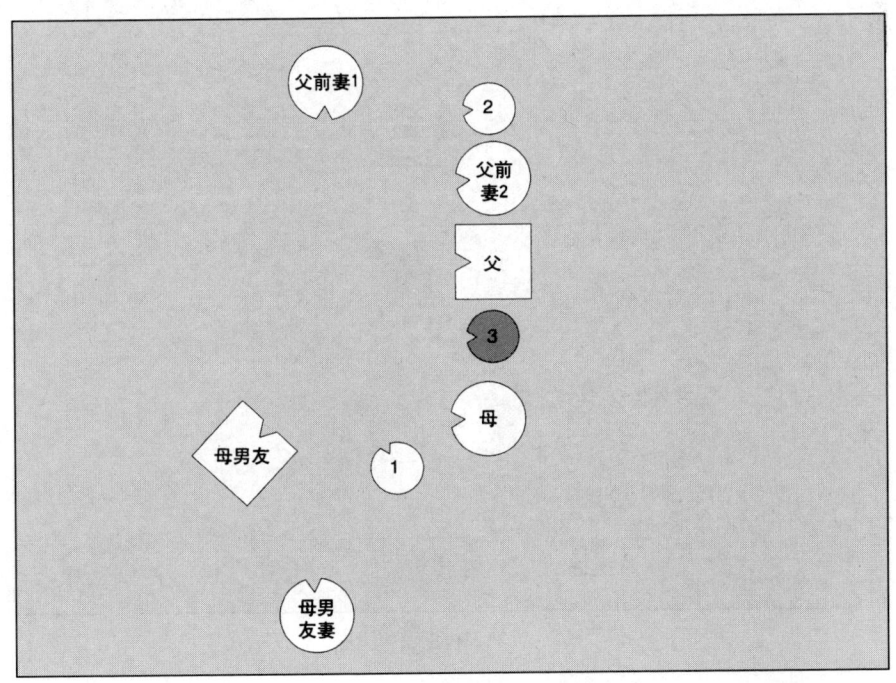

图17

三女：在这个位置感觉比较好。

父亲：我感到好像有个天秤平衡地放在这里，女儿是轴心，而当她刚才站在母亲另一边时，轴心在我身上，并且我的身体似乎在左右摇摆。

海灵格：母亲感觉怎样？

母亲：非常奇怪，我对所有人都不感兴趣，也没有什么感觉，但在长女旁边让我感觉较好。

长女：我感到对母亲负有责任，但是不想承担它。

海灵格：你的母亲仍然被紧紧地纠缠于第一任男人的系统中。作为现在丈夫的第三任女人，她不敢完全地承认这个男人。

（对长女）站到你小妹身边。（见图18）

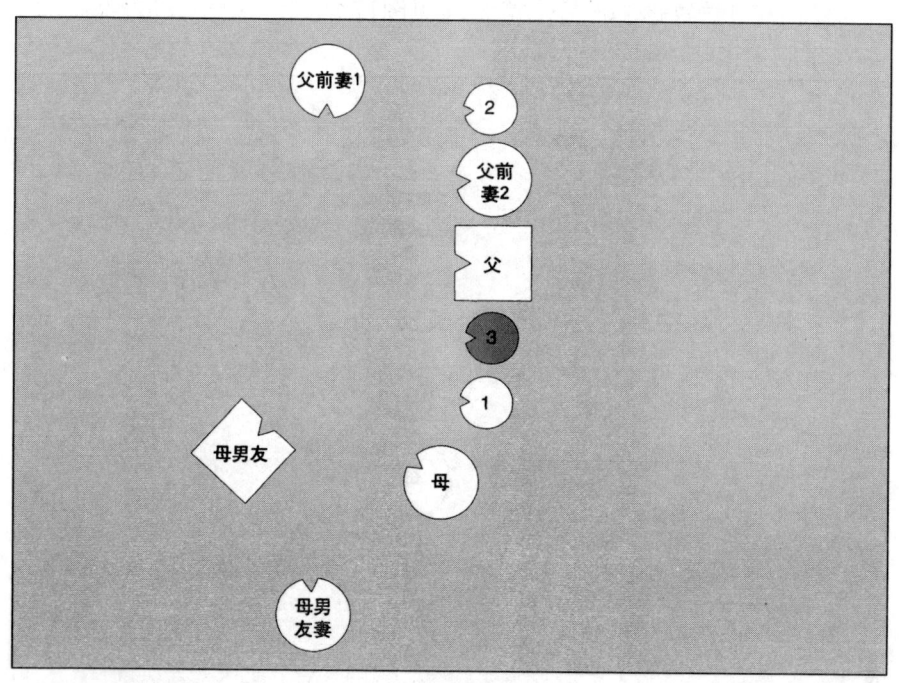

图18

长女：我喘不过气了。在这里感到舒服，但是让我喘不过气。

海灵格：（对克拉拉）站到你的位置。

克拉拉：（当她站到自己的位置）我感到与大姐有强烈的联结。

海灵格：没错。因为你无法真正依赖父母。

（克拉拉开始激动地哭泣。）

海灵格：我请你做一个练习，向父亲的第一任女人轻微鞠躬，但要带着尊敬之心。

（片刻之后）现在向第二任女人轻微鞠躬。（片刻之后）现在拥抱二姐。

（克拉拉拥抱二姐，她非常激动，并且长时间地哭泣。）

海灵格：现在向大姐父亲的未婚妻鞠躬。

（片刻之后）现在向大姐的父亲鞠躬。

（鞠躬之后）现在回到你原来的位置，看看四周，再看看他们。

（父亲拥抱着她。）

海灵格：走向母亲吧！

（克拉拉拥抱她，并长时间地哭泣。）

海灵格：现在回到你原来的位置，看看四周，再看看他们。

（片刻之后）好了，够了。

（克拉拉点头。）

承认个人的罪恶感并以此作为力量的来源

哈里：看到罗伯特的家庭系统排列，我思索着有关承担罪恶的问题。我一生都在为人承担罪恶，因此也接受了基督教。

海灵格：信奉基督教义的人认为自己必须赎罪，不幸的是，他们甚至认为自己有能力赎罪。如果某人正视他的罪恶感，罪恶感便会化为力量的泉源，人一旦正视他的罪恶感，他便不会再有罪恶感。当人压抑罪恶感或不想去知觉它，或隐瞒它的后果，便会有罪恶感，便会软弱。唯有当人正视他的罪恶感时，罪恶感才可以驱使他做出从前没有力量去做的善行。

承担别人的罪恶，或罪恶的后果，人便会变得虚弱。背负着别人的罪恶，他便再没有能力去做好的事情，他还会制造不幸，因为他承担了别人的罪恶，他也会夺去别人的力量，更使他自己变得软弱。

因此你现在要对母亲说，"不论你和父亲之间发生了什么事，我都尊敬你们是我的父母。我接受你们所给予我的，我也不会干预你们。"你便可以将罪过及其后果交还给他们。就算你没有直接说出来，他们也会马上感应到。他们要面对自己的罪咎和它的后果；你便有自由去面对自己的罪过。我是否已经解释清楚了？

哈里：清楚。

海灵格：还有问题吗？

克劳迪娅：我还没完全明白，当一个人承担了别人的罪恶，这会使自己虚弱。

海灵格：他会使自己和别人虚弱。

克劳迪娅：使别人虚弱，这一点我明白，但为什么会使自己虚弱？

海灵格：也是一样的。承担不属于自己的罪恶总会使人虚弱。谁承担了别人的十字架，便没有力量再去做其他的好事。但当人是在承担着自己的十字架、自己的罪恶，以及自己的命运，他便会坚强和有力量，能做更伟大的事。

为父亲保留面子

海灵格：我再举一个例子。

有个女人曾经对我说：她必须维护自己的面子，所以她尝试在表面下功夫，例如常常更换发型。她怀疑父亲曾经是战犯，所以他应该会害怕别人知道而失去面子，也应该会尝试着去维护它。我告诉她说：她应该想象自己是一个小孩，站在父亲身旁，望着他说"亲爱的父亲，我替你保留你的面子"。但她不敢说，就算是练习她也不敢。这其实就是解决之道，因为这样一来，她的父亲便会被逼迫到死角，必须去面对罪恶和恐惧，女儿也会因此得到自由。但这是一个谦卑的实践行为，孩子在这种命运之下，通常也没有勇气和力量做出改变。旁观者也只好让命运自行其道。某人如果想插手帮助，也只会变得像那个孩子一样，承担一些他不被允许也无法承担的东西。

受苦比接受解决方法更容易

尤纳：我叫尤纳。一年半前我有椎间盘突出的问题，之后我就经常背痛。虽然做过心理治疗，但总是想念着从父母那里得不到的爱。多年来我也有过很浓烈的男女关系，但关系总是不能持久。

海灵格：从心理学方面看，背痛总是来自一个原因，也很容易治疗，那就是需要一个深深的鞠躬。问题是要向谁鞠躬。

尤纳：鞠躬？

海灵格：对！一个鞠躬。看你的体态，正好与鞠躬相反。鞠躬的姿态是身体垂向地面。你可能要对母亲鞠躬，鞠躬的同时，在内心说"我尊敬你"。这是一句奇怪的话，但这也就是解决之道。

尤纳：我在内心是可以鞠躬的，但也许这还远远不够。

海灵格：如要鞠躬，便要将身体垂向地面。但承受背痛比鞠躬容易得多。对你来说，受苦比行动容易。所以，你的情况也不值得同情。

尤纳：我非常想做，但又感到有怨愤。

海灵格：（对团体）这真是个错误的想法，我以为病人希望解决问题，其实他们只想强化问题而已，这就是一个明显的例子。

谦卑的解决方法会带来痛楚

利奥：我叫利奥，是名精神病医生，从事心理治疗工作已经十六年了，我对工作非常满意，但我不满意我的原生家庭。我和妻子及两个孩子的关系都很好。我父亲的身体不太好，已经呈现出早期痴呆的迹象。

海灵格：相当自负，你说话的方式。

利奥：哦！或许我就是这样。

海灵格：很显然！

利奥：的确！从我懂事时起，父母就不断地争吵。他们曾经相爱过。我一直扮演着夹在他们中间的角色。

海灵格：现在你想引诱我认同你的看法。如果你的描述是正确的，问题应该早已解决。但现在问题仍未解决，便表示你的描述有错误。就是这样，当人们对问题的描述距离现实越远，他便越要多描述它，否则问题会被感知，被粉碎。你现在想怎样做？想要得到解决方法吗？

（对团体）你们看到他的面部表情了吗？他不想得到解决方法，接受解决是不好受的，就算是好的方法也会带来痛楚。因为好的解决方法是谦卑的。

（对利奥）你是否正在生我的气？

利奥：生气也不能改变什么。父母的问题是我的心结，它已经到了白热化的地步。我又很固执，不肯让步。

海灵格：非常好！我同意你。

孩子与父母的联系被中断

约翰：我叫约翰，从事环保教育和景观美化顾问工作——从事园艺设计。我想为身体经常出现的症状寻找解决方法。我的肩膀总是持续不断地疼痛，还经常头痛，也时常感觉到下腹部不舒服。

海灵格：头痛的问题可能是来自被堵塞的爱，通常是因为与母亲的联系被中断了。看到你的脸，我便有这种感觉：正像某人幼年时爱的联系被中断了一样。你幼年时有没有住过医院？

约翰：我住过两次医院。一次是因为手术，另一次是因为腮腺炎。

海灵格：那么爱的联系便可能因此而被中断了，当时你曾有复杂的情绪，如疑惑、悲哀，又常会有愤怒和放弃的想法——"一切都没有用！"——治疗的方法是把你带回当时的情景，使被中断的爱恢复联系。这可以通过催眠的方法，或是拥抱疗法来处理。你是否听说过拥抱疗法呢？

约翰：听说过。

海灵格：成人也可以应用这种方法。不过你要先回到幼年的状态，带着当时的感受，治疗师要扮演当时的母亲，两人一同回到当时的情景，通过拥抱疗法，使被中断了的爱再度恢复联系。

约翰：你是说由我身上释放出来的情感和它活动的方向曾经被中断了，是不是这个意思？

海灵格：没错！你与母亲爱的联系被中断了。当某人年幼时爱的联系被中断，日后当他与别人，例如伴侣，建立关系时，爱被中断的回忆会再次重现，可能就会潜意识地通过身体的毛病，反映这份被中断了的联系。同时，当他遇上与联系中断时相同的情景，往往会再次中断联系。与其带着爱的联系去接触伴侣，他宁肯选择逃避，一个恶性循环便开始了，这是一个神经机能病变的描写。神经机能病变产生的地方正是爱被中断的地方，而神经机能的病变行为便是一个恶性循环的行为。

我的描述已经提供了解决方法，因为准确的描述是包含着解决方法的。但解决往往会带来恐慌，因为当一个人到达爱被中断的地方时，对他而言是非常痛苦的。这是一个最痛苦的经验，因为它连接着一股极度强烈的无助感。

约翰：姐姐曾对我说，父母想到医院探望我，但医务人员不准他们到我身边，我的父母亲只能远远地看着我，他们非常伤心，但我已记不清楚了。

海灵格：现在我们有了一幅清楚的画面。当我们这样看着你，便看到你仿佛回到了当时的年纪，与当时一样可怜的样子，搬一把椅子，靠近我坐下。

（约翰搬起他的椅子，坐在海灵格面前。海灵格按着他垂下的头，轻轻地向前向后按动着。）

海灵格：（对团体）颈部这个位置的力量流动受到中断，现在却可以顺畅地流动了。

（对约翰）闭上眼睛，深呼吸，走回去，走回到你的童年——深呼吸，要有力，继续，用力呼吸，现在说"求求你！"

约翰：求求你！

海灵格：大声点！

约翰：求求你！

海灵格：大声点！

约翰：求求你！

海灵格：对！继续这样，再大声点。

约翰：求求你！

海灵格：好，继续做。

约翰：求求你。

海灵格：展开你的双臂，你可以抱住我，说"求求你！"

约翰：求求你！

海灵格：你怎样叫你母亲？

约翰：妈妈！

海灵格：说"妈妈，求求你！"

约翰：妈妈，求求你！

海灵格："求求你，妈妈！"

约翰：求求你，妈妈！

海灵格："求求你！"

约翰：求求你！

海灵格：用力地说。

约翰：求求你，妈妈！

海灵格：大声。

约翰：求求你！

海灵格：用尽全力。

约翰：求求你！求求你！

海灵格：现在非常平静地说"求求你，妈妈。"

约翰：求求你，妈妈……

（约翰睁开眼睛。）

海灵格：你现在感觉怎样？

约翰：很好。①

海灵格：你们看到这孩子曾经的不幸了吗？他很绝望，但他可以有机会再度去感受爱。在这个练习中，吸入是接受，呼出是付出，鞠躬也是一种付出。

好了！到此为止。

肩膀的疼痛

格特鲁德：我也想说说有关肩膀疼痛的问题。我右肩膀时有抽筋的情况。一直以来我都十分痛苦，每晚都会疼得醒过来，右手完全没有知觉，曾经尝试进行运动也没有效。

海灵格：下次再痛时，便要想象，用失去知觉的手抚摸你丈夫的右脸。

格特鲁德：我没有丈夫。

海灵格：那就抚摸那个你曾经爱过的男人，你孩子的父亲。同意吗？

挥之不去的念头

卡尔：我对那句"你要撤销收养"有深刻印象，我要非常留心，才不会

---

① 像这样的工作实非笔墨所能形容，文字记录无法完整地传达其情绪的强度。整个过程花了大约10分钟。约翰哭泣的声音以及伤心的泪水，证明了那是一段何等痛苦的经历。——译者注

被这句话扰乱。

海灵格：你可以很容易地忘记它，你知道该怎样做吗？

卡尔：我要行动。（他笑着说）在这个问题上我是徘徊在"是"与"否"两个极端之间。我想了很多，你谈到肩膀痛、头痛和情感再次流动的关系，以及鞠躬和尊敬的影响力。我想到了养子的亲生父亲。我想，我们也要尊敬这个男人，那才会有好的开始。

海灵格：非常好，你学得很快，那就开始吧！

家庭系统排列：母亲恐吓要和孩子一同自杀

特娅：我叫特娅，已婚，四个儿子都长大成人，搬出去住了。我原来的职业是讲授宗教课的老师，后来进修家庭辅导课程。我要讲的是，时间越久，我越是不能忘掉哥哥。以前我以为这无关紧要，但我现在感觉，这是很重要的。

海灵格：他发生了什么事？

特娅：23年前他自杀了。

海灵格：他那时多大？

特娅：29岁。

海灵格：他怎样自杀的？

特娅：上吊。

海灵格：这有什么问题？

特娅：我就是无法忘记这件事，由幼年时起，我常有一种感觉，我的生命是来自他所付出的代价。时至今日我还在想，为什么我还活着而他却必须死。

海灵格：他必须死吗？

特娅：我想，对他来说是必需的。

海灵格：有没有自杀的原因？

特娅：有一个原因，但我想它不可能是唯一的原因。

海灵格：表面上是为了什么？

特娅：他当时已获得博士学位，并且在大学里担任研究助理，当时还有另一个研究助理，他对我哥哥说，他将尽力使我哥哥身败名裂，我哥哥就尽量逃避他。

海灵格：那不可能成为自杀的理由。

特娅：我也这样想。这只可能是导火线，他感到有人要对他不利，他就自己先杀死自己。

海灵格：在自杀事件中，自杀者的亲属常有一种被侮辱的感觉，他们因为有亲人自杀而感到受辱。解决方法的第一步便是对哥哥说，"我尊重你的决定，并且你永远都是我的哥哥"。

特娅：在十年前我已经这样做，但我还是不能平静下来，我想一定还有些什么。

海灵格：你没有真正行动，否则你会得到平静。

特娅：我已达到那个阶段，可以说出"我接受你对生命做出的决定"。

海灵格：不！不！你所说的跟我所说的完全不同。接受是一种赦免，由上赐予下的行为。但当你说"我尊重你的决定"，对方便没有被贬。你的儿子们怎样？有哪一个像你的哥哥吗？

特娅：第二个儿子像他。

海灵格：这表示事情还没有解决。他是否曾经尝试自杀？

特娅：没有。

海灵格：他有没有提及过自杀？

特娅：没有。

海灵格：他做了什么令你如此担忧？

特娅：不是这样。我没有担忧。但他与我哥哥最为相似，在外表和思想上都像。

　　海灵格：你在有计划地塑造他。

　　特娅：我恐怕是这样。

　　海灵格：通过你所谓的观察，你在有计划地塑造他。如果你想让他得到安全，你应把他交托给谁？

　　特娅：他父亲。

　　海灵格：没错。

　　特娅：我早已想这样做，但尚未付诸行动。

　　海灵格：那么我们来排列你目前的家庭。家中有些什么人？

　　特娅：我丈夫、我和四个儿子。

　　海灵格：你们夫妻两人之中是否有人曾经结过婚，订过婚或曾经有过一段亲密的关系？

　　特娅：没有。

　　海灵格：有没有遗漏什么人？

　　特娅：我母亲和我们一起住。但我不知道她扮演什么角色。

　　海灵格：她与你们生活多久？

　　特娅：自从第二个儿子搬走之后，大约是从六年前起。

　　海灵格：父亲是否已过世？

　　特娅：他是战死的，我当时大约4岁左右。

　　海灵格：你要照顾母亲，这是理所当然的。

　　特娅：对，这也不成问题。

　　海灵格：你父亲是战死，你当时是……

　　特娅：大约4岁。最后见他时我3岁。

　　海灵格：他在哪里战死？

特娅：在苏联斯大林格勒。①

海灵格：这就是你哥哥自杀的背景，他想追随父亲。父亲死时多大？

特娅：30岁。我哥哥死时也是差不多30岁。

海灵格：这就是你哥哥自杀的背景了。

特娅：我不明白。

海灵格：就是这样，孩子会做出这种事。你母亲对你父亲的死有什么反应？

特娅：她有自杀的念头，而且也对我们说过。

海灵格：这样会强化你哥哥自杀的动机。她是否爱你父亲？

特娅：爱。

海灵格：这我就不大肯定了。

特娅：我想她是爱父亲的。

海灵格：我不是那么肯定。心中有爱的人，当他们所爱的人去世时，他们不会有想自杀这种反应。

特娅：她当初是充满疑惑的，后来她对我们说"如果我们战败的话"——当她说这些话时，我父亲已经过世了——"我们便一起跳河，全家死掉算了"。我不清楚，这个自杀恐吓是否与父亲有直接的关联？

海灵格：这是谋杀恐吓。

特娅：谋杀恐吓，是的。

海灵格：越来越阴险凶恶了。好！现在我们来排列你的家庭。（见图19）

---

① 斯大林格勒：苏联解体后，改名为伏尔加格勒。——编者注

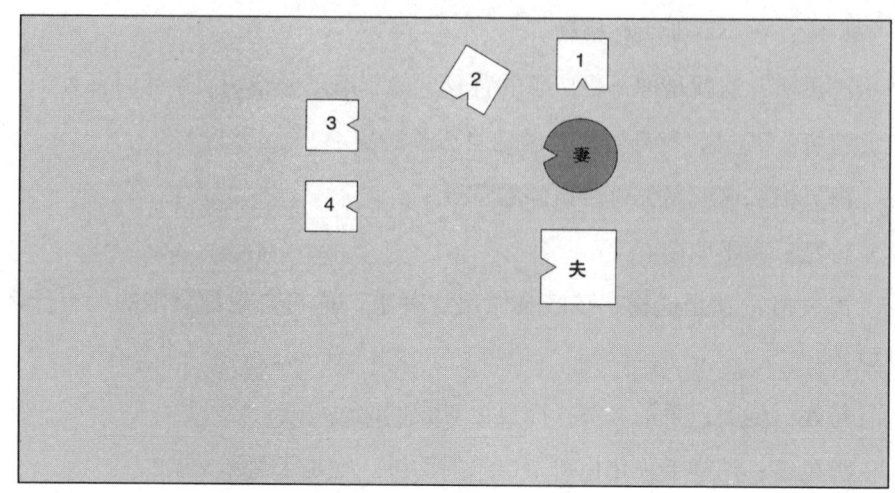

图19

夫：丈夫的代表

妻：妻子的代表（特娅）

1：第一个孩子的代表，男孩

2：第二个孩子的代表，男孩

3：第三个孩子的代表，男孩

4：第四个孩子的代表，男孩

  海灵格：丈夫感觉怎样？

  丈夫：我感到很陌生。妻子不在身边，儿子离我更远，没有交流。

  海灵格：长子感到怎样？

  长子：我感到愤怒，尤其是当母亲站到我和父亲之间的时候，那更加强了我的愤怒。我不属于那里，这让我很生气。

  海灵格：次子怎样？

  次子：我刚才想远离母亲，不过这种感觉现在减少了。

  海灵格：三子又怎样？

  三子：第一个感觉是这里充满神秘，两个哥哥离我很远，母亲又不是对着我。我感到如果我能保持头脑清醒，不陷入这种神秘的感受中，我便是这里最有持久力的一个人。当我转向弟弟时,我便想,我应带他离开这里,我担心他。我觉得不用担心大哥,他就是在生气。

海灵格:四子感到怎样?

四子:虽然是站在母亲对面,但没有接触。父亲也离我很远,我感到有点孤独,只与旁边的哥哥有密切的接触,我很不舒服。

海灵格:妻子感觉怎样?

妻子:我没办法看他们。我好像失掉了一双手臂,只能往地面看,而不能往上看。

(海灵格更改排列,让妻子背对家人看向外面,四个儿子依着年龄大小的顺序面对父亲站着,见图20。)

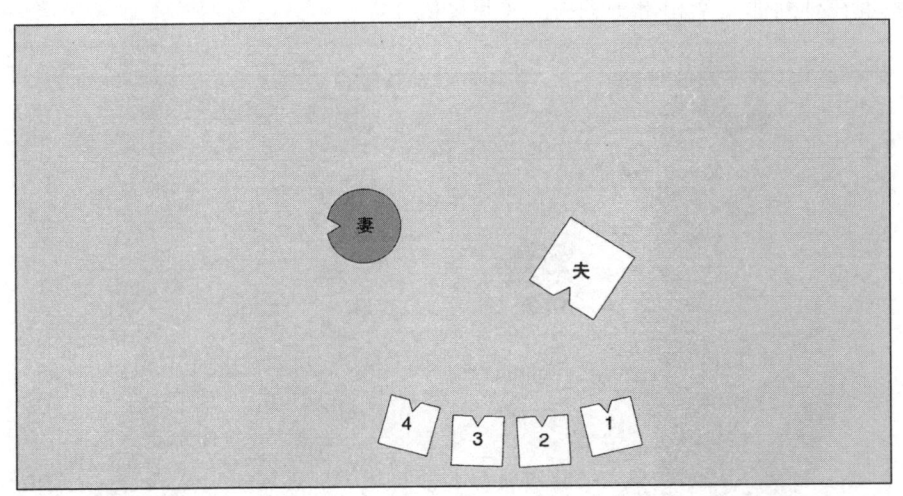

图20

海灵格:现在丈夫感觉怎样?

丈夫:我真的没有挂念妻子,看到儿子如一座大风琴排列在我面前,我感到很高兴。

海灵格:长子怎样?

长子：这里很好，我也没有挂念母亲。

海灵格：次子怎样？

次子：我感觉很好，我想与母亲有所接触，但除此之外一切都好。

三子：我没有再担心弟弟了。

海灵格：四子怎样？

四子：比起刚才在一个圆周中，我现在觉得好多了。我感到被保护，又得到很多力量，只可惜母亲不在这里。

海灵格：妻子怎样？

妻子：我感到好多了。

海灵格：（对特娅）我们现在的状态，当然还不是一个好的解决方法，我现在排列你父亲和哥哥进去。（见图21）

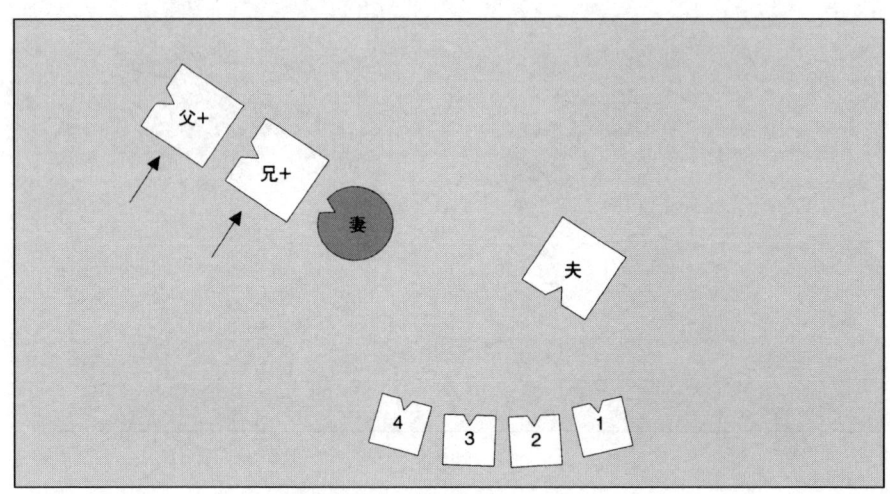

图21

父+：妻子父亲的代表，在战争中被杀害
兄+：妻子哥哥的代表，已自杀身亡

海灵格：现在妻子感觉怎样？

妻子：在父亲和哥哥后面感到很好。

海灵格：（对团体说）这就是忠诚。她追随着父亲和哥哥。对她而言，对父亲及哥哥忠诚比她自己的生命还要重要。

海灵格：丈夫感觉怎样？

丈夫：很好。

海灵格：哥哥呢？

哥哥+：也很好。

海灵格：（对团体）现在我尝试一个不算太激烈的解决方法。但在我们能够找到这样一个解决方法之前，我们必须去面对极限的状况，并且诚实地去看那些真实状况。但较不激烈的解决方法经常达不到效果，而极端的状况又往往无法避免发生。（见图22）

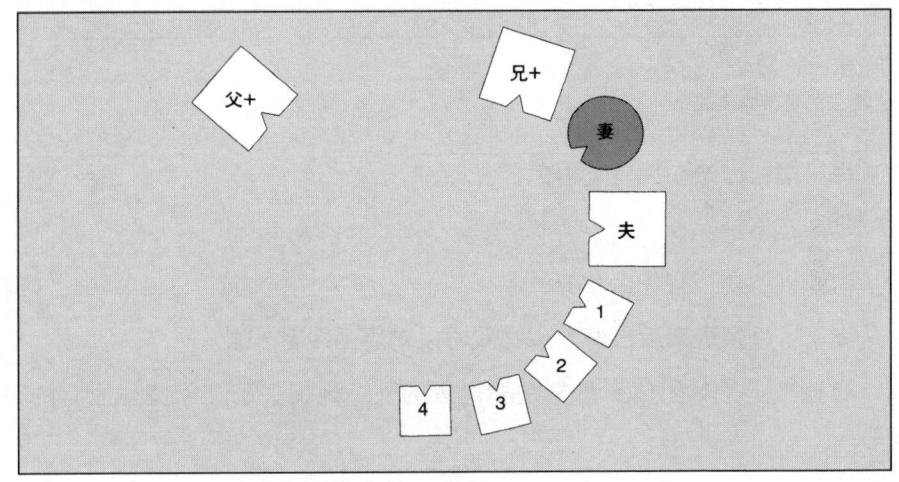

图22

海灵格：丈夫在这个位置感觉怎样？

丈夫：真可惜，儿子现在不是站在我的对面。

海灵格：妻子感觉怎样？

妻子：我与原生家庭的联结很深。我想多依靠丈夫一些，但不想看到任何东西。

海灵格：（对特娅）我们现在要加入你的母亲。

（海灵格排列母亲进去，但她是背对着家庭的，见图23。）

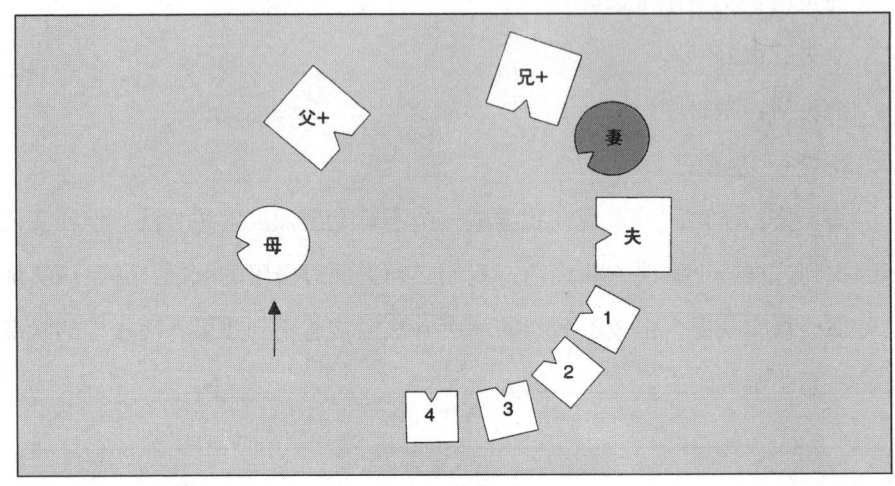

图23

母：妻子的母亲的代表

海灵格：母亲在那里觉得怎样？

母亲：不错。

海灵格：妻子有什么改变？

妻子：母亲进来后很好。现在我可以对周围多看一眼。

海灵格：（对团体）母亲是要离去的人，她丧失了在家庭里应有的归属权。

（对父亲）妻子的父亲感觉怎样？

父亲：自从我妻子排列进来之后，便有一个完整的感觉。

海灵格：（对特娅）现在站到你的位置上。

特娅：（当她站到她的位置时）跟儿子在一起感到很好，但跟丈夫我就不确定了。

海灵格：但你也可以友善地看他一眼。

丈夫：她避免一切身体的接触。

海灵格：她需要时间去习惯一下。

我曾经听说过一个因纽特人，去加勒比海旅行享受夏日假期，整整花了两个星期的时间才适应过来。

特娅：我仍然不大明白。

海灵格：靠近丈夫一些，以便和他有些身体的接触。

丈夫：她还是和我保持了三厘米的距离。

海灵格：（对团体）如果她与丈夫幸福地生活，便好像犯了一个大罪过，这样一来她就是胆敢比母亲更为幸福了。你们现在看到了，获得幸福是需要勇气的。

家族中谋杀和恐吓杀人的后果

海灵格：某人如果在系统中杀人或企图杀人，他便丧失了在系统中的归属权。

埃拉：只是因为恐吓杀人？

海灵格：对！就是因为恐吓杀人，她母亲丧失了她的归属权和身为母亲的权利。

弗兰克：就算她没有真的做出杀人的行为来？

海灵格：就算她没有做出来。在这里我们清楚看到，一切严重罪行，包括在自己系统以外发生的，犯罪者都会丧失归属权，杀人总是属于重罪。

曾有一个男人在课程中讲述，他父亲以前是市长，在大战结束时拒绝交出市镇，很多人因此被杀。战争结束后他被判死刑，但他感到自己是清白无辜的，儿子也认为他是英雄。我们把他的家族系统排列出来之后，便清楚看到他丧失了归属的权利。所以，我把他排到教室外面，接着整个系统便得到和平，这种情形是有的。

（对特娅）很明显，你母亲丧失了归属的权利。但这并没有影响你身为女儿所对她应负的责任。但你要知道，家庭系统已被杀人或恐吓杀人污染了，也产生了可怕的后果，例如对你哥哥。所以，你的儿子要离开你受牵连纠葛影响的系统，转移到系统的健康部分，就是要跟随他的父亲，在那里儿子才会得到安全。

罗伯特：在系统中堕胎是否也算杀人？

海灵格：不算，堕胎没有这种后果。

特娅：母亲曾经做过补偿的事，战争接近尾声时，我们遭受两支军队的攻击，每当有手榴弹扫过，她都用身体保护着我们，她这种多次拯救我们的行为，对我来说是一种补偿。

海灵格：这一切都没有用处。你应尊重她保护你们的行为，其他的却不能补偿了，正如你在哥哥的命运中看到的。我们常有一个想法，以为可以用赎罪来挽回事情，这是不能的，人要正视罪过，就是这样：罪过是不可挽回，也不能补偿的。但从罪过中获得的力量可使人做出伟大和善良的事情，会推动和解，但罪过没有因此消除。人如果可以正视他的罪过，他所获得的要比他得到的宽恕或做补偿获得的更多。

卡尔：我感到震惊，当你刚才说，她哥哥的自杀正如父亲之死的重演，我不明白。

海灵格：我现在再解释一次。要自杀的本应是她母亲，但儿子却代替她做了。这就是真正的动力关系了。

（对特娅）你可以感受到吗？

特娅：可以。

克劳迪娅：意思是，哥哥的自杀与父亲的死无关，但是与母亲的恐吓杀人有关？

海灵格：对。但这里还有另一个动力，由于对父亲的忠心，孩子是会追随父亲去死的，但是，恐吓杀人的动力在这里最强烈。当较强烈的动力运作时，其他较微弱的动力便丧失意义了。在这里，母亲的恐吓杀人掩盖了其他动力。

丧失归属权的人必须离开

乔治：你说，特娅的母亲失去了归属权。我想知道，在什么情况下会有这样的结果和怎样处理它？

海灵格：那要视具体情况而定。谁曾经在家庭内杀人和有杀人的念头，或者严重侵害其他人，他一定会失去归属权的，他要离开系统或遭受排除，否则另外一个无辜的家族成员便会代替他而受到排除。

在工作坊中曾有一个爱尔兰人说，他祖父在战争中杀死了自己的弟弟。他不但没有被排除，反而被视为英雄。他的孙儿便代替了他，远离家乡，又和兄弟不和。当我排列他的家族时，我将祖父送到门外，家族系统和兄弟之间便得到平和。

曾经有一个学员是赫尔曼·戈林（Hermann Goering）的侄孙女。戈林在纳粹期间是管理集中营的。那个学员还保留着一个刻着戈林名字的银器。在她的家庭系统排列中，系统非常不安，当戈林被送到门外，整个系统便得到安宁。我后来建议她把银器销毁，但不可以把银器变卖、赠送或做其他用途。一年之后她便照做了。

乔治：如果一个女人欺骗了男人或一个男人欺骗了女人又会怎样？他们是否也会丧失归属权？

海灵格：在当前的家庭中会有这个可能的，但不是在原生的家庭。

有益与无益的问题

弗兰克：我想问，在这个个案中我们可不可以假设，特娅的母亲当时也是生活在充满杀气的愤怒中？

海灵格：你现在所做的……

弗兰克：我还没说完。

海灵格：但你所说的已经足够带出疑问的影响力，去质疑一个解决之道是危险的行为，让我告诉你我的经验。当某人向我叙述他们的问题时，我心中便会出现一幅系统画面，突然间我就可以很清楚地看到重点所在。如果我开始去怀疑我所看到的，并且开始提出一些假设性的问题，这个画面便会消失。你对画面提出的每一个问题都会使画面消失，同时我和当事人对行动所需要的能量，也会被减弱。你明白了吗？

弗兰克：我认识到有这种情况。我只想知道，我的看法是否有可能？

海灵格：你不能做比较，因为在这里发生的是可以看到的。如果我们开始去推测其他可能的动力，那么真实情况的能量便消失了。如果你描述出一个具体真实的个案，那么我们便以具体真实的方法来处理，那样便会有能量，但是像现在这样，问题只会停留在假设的层面，而且缺乏能量。如果你真实地在凝视一座山，也就无须再问山的形态了。

达格玛：我还有另一个问题，特娅的母亲和特娅住在一起，她现在应该怎样对待母亲？

海灵格：如果我回答你的问题，便会削弱特娅的力量。这个问题是关于特娅的，她已经明白是怎么一回事了。当你提出问题时，你的注意力便不再停留在特娅的个案上，而是转移到自己身上。注意力应放在知识上，而不是在行动上。

达格玛：但问题也与我个人有关。

海灵格：不是。你是将一个陌生的问题套在自己身上，你不可以这样。如果你有属于你自己的问题，而且这个问题与你和你的需要有关，那么我将乐于和你一起探索，但是那必须是一个具体而真实的问题。

治疗师在做家庭系统排列工作时的责任

海灵格： 有些治疗师在家庭系统排列中对学员说，他们应该跟随自己的感受寻找解决之道，但他们却没有找到。寻找解决之道需要有正视真相的勇气，通常也只有治疗师才有这份勇气。如果治疗师保持独立，知道有关在系统中产生作用的秩序，同时也同意系统的真相，他会有这份勇气。如果学员随意地活动，他可以做到坚持正视问题。治疗师不可以视若无睹，或将真相埋藏在假设的语句中。如果他那样做的话，将被个案当事人欺骗，成了共谋之一。一个能了解系统秩序的人，便能看到解决之道。只要他做一点儿尝试，最后也会找到足够准确的解决方法。但最重要的，通常都是一目了然的。

在家庭系统排列中，治疗师是本着现象学的方法在工作。意思是说，他投身在一个隐而不显、互相紧扣的系统中，直至体验到真相为止。相反，如果他只认识一个概念，便凭着这个概念，或某个联想去找寻解决之道，他是找不到的。凭着一个刻板的方程式，不会找到解决方法。每一次的解决方法都是新的、独特的，如果我只依照以往经验中的排列做推测，便不能接触眼前的真相。这个工作中最重要的就是：要用全新的眼光去面对每个不同的情况。只有当我注意和尊重全部的家族成员，尤其是那个背负重担的人，唯有当我正视并认出这个人时，我才能找到解决之道。这个人是最重要的决定性指针。

观察过程而非结果

卡尔： 我认识特娅的家庭，从我的角度来看，你的排列正反映这个家庭的真相，虽然代表在排列过程有不同的反应。那么，你究竟怎么做才能够在排列中不受其他人影响？

海灵格： 我不会受影响的，因为我注意某人是集中在他的感觉中，不会分心。

卡尔：我看得很清楚。

雷蒙德：我常有一个想法，认为治疗师应尽快找出最后的排列画面，但现在我看到，在过程中出现的画面对最后的画面也有意义。

海灵格：最后的画面是经过多个步骤才找到的。通常的做法是：首先指出系统所趋向的极端结果，然后在多个步骤中找出一个好的解决之道，也就是排列出有秩序的画面。过程不能怠慢，要尽快达到目标，否则便会消耗能量。有时我们会即刻知道什么是正确的，然后只要再进行一个步骤便可大功告成。

在家庭系统排列中与其他人的牵连纠葛

乔纳斯：我在特娅的家庭系统排列中代表她的三子，我在排列过程中感到非常困惑。休息时，我尝试找出困惑的原因，我知道某些东西与我自己的家庭有关。令我困惑的地方是，开始时我很清楚地听了多次我们要代表的角色，但在我的感觉上，角色中的父亲不是我父亲，而是母亲的父亲。我现在问自己，什么事与我的家庭有关？我想也许是因为我母亲很早便失去了父亲。

海灵格：我的解释是，你感觉到这个家庭发生了什么事，但你千万不要将这种感觉转移到你自己的家庭里。你将感觉讲出来是很好的，或者在特娅与丈夫的关系中存着这种困惑，你现在给了她一个重要的回应。

利奥：我仍然未能完全从这个自杀者的角色中释放出来，我虽然感到这跟目前的我是扯不上关系的。

海灵格：你需要有意识地划清界限。当人们参与家庭系统排列时，他很快便会体验到被牵连纠葛在一个陌生的系统中。对于一个小孩，他日夜生活在这个系统中，会更快地被牵连纠葛进家族的动力和感觉中。所以，我们也能体验到，情感是变幻无常、不可靠的，例如在这个排列中，它们可以被一个步骤完全改变。

（对团体）我们可以结束这主题了吗？

哈里：不可以。

母亲的自杀恐吓

哈里：总的来说，在我一生中总是受着女人自杀恐吓的影响。母亲婚姻失败之后，常对我说"我会自杀的"。她虽然没有自杀，但我感到压力很大，现在想起来，仍觉得非常可怕。

海灵格：解决方法应该是什么呢？母亲还在吗？

哈里：她还健在。

海灵格：现在她还讲这种话吗？

哈里：没有了。

海灵格：怎么样才会是当时正确的、解决性的答案呢？——让我告诉你吧！这也是我的任务，你要听吗？

哈里：当然要。

海灵格：它应该是，"亲爱的母亲，您不用担心；在适当的时候我会为您而做"。

（对团体）你们注意到这句话的效果了吗？这样，母亲还会有机会自杀吗？他也会得到自由。这句话听起来怪怪的，但效果却很好。在这个工作中有时需要善用谋略，只要它们是有用的。

哈里：我第一任妻子，我孩子的母亲，又重复自杀的恐吓。

海灵格：现在我不想再听了。

（对团体）他现在正在做什么？

威廉：问题的延续。

海灵格：他已经知道了解决的方法。正如对母亲一样，他可以对妻子讲同样的话，但他仍然停留在问题上呢。

约翰：那样的一句话只能被当作解决问题的手段，但他如何才能相信他不会真的自杀呢？

海灵格：他只能非常含蓄地讲这句话，这需要极大的力量。每个人都可以认真地讲话，但含蓄地讲，使别人产生疑惑，这便是艺术。这句话虽是一个解决问题的手段，但要花费很大的力量。试想，他要在母亲面前说这句话，他会颤抖的！

约翰：我的意思是，当他讲出这句话时，他会想到自己要这样做。他没有感到这是含蓄的。

海灵格：我的猜测是，他曾经认真地想过要这样做。不过，这句话也已经拯救了他。

格特舍德：我不明白这句话，完全听不懂，请你再说一次好吗？

海灵格：我不会再说，这样的东西我不重复的。

哈里：现在我真的感到很泄气，你阻止我说我的第二任妻子……

海灵格：现在我不想知道那些，你不能强迫我听，除非你可以说服我去听你所必须要说的。

（对团体）我讲一个故事给你们听，或许有助于你们更了解有关自杀的神秘动力，这是一个动人心弦的故事。我们在聆听这个故事的时候，似乎死亡和分离都已经失去威力。对某些人来说，这个故事带来解脱，正如他们晚上临睡前喝一杯美酒，之后便睡得更香甜。第二天他们就会起床，然后照常工作。

但另外一些人，他们饮酒后只躺卧下来，却没有入睡，他们还需要有一个人把他们弄醒。那个人会告诉他们另一个故事：他将美酒变为解药，有助于人们饮下之后会再次醒来，并且能够帮助他们逃脱第一个故事的魔咒。

故事：终结

有个20岁的年轻人名叫哈罗德，他常喜欢吓唬别人，假装好像他与死神有约一般。他告诉朋友说他有个现年80岁名叫毛毛的女友，毛毛在她80岁生日聚会暨订婚典礼进行到一半的时候，对他透露说，自己已经吞下毒药，午夜便会死去。朋友沉默了片刻，然后说出了以下这个故事：

在一个小小的星球上住着一个小矮人，由于他在那里是唯一活着的人，所以称自己为王子，意思是第一和最好的。陪伴他的只有一支玫瑰花。玫瑰花从前还是芬芳无比，现在却逐渐凋零了。那个还是小孩的王子便悉心照料，努力地要使它存活下去。他每天浇水，晚上还要防止它不受寒风侵袭。但当他想在玫瑰身上寻找昔日的美好时光时，它却展示一身针刺。久而久之，他也讨厌那支玫瑰花了，他决定离开自己居住的星球。

他探访附近的星球，它们也如他所住的星球一样小，那里的王子也如他一样古怪，他便不想留在那里。

后来他来到地球，找到一座玫瑰园，空气中充满浓烈的香味，他从未梦想过会有这么多玫瑰花，因为他一直以来只知道有一朵玫瑰花。因此他被这些争奇斗艳、风姿百态、数以千计的玫瑰花弄得神魂颠倒而深深着迷。

在玫瑰丛中他发现了一只聪明的狐狸，狐狸假装害羞，欺骗王子说："你或许以为这里的玫瑰很美丽，但它们其实没有什么特别，只是自生自灭，又无须别人照顾，但你自己的玫瑰是独特的，因为它需要你的细心呵护，你还是回去吧！"

小王子感到悲哀、困惑，他走到一条通往沙漠的路上。在沙漠中他遇到一个紧急迫降的飞行员，小王子希望可以留下来与飞行员同行，但这个飞行员是个逍遥自在、随遇而安的家伙。当小王子知道这个飞行员不会照顾他时，便对他说他将要离开，并且回到自己的玫瑰花那里去。

当夜幕低垂，王子蹑手蹑脚地走近一条蛇，他假装要去踩踏那条蛇，那条蛇便一口咬上王子的脚踝，王子的身体抽搐了一两下，便静止不动地躺在地上。小王子就这样死了！

第二天早上，飞行员发现了王子的尸体，他心想："聪明的家伙！"接着他便将王子埋在沙漠中。

哈罗德——后来听说——并没有出席毛毛的丧礼，反倒是多年来他第一次在父亲的墓前献上了玫瑰花。

或许我要加上附注，那些沉迷于圣埃克苏佩里（Saint-Exupery）的小王子故事[①]的人喜欢自杀的幻想，他们甚至会真的自杀。小王子的故事给他们提供了一个自视无辜的借口，因为它给自杀包上了游戏作为外衣，而孩子们的梦想通过游戏得以实现，他们梦想着信念和希望能够征服死亡，梦想着死亡驱除了分离而不是封印了分离。他们却忘记了，我们所谓的不朽，其实是那些我们知道它早已过去，但又终将失去的。

攸关生死大事

利奥：在我的家庭中常有一种说法，人一过了30岁便没有了人生乐趣。我母亲最近又是这样跟我说。

海灵格：在基督教的家庭里会有这情形，人与耶稣一同死去。

利奥：就算是这样，我也不可能让父母就这样逝去。我想讲的是，我父亲十分固执，最近他试图重新驾车，但他的身体已经明显老化，手脚也不大灵活了。在他开车时，我对母亲说："好啊！下次我们再开车走这条路时，

[①] 圣埃克苏佩里（Saint-Exupery，1900—1944）：法国作家，《小王子》是他生前出版的最后一本书，本书出版一年后，他在一次驾机出行时遇难。——编者注

可以在途中替他找个墓地。"我想这话中或许具有双重意义,也有认真的成分。这对我来说是一个新的状况,有时我真不知道要对这些状况一笑置之;还是干脆让我的父母顺其自然,静观其变?

海灵格:当死亡失去了可怕和严肃的时候,人便会这样看待它。你今天早上就是这样子,所以我打断了你。你描述父母的态度是非常有破坏性的。我认为有这种态度的人基本上是有自杀倾向的。他们看起来精神饱满,为人可爱,但我们会感觉到,他们是朝着另外一个方向走,在表面之下流动着的是另外一股动力。他描述的态度正反映系统中流动着可怕的东西,你现在所讲的,更是加深了可怕的动力。

你现在开始认真了,你是否能看出自己与早上的不同?你现在很认真而且全神贯注。

(对团体)重要的是,治疗师绝不允许在缺乏严肃性的话题中浪费时间和能量,他要引导团体回到重要的事情上。毕竟,我们所谈论的是攸关生死的大事。

利奥:我今天早上没有不认真呢!(他边说边笑。)

海灵格:(对团体)你们看!他又这样了!他要将这种态度再表演一次,好让我们看得到。你们看到了吗?这就是了,这带着十分危险的动力。他们会做出一些自己也没有意识到的事情,他们似乎被一股莫名的力量推动着。

(对利奥)你是被推动着的,你的笑是身不由己的。我们需要找出它的根源。你父母的家庭有什么特别之处吗?

利奥:外公是矿工,很早便死于肺积尘(黑肺病)。

海灵格:孩子到了父亲死时的年纪,常会感到不能生存下去,因为他会为着追随父亲而做出寻死的行为。如果你们从母亲的身上得到这种感知或有这种推测,你们其中一个便会代替她,做出本应是母亲该做的事,如果有这种情况，孩子在想到死亡时是会笑的。

坟墓

尤纳：我老是想着你在半小时前所说的话。我感到混乱，这与罪恶和自杀有关，但我没法确切地讲出来，这跟我无法向母亲鞠躬有关，但我又不知道有什么东西令我有所保留。

海灵格：我告诉你，鞠躬让你远离坟墓。还有其他事吗？

尤纳：你这句话令我感到难过，除了伤心之外，我也无法批评，当然，因为这与死亡有关。（她哭泣。）

海灵格：我在此告一段落。

家庭系统排列：被排除的舅公和被鄙视的舅舅

弗兰克：我叫弗兰克，离婚了，有两个孩子，分别是21岁和14岁，我与孩子们的关系很好，现在与达格玛住在一起。经过了一段波动的日子，我们也总算安定下来了。我是名心理治疗师，从事大量系统治疗工作，我在工作中发觉有些东西猛烈地碰撞着我的心灵，恐怕我还有要处理的东西。罗伯特妹妹的命运使我的情绪大为波动，在家庭中她得不到序位。先前我非常激动，所以也写不出字来，我一定要找出这究竟是什么动力。

海灵格：好的，我们将会排列你的家庭。如果感到有强烈的动力，便需要马上处理。

弗兰克：我的原生家庭？

海灵格：对！有哪些成员？

弗兰克：父亲、母亲、姐姐、我（排行第二），下面还有一个弟弟、一个妹妹。

海灵格：父母当中有谁曾经结过婚，订过婚或有过亲密关系？

弗兰克：没有。

海灵格：还缺少什么人？

弗兰克：对！在家庭中有些人是被排除的。

海灵格：我们首先以核心家庭开始，然后再找缺少的人。（见图24）

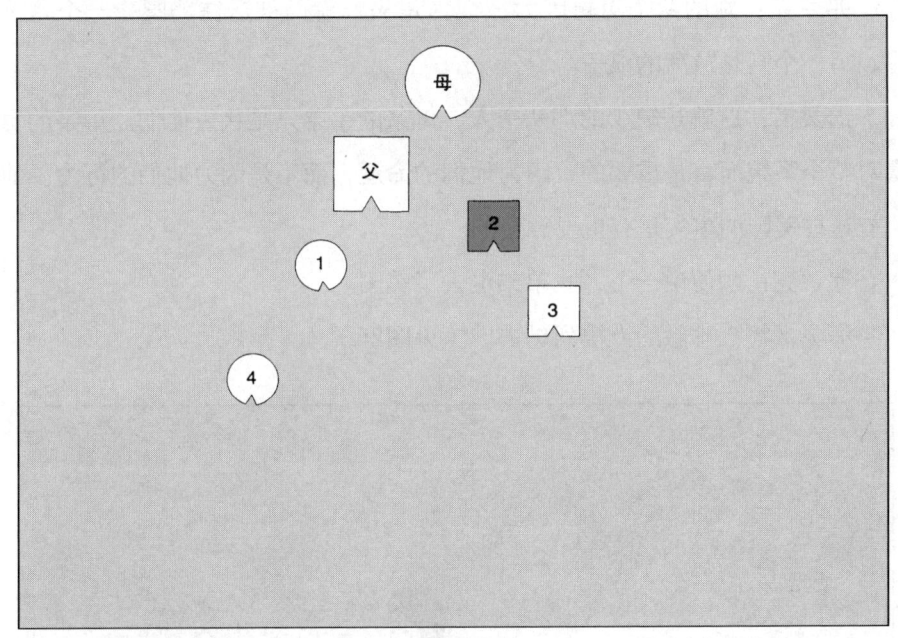

图24

父：父亲的代表

母：母亲的代表

1：第一个孩子的代表，女孩

2：第二个孩子的代表，男孩（弗兰克）

3：第三个孩子的代表，男孩

4：第四个孩子的代表，女孩

海灵格：排列中如果所有人都朝着同一个方向看，正如现在这样，前面就是缺少一些人。他们向着什么人看？谁应站在前面？母亲的家庭有什么特别之处？

弗兰克：母亲12岁时，曾外公在一战中死了，舅舅是家中的败类。

海灵格："败类"是什么意思？

弗兰克：首先他是个同性恋，又被看作是非常没有用的人。

海灵格：将他排列到系统里去。母亲家庭中还发生了什么事？

弗兰克：她的两个舅舅因为被视为是失败者而被送往美国，一个是酒鬼，另一个则是放荡的浪子。

海灵格：这就是缺少的那两个人，母亲的弟弟只是代表他们。母亲的舅舅对整个系统而言是重要的，因为他们的命运，而不是因为他们的行为。他们被送往美国的事实是有重要意义的。

弗兰克：顺便说一下，我弟弟也去了美国。

海灵格将被排除的人排列进去。（见图25）

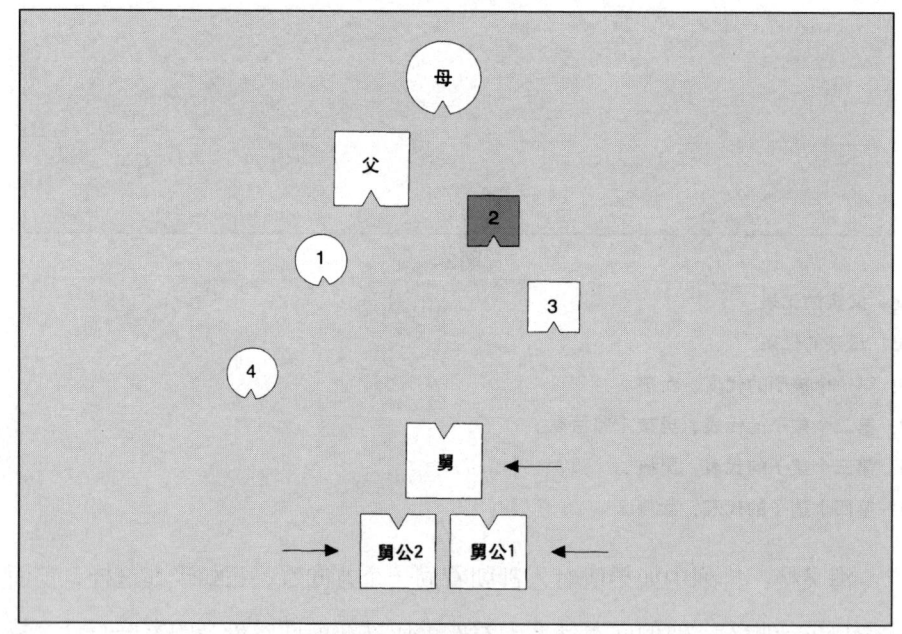

图25

舅：母亲兄弟的代表

舅公1：母亲的大舅舅的代表

舅公2：母亲的二舅舅的代表

海灵格：父亲有没有什么改变？

父亲：先前看见空洞洞的一片，我就在中间打转；现在感到安宁、稳定，可以逗留下来。

海灵格：母亲感觉怎样？

母亲：我只有一只眼睛能看到他们，但我想看得更清楚一些。

海灵格：移动一下，使你能看到他们。

母亲：现在好了。

海灵格：长女怎样？

长女：现在好多了。先前这里是一大片空地，好像会有危险攻入，又感到好像被一群人推往前面。现在我对舅舅有些好感。

海灵格：（对弗兰克的代表）次子怎样？

次子：暂时我也不知道应该有什么看法，是诱惑还是威胁？

海灵格：感觉怎样？有没有改变？

次子：现在注意力较为集中。

海灵格：感觉怎样？较好还是较差？

次子：较好。

海灵格：想去美国的小儿子又怎样？

三子：刚才感到非常好。后面发生的事与我无关。

海灵格：好的，我们马上会将你送往美国的。

三子：我迫不及待地想过去。当他们站在那里，我就十分清楚，要到那边去。

弗兰克：弟弟常常回来探亲，又鼓励我到美国去。

（海灵格将三子排列到被排除的群体中，见图26。）

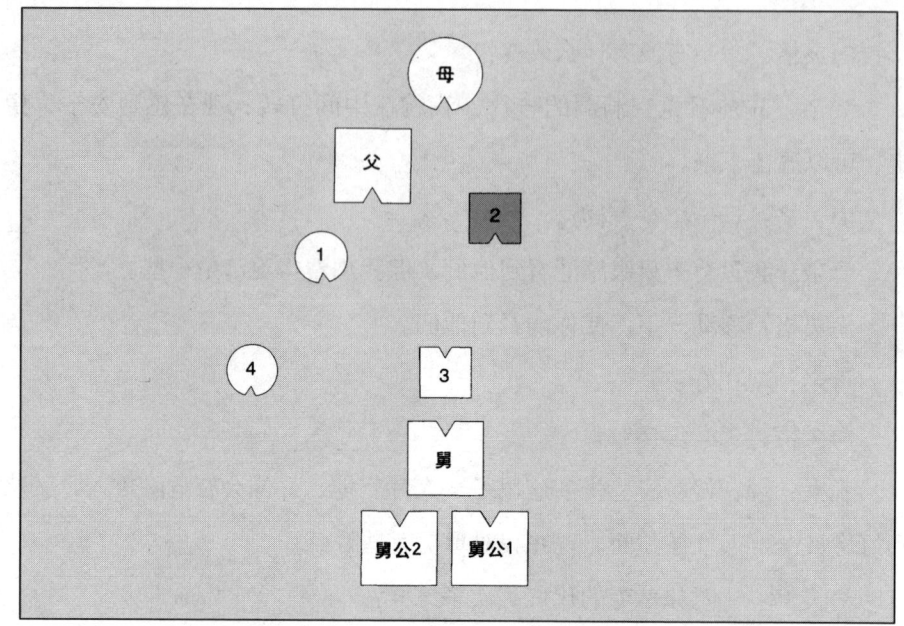

图26

海灵格：妹妹怎样？

小女儿：有人站在前面感觉很好。刚才我十分害怕，因为与后面的家人没有接触，而且又感到失落。现在好了，前面站着一些人，尽管我感到是站在两者之间，但觉得还好。

海灵格：现在只是开始阶段，我将从这一点继续下去。

（对弗兰克）父亲家中有什么特别的地方？

弗兰克：父亲是纳粹分子，我不大清楚他做过什么，但可能有着比较重要的职位，因为家人从来都不会提起他。

海灵格：他战后有没有被拘捕？

弗兰克：有。但多年来，他总是在满怀愤恨地抱怨发生在他身上的，以及他认为德国所承担的不公平的事。

海灵格：那似乎不影响眼前的排列。我现在把秩序排列出来，使母亲看

得到被排除的人，而不是孩子。（见图27）

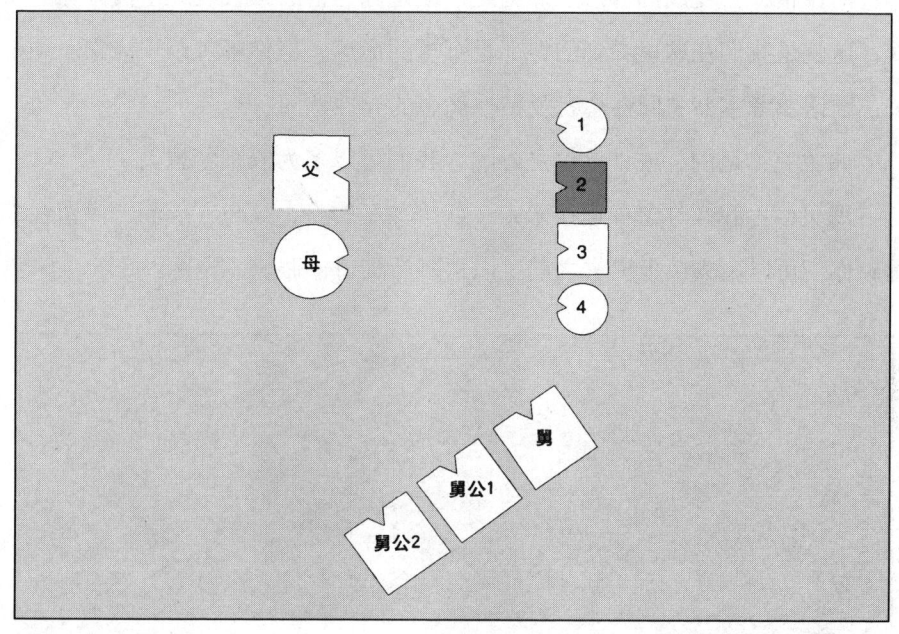

图27

海灵格：母亲感觉怎样？

母亲：在丈夫身边感到很好。

海灵格：父亲怎样？

父亲：比先前好多了。

海灵格：孩子感觉怎样？

所有人：很好。

海灵格：（对弗兰克）想不想站到自己的位置上？在那里好吗？

弗兰克：我有一种很好的感受。

海灵格：这是现在的秩序了，被排除的人得到了尊重，虽然他们不在视线范围内。

弗兰克：有一点我感到不满意，就是同性恋的舅舅和其他被排除的人站在一起。

海灵格：会变成同性恋的原因之一就是因为他必须代表某个被排除的家人，这就是我们在这里看到的，那是沉重的命运，但你不可以干涉它。（相关主题请参考本书"同性恋者及精神病患的异性认同"一节）

弗兰克：是的，或许这也是好的，我们可以多为未来着想。

海灵格：我教你怎样迎接未来，四个孩子转身，父母在后面，停留在那里，你们可以离去，但离去之前可以再多看父母一眼。（见图28）

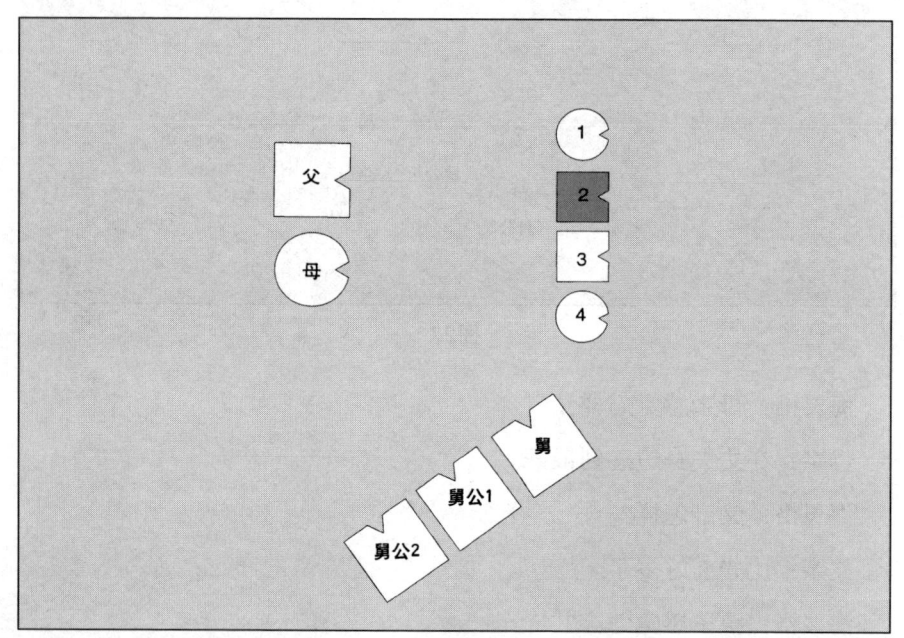

图28

海灵格：好了，现在到此为止。

（对弗兰克）：你可以把排列记录下来，对你会有帮助的。

家族系统的成员

海灵格：哪些人属于家族系统的成员？当我们在做家庭系统排列时，应当考虑到哪些人？

在我们的工作中，系统是指由几代人联结在一起的命运团体，其中的某个成员不自觉地与其他成员的命运牵连纠葛在一起。系统内牵连纠葛的范围有多大，这个系统的范围便有多大。属于同一个命运团体的人大致如下：

● 当事人、当事人的兄弟姐妹（包括同父母和异父母的），不论是活着的、去世的或夭折的都包括在内，这是与当事人一层的。

● 上一层的是父母、父母的兄弟姐妹（包括同父母和异父母的），不论是活着的、去世的或夭折的都包括在内。

● 再上一层是（外）祖父母，他们其中的一两个兄弟姐妹或异父母的兄弟姐妹也属于这个系统之中。这种情况是比较少见的。

● 甚至是其中一个曾（外）祖父也属于这个系统。这也是比较少见的。

以上所提及的人当中，有些是特别重要的。那些有着坎坷的人生、命运，或受系统中其他成员不公平对待的人，例如在遗产分配上面，或者被排除、被遗弃、被鄙视，甚至被遗忘的人。

重要性次之的是那些在系统中为了某些人而放弃自己的序位或权利的人。就算他们不是亲属，例如父母或祖父母从前的丈夫或妻子，或订了婚的伴侣，即使他们已经去世，也是重要的人。异父母的兄弟姐妹的另一方父母也属于这个系统。还有在系统中的某些人，因为他们遭受的不幸或损害而使别人获益，例如因为他们早逝或失掉继承权，使某些人获得遗产，也是重要的。

在系统中协助别人得到利益，却使自己受到不公平待遇的人也比较重要，比如某个雇员。但这只适用于很大的不利和极不公平的状况。

另外，因婚姻关系而进入家庭的叔伯姑婶或堂兄弟姐妹，并不属于这个系统。

有些人认为，居住在一起的人对系统特别重要，例如祖母或姑婶，但是，在牵连纠葛中，空间和距离是完全没有影响的；相反，某人甚至被一些他不认识、从未谋面的人的命运所牵连纠葛。

联合组成的命运共同体：生还者与死难者、加害者与受害者

家庭系统排列的工作，越来越清楚地显示出生还者与死难者、加害者与受害者之间是存在着一份深厚的联结的，它影响着当事人和他们的后代。例如，战后回归的士兵会感到与去世的战友和被杀死的敌人联结着；战后生还士兵的后代，会去亲近父亲和祖父去世的战友和他们的敌人；在家庭系统排列中，他们会希望站到或躺卧在他们旁边，并且会感到对死亡有一种强烈的渴求，他们有时甚至会有自杀行为。但他们只不过是承担着父亲或祖父无意识地要与去世的同僚和敌人同在的愿望。

当事人如果在家庭系统排列中让去世的父亲或祖父躺卧在战死的同僚或敌人旁边，便会带来解决方法。在排列工作中常会产生一种动人的手足情怀，人们之间感受到一股力量，这股力量可以做出的贡献和牺牲远远超过我们的想象和评断。

他们双方都体会到自己的无能为力，而共同臣服于无法理解的超越的境界中，带着深浓的爱和尊敬而彼此相遇。身为去世的人，他们抛下过去，置身于一种紧密联结的和平之中。

加害者与受害者之间也能体会到类似的情况，例如激进的纳粹分子与那些被他们所鄙视、压迫，甚至杀害的人。在死亡中，他们双方都体会到大家同是那只巨大的命运之手的一根手指头，它的力量超越我们对公平与不公平的观念，引导着历史的规则，那规则超越了我们的信心和希望，也显示出我们对好与坏的区分是多么的表面化。

妻子恐吓要自杀

哈里：我的第一任妻子经常恐吓要自杀，又说我们应该一同自杀。现在

我还经常为此生气。因为我为了这个自杀的问题，已经做出了很大的让步，它也毁了我的一生。我依然无法摆脱对这种恐吓的愤怒。

海灵格：家庭治疗有一个原则，真正的好与坏常常跟展示出来的表象相反。你生气，因为你妻子企图自杀。问题是，家庭中谁真正要自杀？你还是你的妻子？如果是你又怎样？当你的反应这般强烈时，便符合了这个猜测，实情跟你所讲的可能正好相反，否则你的反应不会如此强烈。

在我们进行排列前我会给你一点时间想想。

家庭系统排列：女儿代表了父亲从前的未婚妻

埃拉：我叫埃拉，已婚，这次的问题是我的不孕。我现在想到我父亲从前的未婚妻。我父亲毁婚，她就一直等他，没有结婚。她住在东德，我姑姑家的附近。几天后，我将会第一次去探访她。

海灵格：你父亲的未婚妻就是你的模范。

埃拉：我不知道。

海灵格：我刚刚说了什么？

埃拉：父亲的未婚妻就是我的角色模范。

海灵格：没错。

埃拉：不是！

海灵格：你的"不是"改变了什么吗？

海灵格：好！我们来排列你的家庭，之后你可以审视一下。（见图29）

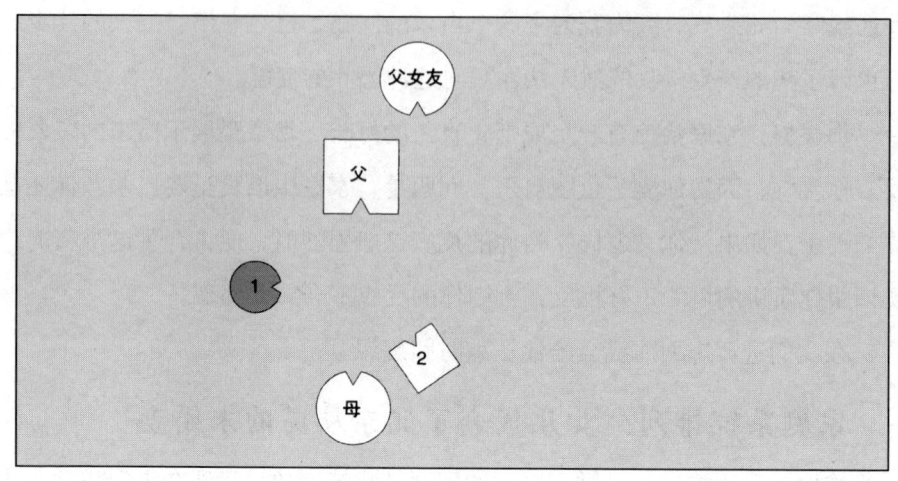

图29

父：父亲的代表

母：母亲的代表

1：第一个孩子的代表，女孩（埃拉）

2：第二个孩子的代表，男孩

父女友：父亲以前的未婚妻的代表

海灵格：（对埃拉）母亲曾经订过婚或结过婚吗？

埃拉：没有。但她在生我之前有过两次流产，她以为从此之后便不会怀孕了。后来她服了一种药，之后得了忧郁症。

海灵格：但她生了你。

埃拉：是的，她很快生了我，后来又服另一种药，接着就生了弟弟。

海灵格：（对团体）在家庭系统排列中如果男人与女人这样面对面站着，意思是这段婚姻关系已经结束了。父亲感觉怎样？

父亲：可怕。我与前后左右都没有关系，身后好像钻了个孔，我不能转身，十分可怕，感到支离破碎、不受欢迎、被冷落。

海灵格：你的感觉很符合你的序位。

（对团体）他再没有机会了。他这样对待未婚妻，是没有机会了。他玩弄了他们的关系。母亲感觉怎样?

母亲:感到被丈夫排除。儿子在这里,我是高兴的。

海灵格:儿子怎样?

次子:不算差,感到奇怪,作为儿子在这里感到很好。

海灵格:(对埃拉的代表)女儿怎样?

长女:非常奇怪,我不想与他们有任何交往。

海灵格:(对团体)那可能就是未婚妻的感觉。

海灵格:未婚妻感觉怎样?

未婚妻:当我站在这个位置上时,我感到我胜利了。

(海灵格把女儿排列在未婚妻身边,见图30。)

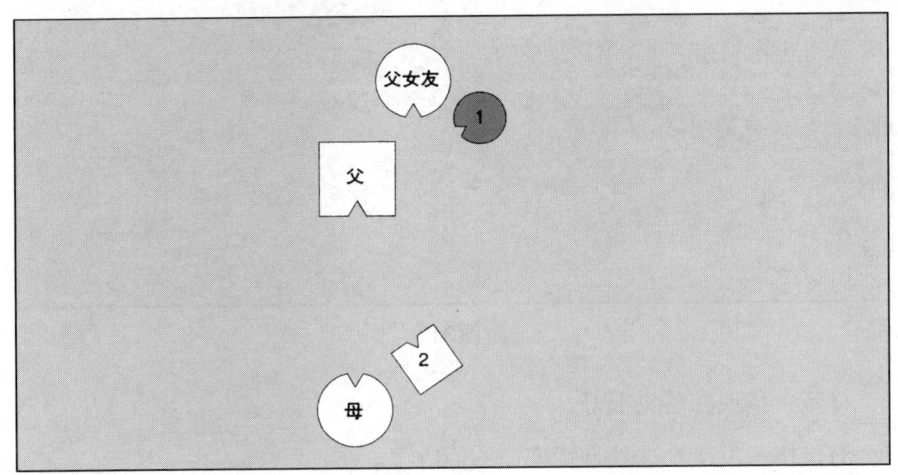

图30

海灵格:(对埃拉的代表)你感觉怎样?

长女:当你问未婚妻的感觉时,这是第一件能引起我兴趣的事。然后我就注视着她。但是像这样站在她的旁边让我感到并不舒服。

海灵格:走近一点。

长女:我试试看。非常奇怪,就好像她倚靠着我,而我必须要支撑着她。我感到困惑,这样不好。

  海灵格:母亲现在怎样?

  母亲:比较好,那种侵略感已经消失了。

  海灵格:真正该站在未婚妻旁边的是谁?

  母亲:我不知道。

  海灵格:你要站过去。

(海灵格让母亲站到未婚妻旁边,女儿回到原先的位置,见图31。)

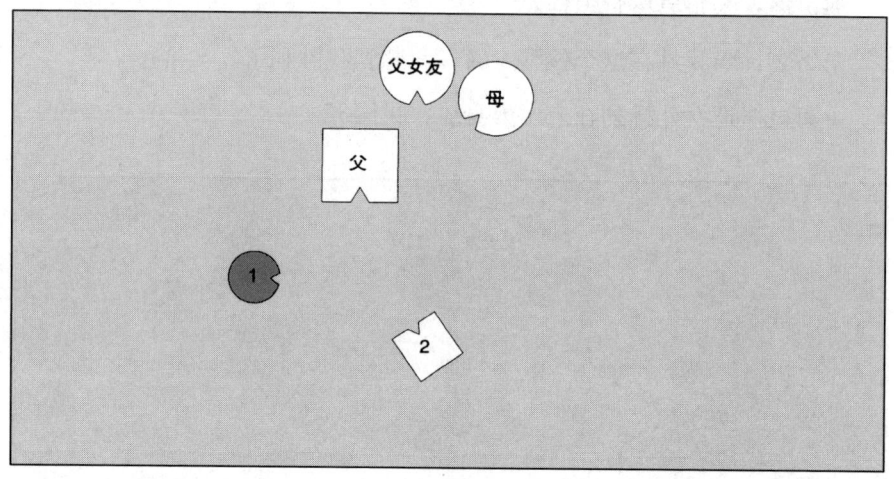

图31

  母亲:我现在感觉很好。

  海灵格:没错!这就是忧郁症的原因了。

  (对团体)只有当她与未婚妻有团结一致的感觉时,她才会感觉好,那是她该去的地方。

  海灵格:未婚妻怎样?

  未婚妻:好。

(海灵格更改排列,见图32。)

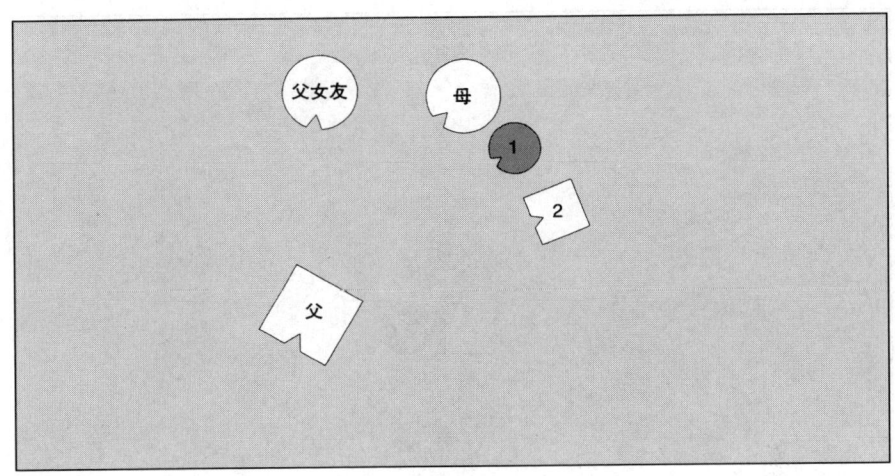

图32

海灵格：父亲感觉怎样？

父亲：这里没有希望了，但未来是敞开的。

海灵格：觉得比较好还是比较差？

父亲：觉得非常矛盾。

海灵格：未婚妻觉得怎样？

未婚妻：左边感觉很好，我喜欢这样。但我对未婚夫感到遗憾。

海灵格：你不能再得到他了。

未婚妻：我比较想看着我的左边，而不是看着他。

海灵格：我们可以尝试一下，看看将会发生什么……

（海灵格将父亲与未婚妻以伴侣形式排列在一起，面对着家庭，见图33。）

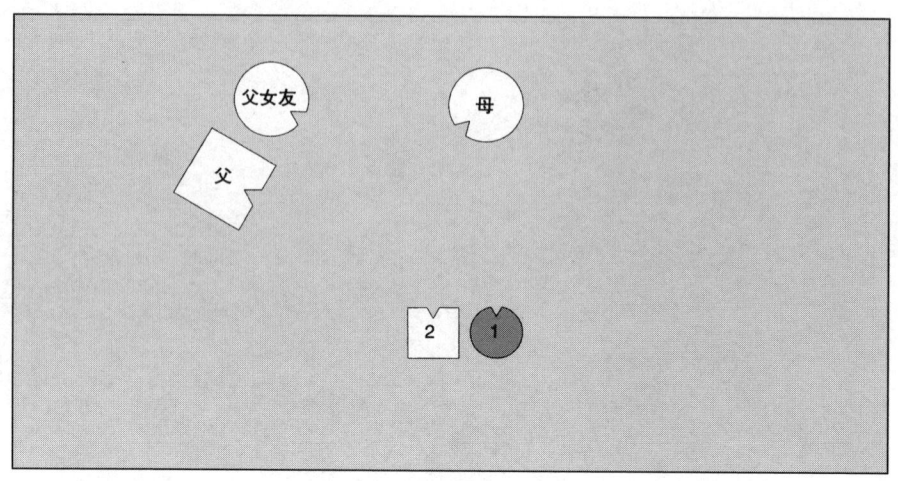

图33

海灵格：现在父亲感觉怎样？

父亲：我第一次可以接受这个画面。

海灵格：对母亲呢？

母亲：好得多！

海灵格：对未婚妻又怎样？

未婚妻：好。

长女：到目前为止这是最好的排列，但也正是我要离去、要自立的时候了。

海灵格：（对埃拉）站到你的位置去。

埃拉：（当她站到自己的位置上）这样感觉很好。

对孩子最好的位置

杰伊：在排列中，当孩子面对着父母时，我感到是一个挑战。

海灵格：这是你对排列的视觉印象使你这样认为，但代表们并不感到是挑战。父母、孩子，各自成为一个群体，他们都是依从原生家庭中的长幼次序排列。次序总是以顺时针方向呈圆形排列。父母站在一边，孩子站在另一边。在埃拉的家庭系统排列中，你也看到了这种排列的方式，首先是丈夫，然后是未婚妻，跟着是妻子、第一个孩子、第二个孩子。排列中，孩子要到父母中的哪一边要视情况而定。如果孩子应该多受父亲影响，便靠近父亲；要多受母亲影响，便靠近母亲。在这个排列中，孩子要靠近母亲，因此也不是与她直接面对。除非有特殊的理由，否则通常孩子们是站在父母对面。

杰伊：我之前以为家庭的理想画面是孩子以顺时针方向依大小排列，但不是直接面对面地站在父母的面前，而是接近于半圆形。

海灵格：不是，就算父母和孩子各站一边，圆圈也是完整的，除非缺少某些人，这些缺少的人便会出现在父母与孩子的圆圈之间，例如一个早逝的孪生姐妹。

杰伊：如果系统这样紧密，孩子怎样才能独立？是不是在他们转身后，才有自由？

海灵格：就是这样，孩子要独立的时候到了，便会转身离开父母向前去，父母会留在原位，安详地遥望着孩子，这是一个对大家都好的方法。

顺便说的是，在每个家庭中，有一个最理想的餐桌序位，当父母坐在一边，孩子依着长幼次序坐在另一边，由右而左排列下去。这样的餐桌序位能够增进家庭和谐。

无意识地认同了父母之前的伴侣

学员：女儿怎么可能去认同父亲从前的女人，甚至这个女儿从来不认识她？

海灵格：人不需要认识认同的人，因为导致认同的压力是来自系统的，它在人的无意识状态下运作。如果父亲曾与另一个女人有一段亲密关系，我们可以推想有个女儿会不知不觉中在家庭中代表那个女人。同样，如果母亲曾经与另一个男人有一段亲密关系，我们也可以推想有个儿子会在不知不觉中在家庭中代表那个男人。

这个隐藏的动力会使女儿变成母亲的竞争对手，儿子也会变成父亲的竞争对手。而涉入其中的每一个人都不清楚到底是怎么一回事。

如果母亲尊敬之前那个享有优先权的女人，有意识地站在女人与丈夫之间，全心全意地接纳他作为自己的丈夫，那么加在女儿身上的压力，就要通过她认同父亲从前的妻子或情人才会得以减弱。不管母亲对父亲从前的女人态度如何，女儿只有这样才能摆脱认同，得到自由。她可以直接对母亲说，或者甚至只是在心里说："您是我的母亲，我是您的女儿，只有您才是我真正的母亲，其他女人与我无关。"她也可以同样地直接对父亲说，或是在心里说："这是我的母亲，我是她的女儿，只有她才是我真正的母亲，其他女人与我无关。"

这样，女儿不再是母亲的竞争对手，母女之间的爱才可以交流。父亲也不会在女儿身上找寻从前的妻子或情人，父女之间的爱才可以交流。

如果父亲尊敬之前那个有优先权的男人，有意识地站在男人与妻子之间，全心全意地接纳她作为自己的妻子，那么加在儿子身上的压力，可以通过他认同母亲从前的丈夫或情人而得以减弱。不管父亲对母亲从前的男人态度如何，儿子只有这样才能够摆脱认同，得到自由。他可以直接对父亲说，或是只在心里说："您是我父亲，我是您的儿子，只有您才是我真正的父亲，其他男人与我无关。"他也同样可以直接对母亲说，或是在心里说，"这是我父亲，我是他的儿子，只有他才是我真正的父亲，其他男人与我无关。"

这样，儿子不再是父亲的竞争对手，父子之间的爱才可以交流。母亲也不会在儿子身上找寻从前的丈夫或情人，母子之间的爱才可以交流。

孩子无意识地认同父母之前的伴侣，有时会导致精神病变，尤其是当家中没有女儿时，其中一个儿子便必须代表父亲从前的女人；又或者家中没有儿子时，其中一个女儿便要代表母亲从前的男人。

对上帝的忧虑

鲁丝：我叫鲁丝，是名神职人员。近几年我有很多变化，被赋予了更多的责任，且入选了领导委员会，但我感觉尚未在委员会中找到自己适当的位置。

海灵格：你作为最后被挑选进去的人，首先必须要找到正确的定位，才可以发挥影响力。目前你应当让其他人去考虑重要的事情，而你只需要去赞成他们就好了。

鲁丝：我人在这里，但心却在教堂领导层中，那里的声音也徘徊在我的耳际。

海灵格：我想跟你讲一讲有关教会领导层的事。在那里工作的人是如此热衷于做计划，这恰恰反映出他们对上帝没有信心。因为如果有上帝，教会领导层是不需要忧虑的。

在《使徒行传》[①]中一个有关彼得（Petus，即英文的Peter）的记录。当他在耶路撒冷的法庭上时，有一位高级教士说了一句至理名言，你还记得吗？

鲁丝：现在我知道你的意思了。

海灵格："事情若是上帝的旨意，便没有人可以推翻它。但若是人的旨意，那便是无足轻重的，你们也就无须任何行动了。"

鲁丝：我还未讲完。

海灵格：我知道。一旦你真正了解并且吸收了我刚刚所说的，那么在重要的决定性时刻，即使你什么也没说，你的影响力依然可以发挥作用。

---

① 《使徒行传》：英文名为the Acts of the Apostles，记载了耶稣复活升天后，圣灵的降生、教会的诞生，以及教会的发展史。《使徒行传》的作者是写《路加福音》的医生路加。它记载着使徒们传福音的行迹，从圣灵降临以后教会的诞生及福音以教会为中心像火一样传开的情景。——编者注

鲁丝：这样听起来很好，但我还是有些不明白，我想了解到底是怎么一回事。

海灵格：你想了解上帝的旨意，或许那些刚巧出错的地方正好符合上帝的旨意，谁能分辨呢？

鲁丝：你所说的令我深受感动，但我不了解为什么会这样？

海灵格：还有其他值得考虑的，怎么可能有人可以破坏上帝的计划呢？就神学和哲学而言，任何人，不论善恶，曾经做过任何违反上帝旨意的事吗？或是曾经阻止过上帝去行使他的旨意吗？

鲁丝：我不明白，我为什么会流泪？

海灵格：我可以告诉你为什么，你还记得不久前举办的"主要治疗课程班"吗？

鲁丝：我仍然记得。

海灵格：我记得你的小女孩的美梦可以凭着她的爱，使父亲从战场平安归来。我的意思是，现在该是你告别这个美梦的时候了。你是否已清楚其中的关联？

鲁丝：不，我仍不清楚。但有一点，自从你讲到这件事和内心画面之后，我便徘徊在各种不同的情感中。

海灵格：我从前常出席教会的会议，有时我会就我所观察到的，对某些事情提出一些评论。与会者总是摇头表示不同意。一年之后他们之中便会有人说出与我之前所说过的同样的话，而这一次每个人都同意了，就好像他所说的是世界上最自然的事。看见一则评论静静地经过一年才发生效用，这是很有趣的现象。这也说明你可以在没有人注意的情况之下影响委员会，但前提当然必须是一个正确的评论。

母亲吸毒，孩子的监护权应归谁？

克劳迪娅：我正在核查一个个案，它是关于一个4岁半的女孩和她吸毒成瘾的母亲的。

海灵格：孩子的父亲呢？

克劳迪娅：他们分居了。妻子留院期间，丈夫照顾那孩子。分手后，丈夫与另一个女人在一起，他们的关系仍在发展中，那个女人也有两个孩子。

海灵格：你的核查报告内容是什么？

克劳迪娅：孩子的监护权应归谁？

海灵格：孩子要跟父亲。

克劳迪娅：如果他大部分时间都把孩子放在父母家，这样行吗？

海灵格：不行。他要带孩子到自己的家。新的女人也有孩子，他们的关系便得到平衡，对他俩的感情有好处，对女儿也好。

克劳迪娅：孩子要离开吸毒成瘾的母亲？

海灵格：没错。

克劳迪娅：如果母亲在一两年内恢复健康，你有什么建议？

海灵格：孩子要跟随父亲。

克劳迪娅：就算孩子是女孩？

海灵格：她还是要跟父亲。

克劳迪娅：探视权呢？应怎样安排？

海灵格：对女人一定要保留她作为母亲所有的权利。但只要她一日有毒瘾，就会对孩子造成某种程度的威胁，所以要衡量怎样做更合理。若她戒除毒瘾，就没有反对她的理由了。

克劳迪娅：女人没有得到丈夫家庭的体谅，我要怎样做？我认为她的毒瘾是疾病。但她被丈夫的家庭鄙视，他们认为她没有用，不可靠。

导致成瘾行为的原因

海灵格：母亲如果对孩子说，"从父亲那里得到的都是没有用的，要学我才好！"孩子便会利用自己来报复母亲，从母亲那里过度索求，损害自己。使自己染上毒瘾是孩子对母亲的报复，这一点你有没有想过？

克劳迪娅：对！但这不是我的问题。我要问的是，我可以替孩子或她的母亲做什么？当孩子在一个鄙视其母亲的家庭中成长，我该怎么办？

海灵格：你可以对男人解释成瘾行为的成因，他便会有另一种看法。你可以对男人说，若他能够尊重妻子及他自己在孩子心中的位置，孩子会比较容易感到完整。

我再给你一个例子。有个女人要求她的丈夫去看心理医生。她自己参加过很多团体，比如原始创伤治疗及其他团体课程。她丈夫就到我的工作坊来，我一看见他便说："你在这里做什么？看你的样子是很好的，你大可以回去。"他非常高兴。他是一名普通技工，过了几天之后他说，他也不明白自己为什么会感觉到很好。他从未见过自己的父亲，因为父亲在距他出生还有五星期时便在大战中死了。我对他说："可能你没有为他难过，因为你母亲十分爱慕和敬重他呢。""对！"他说。后来我们排列了他的家庭。我再为你们排一次。

（海灵格选择了代表并进行排列，见图34。）

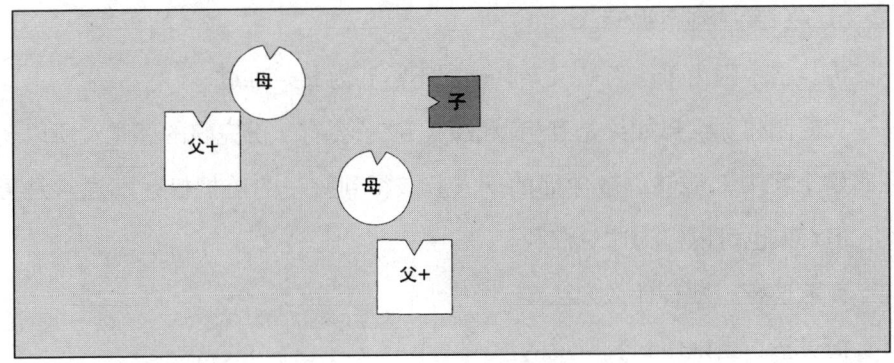

图34

父+：父亲的代表，已在战争中死去
母：母亲的代表
子：儿子的代表（当事人）

　　海灵格：这就是那个排列了。女人说，"我感觉自己好像是丈夫的一半"，接着我就把男人完全放在女人后面。（见图35）

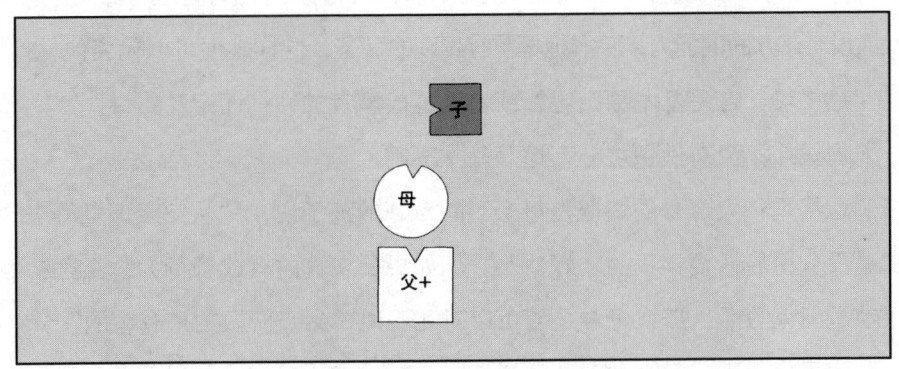

图35

　　海灵格：她说，"现在他和我变成一体了"。正是这样，如果父母互相尊敬，儿子便会感觉很好。

　　母亲：我可以感觉到。

　　海灵格：（对儿子）你感觉怎样？

儿子：我感到很温暖。

海灵格：因为母亲尊敬父亲，他就不需要为父亲难过。

（对团体）父母如果是互相尊敬的，孩子会有一份完整的感觉。所以，在离婚个案中，能够尊敬伴侣的一方应该得到孩子的监护权，那通常是男人，但女人也可以得到这份权利。

克劳迪娅：她有什么方法？

海灵格：当她做到我所说的。

特娅：我还有一个关于成瘾行为的问题，你说成瘾行为是由于孩子对父亲的忠心，因为母亲说，从父亲那里得来的都是没有用的，孩子便会染上毒瘾，你还提及一些在成瘾行为中十分重要的因素。

海灵格：孩子通常是从母亲那里得到食物和饮料，并且是母亲关心照顾着他们。但如果一个人得到的远远多于他所需要的，直至损害自己，那么这就是成瘾，也可以说是成瘾行为中的动力。所以，只有男人才适合处理有毒瘾的人，女人没有这方面的能力，除非她尊重有毒瘾的父亲，这样她便可以代表他。

达格玛：这是基本原则吗？或者要视成瘾者的性别而定？

海灵格：没有性别之分，这是基本原则。

达格玛：大部分的情况是母亲对有毒瘾的孩子说，"从父亲那里得来的都是没有用的，要学我的才好！"，但如果父亲真的有成瘾行为怎么办？如果他是酒鬼的话，那么母亲是否可以对儿子说"父亲所做的是有害的"？

海灵格：不，母亲要对儿子说，"我敬重你的父亲，如果你要学他，跟他一样，我会接受的"。这句话的效果很奇妙。当父亲获得尊敬，孩子便无须变成酒鬼了。这种处理手法刚好跟我们惯常所使用的相反。

托马斯：也许这可以解释，为什么在整个西方世界中，成瘾行为问题大量增加。

海灵格：对！男人在退缩，他们常被女人鄙视，成瘾行为问题就会不断地增加。这是一个极其正常的进展,所以女人是不可以排除男人的。

以成瘾行为作为赎罪的方法

格特鲁德:我父亲是个酒鬼,母亲常对我说,我简直跟他一模一样。我曾在很长一段时间内患上严重的酗酒问题,现在还对尼古丁成瘾。

海灵格:这让我想起一个曾经向我寻求帮助的女人。那个女人先是表现得极具个人魅力,但后来她的精神病复发,且开始喝酒。在她的家庭系统排列中,首先呈现出来的是,她看到母亲醉倒在地上,父亲无能地站在旁边,她自己对母亲非常气愤。我对她说,"幻想一下,母亲躺在地上,你就躺在她身边——一个醉酒母亲的旁边,满怀爱意地看着她。"她照做了,爱在刹那之间涌现出来,想要赎罪的压力也就得到了解脱。

对父亲也是一样,你想象他怎样醉酒,你就站着,坐着或是躺在他旁边,在母亲面前满怀爱意地看着他。

格特鲁德:母亲需要在场吗?

海灵格:不需要,这只是一幅画面而已。

格特鲁德:但父亲总是十分暴躁。

海灵格:不要说了!我不想知道。你已经得到解决画面便足够了。当有了解决画面便不再需要问题了。

直觉取决于爱

海灵格:(对格特鲁德)只有当我把目光向着解决方法,向着爱和敬重,直觉才可以运作。我也不需要听任何人的故事了。但如果我变得好奇,又想多钻研问题,想要知道更多,直觉便会失效。

企图以成瘾行为自杀

海灵格:有危及生命的成瘾行为,例如某人服用海洛因,那往往是一种潜伏着的自杀企图,它通常追随着一股动力——"我追随你去",或是"宁愿是我死去！"，甚至是"我与你一同死！"。我举个例子。

一个染上海洛因毒瘾的女人说，"母亲得了癌症，她快要死了"。我们就把她和母亲排列出来，使她们在一段距离内面对面站着。场面非常令人感动，女儿是怀着何等强烈的爱看着母亲，她张开双手说道，"我来了"。很明显，她要跟母亲一起去死。

与母亲的联系具有治疗性

尤纳：自从你说了"向母亲深深地鞠躬可以将你从坟墓里解救出来"这句话后，我一直都感到十分激动。我现在好一些了，但仍十分虚弱，刚才胸口和整个脊背都痛，现在没有那么痛了。当我想到母亲，就会呈现出一个画面，她是那么的……

海灵格：你对父母的描述不会带来任何好处，只有真实发生过的事才是重要的。

尤纳：这是我第一次有这种感觉，我感到母亲有可能会自杀，至少她有自杀的念头，这种感觉对我来说是全新的。

海灵格：现在我们进入问题的关键点了。

（尤纳开始哭泣。）

尤纳：而我以前的感觉和现在是完全不同的。

海灵格：你看，你对她的爱是多么深。

（对团体）当人接触到爱时便会有这份情感。

尤纳：这需要极强大的力量。

海灵格：不要说话，这是一份好的感觉，它会产生效用，就停留在这份感觉中！

（尤纳起身想离开。）

海灵格：不要走，留下来对你比较好，比较安全。坐到我旁边吧！靠在我身上！

（她又哭泣了。）

海灵格：深呼吸，张开嘴，用双手抱着我。用力呼吸，张开嘴，用力呼气。你年幼时怎样称呼母亲，"妈妈"？

尤纳：妈妈。

海灵格：说"妈妈"。

尤纳：妈妈！妈妈！

海灵格："亲爱的妈妈。"

尤纳：亲爱的妈妈！

（海灵格紧抱她，直至她的哭泣缓和下来。）

海灵格：现在怎样？

尤纳：我很感激。

海灵格：你与母亲中断了的爱重获联系了。

（对团体）大家刚才目睹了孩子与母亲被中断的爱最后终于重获联系。你们看到痛苦有多么深了吗？她是怎样将自己埋藏起来，又是怎样害怕再次把自己投入这份爱的情感之中。

孩子与父母中断联系时的解决方法

● 通过父母

因为被中断联系的对象大都是母亲，所以，对于年幼的孩子，通过母亲一方施加影响，治疗较容易成功。母亲用双臂抱着孩子，满怀爱心地紧紧拥抱着孩子，直至孩子因中断了与父母的联系而产生出的悲哀和愤怒发生转变，使孩子流露出对母亲的爱，这时，孩子也会在母亲的怀抱中放松下来。

母亲也可以帮助成年的孩子恢复中断的联系。她同样需要拥抱孩子，但她却要将治疗过程带回到联系被中断的时间和情境，在那个地方重获联系。在拥抱中，不论是孩子或母亲都会变成从前的孩子和母亲，也带着从前的感情。问题是，在长时间的分开后，再次复合会带来什么改变？

我有一个例子，母亲担心她成年的女儿。女儿很少回家。我对母亲说，她要像拥抱一个悲伤的孩子一样再次拥抱女儿。而且她无需行动，只要让这幅美好的画面在心灵中发挥作用便可以。一年后，她告诉我，女儿回家后，母女两人没有交换一句话，只是静静地拥抱着，然后女儿又静静地离去。

- 通过父母的代表

如果父母不在，也可以用代表来代替。如果当事人是个小孩子，那么他的亲戚或老师都是适合的人选；而有经验的心理治疗师则适合做成年当事人父母的代表。治疗师或其他代表要先等候适当的时间，内心要联结孩子的母亲或父亲，但他们毕竟只是代表，所以要本着执行任务的态度来工作，以父母的身份去爱孩子。当父母和孩子产生联结之后，他们便要退出，这样他们才可以在特别亲密的关系中与对方保持距离，内心拥有自由。

- 深深的鞠躬

成年的孩子有时会反抗与父母联系。他们鄙视父母，向他们提出抗议，又带着父母无法实践的渴望；他们会以为自己比较完美，或渴望有较完美的父母。

深深的鞠躬便是得到爱的联系的先决条件，这份恭敬之心主要是内心的实践，如果能够以可看到和听到的形式进行，便更具有深度和力量，例如排列出孩子（即当事人）的原生家庭，让孩子在父母的代表面前跪下来，向他们做深至地面的鞠躬，手臂同时向上展开，保持这个姿态，直至他可以向父母或其中一人说，"我尊重你们"，有时可附上一句"我错了""我不知道这件事""请不要对我生气"，或"我好想念你"，或只是简单的"求求你"。只有如此，孩子才可以站起来，带着爱走到父母面前，拥抱他们，说"亲爱的妈妈，亲爱的爸爸"。

重要的是，在整个过程中代表不可以出声，尤其是绝对不可以拒绝当事人对他们的鞠躬，他们要以父母亲的身份接受这份尊重，直至有足够的尊重使中断了的联系得到联结，当适当的时间到了，他们便可以互相拥抱。

这个过程应在治疗师的带领下进行，并由治疗师谨慎地决定什么时候适合拥抱，或是要先来一个深鞠躬。他要指导当事人说出在鞠躬或拥抱时要说的话，要留意他们抗拒的反应，帮助他们克服抗拒，例如可以引导当事人进行深呼吸，嘴要轻微张开，头部向下垂。抗拒的反应都是使人软弱的感情，如呻吟或呼吸中的杂音。治疗师有时也可以将一只手轻轻地放在当事人的肩胛骨之间，给他安全感，并且温和地支持他的移动。如果当事人没有准备向父母表达应有的尊重，或者在鞠躬之后便不再继续下去，例如当事人曾错怪其父母，应向他们道歉而没表示，治疗师可以中断整个过程。

如果鞠躬或与父母联系的动作，当事人很明显地无法承担时，可以找另一个人代表当事人，替他做或说出必须说出的话，这样有时甚至会比当事人自己做更有效。

- 超越与父母的联系

与父母的爱的联系，以及在他们面前深深的鞠躬，具有深刻的意义，实际上它已经超越了孩子与父母的关系，它体现了对生命根源的一种归属，也是对我们自己的命运最诚恳的接受。任何一个人以这样的方式，完成这个鞠躬，之后走向他们的父母，便能够挺起胸膛，带着尊严站在父母的身边。

第二天

接收受害者的角色并以此作为报复的手段

哈里：昨天你说了一句话——"忠诚与生命是相互抵触的。"

海灵格：我不记得说过那样的话。对于我在此所说的每一句话，你们不能以偏概全地理解。我现在要再讲另外一句——"理论与实践是相互冲突的。"（团体笑了。）

哈里：我并不觉得好笑！昨天课程结束前你说的一些话我从来都没想到过。我讲完有关前妻恐吓要自杀的事情之后，你说"在家庭系统排列的工作中有个基本原则，好与坏常与我们所认为的相反"，也许我才是那个真正想要自杀的人。一开始我完全无法接受。我思索了很久，仍没有任何结论。在意识中我未曾有过自杀的念头。而且如果别人自杀，我会感到震惊。

海灵格：你因别人自杀而感受到震惊的程度，等同于你担心自己会去自杀的程度。

哈里：这样说来颇有道理。我在离婚后大约三年内，曾有过自杀的梦。在梦里，我用尽各种方法自杀。二女儿经常在我梦中出现，我与她的关系非常亲密。

海灵格：这些梦清楚地显示出你可能曾经急切地想去自杀。现在你有机会可以看得更清楚，你的家庭系统排列显示出，你被选中作为牺牲者的角色去读神学——你是天主教徒还是基督教徒？

哈里：我是基督教徒，但并不是很虔诚。

海灵格：我观察到一件有趣的事，读神学的人经常都会去认同受害者的角色，尤其是那些最后成为神父、牧师或神职人员的人，这与圣经上所说的为了家庭而献祭儿童的记载有关。

哈里：昨天我清楚地了解，长子牺牲的意义，他承受了一份很难摆脱的受害者的角色。我感到自己对生命的种种体验都是在以一个受害者的角色去理解。

海灵格：我要告诉你，扮演受害者的角色是一种高技巧的报复。

（哈里笑了。）

海灵格：现在你了解了，在家庭中受害者是权力斗争得胜的一方。还有其他的事吗？

哈里：没有了，我会继续思考这些。

再次肯定

索菲：昨天傍晚我与丈夫谈了很久，我告诉他我在这里所体验和感受到的一切。这是一次很美好的对话。他让我千万别忘了他是我的丈夫。

平衡

布丽吉特：昨晚我累得有如自己主持的一个七天的工作坊刚刚结束。

海灵格：如果你只想做一个观察者，便会发生这种情形。

布丽吉特：我常常想着大女儿。她为了要对我提出抗议而搬到另一个城市去住，又拒绝去读大学，而且决定要生五个孩子（我有四个）。最后她去学习心理学，但没有工作。她是所有女儿当中，唯一与我合不来，我没办法应付的一个。

海灵格：既然你不想在此做排列，我们也就无能为力了。（暂停）现在我们扯平了。

布丽吉特：看来是这样。可是，我当然要处理这个问题。

海灵格：真的吗？现在？

布丽吉特：对！

海灵格：好，我将会为你做排列，但不是现在。

出人意料的痊愈

格特鲁德：昨晚是很长时间以来第一次我的手整晚都没有麻痹，而且我能够带着爱心去想我儿子的父亲。今天早上我发现我竟然一觉到天亮，这实在让我感到很惊讶！

友善的感觉

罗伯特：我感觉很好，真的很棒！我可以感觉到妹妹就在我身旁，这种感觉实在是太美好了。我知道我现在可以对太太更友善了。这种对去世的妹妹和对太太的感觉之间的联结实在是不可思议。

海灵格：逻辑法则不同于心灵法则或是真相法则。你可以从事物对心灵的影响，去辨别什么才是正确而真实的。

罗伯特：这些影响实在是出乎我的意料。但我想这所发生的一切都很好。

海灵格：然而我还是要讲一个有告诫性的故事。在科隆曾经有一段时间，万事皆美好，你知道吗？

故事是这样的：当人们在每天早上醒来之后，他们发现小精灵已经在夜里帮他们把所有的工作都完成了。这个情况一直维持得很好，直到有一天有一个人想知道到底是什么原因，还有到底是怎么发生的……

识别双重转移

克劳迪娅：我内心似乎有某种对话在进行着。昨天我才说，我千方百计地使丈夫的日子不好过，现在呢，我又开始对他进行批判。这样一来我们之间的口角简直是没完没了。

海灵格：这就是拖延的过程。

克劳迪娅：昨天没有时间处理这个问题。今天早上我开车来的路上又碰到交通阻塞，我很生气。然后我想到我有好几个姑姑，都是父亲的姐姐，她们都憎恨祖父，由于他不懂理财，把家族事务管理得一塌糊涂，使得她们根本不可能结婚，因此她们被迫留在农庄工作，而且也被禁止结婚。一个原本非常富有的家庭，在祖父手中落得个穷困不堪的境地。

海灵格：我怀疑你是不是跟那些女人站在同一阵线，对抗你丈夫，即使他是完全无辜的呢！

克劳迪娅：我不确定。

家庭系统排列：解决双重转移

劳拉：我感到非常受挫而且愤怒，但我不知道为什么会这样。

海灵格：受挫而且愤怒？真正的愤怒？

劳拉：是的。你在笑吗？

海灵格：难道你要我哭吗？好，我们就来排列你的家庭。（见图36）

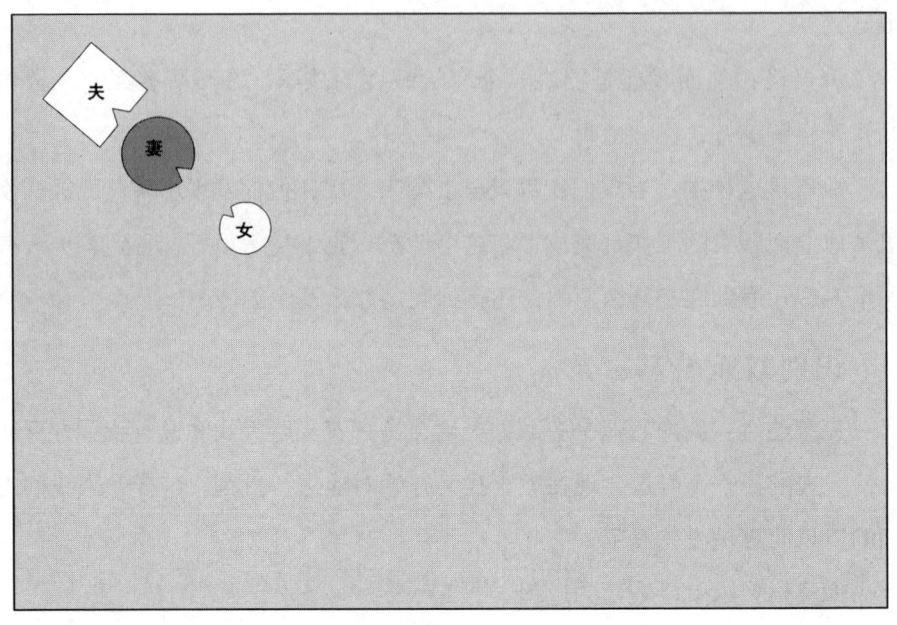

图36

夫：丈夫的代表

妻：妻子的代表（劳拉）

女：女儿的代表

海灵格：这个排列显示出，家庭内有一个主要的牵连纠葛。就算是一个人最疯狂的梦境，也无法想象出先生与太太之间会是这样的一种关系。

（对劳拉）你想到什么事吗？

劳拉：我一直有种感觉，家中有某个人隐瞒了某些事。我感到一些秘密的迹象，但每次只要我提出相关的问题，总是会带来不愉快。我有种强烈的感觉，母亲隐瞒了一些事情。

海灵格：那么牵连纠葛便是来自她的家庭。

劳拉：外婆生了七个小孩，全都是女儿，这使得外公非常气恼。他想要一个儿子，他希望女儿们都不要结婚，但要生小孩，当中最好有一个儿子，冠他的姓，而得以传宗接代。除了我母亲之外，其他女儿都依从他的心愿。

我母亲结了婚，也是唯一有生儿子的，其他的姊妹都只生了女儿。

海灵格：在你的排列中丈夫应代表谁？若他是代表外公，你便欠丈夫很多了。

（对团体）我想要多讲一些有关"双重转移"（A Double Shift）的动力。在此我问劳拉的第一个问题是：女儿们对她们的父亲必然会有怎样的情感呢？她们对他是愤怒的，愤怒也是合理的。而谁成了表达愤怒的对象呢？

劳拉：我的前夫。

海灵格：没错！而你接收了姑姑们的感觉。这是主体的第一重转移，由姑姑们的身上转移到你的身上。但承受这份愤怒的人不是你的外公，而是你的前夫，这就是受体的第二重转移，由外公转移到你前夫的身上。由此可见，你亏欠前夫很多。当人们感觉到某种理直气壮，就像你刚才在谈论到你丈夫时那样的感觉，那通常就是一种双重转移的征兆。当你仅仅是要解决自己个人的问题，捍卫自己的权益时，不会像捍卫他人的权益时所表现的那么积极和投入的。

我还要为你做些事。我想请你排列出所有的姑姑们，然后你自己也进入排列之中。（见图37）

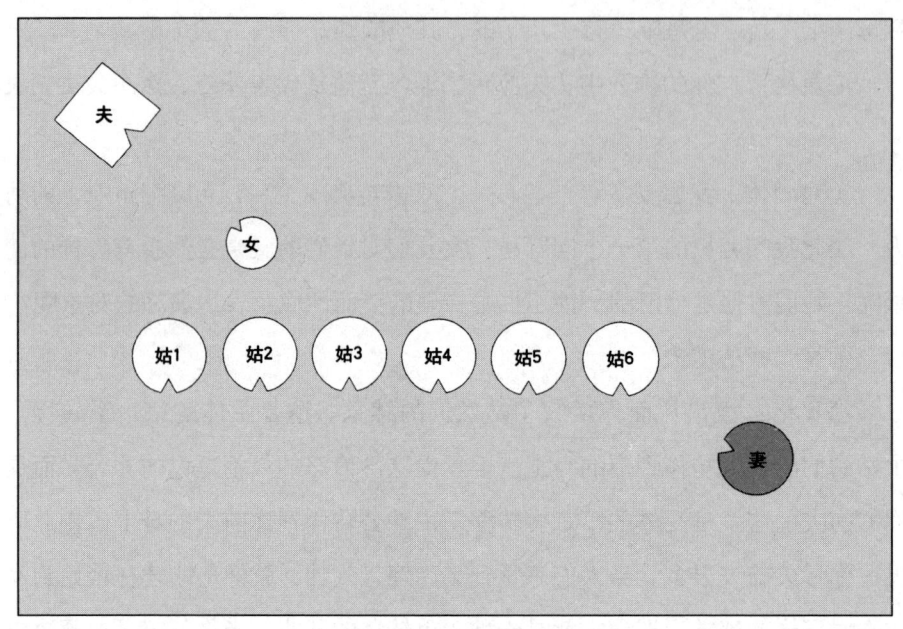

图37

姑1：大姑的代表
姑2：二姑的代表，以下依序排列

海灵格：（对劳拉）现在友善地看着每个姑姑，一一地跟她们说"亲爱的姑姑"，就像一个小孩子在对她深爱的姑姑说话一样。

劳拉：但我并不感觉我真的爱她们。

海灵格：那么就继续这样说，直至你感觉到真的爱她们为止。

（劳拉重复说那句话，直至慢慢放松下来。）

海灵格：现在跪在姑姑们的面前，深深地鞠躬直至地面，同时伸展双手，手心朝上，对姑姑们说"我满怀敬意地向你们鞠躬"。（见图38）

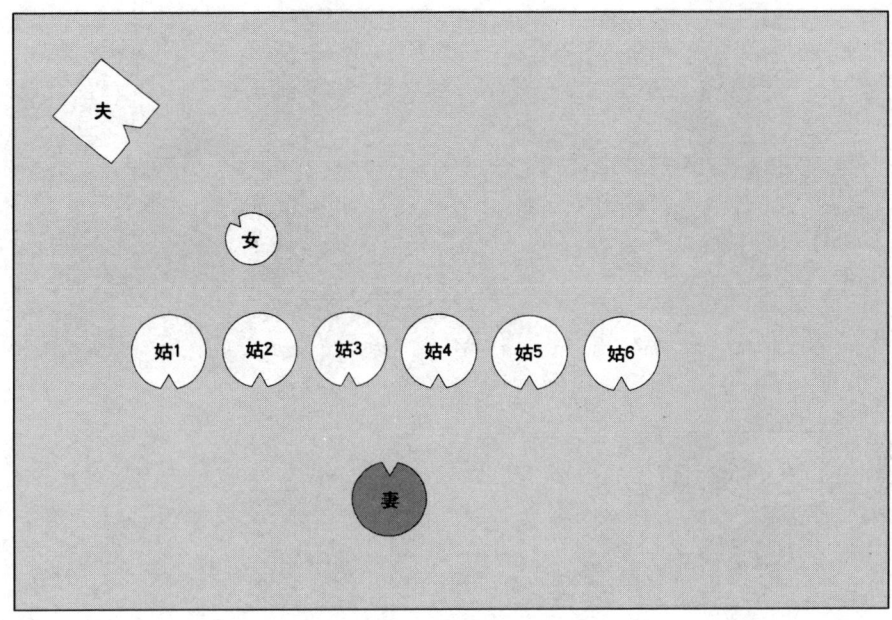

图38

劳拉：我满怀敬意地向你们鞠躬。

海灵格："亲爱的姑姑，我满怀敬意地向你们鞠躬。"

劳拉：亲爱的姑姑，我满怀敬意地向你们鞠躬。

海灵格：（片刻之后）站起来，站到姑姑身边，一一地对她们说，"亲爱的姑姑"。

劳拉：亲爱的姑姑，亲爱的姑姑……

（劳拉非常激动。她的爱、苦痛和同情涌流而出。海灵格安排她丈夫走到她的面前，见图39。）

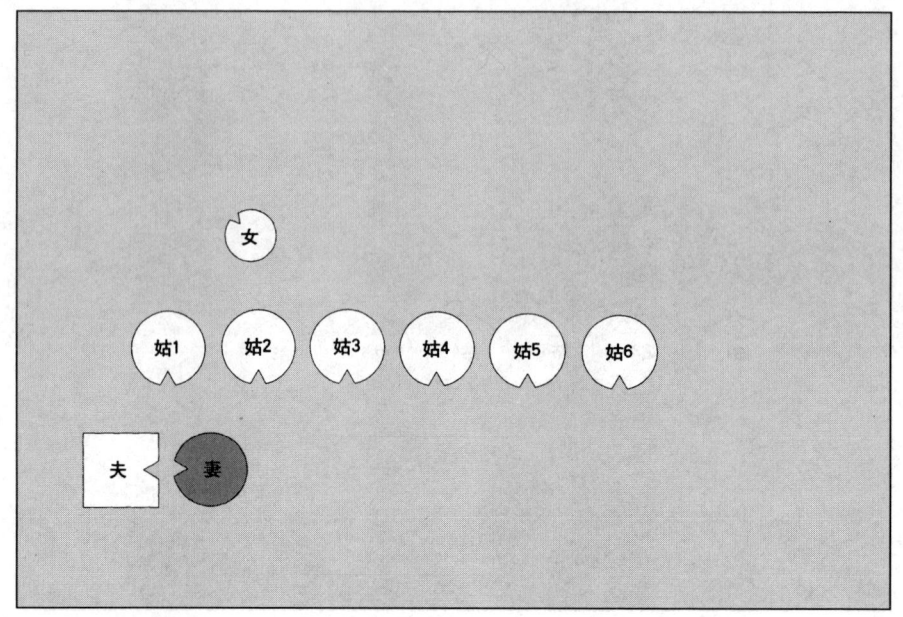

图39

（劳拉走向丈夫，伏在他的肩上哭泣。）

劳拉：请原谅我！

海灵格：只要说，"我很抱歉！"其他的不要讲。"我很抱歉！"

劳拉：我很抱歉！

海灵格：对他说，"我并不知情"。

劳拉：我并不知情。

海灵格：（当劳拉安静下来）现在站在他旁边。我要加入你们的女儿。

（见图40）

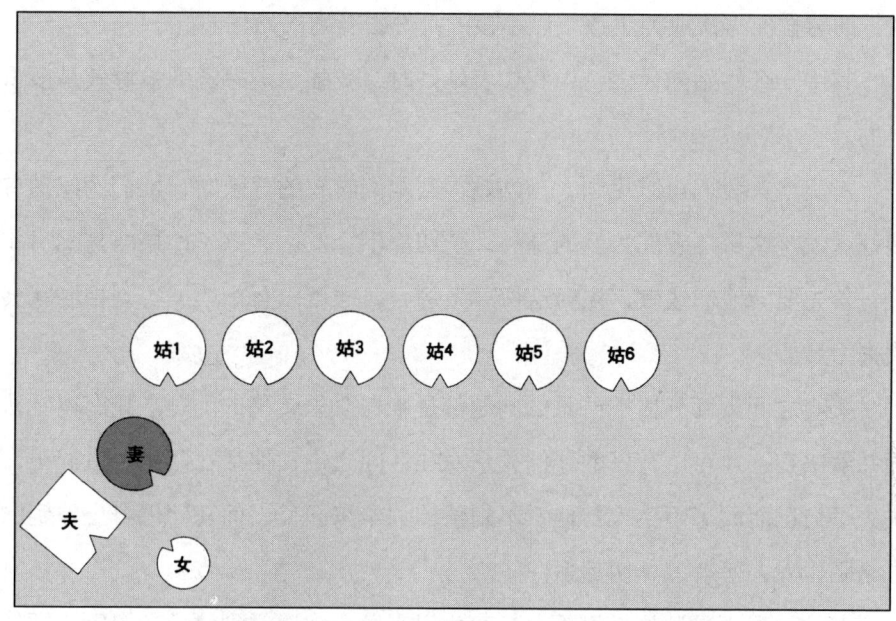

图40

海灵格：你们现在感觉怎样？

（全部代表都说感觉很好。）

海灵格：好了，到此为止。

（对团体）我想针对双重转移做个解释。在双重转移中，我们可以很清楚地看到，被影响的人已不完全是他自己了，而是认同了另外一个人。认同的意思是你具有了你所认同的那个人的感觉，你所感觉和所表现的，就好像那个人的感觉是你自己的一样。你不会把你所认同的那个人视为分开的实体，你自己甚至也搞不清楚到底是怎么一回事。那也就是为什么要把姑姑们排列出来，使得劳拉能够体验到她们跟自己是分开的。可以实际地看到她们，劳拉才有可能不再继续认同她们。尤其是当劳拉对她们说，"我满怀敬意地向你们鞠躬"，姑姑便再度回复她们的身份，而劳拉也回到自己，成为她自己。姑姑便再次以成人的身份，为她们自己的尊严和权益承受应有的责任，而劳拉便再次成为小孩，以小孩的身份去爱她的姑姑。

其中一个姑姑的代表：当我代表姑姑时，我强烈地感觉到被尊敬是很重要的。

海灵格：我们可以见到，当姑姑得到她们应有的尊敬时，她们的感觉有多好。没有这份尊敬作为爱的源头，一切都不会发生。孩子如果要与父母和好，首先要向他们致敬，先有这份尊敬的心，才可以有相遇，否则相遇就会失去力量。

夫妻之间大部分极端严重的问题都是来自双重转移的问题。只有察觉认同并解决它，才可以有好的伴侣关系。在认同之中，他活在陌生的世界里，失去了自己而成了陌生人；他看不到伴侣的本来面目，而在伴侣身上看到的也是陌生人，所有的一切都歪曲了。

劳拉：我真是感到惊讶不已！有生以来第一次感觉到腰部的温暖，即使是在没有任何人碰触的状况下，这是我未曾体验过的。

丈夫的代表：我非常感动，就在她说"我很抱歉！我并不知情"时。

错误的宽恕

海灵格：（对劳拉）我阻止你说"请原谅我"是因为这样做没有任何好处。人不能要求别人原谅，人也没有权力去宽恕别人。当一个人要求我宽恕他，他便将责任推往我身上。有些人对治疗师忏悔，如果治疗师允许他的行为，便是承担了他的责任。但治疗师可以用一种方法去保护自己，那就是说"我不想知道"。

在宽恕中总是有高低之分，这会阻碍平等的关系。但当你说"我很抱歉"时，你便是与他站在平等的位置上，你保有自己的尊严；这样比你去请求对方宽恕更容易让人接近，并且更容易使人接受你。

劳拉：我已经感觉到二者之间的不同了。那才是应该说的正确的话。

海灵格：你的苦痛证明你对先生的尊敬，那样就足够了。

双重转移对孩子的影响

劳拉：（第二天）刚才十分钟内我还感觉非常好。但现在我又有了其他的问题要向你请教。我没有冠前夫的姓，离婚后，女儿随我的姓。在离婚一事中，我前夫的父母大肆干扰，我们争吵得非常厉害。所以，我也反对女儿与他们来往。现在我开始认识到自己犯了一个大错！

海灵格：是的，那的确是一大错误。但还可以补救。

劳拉：还有一件事我必须要告诉你，近半年来女儿与我前夫也没有联络了。因为他有性侵害女儿的嫌疑，我不放心让他和女儿在一起。但我现在感觉女儿应该和祖父母有所联系，她应当和父亲一起去探望祖父母。假如昨天有人对我说要这样做，我会对这样的提议嗤之以鼻，但我仍然不信任我的丈夫。

我经常觉得我牺牲了孩子。在我家族历代之中，经常出现这种事，而我不想再重复了。我其实是可以及时保护女儿的，但我提不起信心和勇气去对前夫说，"带着你的女儿一起到你的父母那里去，那才是她所属的地方"。

海灵格：有关性侵犯，你要对女儿说，"你曾经为我做了一件事"。

劳拉：真的有必要对她说这句话吗？

海灵格：是的！你要对她说，"你曾经为我做了一件事，而现在所有的事情都恢复正常了"。你也可以对她说，"孩子永远都是无辜的"。她需要知道这一点。如果你这样做了，你才能够与丈夫一同负责任地接受已发生的事实，你女儿也才能得到解脱。

家庭系统排列：残废的哥哥与不被承认的异母哥哥都死于幼年

尤纳：你对我谈到坟墓之后，我便清楚了，我与死亡有着如此多的联系……

海灵格：我不想知道那些。

尤纳：我也不想多讲。昨天想起了一件从没有想过的事情。除了大哥之外，我还有一个同父异母的哥哥，他是父亲的私生子。大哥出生时就有脑部残疾，是在我出生半年后死的。昨天我没有想到第二个哥哥，他也是夭折。在你提及其他人之后，我才第一次想到他。

海灵格：同父异母的哥哥是最大的孩子吗？

尤纳：不是，他在中间。我哥哥最大，然后是同父异母的哥哥，我最小。

海灵格：异母哥哥的亲生母亲发生了什么事？

尤纳：我完全不知道，后来她结了婚，她是父亲的秘书，我只知道她后来生活过得很好，这些都是我在父亲死后才知道的。

海灵格：根据系统的秩序，男人应该跟第一任女人分开，而和有了他孩子的女人结婚，这就是应有的秩序。但现在你母亲拥有优先权，丈夫又在她身边，这对第二任女人是不公平的。

尤纳：母亲本来想要收养那个孩子。

海灵格：不，她不能这样做！她对这个孩子没有权力。

尤纳：对，她没有权力。

海灵格：现在先来排列你的原生家庭。我们再看看。

（尤纳开始排列她的家庭。）

海灵格：在父母当中，有谁曾经结过婚或订过婚？

尤纳：有，我父亲，他有个前妻。这一切都是我在他死后才知道的。

海灵格：那段婚姻中生过小孩吗？

尤纳：没有。母亲在与父亲结婚之前也有一段重要的关系。那个男人比母亲大25岁。

海灵格：我们需要这两个人。

……对于孩子的脑部严重受损，你的父母亲有没有因此自责，或是责怪对方？

尤纳：我母亲有。她在分娩时服用了一些药物，那是助产士给她的，我想她是为了要让自己放松下来，我想我母亲因为那些药物而感到内疚。

海灵格：医生有什么解释？这些药物有没有导致婴儿脑部受损的可能？

医生：如果分娩过程被延长的话，是有此可能的。

尤纳：那个婴儿被困住了，完全被困住了，但母亲后来否认此事。

（尤纳排列完她的家庭，见图41。）

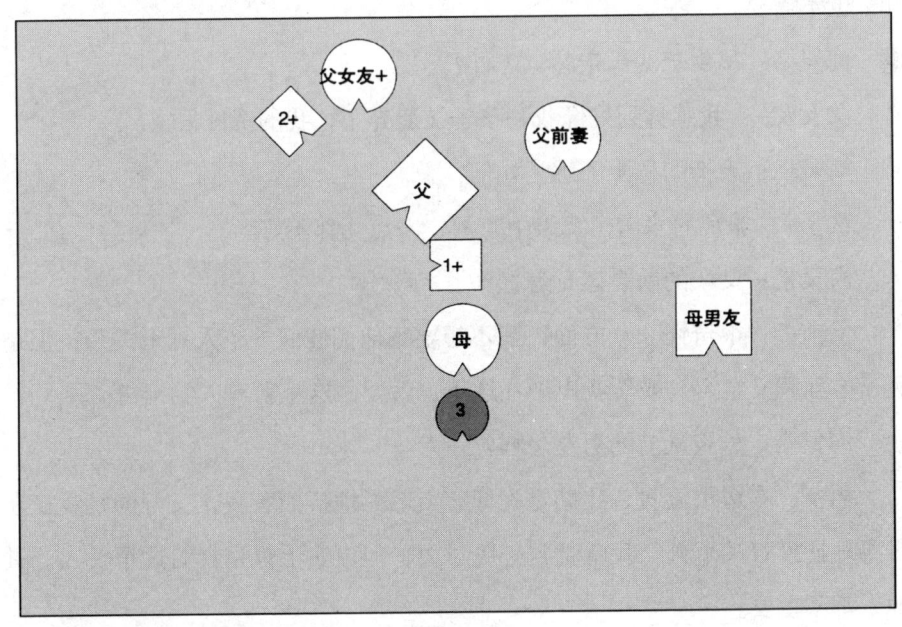

图41

父：父亲的代表

母：母亲的代表

1+：父亲第一个孩子的代表，有残疾的男孩，夭折

父女友+：第二个孩子的母亲的代表，已去世

2+：父亲第二个孩子的代表，非婚生育，男孩，夭折

3：第三个孩子的代表，女孩（尤纳）

父前妻：父亲第一任妻子的代表

母男友：母亲以前男朋友的代表

尤纳：突然间有这么多人，而我一向是非常孤单的。

海灵格：父亲感觉怎样？

父亲：我一点儿也不自在，感到愤怒，又不能向后退。

海灵格：母亲怎样？

母亲：可怕！非常可怕！非常可怕！

海灵格：夭折的大哥怎样？

长子+：我觉得很好。我感觉到在父母之间宽阔、沉重而温暖。其他的什么也不需要。

海灵格：私生子的母亲感觉怎样？

父女友+：我感觉到好像我和孩子被遗弃了，我的责任很重。

海灵格：夭折的私生子感觉如何？

次子+：非常的悲伤，我眼中有泪，一点儿都不好。

海灵格：父亲的前妻感觉怎样？

父前妻：很奇怪。一方面，我不想要跟他们任何一个人扯上关系；但是另一方面我又觉得，既然我出现在这里，就要做这里所有人的祖母。

海灵格：母亲从前的男友怎样？

男友：右边很温暖，我感觉好像有人轻柔地抚摸着我，又好像是我正在轻柔地抚摸着某个人。我感觉到一股拉力，但事实上只是针对这个女人，其他人都不重要。

海灵格：（对尤纳的代表）女儿感觉怎样？

三女：我好像被从中劈成两半。右半边的我是温暖的，后面也是。而另外半边的我却是冰冷的，我感到很无助。

（海灵格排列父亲的前妻，使她面对其他人，见图42。）

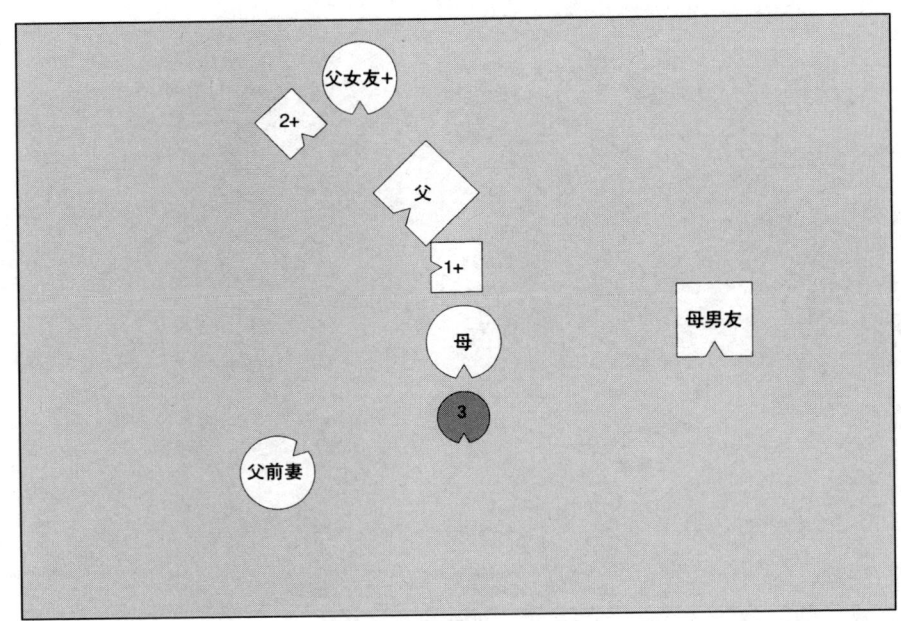

图42

海灵格：父亲现在感觉怎样？

父亲：现在我可以看到她，感觉比较好。当她站在我后面的时候，我感觉一点儿都不好。

母亲：我的感觉还是不好，但是比之前好多了。

三女：我很高兴终于有个人可以让我注视了。

海灵格：父亲前妻感觉怎样？

父前妻：刚才在后面我发冷，现在突然温暖起来。我现在开始感到有趣，在这里开始有联结了。

（海灵格排列母亲在父亲前妻身边，见图43。）

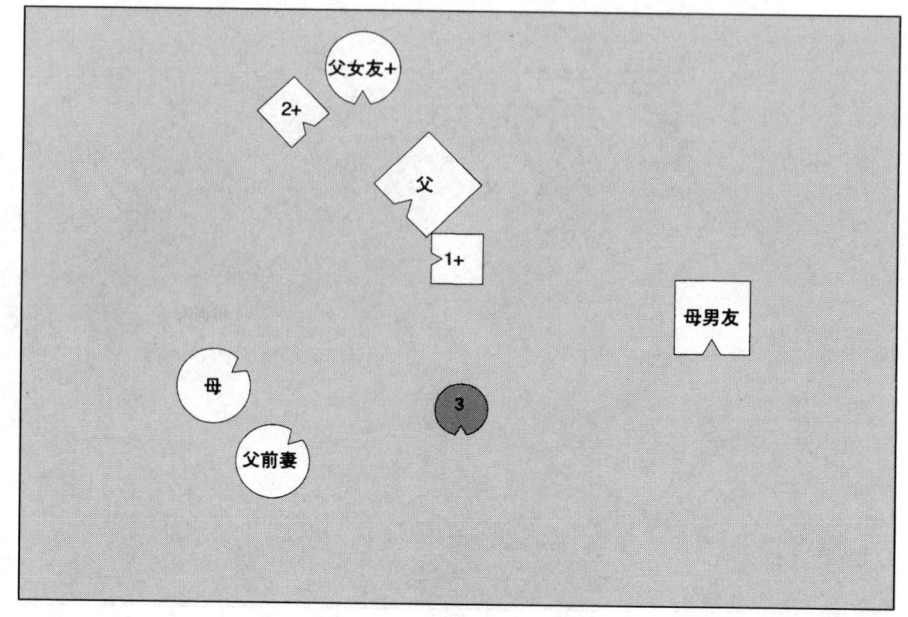

图43

父亲：现在比较好。我第一次可以看见第二任太太。在你移动她之前，我还在纳闷她究竟在这儿干什么。我跟她没有什么好对立的，但我对她也没有什么感觉。

三女：我的呼吸比较顺畅了。

长子+：对我没有什么不同。

（海灵格调整画面，安排夭折的长子坐在父母前面，背靠着他们，见图44。）

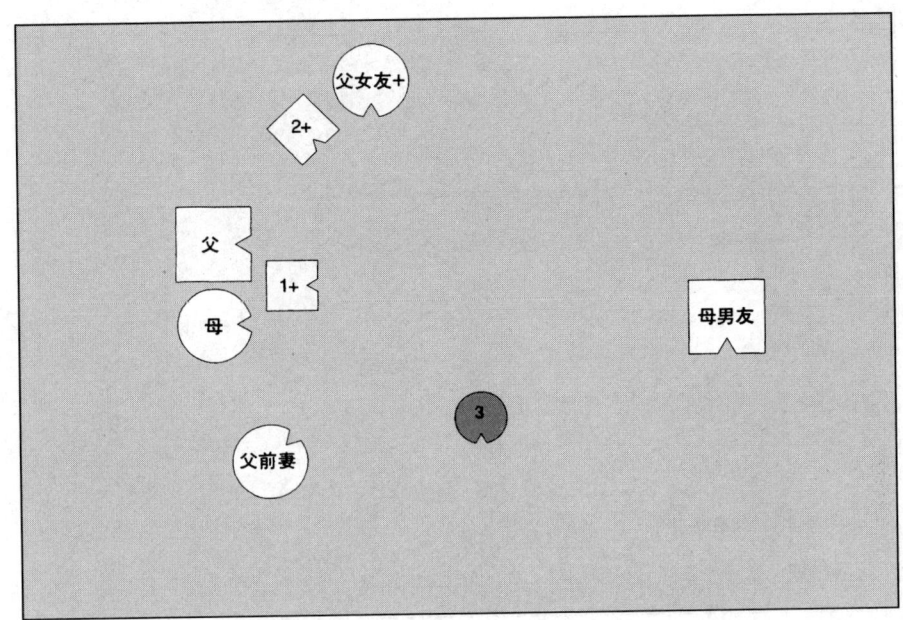

图44

海灵格：现在长子感觉怎样？

长子+：我感觉很适当。

海灵格：母亲呢？

母亲：我开始感觉悲伤。

（海灵格安排夭折的私生子到父亲身旁，女儿就在母亲身旁，见图45。）

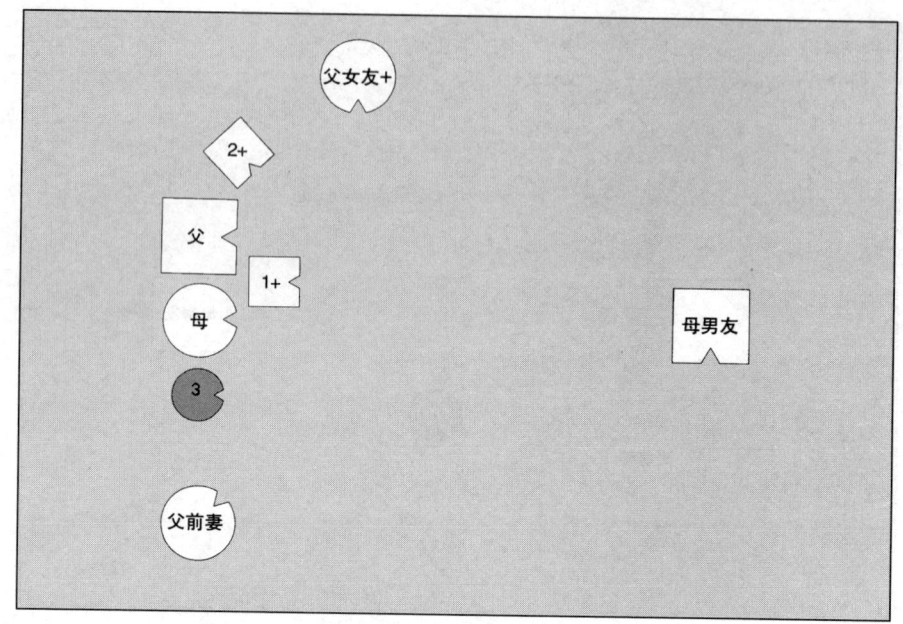

图45

海灵格：现在父亲感觉怎样？

父亲：奇怪。私生子站在我旁边使我相当不自在。儿子坐在地板上也还好，我与太太的关系纯粹是为了照顾儿子。我对她有一份同情的感觉，但我同时也感觉到我们的关系之中有些不对劲。我不知道到底是什么。

海灵格：从系统角度来看，关系是结束了。

（对尤纳的代表）女儿感觉怎样？

三女：不好。

（海灵格将解决的画面排列出来，见图46。）

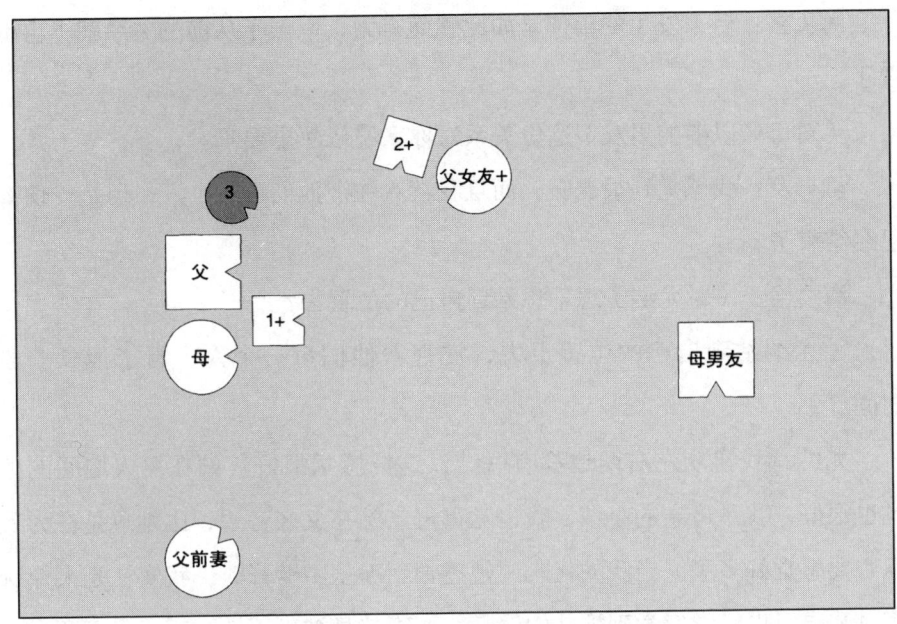

图46

海灵格：女儿在这个位置感觉怎样？

三女：比较好。

母亲：我也觉得比较好。

海灵格：夭折的私生子感觉怎样？

次子+：我很高兴可以再次站到母亲身边，当我站在父亲旁边时，我感到非常孤单。

三女：那种被从中劈开的感觉消失了。

海灵格：私生子的母亲感觉怎样？

父女友：相当好。刚才我很难过，因为儿子离我太远，现在很好。

母亲：现在我感到难过。

海灵格：父亲的前妻感觉怎样？

父前妻：我跟他们不再有任何关系了。

海灵格：后来发生的事情是如此强而有力，以至于从前的关系就不再重要了。

（对母亲以前的男友）这份关系对你来说依然重要吗？

母男友：我感觉到很温暖，而且我喜欢注视他们每一个人，但是一切都已经结束了。

海灵格：（对尤纳）想不想站到自己的位置去？

（尤纳站到自己的位置上去，注视着他们每一个人，看了很长一段时间。）

尤纳：我喜欢左右两边都有联结，这样感觉很好。站在男人之间的感觉也很好，我是母亲的小孩，我也觉得母亲站在父亲旁边，比她总是在为我担心要感觉好多了。当我的代表说她感觉到被从中劈开时，我实在是太惊讶了，我自己也经常感觉到被从中劈开，要不就是被水平地腰斩成上下两半，或者是被垂直地从头到脚分成左右两半。现在我没有这种感觉了。在我的左边——有这么一个哥哥，对我来说是全新的经验，这是我第一次认出他。我还是觉得难过，但现在这已经不那么困扰我了。

海灵格：现在可以平静了。

（尤纳轻轻抚摸着她父亲及两个哥哥。）

尤纳：现在很好。

海灵格：（对团体）我要跟你们讲一个故事。

故事：圆满

一个年轻人问一个老人：

"你，一个人生旅途已将尽的人，和我，一个正走在人生旅途中的人，有何分别？"

老人回答：

"我经历过的比你多。

"今日朝阳似乎大于昨日，
只因昨日夕阳已然逝去，
然而明日，纵使尚未到来，
但在来临之前也只能保持现有的样子，
因此，凋零之后才能更加茂盛。

"时间流逝依旧如昨，
朝阳自破晓攀升至正午，
于最热之际日正当中；
中天之日稍停片刻，
直至，仿佛自身重量渐增而身影渐长。
渐长身影乃是与时俱增，
白日以此身影向夜晚深深一鞠躬。

"如同昨日，
当一切全然过去，一切也就完成。

"但是，曾经发生过的从未真正消失，
依旧保留，因为已存在过，
纵然现在已是过往，其影响持续，
随之而来的崭新变化更多。
如同浮云掠过骤雨飘落消融于大海，
雨滴依旧存在。

"那些从未实现，
因我们只是梦想而无行动，
只做考虑，却未能履行——

所有我们未曾经历过的，
所有我们害怕付出代价的——
所有那些才是失去的。

"未曾亲身经验就是永远失去。

"因此契机之神
以青年之姿示现，
前有乌发，后有秃斑。
我们只能在前紧抓其发，
在后便只能攫取空无。"

年轻人再问：
"我应该做些什么，
才能成为你那样？"

老人说：
"经历！"

海灵格：好了吗，尤纳？

尤纳：这个故事给我传达了某些重要的东西。

无望的挣扎

埃拉：我感觉很好。做完原生家庭系统排列之后，我比较清醒。但我还是不明白你刚才所说的。在我做排列之前，你说父亲的未婚妻是我的模仿对象，想拒绝承认也没有用。我不了解这句话，不过我的确了解那个画面。

海灵格：这就够了。有些人以为如果他们否认某件事，那件事就不再存在，这就是我所说的意思。

埃拉：父亲的未婚妻得到她应有的正确位置之后，现在我感觉很好。

海灵格：圣经里面有一个关于雅各（Jacob）的故事，他和一个天使在河边彻夜比赛摔跤。

埃拉：不是天使加百利吗？

海灵格：不是天使加百利，那个天使的名字并未被提及。其实，在这个故事中的天使就是上帝的示现。

天使对雅各说："让我走吧！"而雅各却说："直到你为我祝福，不然我是不会让你走的。"也只有到那个时候他们才能够分开。

承接他人的悲伤会使自己脆弱

埃拉：我就是在一种带有悲伤的联结中转变，我处于这个状态已有一段日子了。我今天感觉清醒多了，同时感觉充满了能量。在尤纳的家庭系统排列中我代表她母亲的角色，我变得非常伤心，后来我用这样的感觉作为处理自己悲伤情绪的工具，但在当中我流失了能量。不过，现在能量又再度回来了。

海灵格：承接他人的悲伤和承接他人的罪恶感是一样的。属于你自己的罪恶感和有原因的悲伤会使人坚强，那是有力量的。别人的悲伤不会带给你什么。当某人哭泣时，其他人因为同情而跟着一起哭，只有那为自己的悲伤而哭的人才会变得坚强，其他人则会变得软弱。

在排列时的心理建设

弗兰克：当我在尤纳的家庭系统排列中代表父亲时，我感到头晕，非常不舒服，我对这样的感觉相当熟悉。

海灵格：你要将这个感觉全部留在你所代表的人身上，这是非常重要的。这个工作的其中一个基本原则是：不可以将在家庭系统排列中做代表所体验到的感觉当作是自己的。即使与你自己的情感有所类似，你的心灵也会照顾你，禁止你亲自涉入其中。只有在排列范围之外所自然引发的感觉，你才可以接受它作为你自己的感觉，但千万不要将之与其他人的排列做联结。作为一个代表，你一定要完全分清楚，否则会引发很多幻想和困惑。这是一个重要警告。

弗兰克：你是说即使我感到与所代表的人物产生了共鸣，也不要"对号入座"？

海灵格：是的。无论是在排列中作为代表时，还是在排列之后，都要去抗拒那种对号入座的引诱，所有人类重要的议题都会和我们产生共鸣，而我们在此所做的工作，都关联到重要的人类问题。当你在做代表的时候，如果你允许自己亲身涉入的话，就如同你在毫不选择地像海绵一样吸收东西。因此你最好是严格地设想成，在排列中你所感受到的每一件事，即使的确跟你有关，也都要当成与你无关。

弗兰克：（笑）非常感谢。

海灵格：我并不是在影射说你就是这样地亲身涉入，我只是提到这一点作为一种警告，不要让自己亲身涉入。划清界限是非常重要的。

弗兰克：近几年来，我经常会突然开始感觉眩晕，以至于必须要坐下来，我在生理上并没有任何问题，但这样的状况令我担忧，我想知道这是怎么一回事？

海灵格：我的建议是当这种情形再度发生时，你只需要放松并且放下那种感觉，要及时放下。我记得有一句珍贵的话，因为那句话触及心灵深处，也许对你会有所帮助。这句话就是："放下的意思是让它过去，进而改变就发生了。"

快乐的压力

弗兰克：自从昨天做了我的家庭系统排列之后，我的内心就在不停地运转着，但在意识层面上我并没有想太多，因为就某种程度而言，那些对我来说太沉重了。然后我了解到，它浮现出一种我经常都觉得事情太过沉重的感觉。这种状况会让我开始强制性地去阅读。

海灵格：或许你发现了快乐会让你感到非常有压力。

弗兰克：（笑）这当然有可能。很有趣的是，当我像这样坐成一个圆圈时，我会一直不停地数这里有多少人。

海灵格：那是一种让你无法投身快乐的好方法。让我告诉你一个小故事。

> 有个男人叫那斯鲁丁（Nasrudin）——他是个伊斯兰教的神学家或是类似这种身份的人。有天晚上他梦见有人数出一个个金币放在他手上，当他手上有九个金币的时候，那个人突然停了下来，那斯鲁丁大叫说："我要十个！"因为叫得太大声了，所以他自己也就醒了，然后他再度闭上眼睛并且说："好吧！九个也可以。"

还有其他问题吗，弗兰克？

离婚与罪恶感

弗兰克：有。我在尤纳的家庭系统排列中代表她父亲的时候，我想到自己是否真正知道孩子对于分居与离婚这种事的感受，要对他们谈这件事是很困难的。

海灵格：离婚与孩子没有关系。

弗兰克：但我很希望知道孩子的感受。

海灵格：你可以问他们的感受，但不是对离婚的感受，关于此事，你不需要跟他们谈。离婚是父母双方的事情，父母也无须向孩子辩解。

但重要的一点是，在离婚中，人总会有罪恶感——除了一份罪恶感之外别无其他感受了。当你问孩子感受如何，你内心却希望他们给你肯定的答案，减轻自己的压力负担，但这不是孩子的责任，这只会给孩子压力，因为这不是孩子的责任。

弗兰克：我也不想那样做，但其中总有些事情让我心神不宁，而我并不确定那究竟是什么。

孩子经常为父母不负责任的离异而赎罪

海灵格：有关伴侣分手事件还有要注意的地方，伴侣如果轻率地分开，譬如伴侣的其中一方说，"我要离开你，因为我想过自己的生活。你和孩子们要怎样是你的事，与我无关"，那么在这种婚姻关系之下生的小孩可能会有自杀行为。这种情形也并不少见。小孩子会将不负责任的离异体验为一种致命的犯罪行为，并认为他必须为之赎罪。

弗兰克：你是说小孩子觉得这种不负责任的态度必须赎罪？

海灵格：没错。当一对夫妻决定离婚时，必须将之列入考虑。如果婚姻中的伴侣双方都认真地看待对方，并且对于他们之间尚未解决的事务，能够成功地找到一个解决之道的话，父母亲是有可能解除孩子们的压力的。他们只要能够找到一个好的解决之道，他们双方都能够面对自己，为各自出错的部分负起责任，孩子们就会知道父母对于他们所做的事是认真的，那么便不需要赎罪了。

弗兰克：关于赎罪及其意义，我必须再多想想。

通过赎罪强制补偿

海灵格：赎罪是一种补偿行为，它是朝向平衡的一种盲目的冲动。如同在自然界中有一种想使系统保持平衡状态的倾向，在心理方面也有同样的冲动。赎罪是心理上一种平衡的冲动，但那是一种本能的冲动，它常常采取它自己的方式而不管别人是否能承受。但是，我们也可以提升这种本能的冲动，依循着一种较高的秩序，达到一种更高层次的平衡与补偿，我称它为"爱的序位"（the orders of love）。这个补偿带出一个平衡，毋须要赎罪。例如当父母正视自己错误的行为，正视行为的后果，正视自己的罪恶时，孩子要赎罪的冲动便会消失。

以罪恶感否认事实真相

海灵格：感觉到罪恶感便是否认事实真相的结果。你活在婚姻的联结与责任中，但却表现得好像与自己没有关联，这就是在拒绝事实真相，这样一来就会产生罪恶感。这就是否认事实。

弗兰克：我从前就是这样，我强烈地否认有联结这一回事。

海灵格：或许你该补救的时候到了，承认与之前伴侣的联结是存在的，是一种内在的过程。唯有尊重之前的这份联结，你才可以自由地进入一段新的关系。

格特鲁德：孩子的年纪大小在离婚中有没有影响？

海灵格：当然有。如果孩子已经自立门户，父母便自由得多。这是再明显不过的。

托马斯：谁来决定父母是否不负责任呢？

海灵格：没有人能够决定，那只能通过体验。当一对伴侣分开时，如果他们是诚实的，双方都会知道他们的行为是否负责任。听起来好像在你的情况中有不负责任的成分在内。

托马斯：没有。

（长时间的静默）

海灵格：好！那不是该我来决定的事，只是听起来的感觉而已。

Hölderlin有一首关于恋人的小诗：

"分手！似是如此明智且美好。

为何我们现在如此震惊，仿佛我们已然谋杀了爱？

啊！我们对自己所知何其少！

隐藏在我们身上的神灵啊，是他主宰了这一切。"

不管我们如何解析这首小诗，它一语道破我刚刚所谈到的体验。

经由性爱的联结

通过性爱的交往，男女之间建立起一种真实的联结，在后果方面来看，它远比父母与孩子的联结更深，这甚至可说是人类最深厚的联结。与父母分离所带来的苦痛和罪恶相比，其深度远远不及曾是紧密联结在一起的伴侣的分离来得深。

有些人进入一段关系，就好像去参加合唱团，进出可以随意而定，但伴侣关系不可以这样。在伴侣关系中，他们两人是联结着的。他们不会没有苦痛和罪恶地离去。从离开时痛苦和罪恶的强度，便可以看到联结有多深。

在母亲的影响范围之内

艾达：这里的工作与我甚为密切，我在处理早逝兄弟姐妹的事件中，情绪有些波动，我想弄清楚使我困惑的原因。母亲无微不至地照顾我们，她维持全家生计。对于男女的角色我没有清楚的画面。

海灵格：父亲发生了什么事？

艾达：父亲完全纠缠于他的原生家庭之中。他有多年的牢狱生涯，并且很可能会再次入狱。

海灵格：为什么？

艾达：因为他的政治立场，但这其实并不是真正的原因。

海灵格：真正的原因是什么？

艾达：原因是他母亲跟她姐姐的丈夫生了一个孩子，这个孩子被杀死了。

海灵格：被谁？

艾达：可能是被他母亲。祖母生了这个孩子，然后对人说孩子死了。另外一个说法是孩子被杀了，我父亲便卷入这件事中。

海灵格：他要赎罪。这跟你不清楚男女角色的问题无关。你的解决方法是：你要让父亲回到他的家庭，而你应站在母亲旁边，对你来说这是最安全的地方。

艾达：是的，昨天事情变得更加清楚了，包括职业女性的角色问题，它也是跟我身为职业女性有关。有人对我说，我太有野心了。

海灵格：这是好的，你在模仿你的母亲。

艾达：说得对，这种性格不是从父亲那边来的。

海灵格：有些人会高兴的，如果他们有一个像你母亲这样的人可以模仿。

艾达：对！这曾经是我的困惑，我以为我仍然是受着父亲的影响，与他联结着，但原来不是这样，我是受我母亲的影响。

海灵格：她对你有好的影响。

家庭中不同方式的施与受

艾达：我还有一个问题，孩子接受父母所给予的，但是如果我把姐姐当作母亲，也从她那儿得到一些东西，那又会如何呢？从父母那里得到的是理所当然，但从姐姐那里得到的又是怎样呢？

海灵格：父母是依照他们本来的样子传递给孩子，其中的元素，无法增加，亦无法减少；孩子也只能得到这个样子的父母，无法增加和减少。事情就是如此进行，我们不一定喜欢，但我们无法改变，这跟我们送给别人一份礼物不同。当我们知道唯一可以做我们父母的人，就是我们的亲生父母，这是最重要的一件事。如此就很清楚，期望有不同的父母的想法就变得没有意义，因为不同的父母会有不同的孩子，那就不是我们了。如果能明白这个基本的事实，就可以和父母有更深的联结，而且内心会感到完整，也会放下想要改变父母的想法。

但是，父母除了给予子女生命之外，还给予他们额外的无私奉献，他们以各种方式去照顾孩子许多年。孩子同样也都接收到了，这形成了父母与孩子之间施与受的不平衡，孩子永远无法平衡与补偿。孩子会感觉到这种不平衡的压力，有些孩子常常会用贬损或轻视他们父母的方式，来逃避这个责任与压力。但是，如果孩子能将从父母那里所得到的，传给下一代，或是通过社会服务、社区工作而给予其他人，以这种方式，孩子终究可以达到平衡与补偿。

但是，另外有一些东西是只属于父母个人的，而且是不可以给予孩子的。例如，个人的罪恶和罪恶的后果、个人与父母之间的牵连纠葛，或是个人的奖赏等，孩子是不能从父母那里承受这些的，因为孩子没有这个权利。孩子当然可以从父母的财富中得到某些好处，这也是父母可以给予孩子的。但如果孩子说，"我是个伟大的画家，因为我父亲就是个伟大的画家"，或是说，"我是个伟大的政治家，因为我父亲就是个伟大的政治家"，或者有任何诸如此类的说法，那么他就太愚蠢了。孩子一定要认清界线，这也是一种尊敬父母的表现。孩子把从父母那里得到的，再加上自己的努力，才能够对外宣称成就是他们自己的；同样，如果孩子做了某些让自己感觉到罪恶的事，那么也必须认识到这是属于他自己的罪恶感。

父母与孩子之间总有一些共通点，家庭就好比一个企业团体，每一个人都是参与其中的一分子，每一个人也都有自己的义务，所以孩子必须根据情况，做出适当的贡献。父母也可以为了家庭的利益，要求孩子做出某些贡献。就这一层面上的意义来说，你的姐姐在母亲不在时照顾你，你从姐姐那里受益，事实上你也是别无选择的。

父母如果对孩子有过分的要求，例如要求孩子安慰他们，孩子便在父母的面前变成了父母的角色，父母反而变成了孩子的角色，这样一来，父母与子女之间的关系就颠倒了。孩子没有能力反抗父母的这种要求而自我保护,因此他们便涉入了某种牵连纠葛,这是他们无力防卫的,因而被迫产生了一些自我惩罚的行为。例如,孩子如果被迫去承担一些不当的责任,往往孩子会因此生病,遭遇不幸,早逝或沉沦失败等。唯有当孩子长大成人,并且能够看清他们是如何被牵连纠葛,而且这些牵连纠葛是他们可以修正的,才能摆脱。但他们或许需要某些协助,例如通过辅导或心理治疗。这样清楚了吗?

艾达:清楚了。

甜蜜的负担

威廉:我叫威廉,是艾达的丈夫,我们有一个小女儿。我是个工程师,我们夫妻共同拥有一家制造测量仪器的公司。目前我每天工作12到14个小时,其实我不想这么辛苦,但又觉得身不由己,虽然我自己是老板,但实在是很放不下。

海灵格:事情没有那么简单。做事情需要有正确的方法,当你脱离了事情的正确轨道必然会对自己造成损害。就此而言,没有一个人是自由的。当你在公司中处于一个必须负责的位置时,即使是你自己的公司,你也是不自由的。

威廉:但是当初我之所以自己创业,目的就是想要按照自己的意思可以自由地安排工作。

海灵格:现在你已经发现这是一个幻想了吧。自雇者并不比任何其他人更自由。对公司你要负责,在家庭你要负责,对自己你也要负责。你现在要做的是,在这不同的方面找到一个平衡,这是困难的事⋯⋯

威廉:虽然长时间以来我有太多事情要做,但我或许可以把工作分摊下去⋯⋯

海灵格:在我告诉你解决方法时,你打断了我。当你重复你的问题时,我正要告诉你答案。我看到你正开开心心地活在问题中,所以我还是不要冒昧地打扰你的幸福！

威廉：但我现在感觉很不好。

（他叹了一口气，快要哭了。）

海灵格：友善地看着我。威廉，你并没有真正地跟我们在一起，你自己可以感觉到吗？当你被这种情绪占据时，你就无法注视与你交谈的对象，这表示你的感觉与当下无关。

威廉：没错。

海灵格：如果你注视着我，并且看到我，那么你的感觉会立刻改变。

（暂停）你还是没有注视我，你可以感觉到吗？就算是你注视着我，你也并没有看到我。

威廉：现在我可以看到你了。

海灵格：不，你没有，还没有。

威廉：有！我看到你了！

（他的手挥了一下，好像要拨开眼前的薄雾。）

海灵格：你还是没有看到我。你们注意到了吗？你依旧被内在的影像占据着。

艾达可以看到我（艾达坐在威廉旁边），但你却看不到。

威廉：今天早上我来的时候感觉相当好，但在团体过程中所发生的，例如哈里的故事，给了我很大的冲击，尤其是"受害者"这三个字。

（长时的静默）

海灵格：你是受害者吗？

威廉：是。

海灵格：被谁所害？或是为何所害？

威廉：我相信我有方法可以安排所有的事情，因此我就成了受害者。

海灵格：受害者要赎罪，问题是你在为谁赎罪，为系统中的某一个人，还是为你自己的罪恶感？你曾经为什么事件感到罪疚吗？有没有人因你而死？例如在交通意外中？

威廉：没有。但我父亲是个私生子，而且提及祖父是一个禁忌。我甚至从未见过我祖父，最近我才知道他有一个家庭，而且他的其中一个儿子，也就是我其中的一个叔叔，自杀死了。

海灵格：好，所以你的系统中有某些不幸的灾难，让我们一起来看一看。

家庭系统排列：父亲是私生子，祖父被家族排除在外

威廉：我需要哪些人？

海灵格：父亲、母亲、孩子。你父母中有谁曾经结过婚或是订过婚？你有夭折的兄弟姐妹吗？

威廉：没有。

海灵格：还缺少什么人吗？

威廉：正如我刚才所说的，我的祖父是家庭中的一个禁忌。

海灵格：我们要稍后才把他排列进来，首先，我们要排列核心家庭。（威廉首先安排他自己的代表面对父亲，接着又把他移开，见图47。）

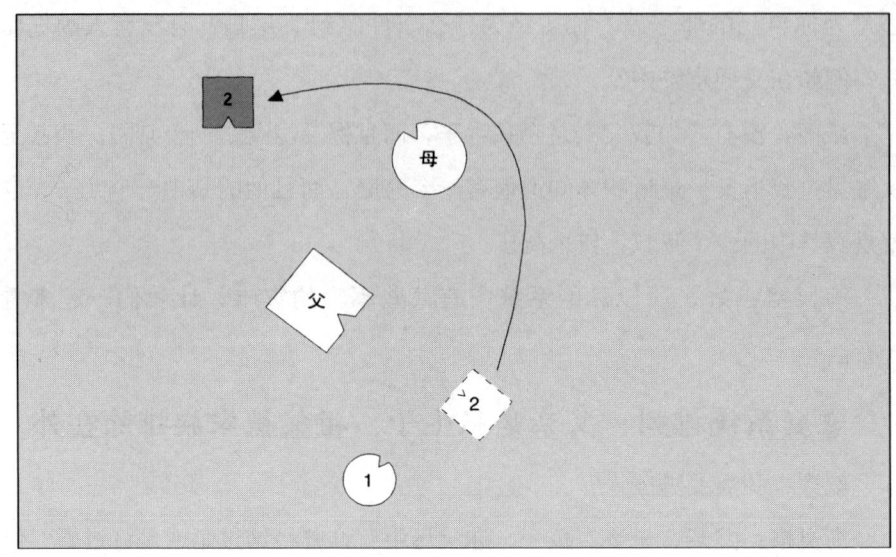

图47

父：父亲的代表

母：母亲的代表

1：第一个孩子的代表，女孩

2：第二个孩子的代表，男孩（威廉）

　　海灵格：你父母是否离婚了？

　　威廉：没有。

　　海灵格：在母亲的家庭中发生了什么事？有没有什么特别的事？是否有人过世？

　　威廉：外公的第一任太太死于难产，生了个儿子。外公后来再婚，与第二任太太生下三个孩子——我母亲和两个姨妈。

　　海灵格：外公第一任太太是重要人物，我们马上加进她。（见图48）

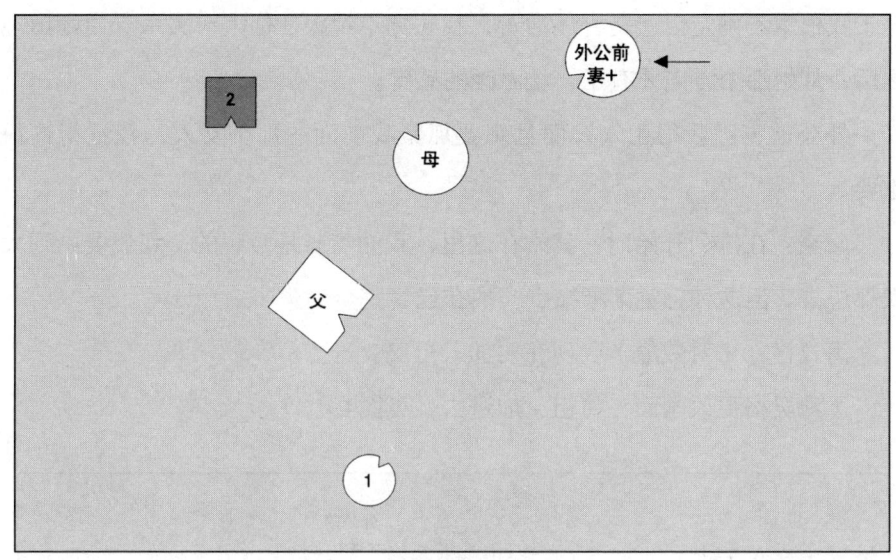

图48

外公前妻+：外公第一任太太的代表，死于难产

　　海灵格：父亲感觉怎样？

　　父亲：在这里我感到相当地失落。

　　海灵格：（对团体）一个家庭中缺少整体性时，是很难进行排列的，在此可以看得更清楚。

　　母亲感觉怎样？

　　母亲：一开始，我感觉好像自己已经死了。

　　海灵格：你认同了祖父的第一任太太。

　　母亲：我感觉到有些轻微的力量把我拉向丈夫。当儿子站到我前面时，我感觉到至少我还有儿子。

　　海灵格：女儿感觉怎样？

　　女儿：不好也不坏。

　　海灵格：（对威廉的代表）儿子呢？

　　儿子：直到外公的第一任太太出现之前，我感觉到如此地毫无生气，以至于我根本不确定自己是否还活着,我感觉不到跟任何人有关系。当她出现之后,从她那个方向才有了一丝温暖的感觉。

外公前妻:我很生气,而且想要抓紧我前面的那个女人,我觉得这很重要。

父亲:在排列开始时,我站在这里,我的嘴唇是暖暖的,我想要站到太太那边去。但这种感觉渐渐减少,现在已经完全消失了。

海灵格:(对威廉)我现在要加入祖父。

(海灵格更改画面,将祖父加进去,见图49。)

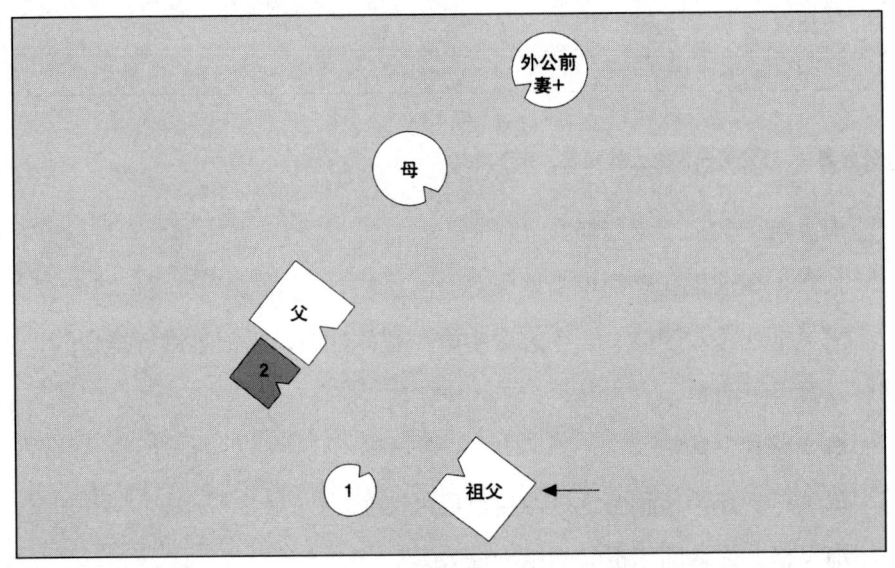

图49

祖父:祖父的代表

父亲:现在好多了,感到比较完整。

海灵格:是的,完整多了。

(对女儿)对你有什么改变?

女儿:好多了。

海灵格：母亲感觉怎样？

母亲：好像是已经死了又活过来了。

海灵格：（对威廉的代表）你感觉怎样？

儿子：好。

外公前妻：当威廉的母亲转过身时，我想，这是我所能忍受的最大极限了，再多转一些我便受不了。（她笑了。）我觉得很好，这个女人（指母亲）对我来说很重要，其他人就不是那么重要了。

海灵格：母亲现在感觉怎样？

母亲：现在好多了，但还是感到很遥远和孤单。

父亲：我与太太的距离刚好。而且重要的是她现在面对正确的方向。

祖父：我感觉到跟我前面这两个人有联结，那就是我的儿子和孙子。我也喜欢在我左边的孙女。但我主要还是被儿子和孙子吸引着。

儿子：我现在不需要这么接近父亲了。祖父对我非常重要，当他一出现，我马上就有了方向。

海灵格：（对威廉）他对你来说是个好的模仿对象。

艾达：他是个生意人。

海灵格：生意人？他也是个生意人？

（团体笑了。）

（海灵格再次更改排列，见图50。）

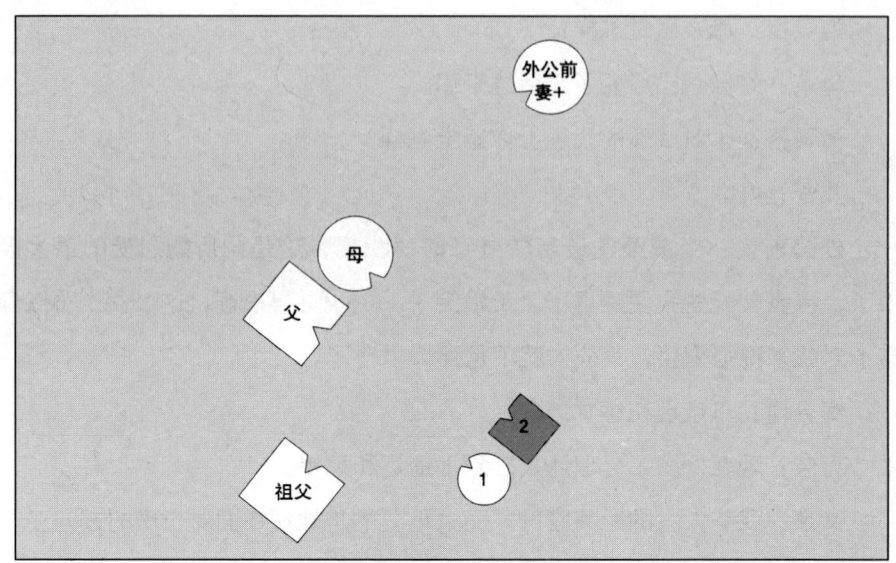

图50

父亲：刚才比较温暖。现在儿子在我对面，我要接受他，但感到有点失落。

儿子：这个位置比在父亲旁边好得多。

海灵格：（对威廉）对你父亲而言，你代表他的父亲，那也就是为什么你们的位置可以相互交换。

（对母亲）位置的转变对你有没有任何改变？

母亲：我喜欢这样能够看到孩子们。

父亲：我不习惯太太离我这么近，但也可以接受。

（海灵格加入其他代表，外公和外婆，见图51。）

图51

外公：外公的代表

外婆：外婆的代表

海灵格：（对代表们）你们现在感觉怎样？

母亲：好。

父亲：好。我觉得现在得到平衡，完整了。现在我可以好好地让太太站在旁边，刚才还是有点不太对劲。

儿子：我看到父母两人这样双双站在一起感觉非常奇怪，我不太信任这种状况。

祖父：孙子孙女和我之间没有什么阻挡，我感觉很好，而且我喜欢这样可以清楚地看到儿子在那里。那些女人似乎与我没有太多关系，当我刚才看着她们那边时，我便开始感到害怕。

海灵格：（对威廉）想不想站过来看看。

威廉：好。

海灵格：（对团体）我想解释这里的动力。当一个女人死于分娩，会对家族系统造成跟谋杀一样的影响，而且如同谋杀一般，那也是要赎罪的。通常来说是儿子当中的一个以某种方式身处于补偿的压力之下，甚至会死亡。威廉便是那个儿子，所以他有受害者的感觉。如果那个女人没有得到她应有的尊敬，他便有危险。

（对威廉）你移动到父亲这边并且远离你的母亲会是比较安全的，你的祖父可以让你从不幸的牵连纠葛中得到自由，并且使你安全。

好，到此为止。

当孩子承担了父母之一的角色

艾达：你告诉威廉说对他的父亲而言，他代表了他父亲的父亲，这是什么意思？

海灵格：威廉的父亲怀念他的父亲，威廉为了父亲，便代表了祖父，虽然是儿子，他却承接了父亲的功能，他假定自己是祖父母其中的一方。通常当父亲或母亲与自己的双亲之一没有良好的关系时（正如同威廉的父亲），那么其中一个孩子，便会为了父亲或母亲而假定自己是那个缺失了的父母之一的角色，而承担起那个角色的功能。这种情形有时被称为孩子的父母认同（the parentification of a child），它形成的原因通常是破裂的关系。

女性因分娩而死的赎罪

弗兰克：母亲因分娩而死，孩子却活下来了，这对威廉来说重要吗？

海灵格：不重要，在此不重要，那个死去的女人非常强而有力。

乔治：但是假若孩子也死了呢？

海灵格：即使如此，可能也不会如母亲之死那样地重要。

（对威廉）孩子死了吗？

威廉：没有，他就是我的大舅。

弗兰克：（对威廉）他生活得怎么样？

威廉：很好。

弗兰克：这实在令我很惊讶，大舅自己还好，但其他人却背负着这个重担。

威廉：是的，他做了一些疯狂的事，他自己好好的，但其他人却不好，他的身体也很健壮。

海灵格：（对团体）做出疯狂的事当然意味着他会做出对自己生命有危险的事，威廉已经向我们透露了。

在我们的社会里，有一种奇怪的观念，那是一种仇视女性、鄙视女性的观念，他们认为：家族系统内若有女性死于分娩，那么丈夫或儿子常常会觉得要为了这个女人的死赎罪。这份想象显示，我们的社会仍常常把"生孩子"与"性是猥亵"的不当观念联想在一起。虽然"生孩子"很有可能是人类最重要的行为，没有哪种行为会比它更具人性化、震撼力和危险性。但父母知道，尤其当他们自己孕育了孩子的时候，"生孩子"已经成了一种称得上伟大的行为了。

男女双方都看到了其中的危险，如果有不幸发生，对女性会更危险，因为她可能会因此丧命。但如果我们将它解释成，男人为了满足原始性欲，而导致妇女死亡，使她成为牺牲品，这不单损害了男性的尊严，对女性也是不公平的，也损害了她的尊严。当女人死于分娩时，常会被认为是，那个女人是被男人害死的。但是在家庭系统排列中却可以清楚地看到，去世的女人非常清楚生孩子的危险，也非常了解她们的尊严与价值，她们没有控诉男人，而是控诉那些对她们不尊敬的人，因为他们被女性死于分娩吓坏了，而这份恐慌可能会被延续好几代，令后代子孙为这个死亡赎罪，这些赎罪的行为有时会以很异常的形式表现出来。

例如，在一个原生家庭系统排列中，母亲、父亲、三兄弟都非常激愤不安，我们尝试找寻原因，发现曾祖父的第一任太太死于分娩。我把那个女人排列在三兄弟后面,他们马上安定下来。他们三个都是同性恋,其中一个自杀了。由于家族中有女人死于分娩,家族内便会有人以自杀作为赎罪,自杀甚至会发生在孙辈子女或曾孙辈子女当中。另外,这个排列也显示出影响同性恋的动力,这也是我常观察到的:当没有女性人选执行认同的心理活动时,便会产生异性认同。也就是说,当一个男性必须认同一个女性并且去代表她时,他便会变成同性恋。

(对威廉)因此你要脱离母亲和她家庭的影响力,转移到父亲、祖父(那个生意人)的系统去。在那里你才可以从母亲家族中的牵连纠葛解放出来,消除那种作为受害者,需要去赎罪的感觉。

威廉:我是后来才知道祖父做过生意。

海灵格:牵连纠葛不是来自口头上的传递,即使我们在意识上没有认知到,它们也照样运作。而对它们的起因的认知也是直接而立即的。如果不是这样的话,我们也就无法用家庭系统排列的方法来进行这样的工作了。

弗兰克:对于罪恶感我还有一个问题,就是它到底是真实的还是想象中的。就我所了解到的,后代子孙的认同,一方面是认同那个分娩时死去的女人;另一方面,又认同那个被认为有罪恶感的祖先。但这是两个不同的人物。

海灵格:实际上有多少人涉入其中并不重要,家族系统中的良知运作是没有差别的。而且家族系统中的良知运作将家族系统的所有成员视为一体。他们的奇怪想法在系统中运作着,似乎认为应该自杀的人是祖父,但他没有这样做,其他人便代替他做了。但是在分娩中死去的那个女人的丈夫(也就是祖父),并没有这个奇怪的想法——他有比较正确的认知,而是他的后代有这样的幻想。

另外,在背后还有另一个想法:当系统中某一个人死了,另外一个人也要以死作为补偿。这是一个古老而原始的补偿观念,在心灵深处运作着。

这种古老而强烈的补偿欲望，也可以依据爱的序位，在较高的层面被转化成为爱。当去世了的人获得尊敬和荣耀，便无须任何补偿了。一旦某人多做了其他的补偿行为，试图以其他方式来赎罪，或承接某种罪恶感，那么对已故者应有的尊敬便减少了。对已故者为生命所做的奉献，给予应有的尊敬和承认，这才是最重要而且有意义的，其他的就没有什么必要了。那也就是为什么我们都具有这种内在的力量，只做那些必要的事。

弗兰克：所以，所需要的就是承认和尊敬？

海灵格：对。尊敬并且为所有为生命所做的奉献感到荣耀。

卡尔：那也是我稍早之前想要提出的问题。当那个自觉像受害者的人，给予相关的人应有的尊敬和荣耀，那样就够了吗？其他人不也必须这样做吗？

海灵格：当他确实地，发自内心深处地那样做，就足够了。威廉必须尊敬地承认他外公的第一任太太，因为她给他母亲的母亲，也就是他的外婆，让出了位置。这样做既是为了他的母亲，也是为了他自己。她的死亡就是为他的生命所付出的代价。

安妮：不幸的事件来自母系或父系的家庭，两者有何不同？

海灵格：没有，两者没有什么不同。

（对团体）我现在要讲一个神话故事，那是一个编成密码的信息，而且尚未被解开。这个故事引领我们去相信，我们可以经由愿望而去改变事情的本来面目，而它也诱使我们做出某些行动，因而导致我们所害怕的恶果，而不是我们所渴望的善果。

知道这样的故事背景之后，用一些不同于原版的方式来讲这个故事将有所帮助。故事清楚地呈现出，我们的愿望是有其界限的，而我们那冒昧的行动是注定要失败的。然后当我们在听故事时，便会清醒而理智，从而认识到自身的局限了。

故事：幻象

年老的国王临终前，因为担心王国未来财富的安排，便征召他最忠心的仆人约翰，向他透露一个秘密，委派他一份差事："如同对我一样，你要忠心照顾我的儿子，因他还涉世未深！"

约翰感到被皇帝重视——他只是一个仆人——他没有想到会有任何不妥，便举手发誓："我会保守秘密，以性命效忠王子。"

国王终于去世。忠心的约翰带着年轻的国王巡游皇宫，向小国王展示所有的房间和金银财宝。但有一个房间，约翰却没有打开，这是老国王的禁令。小国王却不耐烦，坚持要约翰打开它，甚至恐吓要破门而入。约翰心软下来，便打开了门，房间里有一幅画像，他急忙地站到画像前面去，不让小国王看到。但一切都是徒然，小国王看到了画像，当场倒地不省人事。那幅画像是黄金宫公主的肖像。

当小国王醒过来之后，便一直想着怎样才能赢得这个女人。但他不敢明目张胆地求婚，因为公主的父亲一直拒绝每一个提亲的人。忠心的约翰便想出一个计谋。

正如他们所知，公主爱金如命，他们便从国库中拿出了许多黄金器皿，放进船中，驶到公主所居住的城市。约翰拿了一些金器跑到宫里偷偷地卖，引起了公主的注意。约翰说服公主上船，好让她欣赏更多金器。装扮成商人的小国王亲眼见到公主，感到倾心不已。

在公主欣赏金器期间，船再度开动驶到大海中。公主察觉到船已离岸，她也大感困惑，但是悄悄增长的欲望让公主顺从了这一安排，并假装毫不知情，继续欣赏金器。

当公主看完所有金器之后，她向外看，见到船已远离陆地，因而感到有些害怕。小国王挽着她的手，对她说："你不用害怕，我不是商人，而是小国王，我非常爱慕你，希望娶你为妻。"公主望着小国王，发觉他也很友善，又想到了那些金器，于是答应了小国王。

当船驶向海面的时候，忠心的约翰坐在轮盘旁以为大功告成，高兴地吹着口哨。突然他看见三只乌鸦向他飞来。它们栖息在桅杆上，开始互相说话。

第一只乌鸦说："小国王还未能得到公主。当他们着陆时，有一只火红色的骏马会跑到小国王面前，小国王会骑上骏马，奔向皇宫。但骏马会带着小国王疾驰而去，消失无踪，从此就再也见不到小国王了。"第二只乌鸦说："除非有人能先骑上它，并且及时从身上取出武器，将骏马杀死。"第三只乌鸦说："若有人知道且透露这个秘密，他的脚趾至膝盖便会变成石头。"

第一只乌鸦说："就算小国王克服了第一种情况，他仍未能得到公主。当他踏进皇宫时，他会看到一件婚宴礼服，但当他穿上婚宴礼服时，那件礼服却会似沥青和硫黄一般燃烧，直至骨髓。"第二只乌鸦说："除非有人及时戴上手套，在小国王穿上之前将婚宴礼服丢进烈火里。"第三只乌鸦说："但若有人知道并透露了这个秘密，他的膝盖至心脏便会变成石头！"

第一只乌鸦说："就算小国王克服了第二种情况，他仍未能得到公主。因为在婚礼舞宴上，公主会突然脸色发白，然后昏迷倒地，像是死了一般。"第二只乌鸦说："除非有人马上解开她胸前的纽扣，从右乳房吸三滴血，再吐出来，否则她便会死。"第三只乌鸦说："但若有人知道并透露这秘密，他的心脏至头顶便会变成石头！"

约翰知道现在事态严重，但他仍本着一片忠心，尽力拯救小国王和公主，就算要赔上性命，他也在所不惜。

他们上岸之后，乌鸦所讲的都一一应验了。一只火红色的骏马狂奔上前，在小国王还来不及跳上去之前，忠心的约翰扑上去，拿出武器，杀死骏马。另一个仆人说："约翰真是目中无人，国王想骑骏马进宫殿，他却杀死骏马，真该惩罚他！"小国王却说："他是我最忠心的约翰。他这样做一定有他的道理。"

他们踏进皇宫，那里真的放着一件婚宴礼服，在小国王还来不及拿起它时，忠心的约翰用手套拿起婚宴礼服丢进烈火中。另一个仆人说："约翰是何等目中无人，国王想为婚礼穿上美丽的礼服，他竟在国王面前把礼服丢进烈火中，真该惩罚他！"小国王却说；"他是我最忠心的约翰。他这样做一定有他的道理。"

其后婚礼举行，在宴会开始时，皇后脸色突然转白，倒在地上，忠心的约翰连忙扑上前，在小国王尚未有机会采取任何行动之前（小国王实在是没什么处事经验），约翰解开了皇后的衣服，从她的右乳房，吸了三滴血，再吐出来。皇后便睁开眼睛，恢复了意识。然而小国王目睹了整个过程，因而感到羞耻，当他听到其他仆人的窃窃私语，他认为约翰这次实在是太过分了，如果再不惩罚他的话，国王将成为众人的笑柄，他便下令判约翰死刑，并且关进大牢。

在押往刑场途中，约翰考虑是否要透露乌鸦所说的秘密，无论怎样他都得死。若他保持缄默，他会被处死；若他将乌鸦的话说出来，他便会变成石头。

他决定将乌鸦的秘密说出来，因为他以为："或许真相能够还我清白，赐我自由。"

当他站到绞刑台前，有机会说出最后的遗言时，他便向全国人民陈述为何他会做出看起来如此可恶的事。当他说完之后，就变成了石头，死了。

全国人民都感到悲痛不已，小国王与皇后便退隐皇宫。皇后凝望着小国王说："我也听到了乌鸦说的话，但因为害怕变成石头，所以我什么也没说。"小国王把皇后的手指放在她嘴上，轻声说："我也听到了！"

故事尚未完结，因为小国王不敢埋葬变成石头的约翰，便把它放在皇宫的花园里，当作纪念碑。每当他经过，便哭泣着说道："哦！我最忠心的约翰！"然而很快地小国王因其他的事而转移分心了，因为皇后怀孕了。一年后皇后生下双胞胎，两个可爱的男婴。

当两个儿子3岁时，小国王无法再保持沉默了，他对王后说："我们一定要做一些事，使忠心的约翰复活。如果我们牺牲我们最爱的人，那样一定会成功的。"皇后大惊说："我们最爱的人？那就是我们的孩子啊！"小国王答道："是的。"

次日他挥剑砍下儿子的头，将血洒到约翰的纪念碑上，希望他复活过来。但约翰仍然是一座石头。

皇后大叫着说："一切都完了。"她退回皇宫，收拾行李，回到她的家乡。小国王到母亲的墓前，跪了下来，痛哭流涕。

任何想去查阅原版故事的人仔细阅读上述文字便会发现，上述改编的文字传递了和原版故事相同的信息。其不同之处仅仅是童话故事通常柔化了事实真相所带来的恐怖感，即善意的、欺骗性的希望可以驱散当我们发现没有天堂时所感到的害怕和恐惧。

父与子

沃尔特：昨晚我依照你的建议，跟孩子交谈。我出乎意料地发现那一点儿也不难。他只是说"身为一个心理学家，你自己应该早就知道了"，我说，"有时我也需要有人推我一把"。后来我们也谈论了其他的事，接着我儿子说，"或许我也会去读心理学"，我太太说，"那你要有好的成绩"，我便说，"如果他有兴趣，便会得到好的成绩"。

海灵格：你的做法很好。我想再多讲一个例子。一个男子在工作坊说，"我儿子不尊敬我"。我对他说，"这是非常容易解决的问题。当他再有这种态度时，你可以拍桌子，大声地说，'你给我听好！我是你的父亲，你是我的儿子'"。当天晚上那个学员回家了（他就住在工作坊举办地点的附近）。第二天早上，他对整个团体的学员说，"昨晚我与儿子做了有史以来最好的一次交谈。我甚至不用拍桌子"。这是因为父亲在内心做了改变，如此一来才有可能让他们父子之间的爱和尊敬开始再度流动。

从未知晓的祖父

沃尔特：我想到另外一件事很困扰我，但我又没办法很确切地说出来。我母亲是一个私生女。我曾问她有关她父亲的情况，但起初她不愿意讲，后来她很伤心地告诉我说："他很早便去世了。"母亲也曾说过，外公后来结了婚，他最小的儿子在18岁时战死了。

海灵格：外公对你很重要，你要在心中给他一个位置。

沃尔特：问题是我对他一无所知，我从来就没有和他相处过。

海灵格：你可以的。从前有一位名叫康拉德·洛伦茨（Konrad Lorenz）的行为学家。他有一条狗，名叫斯达西。斯达西死后，他觉得很惋惜，因为这条狗没有后代。他对自己说，"下一次不会再有同样的情况发生"。后来他有了另一条狗叫提多。他决定让提多有个儿子，然后提多的儿子又生了儿子。有一天提多的孙子在他面前玩耍，他心里想着，"真像提多呀！"刹那间他了解到，"不！不是这样！它不只是像提多，它就是提多啊！"

沃尔特：似乎有些夸张。

海灵格：你真的这样认为吗？孩子们永远都会知道他们的父母，就算是从未见过父母的面。孩子们就是他们的父母，就是他们的祖父母。

以自己的母亲为荣

沃尔特：我开始了解自己的父母，并以自己的父母为荣，这对我来说真的很重要。去关心我父亲，这并非难事——我可以做到，但是我没有办法以我母亲为荣耀，而且我对她并不尊敬。

海灵格：（对团体）他的叙述使事情变得困难。其实他大可立刻开始去以他的母亲为荣耀，而不是在此描述那样做有多困难。

（对沃尔特）我已经告诉过你那句具有治疗性的话，你还记得那句话吗？

（沃尔特摇头。）

海灵格：我再为你重复一次。那句话是"我带着尊敬向你深深鞠躬"。没有什么可以阻止你练习这句话，直到你可以真诚地说出来为止。

替代的热情

达格玛：有件事一直困扰着我，当别人漠视我的时候，我简直就无法忍受。

海灵格：这是另外一个人的感觉。问题是，你是为了谁而承接了这种感觉？这种感觉来自谁？

达格玛：昨天我看了一下我的家庭树型图（family tree），那是在我成为家庭治疗师的时候，带着爱小心翼翼地完成的五代家庭成员图谱。昨天我感觉到与他们有很深的联结，而且有一两次，当我认为我发现了某些重要的事情时，我听见一个声音："不是这样。"那个声音听起来非常严厉而且有很浓的轻视意味。最后，我停留在外婆这个点上，她跟我外公交往了十五年之后，才决定结婚。她离开了一个有安全生活保障的环境，嫁到一个贫穷的村落。她丈夫，也就是我外公，不久便去世，之后她一个人经营农庄。

海灵格：外婆在这段婚姻之前曾经结过婚吗？

达格玛：没有，外婆15岁时到了一个家庭去当女仆。我外公，也就是她后来的丈夫当时在那里是车夫，他们相识了十五年之后，她才决定结婚。

海灵格：这个婚姻有什么阻碍吗？

达格玛：我不知道。

海灵格：你想可能会是什么呢？

达格玛：我脑海中浮现的第一件事是我的外公，他可能还想要寻找另外的对象。

海灵格：我有另外一个想法，跟她的雇主有关。

达格玛：哦！我确知他们很不情愿让外婆离开。

海灵格：没错。

达格玛：他们对她的评价很高。

海灵格：你外祖母对谁很生气吗？

达格玛：嗯！我知道她对外公生气。你的意思是说，她其实是对她的雇主生气？

海灵格：没错。

达格玛：她常常兴高采烈地叙述她怎样感到非常受雇主家庭的重视，而且他们真诚地希望她能够留下来。

海灵格：也许她并不真的想嫁给她先生。如果是这样的话，那她就是欺骗了他。

家庭系统排列：女儿认同了父亲以前的未婚妻

达格玛：我想看看在我的原生家庭中，我是否有一个角色，或者我是否太过僭越了我的本分？我要摆脱这个负担。

海灵格：好！我们来排列你的家庭。

达格玛：父亲、母亲、祖父母？

海灵格：不，只要你的父亲、母亲，还有他们的孩子们，那样就够了。

你的父母之中有谁曾经结过婚或订过婚吗？

达格玛：父亲曾经订过婚，但后来又与另一个女人有一段关系。

海灵格：在这段关系中有孩子吗？

达格玛：没有。

海灵格：他们为什么会解除婚约？

达格玛：父亲对那个跟他订了婚的女人感到厌烦。

海灵格：你说这话的方式，听起来好像你认同了她。我们或许可以先不考虑其他人。

达格玛：那实在是难以置信。

海灵格：我们也把未婚妻排列进去。（见图52）

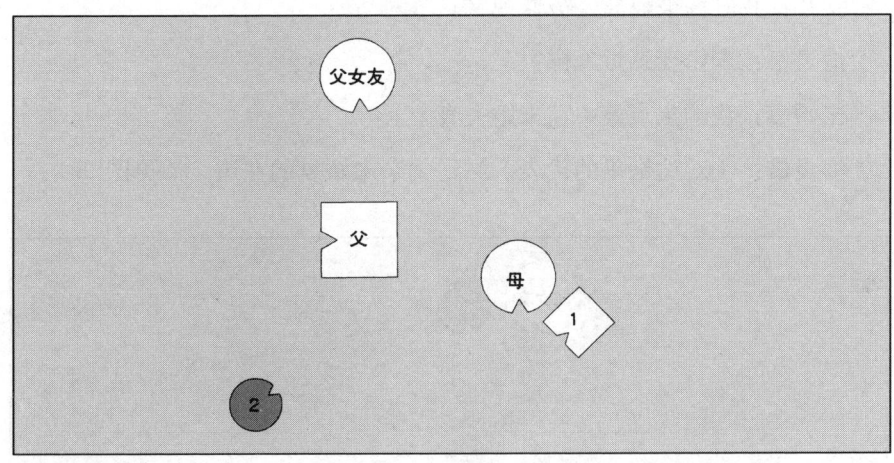

图52

父：父亲的代表
母：母亲的代表
1：第一个孩子的代表，男孩
2：第二个孩子的代表，女孩（达格玛）
父女友：父亲以前未婚妻的代表

海灵格：父亲感觉怎样？

父亲：非常差。我觉得好像排错了位置。我感觉达格玛让我对着未婚妻，可我不想那样做。在我左边和右边的两个人从眼角余光看过去非常模糊，背后是一些令人讨厌的东西。

海灵格：母亲感觉怎样？

母亲：我没有感到什么不对劲，我跟这个男人却扯不上关系。我只看到儿子，从眼角可以看到女儿。但我的注意力主要都是集中在儿子身上，对后面没有任何感觉。

海灵格：儿子感觉怎样？

儿子：我随时想要逃走。（母子一同笑了。）

海灵格：（对达格玛的代表）女儿感觉怎样？

女儿：我好像被隔离，被监视着。

海灵格：未婚妻感觉怎样？

未婚妻：我的焦点集中在未婚夫身上。

海灵格：（对达格玛的代表）站到父亲未婚妻的左边。（见图53）

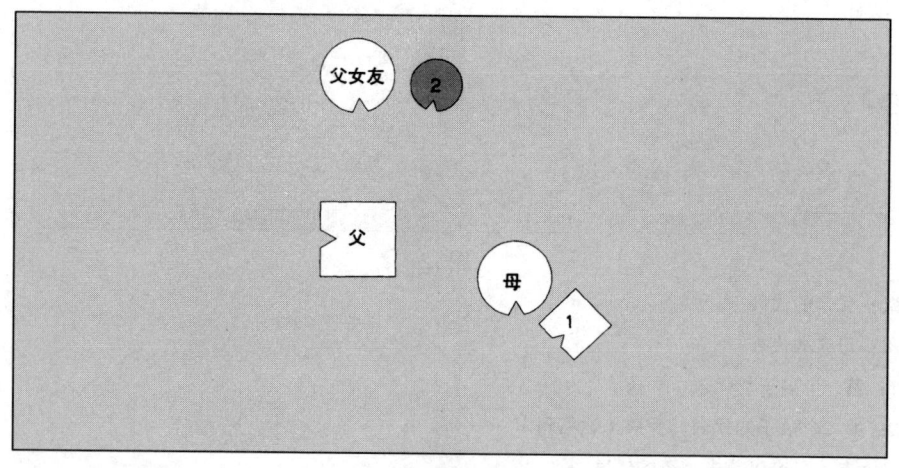

图53

海灵格：（对达格玛的代表）现在感觉怎样？

女儿：多了一点儿归属感。

海灵格：（对达格玛）这就是认同。你现在想象一下，你父亲怎样讲她，她会有什么感受。你承接了她的感觉。

达格玛：父亲很少提到她。

海灵格：你说他对她感到厌烦。

达格玛：哦！对，那倒是。

海灵格：未婚妻应该有什么感受？

达格玛：她会对父亲生气。

海灵格：没错。当你再有这种被漠视的感觉时，便知道是从哪里来的，这是未婚妻的感受。所以你多年来与弗兰克的争执都是多余的。（她笑了。）你把你的怒气发泄到错误的人身上去了。

父亲：我感到被未婚妻吸引着，说我对她感到厌烦，或是说我不再喜欢她了，但这并非事实。

海灵格：（对母亲）你感觉怎样？当女儿站到未婚妻旁边时，你感觉较好还是较差？

母亲：较差，我想念女儿。

海灵格：你有一颗妈妈的心。

（海灵格更改排列，见图54。）

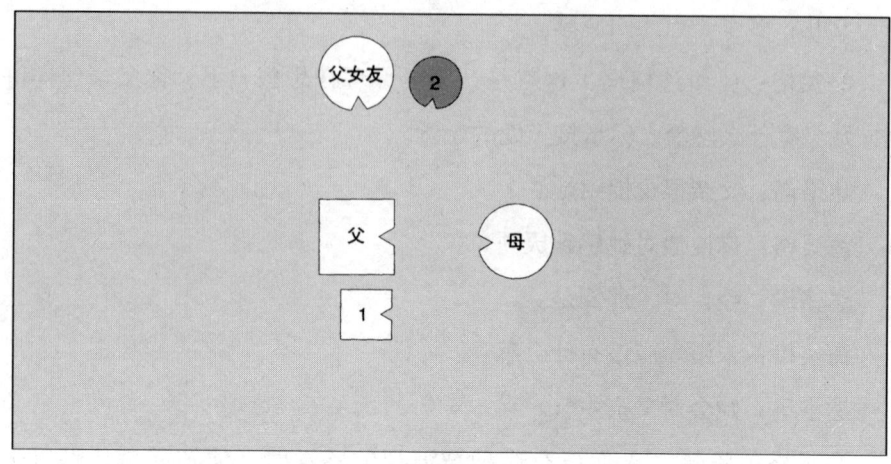

图54

海灵格：现在怎样？

母亲：比较好。

父亲：这样对我好。

儿子：我替母亲难过，她这样很孤单。

海灵格：（对未婚妻）对你有没有改变？

未婚妻：有，未婚夫的形象更清晰了，我现在可以看到他。

女儿：我感到离这里太远，但察觉到与旁边的未婚妻有很强的联结。

（海灵格排列解决的画面，见图55。）

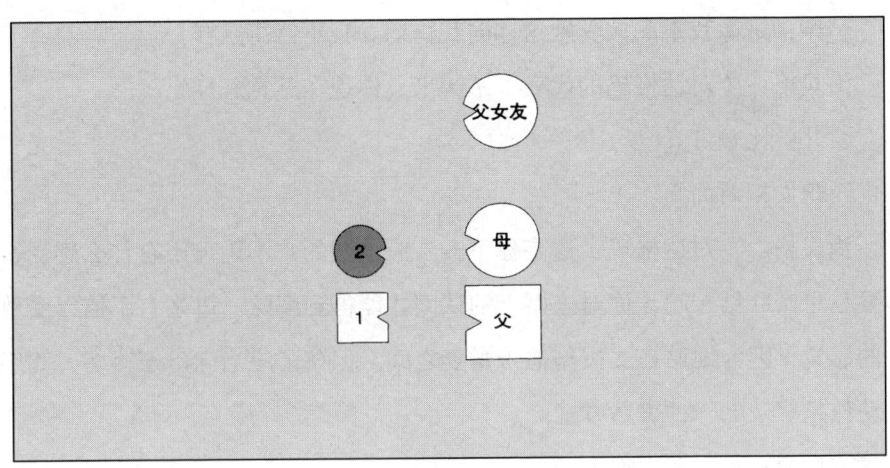

图55

海灵格：（对母亲）现在感觉怎样？

母亲：好。

父亲：现在一家人团圆了。我突然想到，所有与未婚妻有关的一切都结束了。

海灵格：（对达格玛的代表）女儿怎样？

女儿：（看向地面）我感到不真正属于这里。我虽然身在这里，但很陌生。

海灵格：未婚妻怎样？

未婚妻：很好，我感到自由。

海灵格：（对达格玛的代表）现在我要为你做一件事，对你来说应该不难，因为你只是达格玛的代表，而且这与你本人无关。

你跪在母亲面前，深深地鞠躬直至地面，双手张开，手心朝上。

（她向母亲鞠躬。一会儿之后，她想要站起来。）

海灵格：还不到站起来的时候，再保持一会儿。

海灵格：（对母亲）你感觉怎样？她的鞠躬对你有影响吗？

母亲：好像我不配接受她这样向我鞠躬。我不值得这样。

海灵格：（对达格玛的代表）站起来，你现在感觉怎样？

女儿：比较好。

（母女相对而笑。）

海灵格：（对达格玛）这是你下一步应该做的：不论母亲有什么感受，你要与母亲联结一起，你对未婚妻的认同才能得到解除。母亲有不值得受尊敬的感觉，因为她站在丈夫与他未婚妻之间。但孩子应当向母亲鞠躬，鞠躬的动作是尊敬的一种表达方式。

未婚妻：那对我也很重要。

海灵格：那样做甚至会让你得到更多的自由。

（对达格玛）想不想站到你自己的位置上去。

（达格玛站到她的位置，往地面看。）

达格玛：当我的代表向我母亲鞠躬时，我深受感动，但母亲不接受。

海灵格：她不是这样说的。

达格玛：她说她觉得自己不配接受。

海灵格：她有权利这样说。

（对团体）鞠躬的正面效果不是取决于别人怎么说。在这种治疗中所得到的解决方法，也不是取决于别人怎么做。别人不需要改变，父母不需要变成另一个人，没有人需要道歉。每个人只是去做必须要做的，例如向父母鞠躬，而不必去管别人怎么样。解决之道在于每个人应做自己该做的事。

主观与客观的僭越

海灵格：（对达格玛）我要告诉你一些或许对你有帮助的事，当孩子代表了家族系统中的另外一个人，而对他自己的父母有所指责时，他就真的是太放肆了，但它却不会带给个人罪恶感，那是系统动力的结果，孩子既不知情亦无法抗拒。就像你现在承担了对父母起诉的控告者角色，这是客观的，不是主观的，孩子是无法抗拒这股动力的。孩子不是主观地替自己选择了这个角色，而行为上却是客观的僭越了。不论孩子是不是故意僭越，其结果都是一样的，因为这是一种牵连纠葛。另外一方面，当你完成这次课程之后，如果继续以前的方式，没有改变，你就会因僭越而产生个人的罪恶感，因为现在你可以选择不再重复相同的僭越。

对父亲的渴望

格特鲁德：我觉得很不舒服，我有要呕吐的感觉，这是我刚才在家庭系统排列中代表母亲时的症状。我记不起我是否曾经有过这种感觉。

海灵格：这种感觉与你本人无关。

格特鲁德：是无关，但它仍然影响着我。我想问你一件事——刚刚休息的时候我一直在想这件事情——有关我的私生子。（她喘着气，快要落泪了。）我是否造成了自己的罪恶感？

海灵格：把你的椅子拿到这边来，坐在我前面，靠近些，闭上眼睛，嘴微微张开，继续呼吸，只要放松就好了，让事情自然地流动。

（海灵格轻轻地将她的头推向前。）

海灵格：加快你的呼吸，跟着身体的感觉让它自然地移动。

（格特鲁德开始哭泣。）

海灵格：想象你正抱着某些东西。

（过了一会儿）我们现在可以停止了吗？

（格特鲁德点头。）

海灵格：好，你现在感觉怎样？

格特鲁德：好一些，但我并不明白。

海灵格：不要紧。（当她情绪再次激动）跟随着这个感觉，让你的身体自然地移动。

（格特鲁德又开始哭泣。）

海灵格：（轻声说）你是不是正渴望着某人？

格特鲁德：我正想着父亲。

海灵格：闭上眼睛，想象一下，你正要回家去找他。

（她仍在哭泣。）

海灵格：继续呼吸，让它流动。

（格特鲁德的呼吸越来越和缓。）

海灵格：你知道那首关于两个皇室小孩的歌吗？

格特鲁德：不知道。

海灵格：不知道吗？它所描写的就像这样，"他们永远不会在一起了，因为他们之间的鸿沟实在太深了"。

格特鲁德：（笑了）我和他却很近呢。

海灵格：好了，我们在此结束。

家庭中丈夫优先，还是妻子优先

乔治：在家庭系统排列中，男人什么时候站在女人右边，又什么时候站在女人左边？

海灵格：这有很多不同。父母本是有着同等地位的，他们一起有着优先的位置，接着是孩子，第一个、第二个、第三个，如此下去。根据原生秩序，父母之间是没有层级次序的，他们的序位是在同一时间开始的。但是，依照他们的职责便有层级次序之分，一般来说，负担着家庭安全的人有第一序位，这通常是男人，他便站到女人的右边。但也有一些家庭，母亲很明显有第一序位，例如艾达的家庭，因此女人便站到男人的右边。

在某一些情况中女人是有优先权的。如果在女人的家庭中有重要人物被排除，例如父亲，因他没有与母亲结婚；或是母亲有不幸的际遇，层级次序便会跟着变化，就是由右至左，首先是被排除的人，其次是太太，之后才是先生，这与命运际遇的重要性有关。例如特娅，她在她目前的家庭中有着第一序位，因为在她原生家庭中的命运际遇给了她这样的优势。你必须在每一个个案中，找到正确的层级次序。

如果丈夫曾经订过婚，他现在的太太通常是站在他和他之前订婚的第一个伴侣之间。如果妻子曾经订过婚的话，也同样适用。例如在达格玛的原生家庭中，母亲要站在丈夫和他未婚妻中间，而且以此方式站在丈夫的右边，这样使得她能够对丈夫和他的未婚妻表示，她接受他为丈夫，也有着妻子的权力。这不但可使未婚妻脱离丈夫，更可以让未婚妻得到自由。但也有很多情况，第二任伴侣不得站在丈夫和前任太太中间。例如若前任太太已经过世，那么丈夫仍旧需要站在前任太太和新的伴侣之间；如果前任太太曾经被不公平地对待的话，也是如此。

女人跟随男人，男人服务女人

海灵格：在夫妻关系中有一个爱的序位，通常是要求女人跟随男人。我的意思是，她必须跟随丈夫进入他的国家，学习他的语言、文化，加入他的家庭，她也必须允许孩子跟随父亲。但如果丈夫跟随妻子而没有一个足以支持的理由的话，便会导致紧张和冲突。例如，当一个男人因为婚姻而进入太太的家庭，并且取得某种特权和优势，而不是靠他自己努力所挣来的，他是跟随着妻子，那样便会出现很多困难，也很难拥有美满的关系。而当妻子跟随丈夫时，他们的关系想要真正地美满，就容易多了。同时，这相同的爱的序位也要求男性要能够真诚地服务女性。这样才是平衡的——妻子跟随丈夫进入他的语言、文化和家庭，并且男性真诚地服务女性。我知道这可以作为辩论的题目，我只是告诉你我所观察到的，如果任何人有相反的例子，我会很乐意听，但我自己是一个也没见过。

乔纳斯：这是父权制度。

海灵格：不，这不是，那跟父权制度一点儿关系也没有。

乔纳斯：我有个美国朋友和他的印度籍太太住在印度太太的家。他已

60岁，非常健壮。他们的关系是在我所认识的朋友当中非常好的，但这也是一个例外。

海灵格：好，我收回我刚刚的言论。（团体笑了。）

安妮：我不认为你应该收回你的言论，你所说的对我有很大的影响，而且我希望你再补充一下。

海灵格：好，我不会真的这么快就改变我的观点，而我也不会一直去说我所知道的。

（对乔纳斯）爱的序位，正如同所有的秩序，也包含了指向相反方向的动力。每一个真相也都包含了对立的一面，一直都这样。所以你的朋友以正确的行为符合了爱的序位，那样也是可以运作得很好的。

但我想补充一些有关混血儿的情况，如果父母来自两个不同的国家，孩子不可以在两个国籍中挑选其中一个，承认其中一个，而排除另外一个。孩子拥有两个国籍，但通常来说，父亲的国籍有优先权。

格特鲁德：那么，"母语"这个专有名词是从那里来的？这就是一个矛盾的名词了。

海灵格：一个小孩学习作为母语的语言是不同的一回事。孩子在母亲的子宫里就已经开始学习并且吸收语言，但这与其他的主题并不会产生矛盾。

托马斯：我想这跟我的个人背景有关，也和经由婚姻而进入一个家庭有关，但其前提是女人必须跟随男人。

海灵格：拜托，不是"必须跟随"，这并非道德主题。比较恰当的说法是当女人跟随男人、男性服务女性时，爱可以得到良好的运作。婚姻使你进入你太太的家庭，在关系中放置了一个负担，并且也加上了限制。但是"跟随（following）"不同于"服从（obeying）"，它的意思是，"我跟着你进入你的家庭"。

无望的爱

约翰：我思考着女人跟随男人的问题。从两年前我开始与住在瑞士的女朋友来往，我们始终无法在一起生活，这使我非常难过。有一次我差点儿就要搬到瑞士去，后来我又感到不对劲，我想应该是她搬来才对。我是很想与女友在一起的，但就是不明白为何不能成功，或者这与我有关。

海灵格：我要告诉你，男女之间的关系在最开始的十五分钟内，就必须运作得很好，如果不是的话，就算了吧。

威廉：在一开始的十五分钟内？

海灵格：是的，那时所有的规则就都建立好了，在一开始的十五分钟之内。基本上，在那之后没什么事情会改变。

约翰：这样听起来让人觉得全然无望。

海灵格：去寻找另外一个比较好的。有些人就是不停地向已经起动的火车挥手猛追，而下一班车已经在月台上等着了。但无望的爱总是维持得比较久。

约翰：我有种感觉，无论如何我是爱着她的。

海灵格：她爱你吗？

约翰：我想是的。但是她似乎发现那样非常困难，而且她害怕去表达和享受自己的爱。我经常问自己的问题是……

海灵格：不，不——你可以把那些忘了吧。

约翰：什么？

海灵格：曾经有人跟我说，他有三个女朋友，问我应该选择哪一个？我要求他简单描述每一个女朋友。我听完后说："第三个是正确人选。"他问原因。我说："刚才你在描述第三个女友时，你的脸瞬间充满了光彩。"

布丽吉特：若有三个选择便容易得多了。

海灵格：（对约翰）你的脸上没有一点光彩。

约翰：但我感觉我爱我的女朋友。

海灵格：有人以为可以用爱克服障碍，只要他们有足够的爱，一切便会好转。但这是不可能的。

约翰：过去发生的事，很多都令我失望，但我知道我的脸上依旧可以光彩起来。

海灵格：我却没有看到，如果有的话，我一定会注意到。

我一定对你做过什么错事，才会使我对你如此愤怒

杰伊：我感到非常激动和感动，也想说一些一直想讲的事情。四年前我有一段关系，两年半前分手了，但是没有正式结束，我还是每天都想着她。这已经妨碍了我目前的关系，我仿佛在被一些自己也不知道的东西牵连着。

海灵格：你还亏欠她吗？

（长时间的静默）

海灵格：你还亏欠她什么？

杰伊：我不知道，我就是对她非常愤怒。

海灵格：你知道这种愤怒是什么引起的吗？有句名言："我到底对你做了什么错事，使得我对你如此地愤怒。"愤怒有时被用来作为一种防卫，以对抗必须承认的罪恶。

（长时间的静默）

海灵格：你在想什么？

杰伊：或许我对她亏欠了一份尊敬。

海灵格：那样还不够。我给你一个提示，紧挨着父亲站立的男人会吸引女人；但是如果他是紧挨着母亲站立，女人会为他感到难过。

以愤怒作为对抗痛苦的防卫

罗伯特：我思考着你刚才说的关于愤怒的问题，这与我和前妻的分手有关。

海灵格：在分手当中，愤怒通常是代替悲痛的工具。如果伴侣允许自己

悲痛，为悲痛流泪，并对之有着深切的感受，在分手之后，他们仍然可以友好交谈。很多人会为分手找寻罪过，因为他们想摆脱痛苦。但只有当他们全然地经验过痛苦之后，才能够解脱而得到自由。

愤怒的克制

哈里：我经常受到愤怒和暴力倾向的困扰，但是我基本上没有流露出这些负面情绪。

海灵格：非常好！这叫作情绪克制。只有高等动物才有这种能力。

哈里：我在想（笑）是应该发泄愤怒情绪还是找一个让心境平和的解决方法。

海灵格：我已经告诉你答案了。

哈里：那我的听力一定有问题。

不同种类的愤怒

海灵格：我对愤怒做了一些观察，可以分成好几种不同的愤怒。第一种愤怒：如果有人攻击我或对我做出不公平的事，我很自然地会有所反应，这种愤怒驱使我做出有力的反抗，而且给予适当的响应。这种愤怒是正面的，它帮助我行动，使我强壮。愤怒在这种情况之下是恰当的。当目标达到之后，愤怒也会消失。

第二种愤怒：当我察觉到，我没有获得我可以或者应该获得的东西，或者是我没有要求、请求我可以或应该要求、请求的事情，我会感到愤怒。我们会对别人生气，用愤怒来取代行动，而愤怒也就成为没有行动的结果。这种愤怒会有瘫痪和削弱的效果，而且通常会持续很长一段时间。

以愤怒来替代爱，也是类似的运作方式，我会对所爱的人愤怒，用愤怒来取代我对爱的表达。这种愤怒的感觉，是在幼儿期间，对父亲或是对母亲的爱被中断的一种痛苦的经验。在日后相似的情况下，人会再次体验到早年的经历，这种经历更会削减他的力量。

第三种愤怒：当我冤枉了某人，但我又不想承认我的行为，我便会对那个人生气。这时，我是在用愤怒抗拒自己行为的后果，而让另外一个人来承担我的罪恶感。我用愤怒代替了自己的行动，使得自己不需付出行动。这种愤怒会令我瘫痪，使我变得虚弱。

第四种愤怒：某人给予我太多，使我无法报答，这是难以容忍的，我会带着愤怒，抗拒他的施予。这种愤怒是以责备的方式表现出来，例如子女对父母表示愤怒，愤怒便代替了接受和感激父母，也代替了自己的行动。这种愤怒使人瘫痪和空虚。

有人也会以意气消沉和忧郁表示他的愤怒，用以代替拿取、接受、感激和给予对方。愤怒也会在分离之后以一种长期持续的哀伤方式表达出来，尤其是对某个已经死去或是离去了的人，假如我依旧亏欠一份接受和感激，或是无法承认自己的罪恶感及其后果的话，就会表达出这样的愤怒。

第五种愤怒：有些人的愤怒是从别人那儿，或是为了别人而承受来的，例如在一个团体中，有个成员压抑自己的愤怒，久而久之，团体中另一个成员（通常是最软弱的那一个）就会毫无理由地生气。在家庭内最弱小的成员是孩子，例如母亲压抑对父亲的愤怒，其中一个孩子便会从母亲那里承接到愤怒，而对父亲生气。

在团体中或是家庭中，最弱小的成员不但经常会承接到愤怒，而且也经常会成为愤怒的目标，例如下属对上司生气，但他却将愤怒压抑，发泄到较软弱的同事身上；或者男人对女人生气，女人将怒气压抑，然后把愤怒发泄在孩子身上。

愤怒的对象通常不只是由一个人转移到另一个人身上，例如由母亲转移到孩子，而且也是沿着一个方向，由强者转到弱者身上，所以，纵使女儿从母亲那儿承接了对父亲的愤怒，她也不会发泄在父亲身上，而是会发泄在一个让她感到安全的人身上，例如她的丈夫。在团体中较弱的成员，通常会成为这种假想愤怒的代罪羔羊，而不是那些较为强势的人，例如辅导者或是团体的领导者。

那些承接别人怒气的人，都具有一种愤怒的特质，而且都为此感到自豪而正当，但他们只不过以别人的力量和正当性在行动，这只会造成失败和虚弱。而那些承接了愤怒的受害者，也会在他们理直气壮、义愤填膺之下而感到强壮有力，但事实上，他还是软弱的，而他的受苦也是没有意义的。

第六种愤怒：最后这种愤怒是正直而有益的，它是强大、警觉、直达中心而自信的，将我们直接导向正确的目标。它开明而勇敢，能够面对冷酷而强大的敌人，但又不带任何个人情绪。置身于这种愤怒经验之中的人，即使面临对别人的伤害也不会畏缩退却。实际上他们并不是对那个被他伤害的人感到愤怒，这种侵犯行为是一种纯粹的力量。这是一种长期修炼和实践的结果，但对于那些有此能力的人来说，却是轻而易举的。

谨慎与勇敢

乔纳斯：目前我所关心的就是我对原生家庭的困惑。18岁时我搬到很远的地方住，当时母亲患了癌症，我知道这其中有所关联，但我并没有任何反应。虽然母亲的病被判为绝症，但三年之后她却奇迹般地痊愈了。最近我接到父母来电，告诉我说弟弟得了精神性疾病，他比我小十岁。我还在摸索从工作坊中体验到的东西，所以对这些"真相"我也是小心翼翼的。

海灵格：我要告诉你一些事情。勇气和谨慎就好比一把弓的两端，是相互分开的，但弓弦却将两端连接起来，因而产生张力，使箭射中靶心。所以，仅有谨慎是无法产生张力的。

乔纳斯：关于我是否应该试图去帮助我的家庭，我并不清楚。即使如此，我也害怕如果这样做了，可能只会让现在这个系统变得更不稳定。我想通过排列我的家庭，去更清楚地看看自己的恐惧。

家庭系统排列：儿子代表母亲以前的未婚夫

海灵格：（对乔纳斯）你家里都有谁？

乔纳斯：父亲、母亲、弟弟和我。

海灵格：核心家庭中缺少什么人吗？

乔纳斯：还有一个夭折了的妹妹。

海灵格：她很重要，她排行第几？

乔纳斯：在弟弟和我中间。

海灵格：父母当中有谁曾经结过婚或订过婚？

乔纳斯：我母亲曾经订过婚，后来那个未婚夫战死了。

海灵格：把他们排列出来。（见图56）

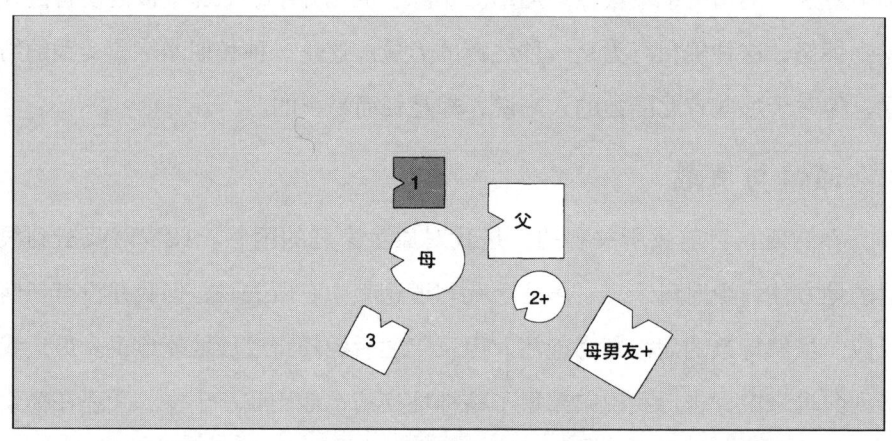

图56

父：父亲的代表

母：母亲的代表

1：第一个孩子的代表，男孩（乔纳斯）

2+：第二个孩子的代表，女孩，因难产而夭折

3：第三个孩子的代表，男孩

母男友＋：母亲以前未婚夫的代表，死于战争

海灵格：（当他将母亲的未婚夫排列出来，对乔纳斯）一眼便看出，你

认同了他。

乔纳斯：我认同了母亲的那个未婚夫？

海灵格：是的。我将为你做排列，那是非常简单的。（见图57）

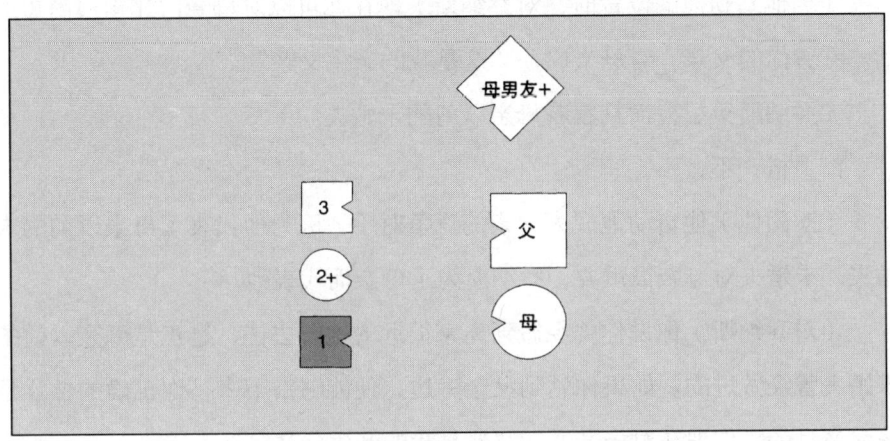

图57

海灵格：父亲感觉怎样？

父亲：不错。但我太太以前的未婚夫对我造成了一些困扰。

海灵格：他应当被尊敬，这是很重要的。母亲感觉怎样？

母亲：我想把身体转过来一些，这样我才能看到我以前的未婚夫。（她笑了。）

海灵格：对。那是你应该做的，他也属于这个系统。但你的丈夫要站在中间，否则会有麻烦。

（对乔纳斯的代表）长子感觉怎样？

长子：我很好。

海灵格：小儿子感觉怎样？

小儿子：我非常激动，但却不知道为什么。

海灵格：去世了的妹妹感觉怎样？

女儿＋：好。

母亲以前的未婚夫：我想要移过去靠近一些，但我知道这样是不对的。

海灵格：（对乔纳斯）想不想站到你的位置上去？

（当他站到他的位置时，对乔纳斯）现在你可以对母亲讲几句很简短的话。看着你的父亲，对母亲说，"这是我的亲生父亲"。

（乔纳斯笑了，而且看着母亲以前的未婚夫。）

海灵格：不，不。

（对团体）他自动地成为父亲的竞争对手，因为他代表了母亲以前的未婚夫。未婚夫对母亲很重要，乔纳斯为了母亲而代表他。

（对乔纳斯）你说你曾经搬到离家很远的地方去住，这正是母亲以前的未婚夫曾经做过的。如果你站到父亲旁边，便能够留下来，你正确的位置是在父亲身旁。你现在对母亲说，"他是我的亲生父亲"。

乔纳斯：（对母亲）他是我的亲生父亲。

海灵格："只有他。"

乔纳斯：只有他。

海灵格："我和另外那个男人没有关系。"

乔纳斯：（笑）对，我和另外那个男人没有关系，就是这样。

海灵格：我想告诉你一些有关追寻上帝的人的故事。

乔纳斯：请说。

海灵格：他们在寻找他们自己的父亲，而当他们找到了自己的父亲，他们便会停止寻找上帝，或者是用不同的方式寻找。好了，到此为止。

（对团体）还有问题吗？

弗兰克：有时候你一开始会先将被认同的对象排列在认同者的旁边，之后再把他或她移动到其他地方去，但这次你却没有这样做。

海灵格：我这次没有这样做，因为乔纳斯的认同非常明显，也就不需要那样做了。当工作坊继续进展下去，找到解决之道所需要的步骤就越来越少了，因为学员们已经熟悉那个过程了。

平衡的系统观念

现在或许是谈论良知的好时机。我们有一种归属的感知官能，将我们和其他人或是和团体密切地结合在一起。这种归属感不断引导并且检验着我们，让我们在关系中保持稳固，正如同我们生理上的平衡感帮助我们保持平衡，允许我们能够在地心引力的状态下安全地移动。我们能够向前、向后、向左、向右移动，但会有一种反射动作，使我们重新取得平衡，在我们真正倒下之前，即使是快要翻覆的时候，也能回复平衡。

类似的情况是，我们的那种归属感持续看护着我们的关系。这种归属感也像反射动作那样地运作着，每当我们从维持关系的条件状况中脱轨的时候，它便能发挥矫正和补偿的作用。就像我们生理上的平衡感官一样，我们的归属感在整个周遭环境的背景中守卫着我们，它知道我们自由的范围和极限，同时也经由我们的痛苦和愉悦来引领着我们。而我们以罪恶感来经验这种痛苦，以清白感来经验这种愉悦。

我们只有在关系之中才能经验到罪恶感和清白感。我们所做的事一旦对别人有所影响时，每一件事都会伴随着清白感或罪恶感。就像是观察力敏锐的眼睛，在光亮与黑暗之间不断地识别，我们的归属感也在危害关系和支持关系的行为之间不断地识别。我们会从危害关系的行为中体验到罪恶，也会从支持关系的行为中体验到清白。

然而罪恶感和清白感两者都是为同一个主人而服务，就好比马车夫把两匹马拴在同"一"辆马车上，并且指引两匹马跑向同"一"个方向，罪恶感和清白感也把我们拉向同一个目标。它们促进我们的关系，并且透过它们之间的交互作用，让我们保持不致脱轨。虽然我们有时可能希望亲自掌控，但是那个马车夫还是手握缰绳,我们只能以一个囚犯或是宾客的身份坐在马车上旅行——马车夫的名字叫作"良知"(conscience)。

各种不同的良知

我们的良知要求我们要为团体服务,并要保持对团体是有用的,而且良知也禁止任何会危及团体福利的事,或者是将我们从团体分开。来自不同的家庭或不同团体的人们,会根据每一个不同团体不同的价值观,而有不同的行为表现。对于此一团体有益的事,可能是对另一团体有害的事;而对于在此一团体中令我们感到清白的事,可能是在另一团体中令我们感到罪恶的事。例如,我们在工作上所依循的良知和在家里的不尽相同。

但即使是在同一个团体之内,良知也需要服务于诸多目的,其中有彼此互补且相得益彰的,也有相互抵触而冲突矛盾的。例如,爱和正义,或者是自由与法律。

为了效力于不同的目的,良知会应用罪恶和清白的不同感受。这要视乎良知是为着爱和忠诚,为着公正的平衡分配,为着法律和秩序,或者为着更新和自由而服务。若是对爱有利,可能会有损公义;而正人君子的清白,或许是恋人的罪恶。

有时我们体验良知是简单而直接的,例如当我们急着救助一个穷困的孩子。但大多数时候良知是有着多方面和极为不同的影响,因而我们的罪恶感和清白感也是多方面和极为不同的。有时我们体验到的良知似是个人的,但大多数情形之下是出现在团体中。不同的成员用不同的罪恶感和清白感企图争取他们不同的目的,有时他们又为着全体的利益互相支持和互相牵制。就算他们互相对立,他们仍然为一个共同的目的而服务。这就像一个将领,在前线与各种不同的敌人战斗时,使用各种不同的战略,以达成不同的目标,但是最终都会留出一部分部队来维护和平。

接下来我要讲一个故事。

故事：清白

某人希望摆脱忧虑，冒险找出一条新路。到傍晚时分他躺卧下来休息，看见远处有一个山洞的入口。"奇怪！"他心想。他想要马上进入，却发现山洞被铁门封闭了。"奇怪！"他又想，"或许有什么事情即将发生。"他对着山洞坐下来，看看山洞，又看看别处，看看山洞，又看看别处。三天后，当他又是同样地看看山洞，又看看别处时，他看到门开了。他以最快的速度冲进山洞里去，突然间他发现自己又冲出了山洞的另外一头。

"奇怪！"他想，揉揉眼睛，坐了下来，看见不远处有一个雪白的圆圈，他看到自己就在那圆圈当中，低头屈膝，蜷伏弯曲，不停地抽筋，而且白得耀眼。围着这个小白圈的则是一团巨大的黑色火焰，不断地吐出火舌来，似乎要强行进入。

"奇怪！"他想，"或许有什么事情即将发生。"

他面对着黑火焰坐下来，看看圆圈，又看看别处，看看圆圈，又看看别处。三天后，当他又是同样的看看圆圈，又看看别处时，他看到那个小白圈打开了，黑火焰闯进去了，圆圈扩大了，至少他有空间可以伸展四肢了。但是现在那个圆圈却变成灰色的了。

良知与补偿

艾达：自从威廉排列了家庭之后，我感到自由多了，而且精神也好多了。现在我有个疑惑：当找到解决方法之后，我还需要做些别的事吗？

海灵格：在一段关系或一个团体中，若某一方的利益和另一方的亏损有不公平的状况时，所有相关的人都会感觉到有一种需要平衡的强烈欲望，而这种欲望是基于良知的要求，如果他们无法在理性层面上达成，他们就会以本能直觉的方式求取平衡。良知便被体验为一种平衡的感官和一种补偿的需要。对于我们不劳而获的幸运，我们也会要求自己做出平衡。

当某人给予我东西或我在某人那里索取东西时，不论获取多少，我总会感到不安。我会感到一份压力，直至我付出同等回报。回报的责任，我会体验为罪恶。做出回报之后，我便可以从压力中释放出来。没有亏欠的压力，我会感受到轻松和自由。有些人为了保有这种轻松和自由，就用拒绝接受的方式，以避免背负责任；出世者喜欢这种形式的自由，以避免责任，正如某些助人者也是如此，只愿施予，而不愿接受。但这种自由会令他们孤单而空虚。

建设性与破坏性的平衡

在一段伴侣关系中，女人为了向男人示爱，而给予男人一些东西，男人会感受到压力，直至他做出回报。由于他也爱她，所以给予她多一些。现在女人也感受到压力，要给男人回报。因她也爱他，所以也给予他多一些。施与受便累积起来，幸福增加，感情维系也加深。而如果男人向女人只做同等回报，平衡和交换的压力便会停止。

达格玛：如果男人的回报太少怎么办？

海灵格：如果伴侣所收到的比付出的少，是会危害伴侣关系的。我用一个例子来解释。施与受的交换运作和它的增长好像走路一样。当我向前走，就必须先短暂失去平衡，随即恢复平衡，不停做交换行动。如果我离开平衡状态，而没有马上补偿，便会倒下来而停顿了。这正如在一段伴侣关系中，一方付出，另一方拒绝接收和补偿，那么关系就会破裂。当伴侣的施与受只维持一样多，付出的程度没有增加，则关系就会停止前进。当一方付出的比收到的少，另一方也变成这样时，那么关系不但不会向前发展，反而会向后倒退，他们的幸福和联结便会逐渐减弱而破裂。

布丽吉特：如果某人向我做出可恶的事，我是否也要做补偿？

海灵格：不论是对正面还是负面的事情，我们感到要回归平衡的压力是一样的。某人如果对我做出不公平的事，我会有报复的要求。如果我不向他报复，宁可原谅他，不要求他作补偿，那么我就是不在乎他，将会离开他。若是我向他作适当的报复，便可与他继续保持关系。有些人对正负面的补偿有着同样的反应，他向对方做更可恶的事，对方也因此感到有理由向他再做更可恶的事。在负面的交换上也有增长，但增长的却是苦难和不幸。

现在的问题是：伴侣可以怎样中止不幸的交换，再次建立美好的关系？正如在美好、正面的事情中，给予回去的要比你所接受的多一点点，以增加交换的程度；在负面的报复中，刚好相反，报复回去的必须要比所受到的少一点点。如此一来，负向的交换会停止，就可以重建正向、美好的关系。

补偿的限制

有时人们会将只适用于人与人之间的补偿关系，也套用于人与上帝或命运之间。例如某些人从危险中被救，而其他人却遭到不幸，这些人有时会有回报上帝或命运的欲望，好像把上帝或命运视为伴侣一般，必须透过补偿才能赢得上帝或命运的青睐；这些人会自我设限，或是患上某些生理上的病症，或是牺牲对他有价值的东西，以此作为补偿来得到平衡。有时其他人，如他们的孩子，会代替他们作出补偿。

有时人们会拒绝接受曾经订过婚或结过婚的人作为伴侣，纵使之前那个订婚或结婚的对象已死，他／她也无法接纳，因为他们必须从之前那个对象所付出的代价中得到现在这个伴侣。

有时来自第二段婚姻关系的孩子不能接纳他的父母亲，就会限制或惩罚自己，因为他们的位置是其他人让出来的。更不幸的是，当命运对他们很友善，他便自夸是精英分子，如此特别，并炫耀自己的幸福。如果他真的这样做的话，幸福就会离他而去，因为这对他自己还有其他人都会变成无法忍受的事。

透过感谢和谦卑达到平衡

我们只能从命运和上帝那里得到我们应得的,当我们视这些不劳而获的东西为礼物,便是感谢。感恩之心便是不带傲慢地接受,这样无须付出任何代价,感谢之心就已足够补偿了。当我送给某人一份礼物,他只说"谢谢你",这样是不够的。但如果他脸上泛出光彩,并且说"这真是一份可爱的礼物",这才是真诚的感谢,是真正地在以我和我所给予的礼物为荣。有些人对命运和上帝也只不过是无意识地说一声"谢谢你"而已,而不是脸上泛出喜悦的光彩,并且带着爱去接受。

从命运那里得到不应得的礼物,会使人感受到压力,他要去做点事以作为回报,但他不应以某种方式限制自己,或是让自己有负担,而应给予他人某些正面的东西,这不但可以减轻压力,还可以造福别人。

正如我要接受不劳而获的利益,也要接受无妄之灾的不幸,不管是好是坏我们都能向命运鞠躬,表示同意,这样我们就与命运和谐相融,并且获得自由。我称这个鞠躬为——"谦卑"。

持久的清晰

达格玛:在家庭系统排列中所呈现的完全正确。我真的没有尊敬母亲。刚开始我觉得有些悲伤,但接下来便有一种很大而且持续清晰的感觉,然后我内在就像是产生了骨牌效应。母亲转身带着敬意向她的母亲鞠躬,而她的母亲对她说"我不配"——正如同我的母亲对我所说的一样。到底是祖父欺骗祖母,或是祖母欺骗祖父,那跟我再也没有关系了,我可以将自己抽离出来了。

我与家中男性成员的内在关系也已经改变了,例如我与我哥哥的关系是全新的了,我对以后的发展很好奇。在内心中我已转移到父亲那一边,而我所喜欢和不喜欢的也改变了。我还有一个问题,当某一个人没有被尊敬的话，将会发生什么事呢？例如祖母失去了她六个月大的女儿，我感到她没有接纳她的丈夫和后来所生的两个儿子。我应该做些什么吗？

海灵格：不，你必须认识这个事实，要接受你的祖母依旧陷在女儿过世的苦痛中，无法放开心怀接纳别人。

逝者如斯，回归平静

海灵格：（对达格玛）我还要再对你说一些话，对于家庭和亲族的秩序十分重要的是，一切发生过的，在一段时间之后便要让它过去。你祖母那一代发生的事，你应该让它过去。这也适用于你和弗兰克的情况——当它得以成为过去，它会让你得到平静。一切顺应着昙花一现、过眼云烟的定律。若是我们在适当时候让过去消逝，便是承认和尊敬这个定律。除非有必要去处理某些阻止我们向前的事，或是为了找回我们未来所需要却遗留在过去的东西，才要追溯从前，进入过去；除非有非常严重，而且对现在依然有负面影响的事，否则也不要追溯得太远，例如五代之前已是很遥远了，最远到四代也就可以了。有些家庭对自家源远流长的族谱十分骄傲，例如贵族，这样一来过去不幸的事便永无安宁之日了。

达格玛：让过去的事得到安宁是一个很美好的经验。

海灵格：当我们允许事情得以安息，我们才能找到平静，例如允许死者安息，然后他们才能处在平静之中。在诗人雷克（Rilke）的一首名为Duineser Elegien的诗中，有个很美的描写，他写道：

"最终，
那先前逝去的人们已不再需要我们：
他们已从地球的哀伤和欢乐之中断奶，
轻轻柔柔地，
一如小孩长大了

而不再需要母亲那柔软的胸脯。"

逝去的人需要一点儿时间，才能够和地球的生命切断而脱离红尘，因为他们在另一个领域，而他们必须被允许停留在那儿。在雷克的另一首诗《奥菲斯·伊里底斯·赫宓士》（Orpheus·Eurydice·Hermes）中，奥菲斯（Orpheus）想将尤丽黛丝（Eurydice）从死亡中召唤回来。她却迟疑了，因为：

"她自身已是心满意足。

对死亡的经历已使她得到了实现，

一如圆满。"

还有其他的事吗，达格玛？你现在对自己确实有了一番清楚的审视。

只有灰烬留下

达格玛：我感到非常好，不过还有些东西，其实也不想讲出来。

海灵格：现在先不要讲。你自己首先要弄清楚，是否正确、恰当。如果仍有疑惑，便表示并不恰当。

达格玛：对我是恰当。我留意到……

海灵格：不，停下来，我感受到的是，目前仍未恰当。

（对团体）这是重要的，辅导者要尊敬并且保护某些秘密。启示如果不是发自内心深处，而是强迫而来的，会马上消散。

艾达：当我观察这里所发生的，便有一种似懂非懂的感觉。

海灵格：伟大的东西是令人感动的，但也是难于理解的，有着一份神秘。如果我们想要分析它，想要完全地了解它，那就像是熄灭了的火焰，所留下来的只是灰烬罢了。

背疼已经消失

尤纳：我感到很好，刚才还非常疲劳，现在可以回到大家当中。我要感谢那些帮助我做家族排列的学员。现在我感到很好，我忘记说，背疼已经消失了。

家庭系统排列：不平等的伴侣关系及补偿法则

布丽吉特：现在我决定要工作了，我想马上进行排列。

海灵格：好。

布丽吉特：我应该排列我的原生家庭，还是我女儿的？问题是围绕在我和女儿身上的。

海灵格：排列你目前的家庭，家中所有的男人、女人和孩子。

布丽吉特：我是第二次结婚，前夫离开了我们，不久之后他便过世。

海灵格：为何会分手？发生了什么事？

布丽吉特：我毕业了，也就不再需要他了。

海灵格：这是一个有关平衡动力的好例子。一段婚姻中如果有一方仍在求学，另一方供养她，被供养的一方会离开这段婚姻，因她无法补偿。同样的，如果妻子在婚姻期间支持丈夫求学，他毕业后也会离开她。

（对布丽吉特）你对他仍有某些亏欠。

布丽吉特：对他的某些缺点，我的印象很深刻。但我知道我有亏欠他的地方。

海灵格：记忆总是有目的的。

布丽吉特：前两天我在找他的相片，准备放到相框里去，但我的孩子把所有的相片都拿走了，我一张也找不到。

海灵格：你的孩子会弥补你所没有做到的。

布丽吉特：我的前夫后来再婚了，和第二任太太生了两个孩子。

海灵格：我们也需要把这些人排列进去。

布丽吉特：我的第二任丈夫有两个孩子，他的第一任太太过世了。

（布丽吉特开始排列她的家庭。）

海灵格：我马上把秩序排列出来，这个案例是非常简单的。（见图58）

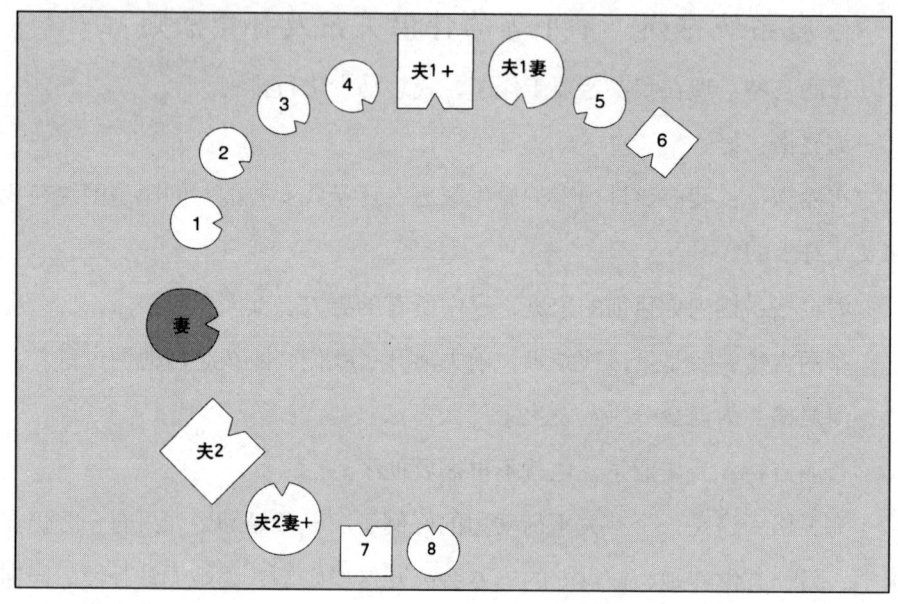

图58

夫1+：第一任丈夫的代表，第一个至第六个孩子的父亲，已去世

妻：妻子的代表（布丽吉特），第一个至第四个孩子的母亲

1：第一个孩子的代表，女孩

2：第二个孩子的代表，女孩

3：第三个孩子的代表，女孩

4：第四个孩子的代表，女孩

夫1妻：第一任丈夫的第二任妻子的代表，第五和第六个孩子的母亲

5：第五个孩子的代表，女孩，第一任丈夫与他第二任妻子的孩子

6：第六个孩子的代表，男孩，第一任丈夫与他第二任妻子的孩子

夫2：第二任丈夫的代表，第七和第八个孩子的父亲

夫2妻+：第二任丈夫的前妻，已故，第七和第八个孩子的母亲

7：第七个孩子，男孩，第二任丈夫与他前妻的孩子

8：第八个孩子，女孩，第二任丈夫与他前妻的孩子

海灵格：女儿感觉怎样？

长女（与母亲不和的女儿）：非常压迫。

次女：我感到完整。

三女：很感动。

四女：非常舒服。

海灵格：父亲感觉怎样？

前夫+：自从听说女儿拿走相片，我完全被感动，之前没有多大感觉。

海灵格：孩子属于父亲，在这里母亲对孩子没有权利。她们属于父亲的家庭。第二任妻子感觉怎样？

第二任妻子：不错。

五女：也可以。

海灵格：（对第二任太太的两个孩子）他们都是你们的兄弟姊妹。

六子：好多女人。

海灵格：对你来说，是的。第二任丈夫感觉怎样？

第二任丈夫：我想我跟我太太之间的鸿沟不是偶然出现的，但像这样也还可以。

海灵格：第一任妻子怎样？

第一任妻子：可以。

七子：他们人真的是好多哦。

八女：好。

海灵格：（对布丽吉特的代表）母亲感觉怎样？

母亲：不舒服，感到窒息。这圈子太大了，我想要一个小一点的圆圈。

长子：我想走近父亲一些。

海灵格：好。

（海灵格更改排列，见图59。）

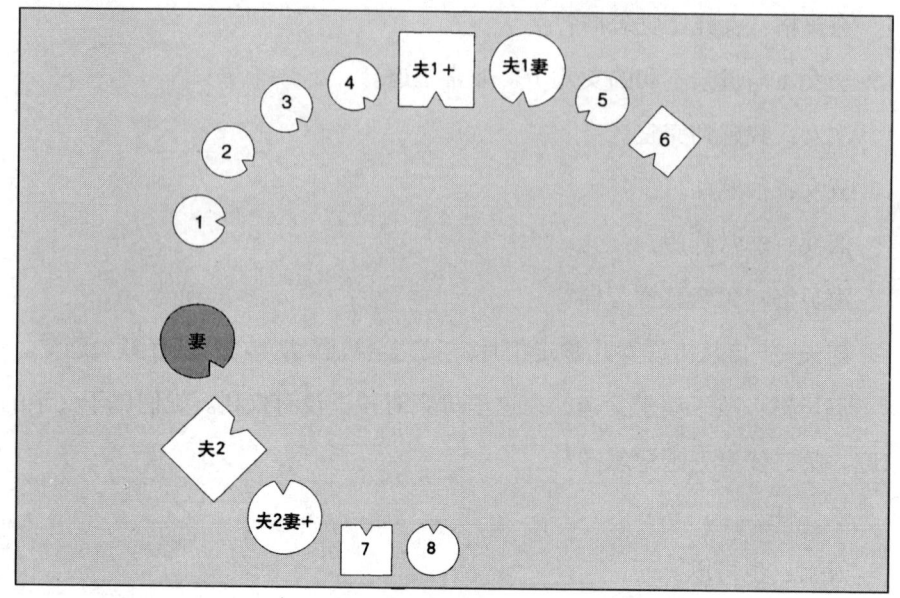

图59

母亲：好多了。只是离开了女儿我有一点感伤，对她们我有一种强烈的感觉。

海灵格：你丧失了让她们信任你的机会，她们属于第一任丈夫和他的系统。你不能从他那里带走女儿，她们就是你亏欠他的。

母亲：我正准备离开第二任丈夫。

海灵格：在他的系统内，你也没有位置。在这两个系统之内你都没有位置。

（海灵格把解决画面排列出来，见图60。）

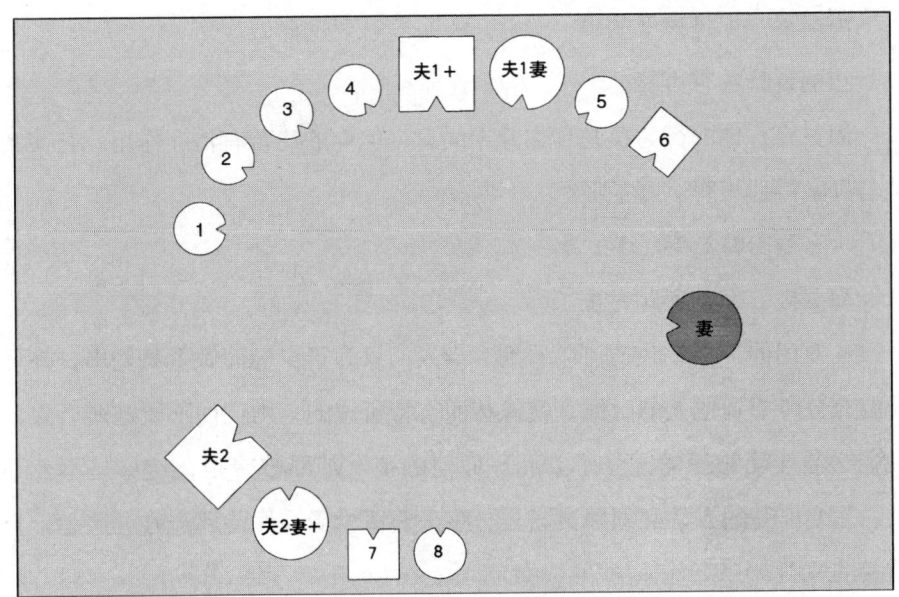

图60

海灵格：（对布丽吉特的代表）在这里感觉怎样？

母亲：不错。

海灵格：这是恰当的。

母亲：没有问题，这样比较好，有空间。

次女：我第一次在母亲这里感到有生气。

长女：现在我与她有一点儿联结了。

海灵格：从这里可以看到轻率离婚的后果，你丧失了作为这个系统成员的权利。（对布丽吉特）想不想站到自己的位置上去？

（当她站到她的位置上去，对布丽吉特）如果你想要的话，你也可以试着站到不同的位置去，看看在哪一个位置你感觉最好。

布丽吉特：我就是那个被背叛的人。

海灵格：不，你只是需要承担抉择的后果，否则女儿将要承担。

布丽吉特：对，我必须承担后果。（她开始哭泣。）

海灵格：那是该做的事，但你还没有同意要这样做。

布丽吉特：有可能。

海灵格：你的行为反映出你并未同意，但你的痛苦有治疗作用，它使女儿与母亲得到和解。好了吗？

（布丽吉特点头。）

海灵格：好，到此为止。

（对团体）在此我们可以看到，当人们只为了自己而做了某些事，并且没有充分考虑到他人的时候，就像布丽吉特所做的，她们便不能逃避后果，她们必须接受它。丈夫受了委屈，而他的孩子却要被带走，这样是不公平的。想要离开的人，必须独自离去。孩子要留给受委屈的那一方，这是一个重要的原则。

布丽吉特：就是因为他有一年半的婚外情，我才去攻读大学。

海灵格：他也有一份罪恶感。这是重要的另外一方面，但并不足以改变排列的动力，这样让你独自承受你自己那一部分的责任。当你以自己是个受害者，而丈夫是个加害者的身份，去记住所发生的一切时，这样可以降低你的罪恶感，但这样也会使得你不可能有效地去行动，而完成这个解决之道。

妒忌与补偿

克劳迪娅：我还有一个问题。她是有始有终地完成了学业，然后才离婚，但不是她离开，而是他，这是我听到的。

海灵格：试图指出是谁先离开的，对布丽吉特并没有不同，其中的动力已经一目了然，细节就不是那么重要了。记住这个工作的基本原则之一就是，事实往往与人们所说的相反。例如就妒忌而言，妒忌的一方事实上通常是想让对方离开，而不是留下来，虽然她表现得好像是她会妒忌是因为要对方留下来。试想如果某人对你表现出妒忌，这会让你想要去接近他，还是把他推开？

妒忌是一个洗脱罪恶、把罪恶推卸到别人身上的途径。但是谁先离去，对于罪恶感及其后果都没有多大影响。了结关系有时也是为了另一方好而做的。若女方做的是对婚姻没有贡献的事，而男方却要为此付出代价，那么她便结束了这段婚姻关系。通常如果由双方父母各自为子女支付学费的话，那样关系就会运作正常。

（向布丽吉特）当你攻读学位时，是谁在支付整个家庭的开销？

布丽吉特：是我。

海灵格：如果是你丈夫在支付家庭开销的话，就会有不同的动力。

在你的情形之中还运作着另一股动力，大学课程是你解脱关系的行动。这是对他婚外情的报复，也算是补偿。问题是，谁伤害对方较多？是你还是他？哪一方的报复较重？这个问题涉及你昨天问到的有关负面补偿的问题。不论你决定怎么做，都应将之列入考虑。

清白感与罪恶感

在关系系统之中我观察到另外一种动力，清白者往往是较危险的人，因为清白者心怀极度愤怒，会在关系中做出有严重破坏性的行为，他失去了适当的平衡感觉，因为他认为自己是对的。有罪恶感的人通常比较愿意让步、补偿。所以和解的企图会出错，是因为和解意愿应当出自清白的那一方，而非罪恶的那一方。

婚姻中的忠与不忠

特娅：我想到，她在丈夫有了一年半的婚外情的情况下才去读书，但在家庭系统排列中却察觉到，她丧失了对女儿的权利。身为女人，我认为这是不公平的。

海灵格：表面上看起来似乎是这样，但是如果我们更仔细地去看，真的是这么的不公平吗？你忽略了清白者的罪，因为愤怒的不是有罪恶的人，而是清白者。有罪恶的人通常不会向对方生气，他没有愤怒的情绪，但清白者却觉得理所当然应该生气，因为他感到如果他是生气的，他便站在公正的位置。这样，清白者的罪恶会更加严重，因为这罪恶隐藏在清白和公正的背后。

有另一段关系有何不妥？究竟带来什么损害？清白者认为他有权力永远拥有对方，这是一个无理的要求。清白者如果没有尝试用爱去争取对方，反而去迫害对方，还要他回心转意，这实在是不可能的。当清白者做了过度的报复，犯错者也不会再回头了。我个人是比较支持人性化和温和适度的方法。

我极其尊重忠诚，但绝不是那种道德上的规定。忠诚应以爱为出发点。婚姻伴侣通常会想要成为唯一对对方重要的人。但有时先生或太太会遇上另外一个重要的人，此时另一半没有权利因此而迫害对方。他要尊重事实，或者找到对双方都好的解决方法，但这唯有透过爱才可能发生。你感觉到我所说的那种力量了吗？

特娅：是的。

海灵格：还有另外一个观点可以考虑。伴侣一方奋战以留住另一方，那股能量通常是来自我们心中小孩子的感觉。作为一个小孩子，我们由于害怕失去母亲而心生恐惧。事实上那份忠诚的要求，指向母亲的部分多过指向伴侣的。伴侣的忠诚，尤其当它伴随着牺牲，便是孩子对母亲的一片忠心投射到男人或女人身上。这一片忠心有一些不真实的成分在内。

我举一个例子，不久前我接到一位男士的来信，告诉我说他订婚了。他的未婚妻对他说，她对他的爱只是一种转移而已，她想保持独立，不放弃其他关系。但他认为，必须要对她忠诚，在等待她回心转意。我给他回了信，大意是：你对伴侣的忠诚正如孩子对母亲的一样，因此你的感情蒙蔽了你自己。她并不是你的母亲，她也不值得你那样的忠诚。

他回信说，当他读到我的信时，刹那间他获得释放，马上脱下订婚戒指，并且对未来感到无限自由。

承接而来的报复感觉

尤纳：一方面我还研究着布丽吉特的系统，尤其是那些秩序原则是怎样强有力地运作着，它们虽是由你安排，但也是明显合乎实情，我很感动。

另一方面是关于我和母亲，我的婚姻只维持了一段非常短暂的时间，在婚姻期间，我的丈夫经常对我不忠。当我离开他之后，我感到我完全是无辜的，因为在母亲身上也发生过类似的事情，这使我再次想起与母亲的认同。父亲出自一片好意，把母亲和患病的弟弟送回母亲娘家休养，在那段期间父亲与他秘书发生关系，而且还生了一个孩子。我想，我承接了一些母亲对父亲报复的情绪，这是一份新的了解，也令我感到兴奋。

对于清白的深入思考

卡尔：我刚刚看到时钟，知道今天的课程已接近尾声，感觉到有一股清新的气息。

我依然停留在刚才的句子，"清白者是较危险的"，这句话非常强而有力，我仍然在思索着这句话。

送给母亲的礼物

克劳迪娅：我很激动，整个思想都是围绕着母亲。沃尔特刚刚先走了，因为他母亲明天生日，他要去探望她。明天也是我母亲的生日，如果我去探访她，我想那将会很糟糕。其实这种感觉从昨天就开始了，当你……（她开始哭泣。）

海灵格：等一下，试着想象一下，你可以从这个工作坊中带给她什么样的礼物。这将会是一个令她惊喜的很美好的机会，但在你去之前要通知她，你将会带一个特别的礼物去。明天你便可以安心地留下来了，同意吗？

克劳迪娅：（笑）我以前从来没有做过这种尝试，但我喜欢这个提议。

危机达到高峰之后最容易解决

罗伯特：我和太太分开了，我现在很不安，因为我必须尽快决定，是否要放弃房子而选择与儿子同住。

海灵格：一切都言之过早，危机唯有到达高峰时才能够解决。我从前在一所很大的学校当校长，经常出现危机，但我会静观其"发酵"数天，直至危机达到高峰，接着很快就解决了，到了高峰就很容易找到解决之道。

罗伯特：我想是的。但是我必须在下一次和她碰面时做出决定。她建议我们要见个面，但我并不想，这三个月以来，我根本就没有和她联络过。

海灵格：现在你必须等到你觉得适当的时候，发球权已在你的手上，无论如何你必须和她联络。

罗伯特：这一点我也清楚，问题只是时间和方式而已。

海灵格：当时机成熟时，你马上就会知道。就算你已经知道自己将要做的决定，你也必须给自己时间去聚集力量，然后去实现这个决定。

罗伯特：等待对我来说是很困难的。

海灵格：那是因为你不是个战士了，战士们懂得守候。在战争中当敌军攻击时，你必须等到敌人到达两百尺以内的范围时，才可以展开行动。没错，这是十分困难的。盲目地开火当然是容易的，但敌人还远在一里之外，那有什么用呢？

家庭系统排列：另一个画面

弗兰克：对于我的离婚，我还想到一个问题。我注意到在家庭系统排列中，例如布丽吉特的例子，父亲总是拥有孩子的监护权，这对我的例子有什么意义呢？

海灵格：没有，对你和孩子的关系没有任何意义，这只是处理在家庭排列中显现出来的关系。你的情况怎样,我们不知道。如果你想一探究竟,可以将家庭排列出来。

弗兰克:我很想做。

海灵格:那现在就做吧!我们还有点时间。

弗兰克:我的家庭成员包括我的前妻、两个孩子,还有达格玛——我现在的伴侣。她现在就在现场。

海灵格:谁以前曾经结过婚吗?

弗兰克:达格玛结过婚。

海灵格:我们需要她的前夫。

(弗兰克开始排列他的家庭,见图61。)

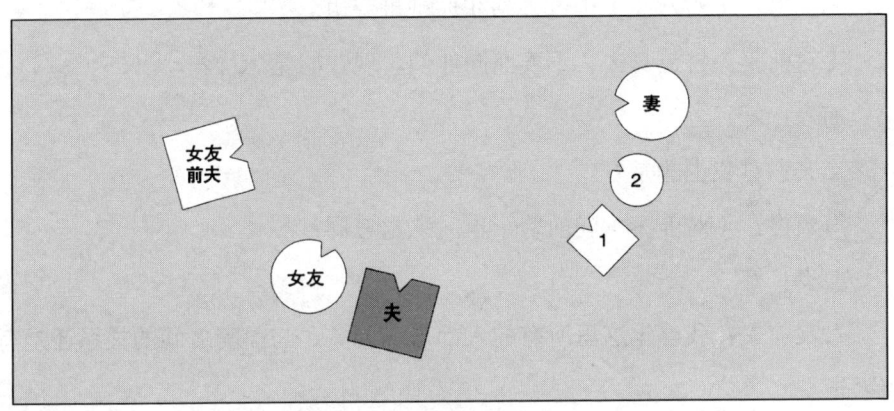

图61

夫:丈夫的代表(弗兰克),第一和第二个孩子的父亲
妻:第一任妻子的代表,第一和第二个孩子的母亲
1:第一个孩子的代表,男孩
2:第二个孩子代表,女孩
女友:第二任伴侣的代表,未与当事人结婚
女友前夫:第二任伴侣的前夫的代表,已离婚

海灵格:丈夫感觉怎样?

丈夫：当现在的伴侣站到我身边时，我感到一份温暖。我挂念孩子。

海灵格：前妻感觉怎样？

前妻：我说不出来。

儿子：照我现在所站的位置看来，与父亲没有接触。我也有一种感觉，那就是如果我靠近父亲的话，也会失去与母亲的联结。

海灵格：靠近他一些，这样你就可以知道感觉将会如何。

（儿子靠近父亲。）

儿子：好多了，与母亲的联结也比较多了。

女儿：这里不错，但我宁肯自己去做些别的事。

前妻：我不相信我所看到的。

海灵格：（对女儿）走过去站在你哥哥旁边。

（对前妻）转过身去，不要面向他们。现在感觉怎样？

前妻：好。

丈夫：对我也非常好。

海灵格：（对前妻）向前跨一步。感觉怎样？

前妻：好。

女友前夫：我感觉这里所有的人都与我无关，与前妻之间的关系还是有点紧张。

（女友笑了。）

（海灵格更改画面，见图62。）

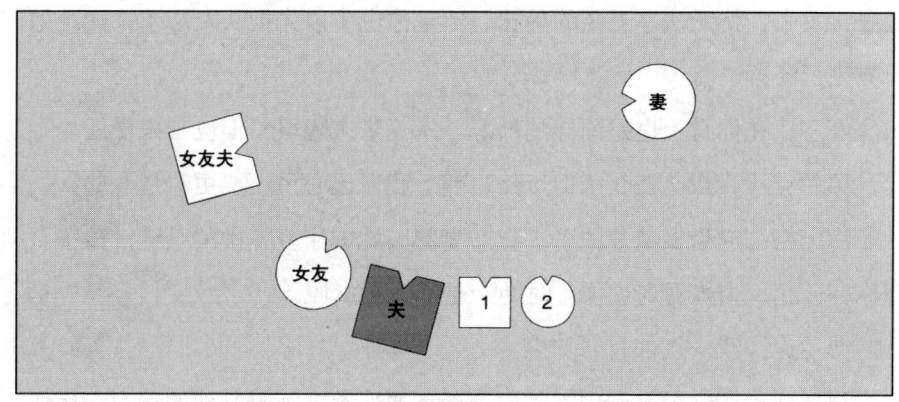

图62

海灵格：（对弗兰克和达格玛）站到你们的位置上去。

（对女儿）在这里感觉好吗？

女儿：好，虽然我认为在我和另外一个女人之间将会有些麻烦。

海灵格：是的，当然！对她而言你就代表你的母亲。

儿子：我也想念母亲。

前妻：我很好奇，想知道接下来会发生什么。

（她再度转身面向家庭成员。）

海灵格：从这个距离去看你的家庭，感觉怎样？

前妻：比较完整了。

弗兰克：我感到很惊讶。

海灵格：这是一个简单、清楚的解决之道。好了，到此为止。

弗兰克：（坐下之后）虽然我无法完全理解，但是我突然间明白了一些事情。

海灵格：那就享受你的明白吧！如果你能够享受它，那样就够了。

弗兰克：但我非常不确定。

海灵格：无论你多么不确定，还是享受它吧！有些人若不先在汤中找出几根头发来，就无法享受汤的美味。但是你也可以先把头发忘了，无论如何先喝完了汤再说。

好了，在你身上也是同样的情况。幸福带来恐惧，但也带来责任。

弗兰克：我想，在我承担责任之前，我自己心里还要更清楚一些。

海灵格：这是很清楚的了，你前妻回归她的家乡、她的系统，孩子必须跟你在一起。当她看到这样，对她会是很大的解脱。

弗兰克：我一直都有罪恶感。

海灵格：在这个案例中不需要去谈论罪恶感，那是其他的动力在运作，而且在以它自己的方式运作着。

（对团体）好，我们今天就到此告一段落。

第三天

轮流发言

海灵格：大家早！我想我们今天还是以轮流发言的方式来开始，每个人都有机会去说一说自己的状况，或是提出问题，或是发表一下个人对这个工作的评论。

学员：在我们开始之前，我有一个问题。在此所发生的一切非常不同于我所经历过的其他任何一个治疗团体。这里的学员彼此之间似乎没有互动，所有的联结都发生在你和个案之间。它似乎就像是在一个团体环境下的个别治疗。你可以谈谈在这背后你个人的想法吗？你似乎是在积极地防止我们参与其中。

海灵格：事实上我非常鼓励你们的参与，但我的确也把握着这种参与的程度。很多年前，在南非，我刚开始成为治疗师，去带领一个基督教的多种族团体动力工作坊，在那些团体中的学员彼此之间有很强烈的互动，而且也达到了很显著的效果。但是在此我们所做的事是不同的，就像你所注意到的，你们也都需要一种不同的自由。

　　在这种"轮流发言"的形式中，每个人都可以自由地谈论有关这个工作对他的影响，并且提出问题，表达不同的意见，还有发表评论，或者你也可以针对你个人重要而适当的问题做一些工作。其他人都会聚精会神地专心倾听，让发言者能够畅谈而不被打断，然后每一个学员依次轮流发言，每个人都有机会畅所欲言，而不需要担心被团体中其他成员批评或干扰。

　　你大概也注意到了其他学员对于营造一个团体的氛围，让整个团体的工作得以在此氛围下深度呈现有多么重要。如果你不是积极地对团体氛围有所贡献的话，那么具有如此深度的工作就不会发生了。团体中其他的学员也是治疗师重要的工作伙伴，因为一旦某个人开始偏离主题，并且因为解释和辩护而激动起来的话，那样整个团体就会受到打扰而变得焦躁不安。这对治疗师来说是一个很好的线索，他可以马上知道不对劲，而及时中断并切换到下一个人去。这样有助于整个团体保持集中，并且创造出一种氛围，这种氛围对人们所提出的问题保持着严肃的尊敬。只要学员处理的事情确实很重要，即使需要花费很长的一段时间，整个团体仍然积极关注该学员所提出的问题。事实上对某个人重要的主题，也会触动其他每一个人，而当一个人解决了对他来说很重要的事情时，其他人即使没有处理自己的问题，也会同样受惠。因此每一个人都在为别人而工作，这是非常有效率的事情。

　　还有另外一点要考虑，我们在此所做的许多工作，都是关于一个家族系统加诸孩子身上的牵连纠葛所产生的后果，这种后果是孩子由于爱而接受了家族系统内的牵连纠葛而产生的。这些事情都是我们身不由己，且无法自我防卫与之抗拒的。在这个层面的工作揭示出孩子们的忠诚以及我们无所防御的无辜。当人们不必担心来自团体其他成员的评论、批判、回馈，或建议时，他们敞开到这个层面才会觉得比较安全。不管初衷多么良好，评论可以轻易地伤害并且羞辱那柔弱敏感之处，因为在那柔弱敏感之处我们每个人都仍旧带着小孩子一般的赤子之爱。团体过程和团体动力的治疗方式对于其他的问题，也是一种有效的方法，但它们就是无法提供我们所需要的安全层面去进行我们在此所做的工作。

因此我们牺牲了一些学员之间的互动，以便为我们在此所进行的工作创造一个安全的环境。

假想的症状

安妮：我感觉很好。我觉得内心里有很多感受，某些事情也更加清楚了。我现在意识到自己认同了某一个人，或者可能是好几个……

海灵格：不。认同通常只有一个，如果是好几个的话，那会让人发疯的。

安妮：我怀疑我认同了祖母，有时我可以通过呼吸感受到这一点。我无法深深地呼吸，只能用身体较上面的部位呼吸。我偶尔也会屏住呼吸，例如当我害怕的时候，或是在冲突的情况下。这时候我会让自己的身体尽可能地缩小。我记得祖母经常表现出偏执狂的症状。当我还是小孩子的时候，她经常要我为她查看是否有人隐藏在某个角落。我相信我是承接了某些她的恐惧，而我也经常在这些状态下屏住呼吸。

海灵格：在那种情况下应该怎样做才好？

安妮：呼吸吧，我希望。

海灵格：带着爱看着祖母并且对她说，"我为你屏住呼吸"。（停顿一会儿）你能把这个感受纳入心里吗？

安妮：我尝试一下。

海灵格：你能感受到对祖母的爱吗？当你让爱表达出来，你会得到自由。还有其他的事吗，安妮？

安妮：有，今天早上我第一次意识到，当我谈及祖父母时，我没有说他们已经过世了，而是说他们是被谋杀的。

海灵格：被谁谋杀？

安妮：在纳粹统治时期。我来自一个犹太家庭。

海灵格：这总是非常非常重要的。你知道我所观察到的吗？犹太女人不能嫁给德国男人。

安妮：我嫁给了德国人。

海灵格：这样是行不通的。犹太女人无法成功地与德国男人结婚。他们一定会出问题的，我没有见过这样的婚姻能够幸福美满。但若是犹太男人娶了德国女人似乎还好，反过来就行不通了。

约翰：有什么原因可以解释吗？或者是它就是这样发生，没有任何理由？

海灵格：我甚至不想尝试去解释它。那只是我所观察到的。

（对安妮）你有见过犹太女人和非犹太男人的婚姻成功的例子吗？

安妮：有。

海灵格：你真的见过吗？

安妮：我真的见过。

海灵格：好吧！那么或许我刚才的说法太过概括性了，可能比较精确的说法是：那样的婚姻要成功是非常困难的。

安妮：我深知其中的困难，相信我。事实真相是我和我先生分开了，因为我们的婚姻无法继续下去。

海灵格：当一个犹太女人嫁给一个非犹太男人，尤其是一个德国男人，她等于就是暗示性地声明放弃了她的犹太信仰,但那是犹太教徒无法做到的。犹太教徒之间经由他们的共同命运所创造的结合力是如此之强,是不可能真正被切断的。

安妮:为什么你说和一个犹太男人会有所不同?

海灵格:这跟我昨天所说的关于女人要跟随男人的部分可能有些关系。当一个犹太女人嫁给一个非犹太男人,她等于就是暗示性地声明放弃了她的犹太信仰;而一个非犹太女人跟随犹太男人,依旧可以保有她自己的信仰,但反过来就似乎行不通了。

乔治:难道不是因为犹太教是经由女人而传承的吗?这样意味着孩子将会自动地脱离父亲的家族。

海灵格:也许吧!但就我所确知的,这几年来从我所工作过的夫妻那儿看到和听到的是:当一个犹太女人嫁给一个非犹太男人时,她便损害了她与自己所生长的那个价值系统的联系了。这只是其中的一个方面,但不论原因是什么,我经常看到一个犹太女人和一个非犹太男人夫妻,在婚姻的历程中步履蹒跚。

安妮:但是我选择了这个男人。而使事情更复杂的是,我先生是传教士职位的候选人,他是天主教的神学家,他母亲从来就没有想过他会结婚。

海灵格:这并不难解决,也没有理由不让你跟他结婚或是离开他。但是你和父母,以及你的命运之间倒是困难重重。(安妮目前正在与她丈夫分居。)

罗伯特:或许犹太血统的比例是一部分的原因,如果某人只有一半或是只有四分之一的犹太血统,或许那样又有所不同了?

海灵格:现在我不想做过于琐碎的分析。重要的是要辨识那些起作用的力量,细节部分应该加以确认。

(对安妮)你所提供的资料十分重要,那将使得我们更容易对你的家庭系统进行排列。

恰如其分

艾达：我的心跳得很快。我的问题是，一个人要怎样才能做到恰如其分呢？

海灵格：恰如其分？

艾达：是的，恰如其分。

海灵格：这需要一个内在指针。如果你去注意这个内在指针，并且全神贯注的话，你便能感知到表达和克制之间的平衡，何时才是恰当的。我们经常透过理智试图去找到正确的平衡，但这样做却常会出错。内在感知是一种更为可靠的指针。例如，当你对某事感觉非常强烈时，就像尤纳前天对母亲的感觉那样，你信任这个感觉，并且让自己全然地去体验，那么感觉本身便会告诉你什么是适度的表达。你如果能这样做的话，便能保持平衡的感知，并且不会逾越适当的范围。

这和想象一种感觉，而不是全心体验一种感觉是不同的。就像威廉带着一种受害者的感觉，那种感觉被他的过去所影响。因为当你自己没有全神贯注于自身和现在，你就失去了平衡的感知，并且逾越了适当的界限。从真实情况直接而来的感觉总会是适当的，就算它似乎有些过度，而当你到达界限时，你会立刻知晓。同样，你也可以在其他的状况中感知到适当的界限。有些人以为如果他们让自己处于较小的空间和范围中，他们就会比较安全。但事实并非如此，因为在适当界限的整体范围之内，我们都是安全的，而有时候这个范围是非常宽广的。

艾达：那是否意味着在补偿和赎罪的案例中，必须要等到我找到了恰如其分的施与受才可以？

海灵格：平衡来自你和一个实际情况，或是一个实际目标，或是和一个实际人物的互动，你是无法预知的。

如释重负

威廉：我昨晚睡得很好，而且我突然间似乎有了很多时间。

海灵格：好。

威廉：其他各方面我也觉得很好。

代价高昂

海灵格：克拉拉，你现在感觉如何？

克拉拉：还好，但是我精疲力竭。

海灵格：当然。

克拉拉：我有些问题想问你。自从你昨天提到补偿和赎罪这个主题，我马上想到我的意外。九年前，我有一次严重的交通事故，每次只要想到有关那次事故的补偿和赎罪，我总是会想起自己当时的恋爱关系和男友。但是我昨天觉得很疑惑，是否这次意外与我的家庭有某些直接的关系。

海灵格：这是有可能的。

克拉拉：你是指与家庭有关？

海灵格：对。你现在想要怎么做？

克拉拉：我不知道。

海灵格：我们无法改变意外的后果，你必须承担那个后果。但你可以通过允许它们提醒你往昔所发生的事，以及在你心中给予所有属于家庭的每一个成员一个位置而去减轻那个后果，使它不再那么沉重。其余的后果就必须作为你的命运来接受。

（对团体）我想谈谈创伤、意外和不幸。很多有过悲惨命运的人，例如那些被折磨或逃离集中营的人，常常忽略了最重要的一件事。

克拉拉：就是他们还活着？

海灵格：是的，在此认识之下，一切便圆满结束了。那是最难让人接受的事。

不久前有个男人打电话告诉我说，他跟团到罗兹岛（Rhodes）去旅行。在那里，当他们爬行通过一条狭窄的古老水道时，中途他恐慌起来，放弃了当日行程，回到酒店。在酒店内，恐慌又再度袭击他，他便立刻打点行李启程回家，当他回到家之后，当天晚上他又再次恐慌起来。

当他在电话中对我这样描述，我便说，"这些感觉与你的出生有所联结"，然后我答应他如果我的工作坊有空档的话，我会通知他。之后他来到我的工作坊，并且重新经历他的出生过程，但那并没有帮助。我问他："你出生的时候发生了什么事？"他说："母亲几乎过度失血而死。"我说："好，跪下来，注视着墙壁，想象你的母亲，看着她，对她说'我从你那儿得到生命，以你所必须付出的代价'。"但是他说不出来，这对他来说太困难了。三天之后，他终于可以说出口，然后一切就解决了。

（对克拉拉）这就是你昨天深深鞠躬的意义所在，你从每一个为之付出代价的人那里接受你的生命。他们所有人都希望你好，不是吗？也就是说，已经付出代价的人希望看到他们的代价没有白费。

克拉拉：你是指那个意外就是应付的代价？

海灵格：不是。我是说其他人为了你的生命而付出代价，他们希望看到这个代价没有白费。所以如果你能以别人付出的代价而接受自己的生命，并且充分利用这次生命好好地做一些事，他们便会甘于付出代价。但是如果你允许自己感到悲惨与不幸，那么他们所付出的代价就全都白费了，同意吗？

克拉拉：同意。

海灵格：好，还有什么事吗？

克拉拉：谢谢您。

基本感觉及改变它的方法

索菲：我昨晚睡得很好。熟睡一段时间之后，我便醒过来，起初非常的平静，后来思潮起伏，过去所有发生过的事全都涌上心头。我没有什么与家庭有关的特定问题，但我突然强烈地感觉到，应该感激我的父亲，当我母亲过世时，全靠父亲给予我的安全感，才让我安全地度过。

海灵格：母亲何时过世？

索菲：在我7岁大时，兄弟姊妹们过了一段相当糟糕的日子。

海灵格：当你注视着别人时，有时可以看到他们的"基本感觉"（the base feeling）。基本感觉就是当我们回到那种想要避免压力时的感觉。当你变得比基本感觉更快乐或是更不快乐时，你的压力就上升了。如果把感觉比作一个从刻度为−100到+100的刻度表，我猜想你的基本感觉大约在−50的地方。在负数范围的人，通常是心中缺少了父母其中一人。例如安妮的基本感觉是在正数的范围，而威廉则是在负数的范围。非常奇怪的是，克拉拉的感觉指数相当高。据说，基本感觉是无法改变的，但是我却发现了一个可以改变的方法。

索菲：（笑）我希望你告诉我怎么做。

海灵格：如果我不想告诉你的话，也不会这么不厌其烦地解说了。假使你能够接纳失去了的，或是被排除了的父母，那么你的基本感觉会提升75点。

（团体笑了。）

海灵格：（对索菲）你在7岁时失去母亲，这是相当清楚的。但你可以通过在你心中给予母亲一个位置的方式来弥补这个缺失。丧失父母其中之一的孩子不能够坚强地承受悲伤之痛。相反，孩子以愤怒来反应，愤怒就是孩子对哀伤的表达方式。之后当孩子想要悲痛时，他发现找不到悲痛，只能再次体验到愤怒。这会使得孩子感到羞愧，因为他并没有真实地呈现他内在实际的体验。但事实上，愤怒作为悲痛的表达方式对于一个孩子来说是合适的。父母都知道这些，你母亲也会理解的。她是怎么死的？

索菲：因为手术的并发症，事实上她有身心失调的疾病，而且一直都在生病，就是没办法好起来。

海灵格：我想和你一起做一些事，帮助你和母亲产生联结，并且帮助你感觉到你对母亲的爱。并不是那么激情地，但唯有在你愿意的时候，我们才那样做。

索菲：我有点害怕。

海灵格：当一个人接近真实的本质时总是会感到害怕。但这个方法相当简单，而且会让你更好。

索菲：好的。

经由爱得到和平

海灵格：（对克拉拉）我可以请你协助吗？

克拉拉：好。

海灵格：那就仰面躺在地上，背部着地，闭上眼睛，就是这样躺着。

（对索菲）现在你也仰面躺在旁边，背部着地，两人之间留点距离，头部位置要跟克拉拉的头差不多。

现在想象你是一个小孩，躺在患病的母亲旁边，带着爱心看着她，看着她！深呼吸，口张开，你看到她在疾病中，带着爱心看着她！

（索菲呼吸沉重，她感受到自己的哀伤，睁开眼睛流泪了。）

海灵格：带着爱！你小时候怎样称呼你母亲？

索菲："妈咪。"

海灵格：说"亲爱的妈咪！"

海灵格："亲爱的妈咪。"以你所有的爱！以你所有的爱去说，"亲爱的妈咪！"

索菲:"亲爱的妈咪!"(索菲开始哭泣。)

海灵格:非常冷静地说!

索菲:"亲爱的妈咪!"

海灵格:对她说"亲爱的妈咪,请祝福我!"

索菲:"亲爱的妈咪,请祝福我!"

海灵格:(过了一会儿,当索菲悲伤平息下来)好,到此为止。

(对团体)你们是否看到她变得容光焕发了?多美丽!

最基本的治疗方法就是透过爱。当你碰触到爱,你便准备好可以继续下一步。

不为人知的幸福

哈里:(对海灵格)你估计我的基本感觉在什么水平呢?

(团体大笑。)

海灵格:很奇怪,是在正数以上。

哈里:这令我惊讶,但我很开心。

海灵格:每个人都可以分辨自己的基本感觉在什么位置,你可以从自己的感觉去分辨出来。

哈里:我觉得自己是一个多愁善感的人,我想我的多愁善感会使我的基本感觉降至负数。

海灵格:多愁善感守护着一种不为人知的幸福。

哈里:(笑)我学习到很多,十分感激。我感到这里的气氛有治疗的作用。我是第一次参加这样的工作坊,我想要分享三件事情,对我来说是全新的,而且是立即有效的。

海灵格:很好。

另一种知识

哈里：我以前从未想过在我们内心里会有一种简单明了的知识以及对其自发的识别能力，而这些却无法用言语表达出来。以前我从来不知道有这种知识的存在，但是现在我却很清楚它是怎么回事。如果我没有发现这种知识的话，我就无法了解你所说的一切，还有你所做的排列示范。因为就我所知，我的家庭与你所排列出来的画面，呈现出绝对相互矛盾的状况，而且看起来似乎完全似是而非。但是我现在真的知道你所表达的方式是真实的，这是第一件事。

第二件事是：多年来我毫无希望地试图在家庭成员之间进行协调，就像一个疯狂的信使一样，在准备传递信息的时候就已然崩溃。而我却忽略了自己的事情。我总是努力地想安排和解，企图重建某种规则和秩序，现在我了解到，那些规则和秩序从未真正存在过，或者说只不过是一种表面的和谐而已。在这里我第一次从你身上和这次经历中学习到，我可以面对父亲却不用和他发生争执。

从前我对父亲非常地怨恨，因为他总是逃避我的质问。不管我怎样挑衅激怒他，他从来没有给我任何确定的态度。他的灵魂披着一件保护自己的雨衣，我对此强烈不满。现在我第一次看到，我还是有可能与他沟通的，虽然他五年前已经去世，但你所说的知识使我有一种解脱，让我知道我不需要永远放弃我父亲。因为我肯定是最关心他的人，也是他最想避开的人。

第三件事是：我甘于一个事实，那就是我从未善用自己的侵略性或是愤怒，而且对于太多事情我已经丧失了权利，因为我并没有为自己的权利而奋战过。起初我想变得更有侵略性来弥补这些，但是我现在开始看到一种内在的方法，可以去得到那被压抑而掩盖的力量和能量。

施而不受

海灵格：愤怒通常是爱的替代，以爱接近某人远比以愤怒更具有挑战性。

哈里：很多接近我的人说我令他们感到窒息，而且我过度地坚持我的爱。他们还说我从来不给他们机会去等待或者是去要求我的爱……

海灵格：最重要的是，你没有接受。一个施而不受的人就等于是在对别人说，"我宁愿是你有罪恶感而不是我"。这样一来，对方便会对你生气，自然就是这样。

你有听说过圣保罗（Vincent de Paul）吗？

哈里：我听过他，但我没有研究过他。

海灵格：他是一个住在巴黎的圣者，一个很有见地的爱心专家。他曾经告诉一个朋友关于他毕生所学的心得。他说："当他们要帮助你的时候，你要小心。"

哈里：我很熟悉这种不信任，而且深受其苦。

海灵格：确实如此。我要送你一句格言——有些想要成为助人者之士，就好比蜣螂，当他们用小脚滚动一坨粪时，他们以为就是在转动全世界。

（团体笑了。）

克劳迪娅：什么是蜣螂？

哈里：就是俗称的屎壳郎。

海灵格：完全正确。

新的观点

罗伯特：你昨天说现在做决定还太早，这句话对我来说真是太好了，让我感觉比较平静。自前天起我对伴侣的愤怒消失了，就算想找也找不到了。

（他笑了。）

海灵格：（笑）真糟糕！

罗伯特：这是一个全新的观点，我还不知道会有什么变化，我将拭目以待，但我感觉很好。

对于关系的无益空想

约翰：我内心感到不安，有些激动，手也湿了。昨天我整天都心不在焉，直到晚上，还是有很多东西困扰着我。我感到缺乏方向，感到了很多不确定性。我想我还不太真正理解家庭系统排列，我对理想伴侣关系的幻想也破碎了。

海灵格：这也没什么坏处。我有个朋友，心理治疗师Hans Jellouschek，刚写完他的《伴侣生活的艺术》（The Art of Living as a Couple），书中描写了这种完美幻想的效果。

约翰：我对刚才所说的很感兴趣。我也有与哈里所说的相同的体验，我倾向于付出很多爱，但却难以接受任何回报。

伴侣关系中的施与受

海灵格：带着爱从别人那儿接受的人是谦卑的，以爱接受需要稍加退让，并且放弃一定的影响力，这样才会使别人易于给予。而且当我们以此方式接受时，我们也会获得力量，使得我们能够做出回报。这样施受双方都是谦卑的，因为他们都能意识到彼此依赖和自己的局限性。

在伴侣关系当中，男人所有的正是女人所缺乏的，而女人所有的也正是男人所缺乏的。不论是在付出的能力上或是在获取的要求上，他们都有平等的地位，在其他层面上也是一样。

某一方的给予或接受如果比另一方较多，关系便会不平衡而开始出差错。伴侣治疗的首要措施便是找出谁给予较多，谁接受较多，然后将施与受带回平衡。通常伴侣彼此可以马上察觉到自己是给予较多还是接受较多。

约翰：我有一种感觉，我完全受伴侣所支配。

海灵格：你在害怕什么？受伴侣所支配意味着你不会超过她的能力或愿意回报的范围进行给予。这样就自动设定了你给予和接受的界限了，而我们也都是受到这个界限所支配。

一开始时，关系都是始于有所克制的需要，因为给予和接受的能力是有限的。这适用于所有的关系。人们有时追寻一种关系，认为在这种关系中相互给予和接受是无限的，但这种关系并不存在。放掉这种幻象的人可以形成一个比较审慎而适度的关系，而由于审慎而适度，这样的人更可能幸福地生活着。

约翰：我女朋友也是这么说的。

海灵格：你看吧！

约翰：我现在理解了。

海灵格：你知道处理伴侣关系中施与受的最佳方法吗？要对伴侣做出具体而明确的要求。譬如，你不要说"请你多爱我一些"，这是不具体的，你的伴侣无从知道你真正的意思。你可以试着说"请再陪我多聊半小时"，对方便知道再过半小时之后，他便完成你的要求了。但如果你说"请你永远陪伴我"，他会感到有压力，因为他不知道何时才能完成这个要求。这些是简单而审慎的忠告。

约翰：就理智层面来说，我很清楚这些。

海灵格：它将全面渗入你的内心。

让压力得以疏导

玛莎：我的头部感到某种压力，感觉很不好。我想那一定是泪水或是恐惧。我不知道究竟是哪一种。

海灵格：带着你的椅子坐到我面前来。

（玛莎坐到海灵格对面。）

海灵格：让自己坐得舒服些。

（玛莎放松了一些，并且笑了。）

海灵格：闭上眼睛。

（他将她的头轻轻推向前。）

海灵格：呼吸！

（他将手放在她的颈项上，缓慢地左右摇动她的头。）

抱紧我！

（玛莎将手绕着海灵格，缓慢地向左右摇动。）

海灵格：让自己跟随着这个摆动，不论它要将你带到哪里去。想象你的爱自由地流动，并且想象你的爱所流向的那个人。强而有力地呼吸！

（玛莎用力呼吸。）

海灵格：用力呼气！快一点！再更用力呼气！再快一点！

（玛莎感到无限痛楚，放声大哭。）

海灵格：（当玛莎痛苦平息）现在呼吸但不要发出声音。

（玛莎的呼吸更和缓了。）

海灵格：现在感觉怎样？

玛莎：很好，嗯！现在爱可以自由流动了。

宗教上的问题

罗尔夫：我有些不确定的事情，是关于我的当事人的。每当他们对自己的问题比较清楚之后，总是会带出宗教的问题，我感到有点难以应付，但似乎早晚都会发生这种情况。我通常都是尽可能少说为妙，甚为保留，但有时又觉得应该多说几句。

海灵格：他们并不真的与宗教的问题有所联结。

罗尔夫：但由此所引发的精力和创造力，他们该怎么办呢？

海灵格：有关宗教的问题，我们一无所知。你的当事人遇上的是未知的奥秘，那是相当不同的事。人们经常想通过理解未知以克服他们对未知的恐惧，然而这样一来，奥秘便隐藏起来了，而且只会让这些人感到盲目和虚弱。

哀悼死于集中营的姑姑

克劳迪娅：我在思考两件事情。一件是关于父亲的家庭，我不知道这是否仍然重要，我突然想起，父亲有两个妹妹死在集中营里。（她开始哭泣。）

海灵格：这是非常重要的，她们为什么会死在那里？

克劳迪娅：战败后，她们被囚禁在波兰的集中营里。

海灵格：你要以敬重的心看着她们，敬重她们的命运。当我们排列你的家庭时再做处理，她们一定要出现在排列中，你可以看到她们给予你的力量。

尊敬残障孩童的父母

卡尔：我一直在考虑和我一起工作的人，以及那些残疾儿童的父母为了孩子所做出的牺牲，当你刚才提到潜在的助人者时，我感到自己是多么的无助。

海灵格：我非常敬佩你和你的工作。很多人有一个幻觉，以为快乐的生活是最重要的，其实不然。照顾残疾孩子的职责中的价值和伟大，是那些所谓快乐的生活所没有的。对于残疾孩子的父母来说，这是一条早有安排、不可逃避的路。你要尊敬他们，不要有所同情，这是重要的。他们面临挑战，你协助他们支持下去，你便完成了你的任务。

卡尔：我想起一个特别困难的当事人，我为她感到非常可惜。

海灵格：有一个关于慈悲的说法——慈悲需要勇气面对全部的伤痛。

僭越及其后果

尤纳：我身心都觉得很好，也没有恐惧了。但一想到某些问题我仍然能感觉到胸口的紧缩，也不是疼痛感，只是感到有压力。就是昨天你提到有关清白者之罪的时候，一定和我母亲有关，但也和我有关。母亲曾经十分激动地向我透露父亲的婚外情和私生子一事，以及父亲的背叛如何导致她生活极度困难，特别是在孩子得了重病之后。她不停地向我叙述这些，还说如果有可能希望带着孩子离开。我现在怀疑是否这是让我无法向她鞠躬的原因。

海灵格：孩子不可以干涉父母之间的事。不论是幸福或不幸，孩子知道之后都会有负担。父母也不应当告诉孩子任何有关他们之间亲密关系的事，这和孩子无关。如果母亲向你提及，你要忘记这件事，这是可以做到的。

尤纳：是吗？

海灵格："忘记"是一种高度的精神纪律。这种忘记是可以训练的，就是让记忆在内心退离的瞬间消失。当你忘记以后，就可以让父母自行去处理他们自己的冲突和争执。但是你可以带着爱心看着他们，接受他们给予你所有美好的一切。

尤纳：好，很好！

海灵格：还有一点，唯有罪人才能够宽大仁慈。

尤纳：宽大仁慈？

海灵格：对，宽大仁慈。清白者是不原谅人的。

尤纳：噢！现在我明白了。

海灵格：清白与罪恶并不等同于善良与邪恶，事实上，往往是相反的。

尤纳：我开始意识到多年来我一直很苛刻，对很多事情仍然耿耿于怀，尤其在评断是非对错方面。

海灵格：不要再描述了，否则你又开始重蹈覆辙！

尤纳：好的，这是问题之一。另外一个问题出现在克拉拉的排列工作中。父亲死后三个月，我发生了严重的交通意外事故，头骨破裂，两三节脊椎骨也破裂，自此……

海灵格：这样就足够了。是什么动力？

尤纳：我想到意外和你提到的坟墓，因为我自此之后还有多起意外，而且我又总是特别容易发生意外。

海灵格：你知道为什么你特别容易发生意外吗？

尤纳：似乎是我要与父亲站在同一阵线，向他表示忠心。

海灵格：一方面是这样，但也有另外一种可能，就你刚才所说的，也有可能是你想要赎罪，因为你知道了父母之间的亲密私事，从而僭越了你的身份，打破了爱的次序。

比如说，当一个孩子自以为知道并评价父母之间的私事，便是把自己凌驾于父母之上。系统中常发生的家庭悲剧、严重意外、自杀等，诸如此类的事，都是违反了这种长幼秩序的结果。当家庭中某一个等级序位比较低的人，将自己放到等级序位较高的位置上时，他便会在不知不觉中失败，不快乐，并遭受不幸。

你的解决之道是，你要从父母私人生活的牵连纠葛中抽离出来，并且去感激目前为止所呈现的一切好事，从中学习，回归原有的秩序。

尤纳：我也想学习，但我有如置身雾中，我不太明白你的意思。

海灵格：不要紧，你如果不明白，也就不会反对。终有一天你会完全明白的。

尤纳：一想到我所有的意外，我就有种无法形容的感觉。那是一种既模糊又激动的感觉。我不由自主地想到父亲的弟弟在54岁时因疲劳过度死于意外的事，我也经常感到十分疲倦。现在我感到有股热气由下而上，令我有些讨厌。

海灵格：我曾经讲过关于因纽特人的故事，记得吗？他到加勒比海旅行，十四天之后才有所习惯，他习惯了什么？

尤纳：热气。好，我明白了。

迈向幸福途中

弗兰克：我还是一直想着昨天早上的那个排列。对于其中我的角色，我仍然有些不太了解的地方。

海灵格：排列出来的画面，你有时候是不能完全明白的，但你已经看到了你所需要的解决方法，如果你继续寻找下去，想要找到超过你所需要的，那么你将会失掉那个解决方法。真正的知识总是指向实践，一旦你想知道超过实践所需要的，知识便会产生破坏力，而成为实践行动的代替品。

弗兰克：我想到的基本问题其实是，如果这个排列是对的话，我是不是应该让孩子跟着我才对呢？

海灵格：当然是跟你。

弗兰克：但这跟我目前所见到的刚好相反，因为他们跟着母亲显然十分愉快。

海灵格：当然，你的妻子是一个好母亲。因此你现在不需要做任何决定，只要将画面放在心中，让它发挥作用。

弗兰克：哦！这样感觉也很好。

海灵格：让那个画面来为你效劳，你只需要等待让画面发挥效用，好吗？

弗兰克：几乎，已经到达半途了。

海灵格：迈向幸福的途中了，你是这个意思吗？

弗兰克：是的，迈向幸福途中。

对生育的抉择

达格玛：昨晚弗兰克家庭系统排列的结果对我来说非常重要，这是我一直想要却很难表达出来的事情。我的第一个反应是，如果孩子跟着弗兰克，那样并不好，除非我与弗兰克也有一个自己的孩子。关于这个我已思考多年，这肯定跟我的堕胎和最近的一次流产有关。因此我有两种想法，或者是跟弗兰克生一个小孩，或者是我们应该共同计划以后的一些事情。

海灵格：对于弗兰克昨天的家庭系统排列我还有话要说。当你开始理解画面是如何实现的时候，你必须谨记的基本原则是：你对弗兰克的孩子是既没有权利也没有义务的。这完全是弗兰克和他前妻的事情，跟其他任何人无关。

达格玛：我完全同意。

海灵格：你只是弗兰克的第二任妻子，如此而已。你可以对他的孩子说，"我只是弗兰克的第二任妻子，其他和你们有关的一切，都是他的事，由他和你们的母亲处理"。若你对他们的孩子友善，弗兰克会有罪恶感，因为你做了些不是你分内职责的事。

达格玛：我完全同意。

海灵格：你只是弗兰克的第二任妻子，仅此而已。你可以告诉他的孩子们，"我只是弗兰克的第二个妻子，你们所有的一切都与他以及你们的妈妈有关"。如果你对孩子们好，弗兰克会因为你做了额外之事而欠你的情。

达格玛：我对他的孩子很好。

海灵格：我们可以对任何人好，但那并不是这里的问题所在。当孩子们和你在一起时，你为他们所做的特别的事情，比如为他们做饭，都值得弗兰克的感激。当然，你这样做部分是出自你对弗兰克的爱，但这仍然是一件值得他感谢的事。

达格玛：我送过礼物给他们，而且我尽我最大的可能让他们过一个开心的圣诞节……

海灵格：小心不要让你自己代替了他们母亲的位置，弗兰克才有责任去处理一切有关孩子的事。虽然你可以在旁协助和支持他，但是如果你开始跟他们的母亲竞争他们的爱，事情就会变得复杂，所以作为第二任妻子要有很大的保留，你要切记。

还有一点，第二任伴侣必须尊敬原先的层级秩序。在伴侣关系中，先生和妻子的夫妻关系，优先于他们和孩子的亲子关系。但通常夫妻俩有了孩子之后，他们会认为照顾孩子胜过在伴侣之间表达爱意，但这样就破坏了层级秩序，孩子会感到不自在，有压迫感。层级秩序必须重建，以便使孩子们恢复自在。夫妻关系是优先于亲子关系的。父母如果为了孩子而自我牺牲的话，不论对于父母自己还是孩子都不是好事，有孩子的人都必须了解这一点。

正如你们的情形，弗兰克在第一段关系中已有孩子，那么优先秩序又有所不同了。首先他是第一任妻子的先生，以及孩子的父亲，其次才是你的丈夫。他对孩子的关心和爱一定优于对你的爱意，你必须认识并且接受这一点。如果对他说"我最重要，其次才是你的孩子"，这便违反了优先秩序，对你们的关系也会造成严重后果。

达格玛：这是很好的忠告。

海灵格：还有其他的事吗？

吸烟的决定

达格玛：我现在要讲的跟刚才的没有关联，但对我来说也很重要。我想要戒烟，停止这种自我伤害的行为，我想向你请求帮助，因为你对有关烟瘾的问题所谈不多。

海灵格：（停顿一会儿之后）我给你一个建议，当你想要拿起一根烟时，想象你正在臂弯中抱着你堕胎掉的那个孩子。

消除头痛

埃拉：我觉得很不舒服，我今天早上头痛得很厉害，几乎没办法来参加工作坊。

海灵格：哪一种头痛？

埃拉：我感冒了，但我想和那没有关系，痛的部位在后脑和颈部。

海灵格：有时头痛来自被压抑的爱。它要流向何处去呢，这份爱？

（埃拉深深地叹了一口气。）

海灵格：深深地吐气！那是一种让爱流动的方法。用友善的态度注视某人，是另外一种方法。对，注视着我！早安！

埃拉：早安！

海灵格：另一个方法是让爱经由你的双手而流动。张开双臂，手心朝上。对，就像这样！这些都是让压抑的爱再次流动的方法，通过吐气、友善的注视，以及手心朝上等。

埃拉：我总是有种感觉，我不够爱我的丈夫。

海灵格：我同意你所说的，你是爱得不够。

埃拉：如果我想象自己靠近他站着的话，那种感觉就会消失。

海灵格：没错。

埃拉：但爱并不是自发地流动，我经常必须有意识地努力才行。

海灵格：那样也没关系，最主要的是它有帮助。

还有谁是你必须要靠近他站着的呢？课间休息的时候你可以去问索菲，看看谁是你必须要靠近他站着的，还有要怎么做！她将会告诉你。（参看本书"经由爱便得到和平"一节）还有其他的事吗？

埃拉：待会儿吧。

荣耀自己的父亲——上帝位于父亲身后

海灵格：有没有任何人想说任何事？

哈里：当尤纳讲到她父母的故事时，你谈到人有自我毁灭的欲望，这是对其父母干预和僭越的补偿，我感到非常震惊。当我在青少年时，我母亲花费很多时间告诉我关于我父亲的一些负面的事情。她对这些事情非常地怀恨，我也不能逃避。我确信我与父亲的关系因此受到了一定破坏。自此之后，我与父亲的唯一联系就是开怀大笑。当我们因为某些荒谬的笑话开怀大笑时，我才会和父亲具有和谐的关系。我从来没有和其他人一起开心地笑过。或许是因为我知道了父母的隐私，我时常有极为冒险的行为，比如我把大量的财产投注于……

海灵格：不，不，不。你的描述只会强化问题，讲完了最重要的事之后，便要马上停止。

哈里：好。

海灵格：现在，解决方法是什么？

哈里：忘记的精神练习。

海灵格：对你来说应该是向父亲深深地鞠躬。当你这样做了之后，你会看见上帝在他身后！

拒绝接受补偿

杰伊：我想请问如果有人在一段关系中深深地伤害了另一方，对方却拒绝接受补偿，他还说"我想跟你一刀两断"。那个做出伤害的人能做些什么呢？

海灵格：这样就无能为力了。他只有承担他自己行为的后果，才能得到解脱。否则就好比他说，"我已经伤害了我的伴侣，现在我的伴侣必须帮助我，让我得到解脱"。没有这回事的。

（团体笑了。）

（轮流发言告一段落。）

家庭系统排列：最小的女儿对外婆的认同

鲁丝：我被"多愁善感是保护着不为人知的幸福"这句话困扰着。我现在感到痛苦。我想排列原生家庭，找到自己的位置，我有一种感觉，我……

海灵格：不需多做解释，如果你想要做排列，我们现在就开始。你的家庭成员有哪些？

鲁丝：父亲、母亲、两个双胞胎姐姐，还有我，较大的双胞胎姐姐出生后四天便死了。

海灵格：发生了什么事？

鲁丝：她们是早产儿，出生后必须在医院观察很长时间。母亲后来把较小的那个带回家，较大的那个被留在医院，后来就在那里死了。

海灵格：还有谁属于这个排列呢？

鲁丝：我的姑姑死于分娩，之后不久，我的一个叔叔上吊自杀。

海灵格：祖父母有没有发生什么特别的事？

鲁丝：叔叔死后，他们互相责怪对方。

海灵格：这是对哀伤和悲痛的一种防卫。

好，现在开始排列！（见图63）

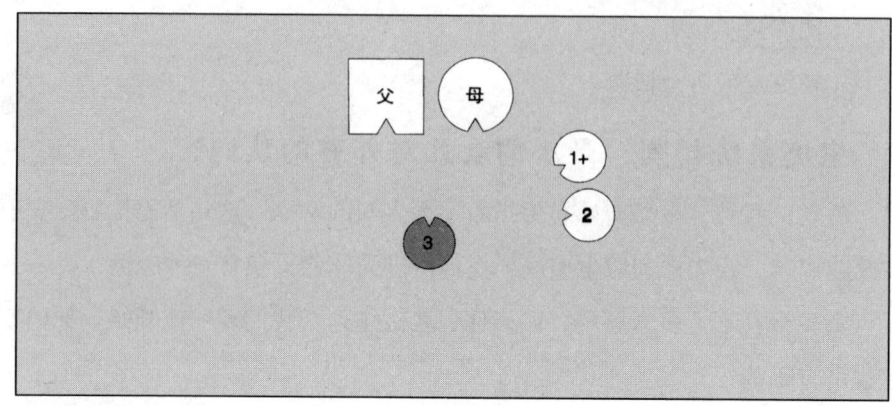

图63

父：父亲的代表

母：母亲的代表

1+：第一个孩子的代表，女孩，孪生姊妹中的姐姐，出生后即去世

2：第二个孩子的代表，女孩，孪生姊妹中的妹妹

3：第三个孩子的代表，女孩（鲁丝）

海灵格：对于孩子的死，父母有没有责怪任何人？

鲁丝：有，他们责怪医院；母亲也很自责。她听从别人的建议，先带一个孩子回家，习惯一下有孩子的生活。其他人对父亲也有责备，我自己是责怪父亲的，假使父亲能够坚决一些的话，母亲一定也会把另一个孩子带回家。

海灵格：父亲感觉怎样？

父亲：开始时在妻子旁边觉得很好，我喜欢这样跟妻子有所接触。当女儿站到旁边时，接触便消失了。现在感到我们之间有些距离，右边有种空虚的感觉，好像缺少了些什么。最小的女儿站在那儿，好像学校里的老师，伸出手指对着我指责，好像要纠正我。

母亲：我感觉好像站在证人席上，最小的女儿看起来非常地愤怒、严厉，而且带着责难。

长女：左边肩膀很痛，唯一可以感觉到的是肩膀作痛，左手臂感觉很重而且很长。

次女：当妹妹站到对面时我有些战栗。我感到非常愤怒，好像在被人攻击。当我看着其他人时，这种感觉消失了。我感到需要姐姐的支持，她对我非常重要，父母亲似乎离得太远了。

海灵格：（对鲁丝的代表）最小的女儿感觉怎样？

三女：我首先想到要保持家庭欢乐的气氛，然后觉得我必须教导父母怎样和睦共处。（笑）

海灵格：这是认同。这不是一个孩子的正常感受。你承接了某一位家中长辈的角色。问题是，那个人是谁？

（对鲁丝）母亲的家庭曾发生什么事？

鲁丝：外婆是四个孩子当中最小的一个。在她们很小的时候，其他三个孩子在十四天之内，相继死于小儿病，外婆是唯一存活下来的。

海灵格：你认同了她，你的多愁善感，还有那份对父母的责任感是从她而来的。

（对逝去的孪生姐姐）现在坐到父母前面，背靠在他们身上。

现在感觉怎样？

长女：好多了，肩膀没有那么疼了。

（海灵格更改画面，见图64。）

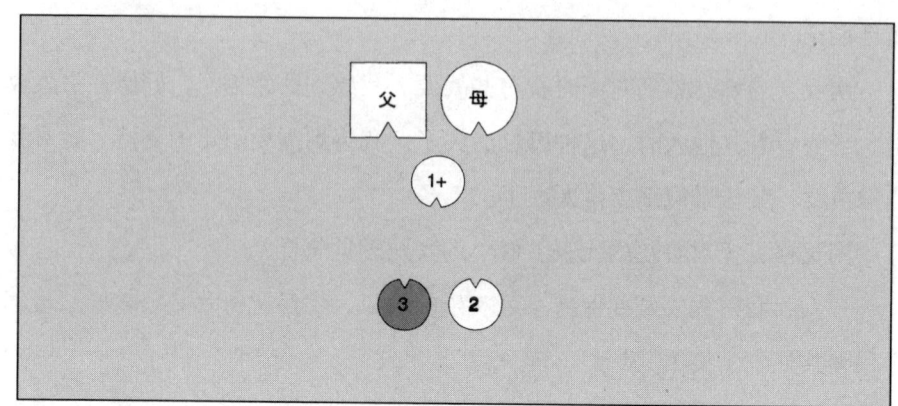

图64

海灵格：父母感觉怎样？

父亲：好，我与妻子有着良好的接触，孩子们也都在这里，一切似乎都很平衡。

（母亲也点头表示同意。）

海灵格：（对父母）你们两人都带着爱，将一只手放在死去孩子的头上，就像是用爱来祝福她。

最小的女儿现在感觉怎样？

三女：当你把我跟姐姐放在同样的地位时，我马上感到如释重负。

次女：当你带走孪生姐姐时，我感到很糟，我想念她，但现在已经可以习惯在这儿了。在这里站得越久，感觉就越好。

长女：感觉很好。

海灵格：当你接收到父母足够的祝福之后，便可以站到妹妹旁边去。（见图65）

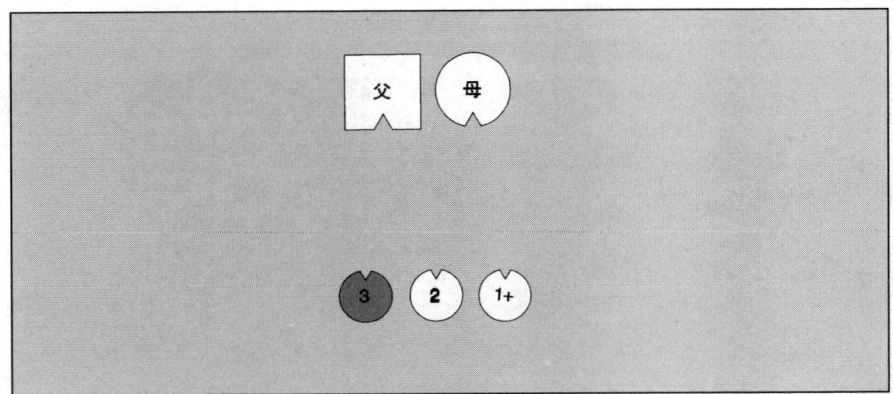

图65

海灵格：现在怎样？

长女：还好。

三女：比较好，当然这样显得我也不再那么重要了。（三姐妹都在笑。）

父亲：很好。

母亲：嗯！很好。

海灵格：（对鲁丝）想不想站到你的位置上去？

（鲁丝站到她的位置上，环顾四周。）

（海灵格将外婆、死于分娩的姑姑以及上吊自杀的叔叔加入排列之中，见图66。）

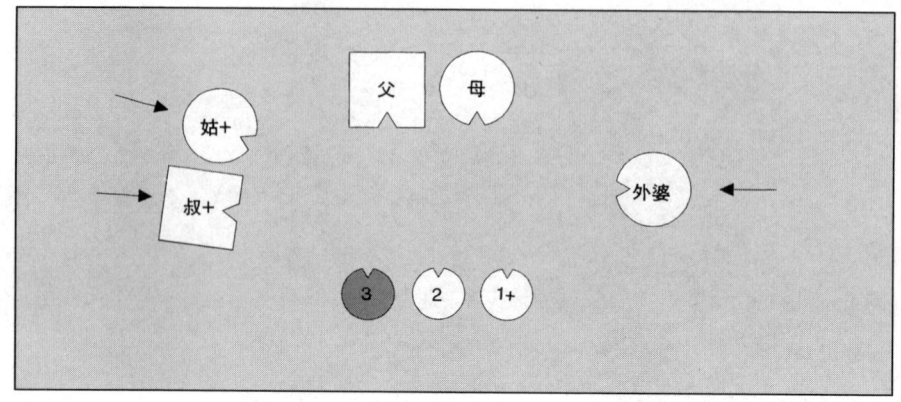

图66

姑+：父亲妹妹的代表，死于分娩
叔+：父亲弟弟的代表，死于上吊自尽
外婆：外婆的代表

海灵格：（对鲁丝）当外婆站在那里时，你感觉如何？你一定要想象在外婆旁边站着她三个去世的姐姐，虽然我没有将她们实际地排列出来。

鲁丝：当她站在现在她所站的那个位置时我感觉还好，如果她站近一些，就感觉太悲伤了。

海灵格：外婆感觉怎样？

外婆：比较好。

海灵格：这是一个令人尊重的位置。

（对父亲）当去世的弟弟妹妹加入这个团体之后，父亲现在感觉怎样？

父亲：比较好，那份空虚被填满了。

鲁丝：对我也很好。

海灵格：好，到此为止。

有代价和没有代价的继承

鲁丝：我从父亲已过世的妹妹那儿继承了一些银器，我们两个人的名字第一个字母是一样的，所以有相同的姓名前缀刻在银器上。

海灵格：你要退还那些银器。

鲁丝：我要怎么做呢？

海灵格：我不知道你可以还给谁，但你一定要退还那些银器，你了解吗？

鲁丝：了解。

海灵格：如果你不退还的话，你便是从她的不幸中获取利益，这将会带来严重的后果。

母亲：在你说到要退回银器之前，我感到胸部有压力。当她同意之后，压力便消失了。

鲁丝：闭上眼睛，我就可以看到那些银汤匙。真奇怪我和那些银汤匙紧紧地联系在一起！它们具有非常特殊的意义。（她笑了。）

海灵格：你知道那叫作什么吗？不幸之爱。

弗兰克：你提到退还遗物，我想起曾经从我的教父，也就是我的那个同性恋叔叔那里得到一枚红宝石戒指。

海灵格：你会保留这枚戒指。

弗兰克：我从未曾戴过这枚戒指，只是把它放在书桌的抽屉里。

海灵格：好，但你还是拥有这枚戒指。你要对那枚戒指保持敬意。

弗兰克：我应该还是把它放在抽屉里吗？

海灵格：没错。没有什么固定而快速的法则，但你就是可以感觉到是否正确。我们内在的某些部分是依附着这些物品，而这些物品是有影响力的。它们是生命的一部分，不仅仅是死的、没有生命的物品，了解这一点是很重要的。

（对鲁丝）那些银汤匙应当还到一个比你更亲近你姑姑的人那里。

鲁丝：我想不到有任何一个这样的人。

海灵格：好吧，那就将这个画面放在心里。

威廉：我还有一个问题，你说她要退还或是将遗物送走。如果是相反的情况，譬如当某人有资格继承遗产的话呢？那个人有义务去接受，并且在必要的时候做出声明吗？

海灵格：在某些情况下有义务接受继承的责任。

威廉：你是说一个人可以有义务地接受继承？

海灵格：未必全然如此。但是有时候譬如基于忠诚的要求，某人会接管一个事业。

威廉：像是继承父亲的事业？

海灵格：对。拒绝接受这个责任，可能会在另外一个领域导致失败。但这要视乎环境而定。

威廉：我有一个更具体的问题，如果父母对两个孩子其中的一个说"你什么也得不到"，而对另外一个说"你将得到所有一切"，那将会如何？

海灵格：那么一个孩子得到一切，之后再分一半给另外一个孩子。

（团体笑了。）

这样就公平地圆满解决了。

威廉：你所说的完美地回答了我的问题。

达格玛：我又有另一个问题，假设母亲留给女儿一份遗产，但女儿很有可能因此从国税局那儿惹来不少麻烦，或者要缴纳一笔比她从遗产所得还要多的遗产税。女儿是否还要承继遗产？

海灵格：一般的原则是孩子不必支付父母的债务，这只是父母个人事务的一部分，与子女无关。

达格玛：这是否意味着，女儿可以预先决定不继承遗产？

海灵格：她可以自由做主，但切记要与父母和平共处。所以她可以安心地事先对父母说明，在遗产问题上她不继承债务。同样情形下，如果遗产以某种方式形成负担的话，例如，牵涉到不公平的状况，如果孩子拒绝接受的话，父母和子女之间的爱就会运转得更好。否则她可能会牵扯到一些和她无关的负性事件中。

家庭系统排列：在命运的掌握之中

克劳迪娅：现在我想排列我的原生家庭。

海灵格：好，谁属于原生家庭？

克劳迪娅：父亲、母亲、三个女儿，十二年后母亲与另一个男人生下了弟弟，最后父母分手，母亲又再度结婚，之后也与第二任丈夫离婚。

海灵格：父母为什么分手？

克劳迪娅：长期以来我们认为这是因为父亲是个酒鬼，他经常酗酒，但其实他们早已经貌合神离。

海灵格：去世的姑姑是什么人，死在集中营里的那几位？

克劳迪娅：她们是父亲的同父异母妹妹，是祖父第一任妻子所生，她在分娩第六或第七个孩子时死的。

（在她选择排列代表时，她对妹妹的代表说："你移民到加拿大了。"）

海灵格：因为你向妹妹的代表提供了这个信息，使她无法自发地去感觉了。假设她感到想要离开的话，她也不能分辨是出于她原始的、自发性的感受，还是因为你所说的话而有那样的感觉。（见图67）

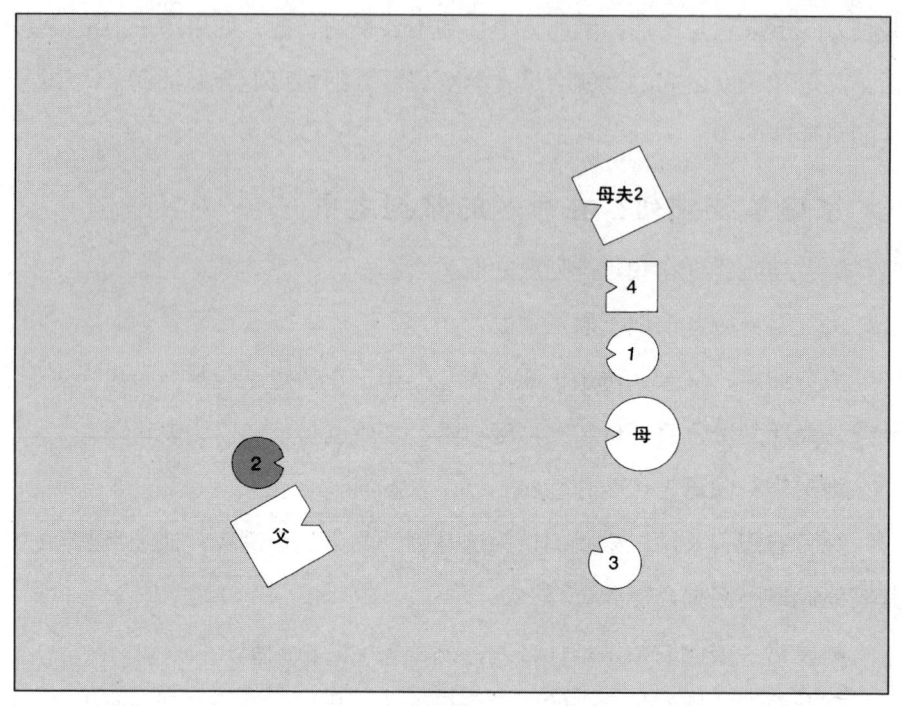

图67

父：父亲的代表

母：母亲的代表

1：第一个孩子的代表，女孩

2：第二个孩子的代表，女孩（克劳迪娅）

3：第三个孩子的代表，女孩

母夫2：母亲的第二任丈夫，第四个孩子的父亲

4：第四个孩子的代表，男孩

海灵格：父亲感觉怎样？

父亲：我要克制自己，不去拥抱女儿。我感到有很多事情都不对劲，好像是我做了某些错误的事。（父亲和女儿相对而笑。）

海灵格：（对克劳迪娅）你认为父亲的感觉怎样？他认同了谁？

克劳迪娅：认同了他的父亲。

海灵格：他怎样看女儿？好像祖父在看他的第一任妻子。父亲和女儿代表了祖父和第一任妻子的关系。所以我们要将他们加入排列之中。

（见图68）

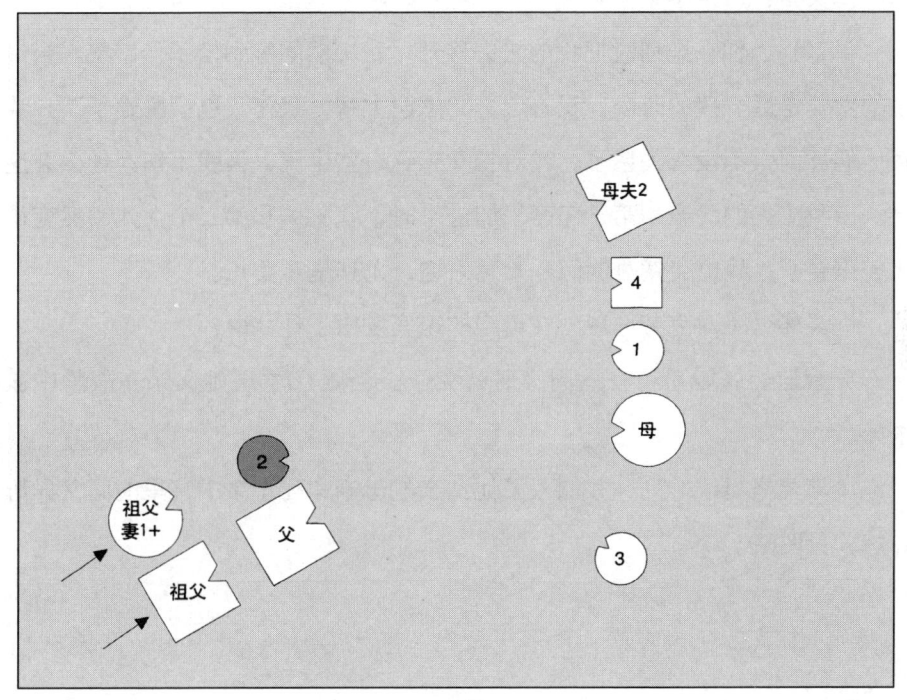

图68

祖父：祖父的代表

祖父妻1+：祖父的前妻，死于难产

海灵格：父亲现在感觉怎样？

父亲：我知道自己从何而来，但却不知道要到哪里去。

海灵格：较好还是较差？

父亲：三分之二的感觉较好。

海灵格：总比什么感觉也没有要好。与女儿的关系有没有改变？

父亲：很少。

海灵格：（对克劳迪娅的代表）次女感觉怎样？

次女：现在比先前好一些，先前我对这里的人完全不感兴趣，但现在我想要离开这里。我简直无法注视我的母亲。

海灵格：母亲感觉怎样？

母亲：当你在排列时把我的丈夫移开，我突然间感到松了一口气。当最小的女儿走远一些的时候，我心想，"感谢上帝，我终于也摆脱她了"。我跟他们任何人都没有关系了。我对长女感到有些生气，但我不知为什么会这样。当我丈夫的父亲和第一任妻子加进来时，我丈夫和第二个女儿突然变得比较重要了，我也突然对他们开始感兴趣，尤其是对女儿。

海灵格：（对克劳迪娅）在母亲的家庭发生了什么事？

克劳迪娅：她哥哥在六周大时就死了。当她10岁时她父亲在战争中被杀死。

（海灵格更改排列，并加入了他父亲的母亲和死于集中营里的同父异母妹妹，见图69。）

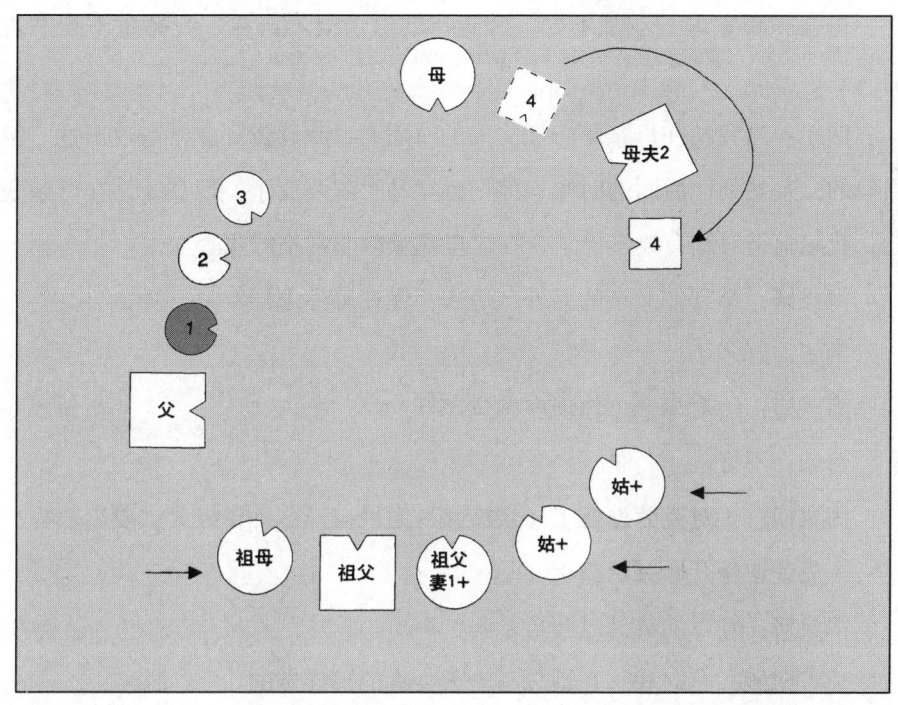

图69

祖母：祖母的代表

姑+：父亲同父异母妹妹的代表，死于波兰的集中营

海灵格：父亲现在感觉怎样？

父亲：好很多了。

长女：自从我站到父亲身边之后，便觉得没有那么依赖他了。

次女：我无法决定我是应该看着父亲的家庭还是看向别处。一开始，我感觉到不得不看向别处，但现在我觉得我可以看着他们了。

海灵格：什么时候开始有这种感觉？

次女：当我看到祖父的第一任妻子时，我开始有那种感觉。

海灵格：她是这个排列中最具有影响力的人。

三女：我觉得很好。

母亲：我觉得一点都不好，我觉得在这里很不自在，我感觉不到左边的人。

四子：当我站在母亲第一任丈夫的对面时，我感觉到非常有攻击性。但当他的父亲站到他后面的时候，那种感觉马上就改变了。现在我站在母亲旁边，我感觉是对她有攻击性了，在这里我觉得非常不舒服。

海灵格：站到你父亲的另外一边去。现在感觉怎样？

四子：好多了。

海灵格：（对母亲）你现在感觉怎样？

母亲：不好。

海灵格：（对克劳迪娅）母亲被某种力量拉开。她曾经尝试要自杀吗？

（克劳迪娅开始哭泣。）

海灵格：她以前尝试过要自杀吗？

克劳迪娅：有时我想，她总有一天会真的那样做的。

海灵格：对，她有一种要离开的压力。

现在我们加入她去世的哥哥。

（海灵格将母亲去世的哥哥排列到母亲的右边，见图70。）

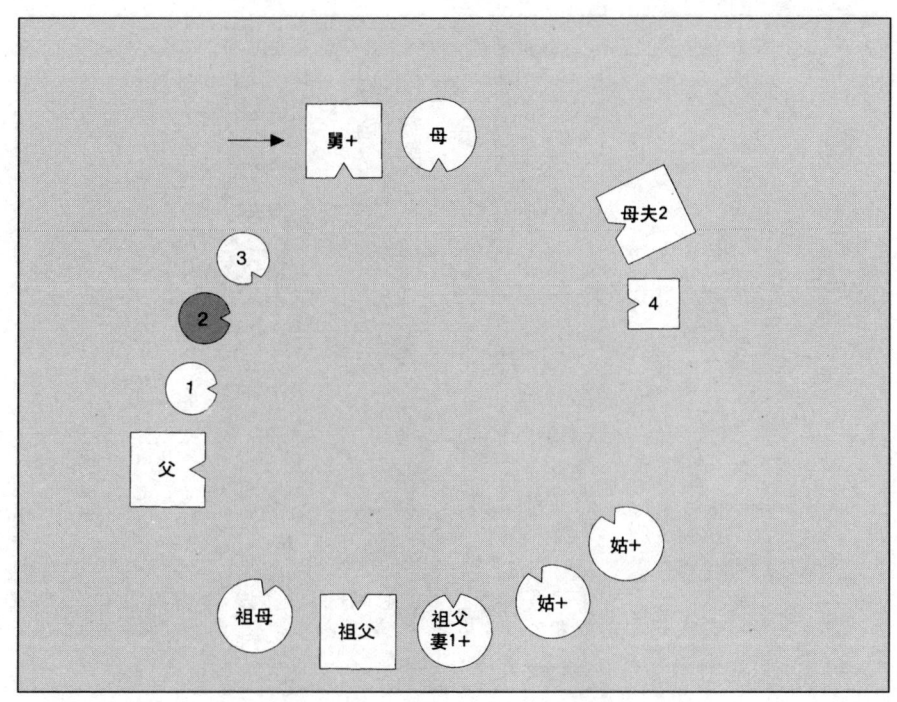

图70

舅+：母亲哥哥的代表，出生后六个星期夭折

母亲：这样比较好。

四子：我也是。

海灵格：有可能你认同了你的舅舅。

（对母亲）这样好吗？像现在这样你觉得好吗？

母亲：我从头顶到整个背部都在发抖，是还好，但我觉得很冷。

（海灵格将母亲在战争中去世的父亲加入排列，见图71。）

246 | 爱的序位

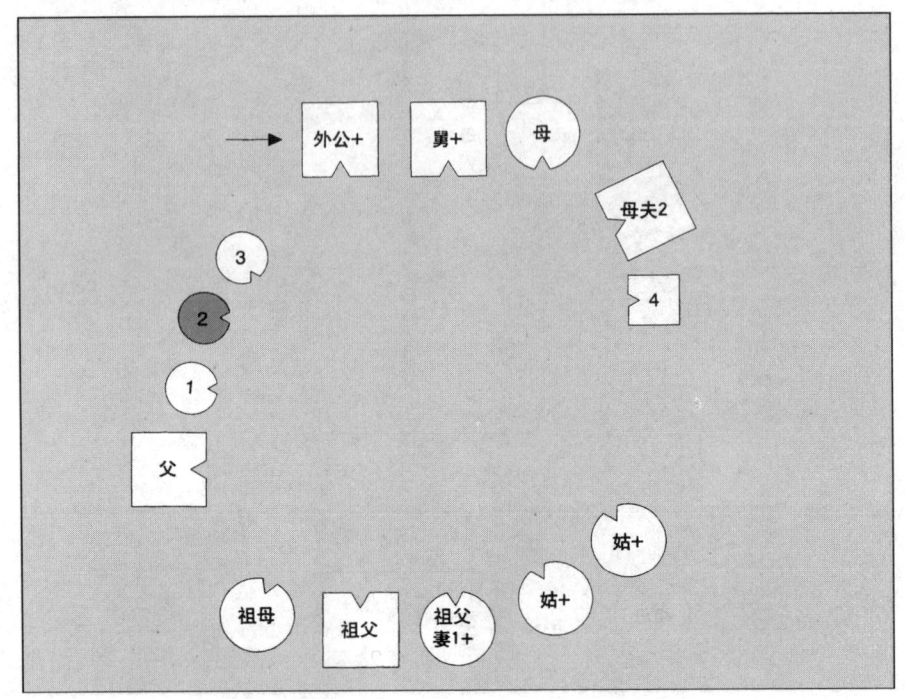

图71

外公+：外公的代表，死于战争

海灵格：母亲的哥哥感觉怎样？

母亲的哥哥+：父亲加进来之后，感觉比较好。

母亲：现有我有归属感了。

海灵格：（对团体）我的画面是，如果她在哥哥旁边多停留一段时间，她将能够回到目前的家庭，并且可以开始找到她正确的位置。

（海灵格将母亲的父亲和哥哥稍稍地往后移动一些，见图72。）

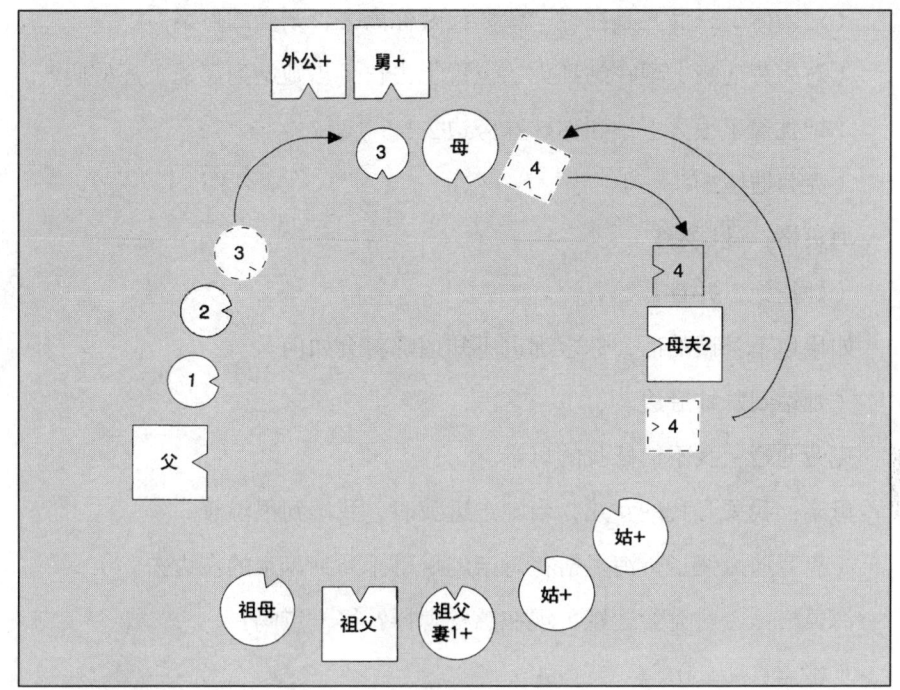

图72

海灵格：（对母亲）现在感觉怎样？

母亲：比较好，因为父亲和哥哥都在。当他们加入时，我那种不好的感觉消失了。现在我可以看着他们每一个人，但同时，我还是感觉到很孤立。我的左边还是有些不对劲，就是我第二任丈夫和我儿子站着的地方。

第二任丈夫：我想，她欺骗了我，在我旁边少了一个人。

（海灵格将儿子排列到母亲身旁。）

四子：我的手出汗了，我想要注视着他（母亲去世的弟弟）。

（海灵格将儿子排列到父亲的身旁。）

四子：在这里感到比较好。

三女：我感到不是太好。

海灵格：站到你母亲旁边去。

（对团体）三女儿是在说"我要代替你离去，亲爱的母亲"。

（对克劳迪娅）现在站到你的位置上去！（当她站到那里）还好吗？

（她犹豫了很久）站到你妹妹旁边去！

（克劳迪娅摇头。）

海灵格：试试看！

（她拒绝，并且开始哭泣。）

如果你不尝试的话，你永远也不知道那将会如何。

（她站到妹妹旁边。）

克劳迪娅：我不信任我的母亲。

母亲：我关心我的女儿，当她走近我时，我感到很温暖。

（克劳迪娅哭了。海灵格将母亲的哥哥排列到母亲的左边去。）

海灵格：（对克劳迪娅）现在感觉怎样？好一点吗？

（她点点头。）

长女：（对克劳迪娅）当你作为我妹妹站到我旁边时，我突然感觉到不舒服而且头昏眼花。

海灵格：（对长女）站得靠近你妹妹一些。感觉怎样？

长女：嗯！好多了。

父亲：我想现在我大概知道我做错什么了。

海灵格：（对父亲）这是你父亲的问题，而且那是他的感觉，你承接了他的感觉。现在站到你女儿的旁边去。

（海灵格完成最后排列的画面，见图73。）

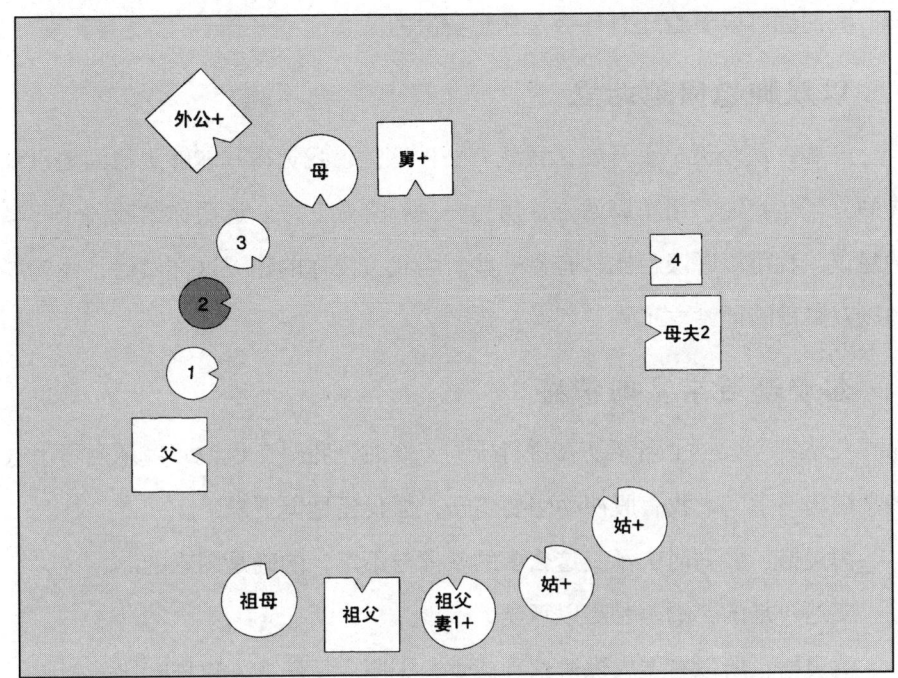

图73

父亲:现在好了。

第二任丈夫:我的肩膀感到有些紧张。自从她哥哥站到她旁边之后,我便想到站到我妻子那里去。

海灵格:通过他你会用一种不同的眼光看待你妻子。

(对克劳迪娅)你感觉这样好吗?

(克劳迪娅微笑并且点头。)

海灵格:好,到此为止!

简短的轮流发言

海灵格:现在我们来进行一个简短的轮流发言,它好比丰富午餐之后的小睡。你们需要时间平静下来,并且养精蓄锐以面对接下来的工作。你们每一个人都有机会提出问题,也可以补充任何遗漏。你也可以听听别人的心声，我们也可以看看还有什么是你想要做的。

以双脚稳固地站立

安妮：从今天早上开始，我就有一种感觉，我觉得我能够更稳固地以双脚站立了。我经常用单脚站立，用另一只脚来做支撑。运用你给我关于呼吸的建议，我可以呼吸得比较容易一些。当我按照你的建议这样做时，我就能够以双脚稳固地站立了。

想要逃避丰富的情感

艾达：今天早上当索菲在进行排列工作时，我对自己说"我承受不了这些幸福与不幸"，我有股冲动想要离开，但我还是留下来了。

海灵格：要同时去承受这么多的幸福与不幸，的确是困难的。

艾达：是的，的确是难以承受。

海灵格：所以有些人逃避这种感觉，宁愿变得压抑，这样会比较舒服，因为压抑是一种比较容易活下去的方法。试着用你的双眼正视幸福，就像正视挑战一样。

完整与圆满

威廉：我感觉很好，今天早上我有一个奇怪的想法，我觉得自己已经很圆满，我真的不需要更多其他的任何东西了。

海灵格：没错。

我想跟你谈谈有关圆满的感觉，还有这种感觉是怎么出现的。当每一个属于家庭系统的人在你心中都有一个位置时，一种圆满的感觉便会涌现。这就是圆满或者完美的真正意义。只有当你感觉到完整时，你才能够自由地继续发展，向前迈进。就算在你的系统中只缺少一个人，你都不会感到圆满。

（对克劳迪娅）我可以想象到你是怎样感觉的，克劳迪娅。他们所有的人都在这儿，现在你一定感觉到很圆满。

（克劳迪娅点头。）

海灵格：那就太棒了。

索菲：我感觉很好。我对所发生的一切都感到很有兴趣，虽然有点疲倦，但是感觉很好。

海灵格：你有权利感到很疲倦。（索菲笑了。）

克拉拉：自从你今天早上答复了我的问题之后，我感到极大的自由和解脱。

海灵格：很好，你昨天所做的排列工作对于趋向圆满的过程是一个完美的示范案例。

（对团体）我要告诉你们一个有关圆满的故事，以及要如何臻至圆满。如果你们能够沉浸于其中，它将能够在你们聆听时对你们产生更深层的影响。

故事：天下无不散的筵席

有个男人，已经在外流浪很长一段时间了。他注视着前方，看到在不远处有一间房屋，他知道那是属于他的。他走向房屋，打开了门，进入一个房间，那里有张桌子，上面摆满了丰盛的筵席。

所有在他生命中曾经重要的人都受到邀请参加筵席，每一个受邀的人都来了，停留片刻，然后便离去。每一个人都带来一份礼物：他的母亲和他的父亲，他的兄弟姐妹们、祖父和祖母、外公和外婆，他的伯父伯母叔叔婶婶和舅舅阿姨们，所有帮助过他、照顾过他的人——朋友、老师、伴侣、孩子——所有那些对他曾经重要过，或是依然重要的人。每一个到来的人都带来某些他或她已经全力付出代价的东西，停留片刻，然后便离去，如思潮涌现，带来点点滴滴，停留片刻，然后便离去；又如愿望来临，经历苦难，带来点点滴滴，停留片刻，然后便离去；亦如生命来临，带来点点滴滴，停留片刻，然后便离去。

筵席结束之后，那个流浪汉与他的许多礼物依旧留在屋内，唯有那些适当的人和他一起留了下来。他走近窗前往外望去，看到其他的房屋，他知道终有一天那里也会有一个盛宴，而他也会去出席那个盛宴，带点东西，停留片刻，然后便离去。

我们也是，在这个工作坊当中出席一个盛宴。我们每一个人都带来了某些东西，也带走了某些东西。我们也停留片刻——然后便离去。

喜欢与尊敬

哈里：当我看到找到解决之道时，真是感到莫大的开心。我为当事人感到一种巨大的喜悦。

……昨晚当我离开这里时，我尚未给予已故亲戚们应有的适当位置，他们中大部分都是我从未认识的，包括我父亲的弟弟和妹妹。他们是神秘主义信徒，而我不该知道他们的任何事情。他们根本就是一大禁忌，关于他们，家中一直保守秘密。我的确见过我父亲的妹妹，当她以一种女巫的角色在进行自动书写的时候，她有各式各样的强迫症状。但我对叔叔没有任何印象。除了我婶婶之外，他从来没有被家人提起过，根据各种资料看来，他……

海灵格：我们不需要知道细节。而你也只要知道这些人属于你的家族系统，然后在你心里给予他们一个尊敬的位置，这样便足够了。但你却以一种相当轻视的态度在描述他们，你自己心里明白。

哈里：可以听得出来吗？

（团体大笑。）

海灵格：这种事情你是无法掩饰的。

哈里：我对他们的感觉主要还是正面的。我喜欢我的姑姑。

海灵格：这不是喜欢的问题，而是尊敬，那是一个更大的层面。

不卑不亢的真正的平等

特娅：我的头脑十分清醒，这是一种很好的感觉。"接受"和"尊敬"之间的不同变得非常重要。在此之前，我从未注意到它们之间的不同，但是现在我却非常清楚：尊敬是接受的下一步。这就是此刻我的心得。

海灵格：这个事件中是不应该出现接受的，如果你接受某些事情，你就表现得好像你有权力可以拒绝它，可以去改变事情的本来面目。

特娅：我已经意识到这一点，我感到很开心。

海灵格：这样还是不够，一点儿都不够。

特娅：我自己也注意到了。

海灵格：最重要的本质是，以一种没有遗憾、没有别具用心的动机，与事物保持和谐一致。如果我尊敬某事某物，那就是意味着我与事物的本来面目保持和谐一致，没有想要去改变它。如果我尊敬某一个人，那就意味着：我与某一个人的本来面目保持和谐一致，我与命运的本然保持和谐一致，我与那个人原有的牵连纠葛保持和谐一致。这是非常谦卑的，同时也维持着一种不偏不倚的超脱。但在这种超脱之中，具有一种关怀，还有一种看不见的力量在运作着。唯有当我与命运保持和谐一致时，我才能够从中获取力量，从而改变命运。

特娅：对，我相信这是重要的一点。我很容易混淆自己和别人的命运。

海灵格：你的表白没有任何好处，你只是贬低了自己。当人们通过那样的评论或是通过解释自己的行为来贬低自己时，这只会带来伤害。我从未见过这样做会产生好的结果。当人们带着这种自贬的心态时，他其实就是在说，"请你接受我，我是如此渺小而无足轻重"。但这样却控制了别人，因为当你这样做的时候，你把别人放在一个较高的位置上；那个人就需要来照料你，而你也剥夺了对方与你平等相待的机会。

通过清楚的表达得到和解

罗伯特：昨天排列工作所带来的影响力已经渐渐地发生作用，这让我非常感动。我在心里想象着已去世的妹妹站在我女儿身后这样一幅画面。我一定是极度地哀悼妹妹而忽视了其他人的感觉，对他们做了一些错误的事，尤其是对我妻子。

（罗伯特非常激动。）

海灵格：你要告诉她这些事情。这样可能会得到她的和解。

保持专注

克劳迪娅：我仍然思考着关于我的家庭的全新理解，正在开始了解其中的意义。

海灵格：排列工作就是这样，它的影响往往会持续很长一段时间。

克劳迪娅：我告诉过你我母亲自杀的倾向性，因为我曾经以为她真的会杀死自己。现在我明白了，我想我所能做的最好的事情就是让排列的画面发挥它的作用。

海灵格：如果你想的话，你可以告诉你的母亲关于排列的事，向她描述当她弟弟站到她旁边时，所有人的反应。你不是想从课程中带给她一份生日礼物吗？

克劳迪娅：（笑）昨天我还在想最好的事情就是我还没有去看她。

海灵格：现在你破坏了那个作用，有没有察觉呢？

克劳迪娅：我是试图要破坏的。

海灵格：你成功了，现在你做什么都无法补救了。人们有时以为，行动之后就会自由，没有人在行动之后获得自由，我们只有在必须行动之前才是自由的。

自制，带着专注与活力

利奥：我感到更有归属感，同时我也很好奇想要看看回家之后，我将会怎么做。

海灵格：你只需准备去接受事情以它们自己的方式而改变所带来的惊喜就行，不需要去做任何事，也不要有任何想法。要以那种改变的方式来生活需要很多力量，很多自我克制的力量。但是你克制自我所花费的力量，将会改变方向而流动到家庭中其他成员身上去。

弗兰克：我内心有许多能量在不断运作着，我想我必须等待，让事情自然发生。这种感觉也很好，而且我必须坚持到底，不放弃。

海灵格：等待方式的不同也会导致不同的结果，要带着专注来等待。

清白感的界限

乔纳斯：有些事情困扰着我，我想听听你的看法。在过去十年内，我与父亲越来越亲近，我也在我们之间发现了一份美妙的爱。基于我们之间共有的信任，他告诉我说，在他20岁时，曾经在一个集中营担任过三个星期的守卫。一想到这件事，我就感到无法忍受，我想要从中得到解脱。

海灵格：你是想要从知识层面上对他所做的事得以解脱，还是想要从评判层面上得到解脱？他并不是自己去申请这份工作的。

乔纳斯：他不是吗？

海灵格：很可能他别无选择。如果他对自己所做的并不感到羞耻，他也就不必等待那么久，直到现在才告诉你这件事。

乔纳斯：我无法接受他做过这件事的事实。

海灵格：你没有权力去批评他，除非你自己也有过相同的状况，而一旦你有过相同的状况，你就更有可能去理解他的冲突，而不是去评判他。

不久前，我在电视上看到一个报道，讲述的是一位南斯拉夫女诗人想要为一名德国士兵兴建纪念碑的事。这个德国士兵奉命要枪杀游击队,但他拒绝受命,他走到游击队群中,让自己一同被枪杀。

他的行为听起来具有英雄气概,但是他究竟是怎样的一个人?我们能够决定他是善良的还是邪恶的吗?他实际上做了些什么?他逃避了他的命运。如果他服从命令而枪杀游击队,那么他的命运将会带给他巨大的罪恶感,但是他选择了死亡而不是去接受那巨大的罪恶感。但如果你的心是敞开的,更难以忍受的是死亡还是罪恶?如果他对自己说,"我因命运而与我的团体结合在一起,而那些游击队也因命运而与他们的团体结合在一起,我接受我的命运,那就是我必须杀死他们,同时我也接受命运所带来的全部罪恶和后果"。这也同样需要英雄气概。但是想到以死来逃避命运,真是比较容易的出路。有时作为一个受害者,还比作为一个加害者更易于承受。你是否开始理解去评判你的父亲是多么地困难以及多么地不合适呢?当你处在他的状况下,你会表现得更好吗?

你要尊敬父亲曾经置身于你所描述的情形下的事实,但如果去评判他,那就是傲慢自负了。你可以试着去理解他,调查和审判是法庭的事,与你无关。你也没有权力去判定他所做的事是善良或邪恶的。

乔纳斯:我开始能够更多地理解这种复杂性了。

海灵格:如果你能看到我们人类有时在面对命运时是多么地无助,那么便会尊敬命运的力量。

活在当下的解脱

埃拉:我体验到在头部与手之间有某种移动。当我百分之百完全投入这里时,我的双手便感觉温暖而充满能量。但是当我想到今天早上我没来是多么愚蠢的事,我便感到头痛。

海灵格:试着对你自己说,"我真是愚蠢,而现在我正为此后果而受苦"。这样你会感到好一些。

（埃拉笑了。）

注意内在运作的过程

达格玛：我感到非常满足。我一直敬重我的母亲，并承认我的原生家庭和目前的家庭，这样的感觉真好。另外我有一个专业上的问题：对于曾经遭受性侵害的受害者，你如何系统性地来帮助他们。

如何帮助乱伦的受害者

海灵格：当我在处理性侵害的受害者时，我唯一的关注是帮助孩子，其他的一切都是次要的。就系统上而言，在非暴力的对子女乱伦的性侵害事件中，其最普遍的动力就是父母之间施与受的不平衡。典型的情况是，女人曾经结过婚，有了一个孩子。然后她又嫁给一个没有自己孩子的男人，并且期望这个男人能同时供养她和孩子。这种情况下便会产生一种不平衡。如果这个女人没有承认和珍惜男人的付出，并给予某些回报让男人觉得是等值的，那么男人便会中止付出。这时系统便会产生一种补偿的强力需求，而卷入其中的女人，有意识地或是无意识地，将她的女儿给予丈夫作为补偿。在家庭中因父母之间施与受的不平衡而导致的性侵害，也和常见的其他形式的性侵害一样，父母双方都牵涉其中，母亲在幕后而父亲在幕前。当父母双方都牵涉其中时，在父母没有意识到所应承担的共同责任之前，是不可能找到解决之道的。

例如，当一个女人在团体中说她无法消除她曾经被父亲或继父性侵害的影响，我就请她想象母亲站在她的面前，并对母亲说："妈妈，如果这样可以帮助你的话，我愿意这样做。"如果她能够确实地那样说的话，整个事件的背景就立刻改变了。然后我请她想象父亲，并对他说："爸爸，我要帮助妈妈。"这些话语能够将父母之间隐藏的动力揭示出来，这样一来，大人就必须分担他们各自的责任，而不可能继续表现得好像他们是清白的。

当我们在处理一个乱伦情形时，如果当事人是母亲的话，我会在孩子的面前对她说，"孩子为了她的妈妈而这样做"。然后我会让孩子对母亲说，"我想帮助你"。这样乱伦便会结束。当母亲听到这样的话之后，乱伦就无法再继续了。如果父亲在场，我会让孩子对他说："我想帮助妈妈恢复平衡。"这些话语能够让孩子以光明而正向的观点来看待自己。当上述话语公然说出来之后，孩子就知道自己是清白无辜的，再也不会觉得这是自己的错。

我所做的第二件事是帮助孩子重新获得自尊。尤其当她觉得自己被乱伦玷污了，重新获得自尊就特别必要。也许我会说一个故事给她听，这是Goethe所写的一首关于一朵美丽的玫瑰花的诗，"男童喜见亭亭玉立的小玫瑰"，结尾是顽童采了一朵小玫瑰，玫瑰以刺戳他试图保护自己，但茎叶还是被折断了，小玫瑰因而受苦。然后我会告诉被乱伦的孩子一个秘密：小玫瑰依旧散发美丽和芬芳。

就系统的观点而言，只有唯一一个加害者的情况是很罕见的。大部分有经验的治疗师都会警觉地观察到母亲的秘密共谋关系，但我也看过很多的案例，其中帮助者也不慎加入了侵害的行列。例如，一个帮助者如果先入为主地去迫害加害者的话，这样就根本没有帮助到孩子。如果他们不是非常谨慎的话，帮助者本身对于性行为的道德态度，会把孩子的性行为置于一种非常不好的评判中去。我发现对性行为持有一种实际的、常识性的态度，对很多孩子都有很大的帮助。有时候乱伦的那种亲密感和亲近感，会让孩子感到愉悦。但他们耻于承认这一点，因为他们的母亲和其他的帮助者告诉他们的是：他们所体验的是邪恶而不道德的。在这种情况下孩子会感到困惑，而他们需要一个方法去证实他们所体验到的愉悦——当然，可以假定他们确实体验到了愉悦。同时，他们也需要一种保证，那就是：无论他们有没有感到愉悦，或是感到多少的愉悦，他们总是清白无辜的。对孩子们来说，感到好奇而想要有新的体验，是适当而自然的，而且不管发生什么事，他们仍然是清白无辜的。当一个女孩因为体验过这种愉悦，即使是在乱伦体验到的，而遭受谴责，那么她的全部性行为得到了很不好的评价，就好像那是非常恐怖的事。事实上，就性行为而言，实际发生的就是那个孩子在未成熟时对以后经历的一种体验，这种体验迟早都会有的。更夸张一点的说法是：每一个人早晚有一天都会做的事，只不过被孩子过早体验到了而已。如果孩子被告知对于所发生的事情，她的性行为并不是邪恶的，那么孩子会得到解脱。

有一种普遍的想法认为乱伦带来的创伤会限制孩子日后的发展。有时的确会发生这种情形，但我更常观察到的是：孩子日后的发展其实受到她和加害者之间的联结的限制，而这个联结起因于他们之间性的接触。除非她能够尊敬与她第一次发生性关系的人，否则第一次性的联结很难让她和日后生活中的伴侣拥有和谐的性生活。如果孩子第一次的性经历以及第一个性的联结被公开地谴责，而且侵犯者被视为罪犯时，很难让那个孩子去尊敬伤害她的人。但如果她能够承认并证实了第一个联结的话，她便能够将这次体验连同与她第一次发生性关系的人和新的恋爱关系合为一体，也就可以消除乱伦的影响了。以一种正义感的愤慨和道德感的愤怒来对待乱伦，只会让这个问题更难以解决，实际上也会对受害者的伤害更大。

克劳迪娅：即使孩子并不觉得那个经验是愉悦的，孩子与侵犯者之间也会有联结吗？

海灵格：我的观察是无论如何还是会产生联结。但是不论那个经验是否愉悦，孩子都有权利去责备侵犯者。她有权利对他说，"你错待了我，我将永远不会原谅你，我也没有权力去原谅你"。如果她这样说，她就可以将罪恶感从她自己身上转移到加害者身上去，并将自己和他分离开来，然后在那种情形下抽身而出。然而，如果她只是在情结层面表达自己的感觉并批判他的话，只会增加自己和他的联结。情绪只会加强那个联结，反之，如果那个孩子能够将乱伦的后果返回给侵犯者的身上去,她就会获得自由。争斗和批判都不能解决这个问题。只有孩子尽可能地将乱伦的后果留给加害者,并抽身而出,才能有所了断。挣扎、争斗只能使孩子和加害者的联结更加紧密。

还有另外一个重要的方面。从系统上来看,治疗师总是要站在被排除的人那一边。所以当你在处理乱伦时,你必须一直要在心里给侵犯者一个位置。

达格玛:在我心里?

海灵格:对,在你心里。否则你就无法为受害者找到解决之道。你务必切记,侵犯者也是在牵连纠葛之中,即使你并不知道是以什么方式在牵连纠葛。如果你能够看到他的牵连纠葛,你就会理解他的行为,然后你就会有非常不同的态度和方法。在你心里给予加害者一个位置并且看到他的牵连纠葛,并不意味着免除他的责任和罪恶,但是这样你能够看到,以某种方式而言他也是个受害者。然后你才能够更加自由地找寻解决之道。这样清楚吗?

约翰:那个孩子,或是说那个受害者,不必去原谅乱伦的加害者,对这一点我感到惊讶。她没有原谅他,这样她能够得到自由吗?

海灵格:原谅其实是一种僭越。如果你仔细想想,一个孩子真的有权力去原谅吗?如果她可以原谅的话,她将必须承担所有的罪恶感以及所有的后果。唯有当我们有着共同的罪恶感时,我们才能够原谅。由于共同的罪恶感,双方才有可能通过原谅去创造一个新的开始。但孩子不用分担乱伦的罪恶感,她要去找到一个方法说:"你所做的是错误的,你必须承担那个后果,而我仍然会从自己的生命中创造一些美好的事物。"即使孩子是性侵犯的受害者,如果日后能有一段幸福的伴侣关系,对加害者来说也是一种解脱。但是,另外一方面,如果被害者变得悲惨而不幸,她便是对侵害者采取报复,但她自己也付出了可怕的代价。当我们以现象学和系统上的角度来看待时，这些事情就大大地不同了。

克劳迪娅：当孩子体验到性侵害为一种享乐时，她经常会以一种挑逗的方式去亲近其他的成人，然后她会因此而受罚，大量"那是邪恶的而且是被禁止的"的指责将会把她淹没。

海灵格：当一个受过侵害的孩子以这样的方式亲近其他的成人时，她是用这种方式来告诉她的父母——"我是个淫荡的人，我是罪恶深重的，所以你们不需要有罪恶感。"这是我从一个女孩身上所看到的。那是因为她对父母的爱，她把罪恶感揽在自己身上，以让自己不好的方式来让父母好过。如果她能够学习去看到我所看到的，她也能够带着尊敬看到自己的好，然后她才能够解脱。你总是必须去寻找爱，解决之道就在于爱。

达格玛：我就是不相信在儿童色情刊物中，爱有任何的作用。

海灵格：那样的争论会分散我们的注意力，而且会妨碍对事情的理解。

达格玛：我不明白。

海灵格：你必须始终将爱视为一种激发动力，即使是那些对孩子们做了可怕的事情的人，如拍摄色情影片的人，还有那些去观看的人。我可以体验到某些错误或邪恶的事情而不带着对任何人的怨恨。作为一个治疗师，我总是在寻找解决牵连纠葛的方法，尤其是针对受害者的牵连纠葛。如果受害者脱离整个事件，并且让侵犯者独自承担行为的罪过及后果。而且如果受害者可以从自身的经验中去为自己做些美好的事的话，过去所发生的事就会有个了结并加以解决。但是只要情绪冲动，诸如"现在我们必须严加惩罚邪恶的罪犯"，开始起作用的话，受害者就无法通往解决之道了。治疗师如果允许自己去憎恨加害者，这样只会伤害当事人。

我举一个实例。在一个针对精神病医师所举办的课程中，有个女性医师告诉团体关于她的一位女当事人曾经被自己的父亲强暴的事，女医师对那个父亲的态度充满了强烈的反感和谴责。我要她将当事人的系统排列出来，并且要她将自己也加入排列之中，站到一个她认为正确的位置。她就站到当事人旁边。很奇怪地，系统中所有人都对她感到愤怒，没有人信任她。当我把她排列在父亲旁边，所有人立刻平静下来，开始可以信任她，当事人也觉得非常放松。站在加害者旁边往往是治疗师寻找解决之道时最好的位置。（见图74）

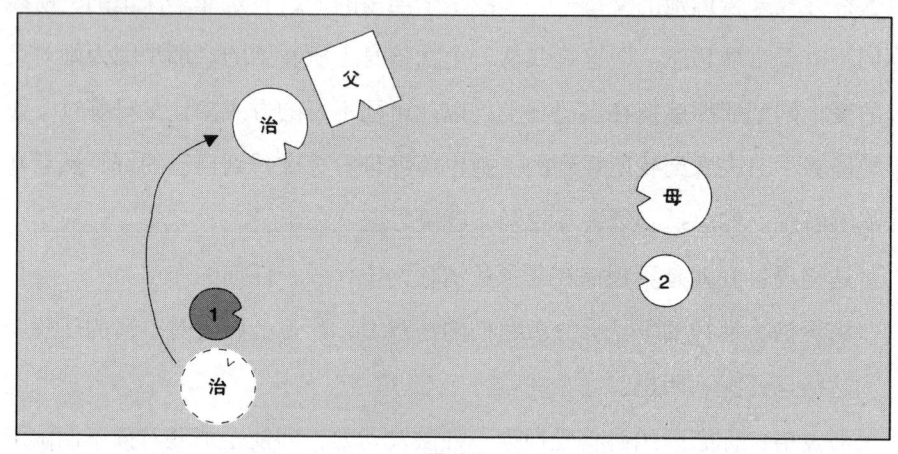

图74

父：父亲的代表
母：母亲的代表
1：第一个孩子的代表，女孩（当事人）
2：第二个孩子的代表，女孩
治：心理治疗师的代表

　　海灵格：我们不能将任何人排除于系统之外，除非是严重的罪行。非暴力的乱伦，根据原则，并非使加害者丧失归属系统权利的罪行。唯有当我们将所有被排除的人再次纳入系统之中，并且捍卫整个家族系统的完整性，才能找到受害者的解决之道。如果我们谨记虽然父亲是个显而易见的侵犯者，但是母亲往往是在幕后运作的秘密加害者，我们就更可能找到解决之道。如果治疗师只是站在受害者的立场，而没有将系统作为一个整体来守护的话，只会让事情更恶化，其后果极为严重。

如何帮助乱伦的加害者

布丽吉特：当你在处理乱伦的加害者时，你会怎么做？

海灵格：首先，我会在一处安全的地方与他单独交谈。有时我会问他，他是否能想到任何方法，可以帮助受害者从他以及他对她所犯的错误当中解脱出来，并且将让事情转变成好的结果。如果他听到这些话，他就可以跳脱辩护的立场，而开始建设性地思考。真诚的悔过是他需要去发现的主要事情，这主要是一种内在的心理过程，如果他可以真诚地对孩子说，"我很抱歉！我伤害了你"，有时还是很有帮助。这会解除孩子的负担，对于孩子来说，这也比惩罚侵犯者有更大的帮助。但他所能对她说的也就是如此了。

当加害者试图解释、辩护，或是觉得自己的行为没有什么大不了，他会造成对受害者更大的伤害。但如果他在受害者面前贬低自己的话，同样也是在伤害她。他一定不能沉迷于自己的罪恶之中，也不能向孩子请求原谅，或是要求任何其他能够减轻自己负担的事情。那将是更进一步的侵害，因为那样会给孩子造成另外一种负担，并且加强她和他之间的联结。顺带一提，这对于知道事情始末的母亲，也是同样适用的。

即使父母有罪过，他们仍然是父母，没有他们，孩子就不存在。确切而言，孩子和父母是不可分割的，因此凡是羞辱了父母者，也羞辱了子女。意思是，不要以一种妄自菲薄的方式来谈论这件事，不论是在父母彼此之间，或是父母与孩子之间，尤其不要在第三者，例如治疗师的面前。这样只会贬低父母在他们的孩子心目中的形象，即使在表面上好像是在为自己的无辜而辩白，但同时也贬低了孩子。被贬低的父母会被孩子漠视。

当侵犯者被送上法庭时，我劝告他要同意刑罚，不要企图借助计策或是关系来减轻刑罚。这样他才更有可能重获自己的尊严。

除了被公正量刑之外，乱伦的加害者有时会成为过激的仇恨活动的目标，以至于无法为受害者找到解决之道。或者无辜的人被控乱伦而无法证明清白，因为仅仅只是这样的指控，便似星火燎原一发不可收拾。对于他们，我想讲一个故事。

故事：静止

有位著名的心理学家在一个心理治疗会议上发表了一场有关女性的演讲。在讨论中引发舌战，他受到众多年轻女士的抨击。她们抱怨这位心理学家身为男性竟然在女性面前大谈有关女性的议题是非常不公平的，他简直是傲慢放肆。

这位心理学家原是一片诚心去演讲，却受到不公平的对待，他感到有点走投无路，由于这位心理学家似乎没有太多令人信服的论述方式，事态变得更加糟糕。

当他演讲完毕之后，左思右想自己做错了什么，便与同事讨论，又去请教一位见多识广的智者。

智者说："那些年轻女士是正确的。虽然她们如你所见能够毫无困难地和男士一争长短，虽然她们大多未曾遭遇过恶劣、不平等的对待，但她们将其他女人所遭遇到的不公平视为自己的亲身经历，如同是槲寄生从寄生的树干中汲取力量一般。她们自身的生命历练并不多，她们仍然倚赖于女性之爱。但她们的确帮助了后继者，所谓'前人种树，后人乘凉'。"

心理学家说："这些我都没兴趣，我只想知道，下次当我再遇到这种情况时，我该怎么办？"

智者答道："在开阔地中遭遇暴风雨的人会先找寻躲避的地方等待暴风雨结束，然后再到广阔天地里享受新鲜的空气。你可以按他的做法去做。"

下一次心理学家再度碰到了他的同事，他们问那位智者有何建议。

心理学家说："哦！我也记不清了，我想他的意思是说，就算是瓢泼大雨，我也应该出去呼吸新鲜空气。"

关于道德上的义愤

海灵格：有时治疗师试图告诉被害者和侵犯者如何将伤害和罪过转变成好的结果，但自己反而会成为愤怒的目标。道义公正的人感到自己是为一种较高的法则而服务，不论是摩西的法则、耶稣的法则、天堂的法则、"自然的道德法则"、某个群体的法则，或只是一个盲目的时代精神的法则。不论法则称为什么都是一样的，道义公正的人相信法则赋予他们高于加害者与受害者的权力，并对他们给别人带来的伤害合理化。问题是，治疗师要怎样对抗这份愤怒，而不伤及侵犯者、受害者、治疗师自己，以及那些法则呢？让我来告诉你们一个故事，我确信你们已经都听过这个故事了。

故事：红杏出墙

在耶路撒冷，一大清早，有个男人从橄榄山来到庙前，当他进入之后，他坐在一圈由正直、博学人士所围成的圆圈正中央，并且开始了他的教导。然后有人将一个女人带到他面前来，让女人坐在圆圈里，对他说："这个女人在红杏出墙时被人捉到。摩西的法则指示说，她应受乱石击死的刑法，你个人有何看法？"

这一群有学识而公正的人，绝对不是针对这个女人或这次通奸的行为，而是他们想以这件事挑战这位著名而仁慈的助人者。对于这位助人者的仁慈，他们十分愤怒。他们秉持着教条，自以为有权可以将这个女人，以及那个仁慈的助人者一同毁灭——倘若助人者没有与他们同仇敌忾的话，虽然那个助人者与女人通奸的行为根本就扯不上任何一点儿关系。

我们现在面对着两组罪犯。这个女人属于一组：她是通奸犯，愤怒的人称她为罪人。而愤怒者属于另一组：在他们心里他们其实是谋杀者，但他们却自认为是公平而正义的。两组人都遵循着同一个严厉的法则，当中只有一个不同之处：对于第一组的坏行为来说，法则称之为错误的；而对于第二组更坏的行为来说，法则却称之为正确的。

但是被他们设下陷阱所要挑战的这个助人者，不动声色地避开了所有这些：通奸的妇人、谋杀者、法则、法官等。在众人面前，他弯下腰来用手指在地上比画。那些愤怒者拥挤上前不明白他所暗示的，便继续问他干脆直说他的想法，他站起身来说道："让那个自认为从未犯错的人扔第一块石头吧！"然后他再度弯下腰来在沙地上继续比画。

刹那间一切起了变化：因为心灵所知道的远比教条所允许或是所控制的要多。于是，愤怒者一个接着一个地离开了庙堂，最年轻的一个最后离开。

助人者尊重他们的羞愧，在他们离开之前一直在沙地上比画。当人们都走了之后，他站起身来问那个女人："那些控告者哪里去了？没有一个人谴责你吗？""一个也没有，阁下。"她答道。然后，怀着与那些愤怒者同样的心理，他对女人说："我也不谴责你。"

故事到此就已经结束了。在流传下来的文章中还附加了一句："走吧！不要再犯罪。"但《圣经》的研究学者已经证明，这些字句是之后才加上去的，可能有某个人觉得这个故事中的爱意和伟大超出了他所能表达的能力而附加上去的。

还有一点有趣的是，对于真正的受害者，也就是那个女人的丈夫，那些愤怒者以及故事本身都没有提到。假如愤怒者用石块砸死了女人，她丈夫将会再度失去他的妻子。而如故事所述，如果没有愤怒者的干涉，他们便有机会自行去解决他们的问题，并且透过爱去达到和解，或许还能够制造一个全新的开始。若是允许愤怒者参与其中，他们的和解便不可能达成了，不只是那个女人，还有她的丈夫，都将会变得每况愈下。

所以有时对于受到性侵害的孩子来说，当他们落入愤怒的卫道人士，而非关爱人士手中的话，其结果亦是如此。愤怒者并非真心关切孩子，因为他们是根据愤怒的情绪而做出处理方法，那只会使受害者的境遇更糟。一个孩子，纵然她是个受害者，往往仍旧与侵犯者有所联结，而且会忠于侵犯者。如果她的父亲被迫害，在道德上及身心上被毁灭，孩子在道德及身心上亦会随之死亡。或者日后她自己的一个孩子要为此赎罪，这就是愤怒的诅咒，而且也是对那服务于公平正义的法则的诅咒。

那么，一个带有爱以及睿智的治疗师应该怎么做呢？他们必须拒绝事件中任何的戏剧化成分，并且找寻简单的方法，使侵犯者和受害者双方都能有一个新的开始，而且比以前更具有洞见，怀有更多的爱。睿智的治疗师不是要去寻找一个所谓的较高的法则，相反，他／她只关注实际的人——受害者和侵犯者，而且让他们各就其位，取得每个人应有的位置。他们知道：只有那些法则会看似坚固而永恒，但在这个世上，一切都如昙花一现，都是变化无常的，每一个结束都会带来另一个新的开始。他们保持谦卑，对每一个人都抱持爱心，无论是对受害者、侵害者，还是对背后秘密的教唆者以及报复者。我是否已经把这种态度说明清楚？

学员：是的，很清楚。

家庭系统排列：以上帝姿态出现的女人何以缩小格局

海灵格：现在我们要开始做最后一次家庭排列。这是在这个工作坊当中最后的机会了。托马斯，你要做吗？

托马斯：我想排列我的原生家庭，看一看我的祖父。

海灵格：谁属于这个家庭？

托马斯：父亲、母亲，我是最大的孩子，还有四个妹妹。

海灵格：父母之中有谁曾经结过婚或订过婚？

托马斯：母亲在婚前跟一个已婚男人有过一段亲密的关系。她觉得彼此志趣相投，但当她遇到我父亲时，她却说，"这男人注定是我的"，然后她便与父亲结婚。父亲死后，她又再度与这个男人恢复往来。

海灵格：你父亲在婚前有没有其他关系？

托马斯：没有，他曾经是一个挫败的神学家。

海灵格：你说挫败的神学家是什么意思？

托马斯：他加入过一个宗教团体，他对我说过他要"认真而彻底地做到百分之一百五十"，例如，他经常责罚自己。最后他因精神崩溃而退出教会。

海灵格：听起来好像你的父亲忘记了对他所得到的祝福表达感激。他的精神崩溃是一种推迟的行为。

托马斯：父亲的生命历程充满了失败。

海灵格：那是因为他没有去承认那份祝福。让我来给你说个故事：

故事：幸运不常在

在洪水泛滥时期，一个犹太祭司爬上自家屋顶，向上帝祷告，祈求上帝救他。片刻之后有个男人划着一艘船要去救他，但犹太祭司说"上帝将会亲自来救我"，便叫那个男人离开了。

稍后来了一架直升机要接他，他同样说"上帝将会亲自来救我"，也叫直升机走了。最后犹太祭司被淹死了。

当犹太祭司到了天堂站在上帝面前，埋怨上帝没有去拯救他时，上帝回答他说："我已经派了一艘船和一架直升机去救你了，你还想要什么？"

海灵格：（对托马斯）好，现在我们来排列你的原生家庭！（见图75）

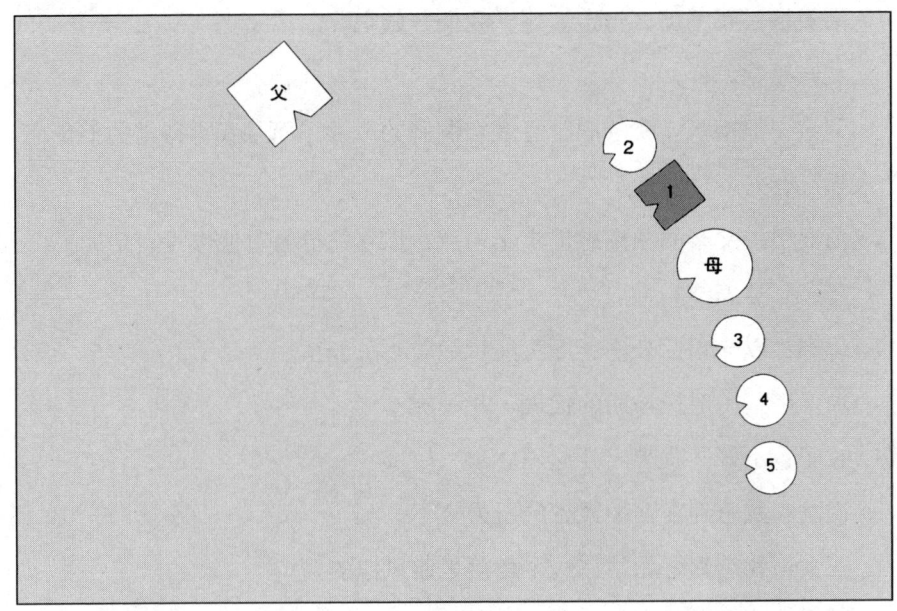

图75

父：父亲的代表

母：母亲的代表

1：第一个孩子的代表，男孩（托马斯）

2：第二个孩子的代表，女孩

3：第三个孩子的代表，女孩

4：第四个孩子的代表，女孩

5：第五个孩子的代表，女孩

海灵格：（对家庭成员代表）你们所有的人都在对谁生气呢？

次女：对我们的父亲？

海灵格：不是。

（对托马斯）是对上帝。上帝在这个排列之中是男人还是女人？

托马斯：我不确定，我不确定我理解了。

海灵格：当上帝出现在一个系统中时，他总是系统中某一个真实的人。

托马斯：那么他就是一个男人。

海灵格：我不那么肯定。好，我们开始吧。

父亲感觉怎样？

父亲：很糟糕。我的眼睛盯着空洞洞的一片，而且我觉得与他们任何一个人都没有关系。

海灵格：父亲的分离感证实了一点，仁慈的行为对他也没有帮助。

母亲感觉怎样？

母亲：以一句话来说：不可能！绝对不可能！

海灵格：（对托马斯的代表）儿子呢？

长子：不好。我想离开这里。

次女：我感到在一种紧张的压力之下。

三女：我感到好像站在一个角落里避风似的。

四女：我也觉得不好，我只能说没什么感觉。

海灵格：（对托马斯）说说有关父亲家庭的事。

托马斯：父亲是长子，有七个兄弟姊妹。他精心地经营一家属于外公所有的百货公司。结婚后，父亲进入了母亲的家庭，母亲一直到现在都是重要的中心人物。

海灵格：除了这么多孩子之外，父亲的家庭中有没有发生什么特别的事件？

托马斯：他的其中一个妹妹死于结核病。最小的两个是双胞胎，其中一个从楼梯跌下受伤而死了。我父亲的祖母要他成为一个牧师，但被他的祖父阻止了。

海灵格：他的祖父阻止了？

托马斯：我的祖父本来也应当成为一名牧师，就像我父亲和我一样，但他的父亲阻止了这件事。家中要有一个牧师的渴望明显地是由母亲这一边传递下去的，但受到了父亲的阻止。

海灵格：好。上帝在这个家庭中是男人还是女人？让我们将他加入排列之中。

托马斯：谁？

海灵格：这个上帝，还会是谁呢？

托马斯：现在我觉得好像要加入一个女人。

海灵格：好，就选择一个女人来代表上帝。

（对团体）但你们不必担忧，在排列之中，上帝总是转变成一个人的形态而出现。

（托马斯将一个女人加入排列之中以代表上帝，见图76。）

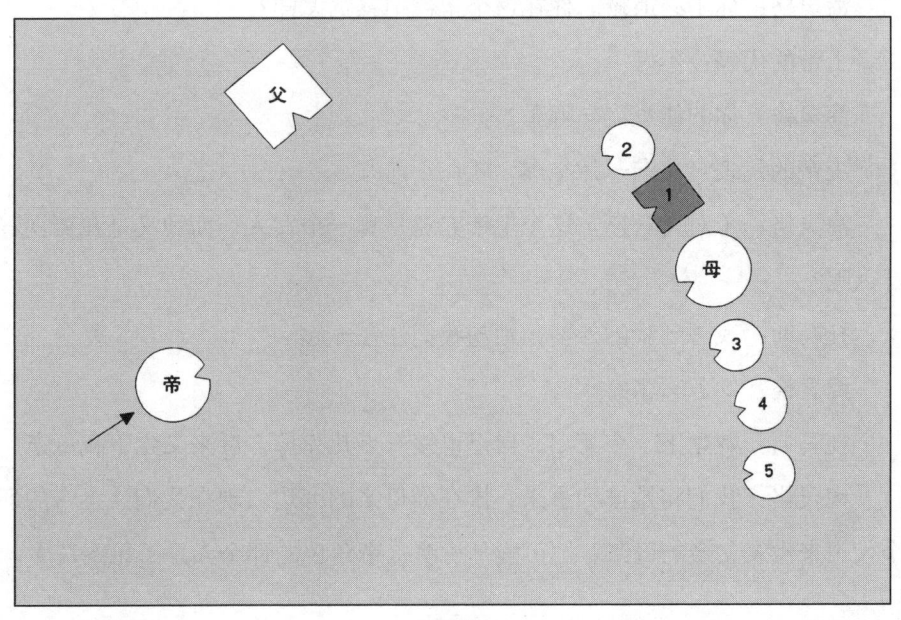

图76

帝：上帝的代表

海灵格：有什么改变？

长子：我感到得到了解脱。

三女：我不知道她在那里干什么，而且除此之外，她也没有看着我。

海灵格：但是能量的水平已经提升了。父亲感觉怎样？

父亲：我不想与这个上帝有任何的关系。

海灵格：是的，当人们在家里遇到上帝时，他们往往不想和上帝有任何的关系。

父亲：这种情形让我觉得压抑而且焦躁不安。我想离开。

母亲：我想要扭断她的脖子。

上帝的代表（特娅）：我早就知道托马斯会挑选我的，因为人们经常感受到我的威胁。

海灵格：你不必道歉。你在这个角色中感觉怎样？

上帝的代表：不好。

海灵格：你的能量流向哪里？

上帝的代表：流向一片空虚，就在正前方。

海灵格：（对托马斯）这个上帝究竟是哪一个女人，而她又是在凝视着什么呢？

托马斯：我想到我的外婆，她与我们住在一起。

海灵格：她怎么了？

托马斯：她生下一个死婴，自己也差一点儿死掉，后来又生下我母亲。

海灵格：我们将她排列进来，排在你母亲的旁边。现在我们让上帝的那个代表来代表父亲的母亲。她可能是扮演上帝角色的那个人。（见图77）

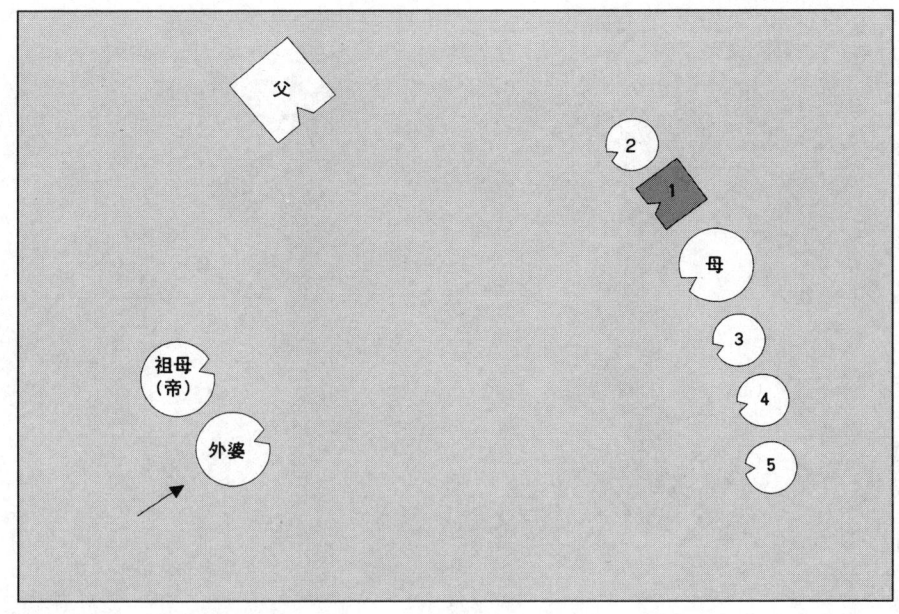

图77

祖母（帝）：祖母的代表，扮演着上帝的角色
外婆：外婆的代表

次女：我感觉我的能量水平在令人难以置信地快速提升。

长子：我也有一些别样的感觉，但那样是不正确的。

海灵格：（对托马斯）代表上帝的那个女人的力量怎样才会被剥夺掉呢？通过她的丈夫，靠两个男人。我们把两个祖父加进去好吗？把他们排列在各自妻子的旁边。（见图78）

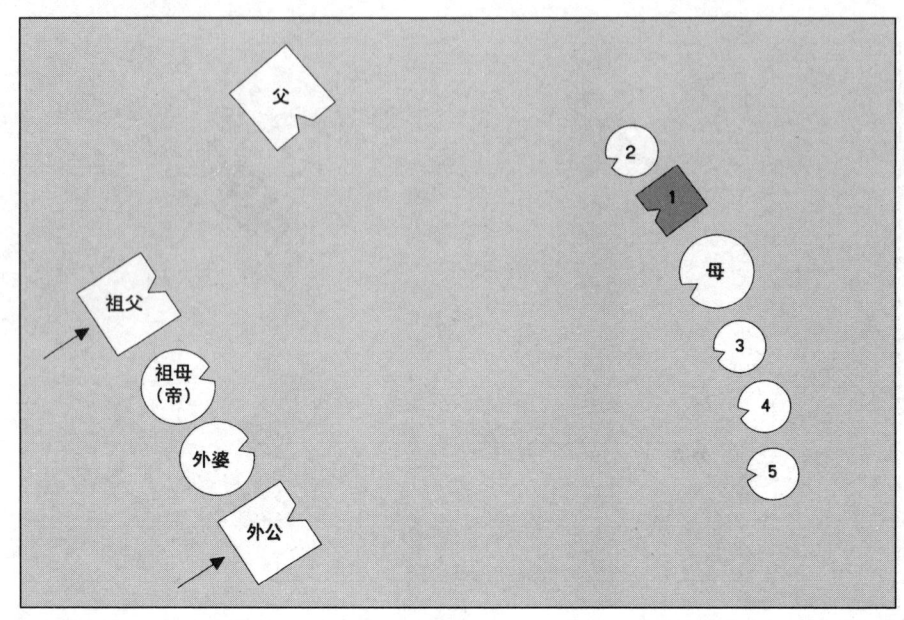

图78

祖父：祖父的代表

外公：外公的代表

长子：渐渐地感觉越来越好了。

父亲：轻松多了。

次女：危险减低了。

海灵格：这是有道理的。通常是女人会被体验成危险的，男人则代表了生命和大地。

次女：男人代表大地？

海灵格：代表大地，很奇怪吧。当孩子有危险时，例如，当他们有自杀倾向时，他们和父亲在一起几乎总是比和母亲在一起要更加安全。

父亲：自从祖父和外公出现之后，我就一直觉得很轻松。

海灵格：现在去请你的妻子来！

（他拍手，走到妻子面前，拉着她的手，将她排列在自己的旁边，她微笑着跟着他走,同时,长女站到大哥的左边去。见图79。)

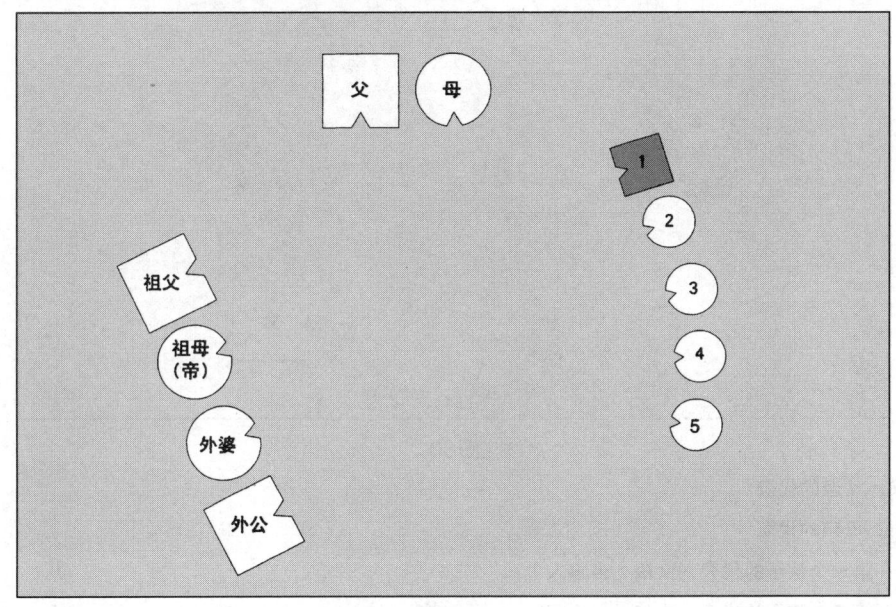

图79

海灵格:(对父亲和母亲的父母)你们感觉怎样?

祖母:我现在觉得可以了。

祖父:我觉得中立,可以。

外婆:我现在觉得比较好。

外公:我祝福他们。

母亲:当祖父和外公出现时,我的双手停止了颤抖,现在我的双手感觉很温暖。

海灵格:我曾为一个女人排列她的家族系统,她父亲是个牧师。在牧师的家庭系统排列中一定要把上帝包含在内。当她把人物排列出来后,她和她的母亲、妹妹,以及家中的两个保姆站在一边,而她的父亲单独地站在另外一边。(见图80)

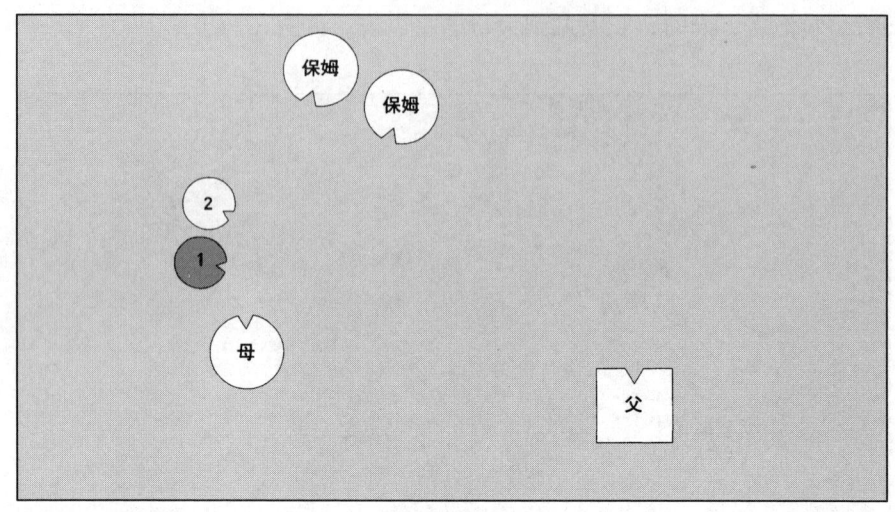

图80

父：父亲的代表

母：母亲的代表

1：第一个孩子的代表，女孩（当事人）

2：第二个孩子的代表，女孩

保姆：孩子保姆的代表

海灵格：然后我就问她，在你的家庭中，上帝是男人还是女人。她说是女人。我们就加入那个女性的上帝，然后每一个人都立刻感觉到好像他们曾经被一个邪恶的老女人拜访过一般。（见图81）

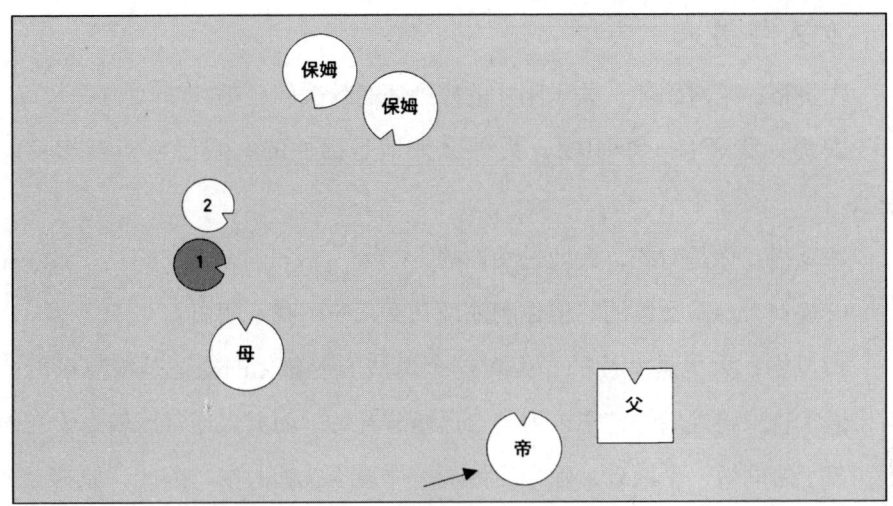

图81

帝：上帝的代表

海灵格：当上帝像这样出现在一个家庭中时，总是恐怖的。在这些家族成员的眼中，上帝被体验成一个生命中的敌人，而且几乎总是由女人来代表。当上帝在家庭系统排列中是一个男人时，他通常不会被体验成对生命的威胁。

（海灵格继续进行托马斯的家庭系统排列。）

父亲的母亲（上帝）：当我独自一人站在这里，我突然有一种感觉，我把这个房间中所有的敌意都集中在了我身上。

海灵格：有时周遭有许多男人也是一件好事。

（对托马斯）我想这已经是很清楚了。你想不想站到自己的位置上去？

（托马斯站到他的位置上去，赞同地环顾身旁四周。）

海灵格：在这个排列中我们找到了最本质的部分，因为我们已经看到我们所需要的全部了。可以了吗？

（托马斯点头。）

海灵格：好了，到此为止。

女人与男人

海灵格：（对团体）关于刚才的排列还有什么问题吗？

安妮：我还有一个问题，为什么大地是男性的？我经常听到相反的说法。

海灵格：你是对的，大地是女性的。

安妮：大地是女性的，但你刚才说，女人……我不明白。

海灵格：大地是女性的，但对这个说法的形象化的描述是很复杂的。女人通常较难将她们的孩子视为与自己是分开的。而男人通常比较易于在他们和孩子之间做一个区分，除了当他们被严重干扰的时候。因此，原则上来说，孩子们就他们个人而言，跟父亲在一起是比较安全的。

安妮：这个我可以明白。

海灵格：这样是没有错的，也是很自然的事，这也就是男人为什么仍然担任着一个明确的角色的原因。

托马斯：我一直在困惑到底要怎样处理我自己的破坏性成分，那种心神不宁、坐立不安的感觉。

海灵格：你必须接近男性，我已经告诉过你。像你这样留有胡子的男人，必须去接近男性，尤其是去接近自己的父亲。他们必须脱离母亲的影响范围，进入到父亲的影响范围里去。你知道我对于满脸大胡子男人的观察吗？他们通常来自一个男性被轻视以及被剥夺权力的家庭之中，不只是他们本身的家庭如此，还有他们父系好几代的家庭都是如此。

与上帝脱离关系

海灵格：（对托马斯）你是否得到了你想要的？

托马斯：认同的问题我仍然很感兴趣。我认同了谁？

海灵格：就你的情况而言，我认为认同不是正确的字眼。在你的家庭中，一种道德的义务被传承下来，随之而来的又有一道不许履行这个义务的禁令。

托马斯：那也正是我所体验到的。

海灵格：你被束缚在既要履行又要拒绝该义务的两种力量之间。

托马斯：没错，完全正确。

海灵格：解决之道是什么？与上帝脱离关系。因为这个上帝是个非常渺小的神，带着你的尊严离开她，迈向其他更强大的上帝，然后你将会位于正确的地方。更强大的上帝使你的父亲精神崩溃，而且你父亲并没有辨认出上帝的祝福。

托马斯：问题是，我又如何能辨认他呢？

海灵格：你无法辨认，只能去热爱大地。上帝在你的家庭中扮演着大地的敌人、生命的敌人。然而大地——这个现实世界——是我们所知道的唯一的真实世界。但是大地包含的是最伟大的神秘，而非天堂。

托马斯：我已经转向大地这个真实世界了。

海灵格：你只是以一个成人的身份这样做，你的内心里还有一个小孩身份。你的小孩身份能够做到转向大地也同样重要。当你站在男性的行列里，或是当你可以感觉到有男性站在你的背后时，你才有可能转向大地。到此为止，好吗？

我想要补充一些有关于使命，所谓神圣的使命的事。这些神圣的使命通常都是由上帝在家庭中进行运作而传承下来的，而主要起作用的通常都是母亲。

如果某人拒绝依循这个使命，例如拒绝依循成为牧师的使命，那么他也就必须脱离家庭特定的宗教和信仰。否则，比起去依循那个使命而言，他可能会过着一种更受限制的生活。唯一逃脱该使命的方法是与家庭中的上帝脱离关系，只有一个具备强大信仰和强大力量的人才能做到这一点，那些无法做到这一点的人也就无法逃脱他们的使命。我将以一个故事来说明，这个故事也可以叫作"离弃"，或是"信念"，或是"爱"，在这个故事当中，它们的含义都是一样的。

故事：更强大的信念

很久以前，有个男人夜里梦到上帝说："起来，带着你唯一且心爱的儿子，带他到我所指示的山顶上去，在那儿将他献祭给我。"

第二天早上男人起床后，注视着儿子，他唯一且心爱的儿子；又注视着他的妻子，孩子的母亲；然后他注视着上帝。之后他带着儿子来到上帝所指示的山顶上去，他在那儿建了一个祭坛。在那儿他又听到另外一个声音，然后他献祭了一头羊以取代他的儿子。

这个儿子会如何看待他父亲？

父亲如何看待儿子？

妻子如何看待丈夫？

丈夫如何看待妻子？

他们如何看待上帝？

而上帝又如何——如果有上帝存在的话——看待他们？

另外一个男人在梦里听见上帝说："起来，带着你唯一且心爱的儿子，带他到我所指示的山顶上去，在那儿将他献祭给我。"

第二天早上男人起床后，注视着儿子，他唯一且心爱的儿子；又注视着他的妻子，孩子的母亲；然后他注视着上帝。他注视着上帝并且当着上帝的面回答说："我不会那样做！"

这个儿子会如何看待他父亲？

父亲如何看待儿子？

妻子如何看待丈夫？

丈夫如何看待妻子？

他们如何看待上帝？

而上帝又如何——如果有上帝存在的话——看待他们？

海灵格：我把重点表达清楚了吗？

哈里：你表达得非常清楚了。

海灵格：我想这个故事已经把与家庭中的上帝脱离关系的意思表达得很清楚了，这需要何其强大的信念和爱。相比较而言，那些打算把孩子献祭给上帝的人，他们的信念是何其脆弱。

家庭系统排列：祖父母在集中营里被杀，而外祖父母因藏匿得以存活

安妮：我想排列我的原生家庭。

海灵格：好。

安妮：家中有父亲、母亲、一个大我两岁的姐姐和我。

海灵格：你父亲的父母和他的家庭发生了什么事？

安妮：祖父母在20世纪30年代早期就被抓到集中营里，并在那里被杀害。父亲和妹妹没有和祖父母在一起，从而保住了性命。他们在1937年来到英国。

海灵格：母亲的父母呢？

安妮：外公原本是个基督徒，但他为了要和外婆结婚而变成了犹太教徒。外婆、外公和母亲被外公的一个姐姐藏匿起来而得以存活下来。

海灵格：变成犹太教徒的外公非常重要。他可能使得你和一个德国人结成美满夫妻的可能性增大，而不像我之前所讨论的那样。对，我感觉到好像他能够使得事情大有不同。

（对整个团体）你们有没有感到那将会是一种补偿？

我来举个例子：

有个男人叙述，他祖父曾经只身来到一个小村落，并且娶了最富有的农夫唯一的女儿。她是个基督教徒，而他是个天主教徒，但是女方的父母并不知道这件事。婚礼当天，当天主教堂的钟声敲响的那一刻，新娘的父母十分震惊，因为这对年轻的新人并没有把他们的计划告诉她的父母，而且他们举行了一个天主教仪式的婚礼，婚后他们所有的小孩都是在天主教的环境下长大。

有一天这个男人问他妹妹说："你为什么把女儿取名叫凯伦（Karen）？"她说："噢！我们本来要把她取名叫凯瑟琳（Katharine）的，但是后来我们决定叫她凯伦，因为这个名字比较现代化。"那个男人说："我们那位基督教徒祖母的名字就叫凯瑟琳（Katharine）。"他妹妹不明白其中的关系，她本人与一个基督教徒在天主教堂结婚，并彼此协商他们所有的孩子都信天主教。但让人们感到很难理解的是，这个孩子——凯伦——是在基督教堂中受洗，而且长大后成为一个基督徒。这就是一种补偿。

安妮：我丈夫，已经和我分手的那位，是个天主教徒，我的孩子也都受了洗礼。

海灵格：这是合适的。好，现在排列你的父母、你和你姐姐，然后是其他重要人物——祖父母和外祖父母，以及藏匿他们的那个姐姐。（见图82）

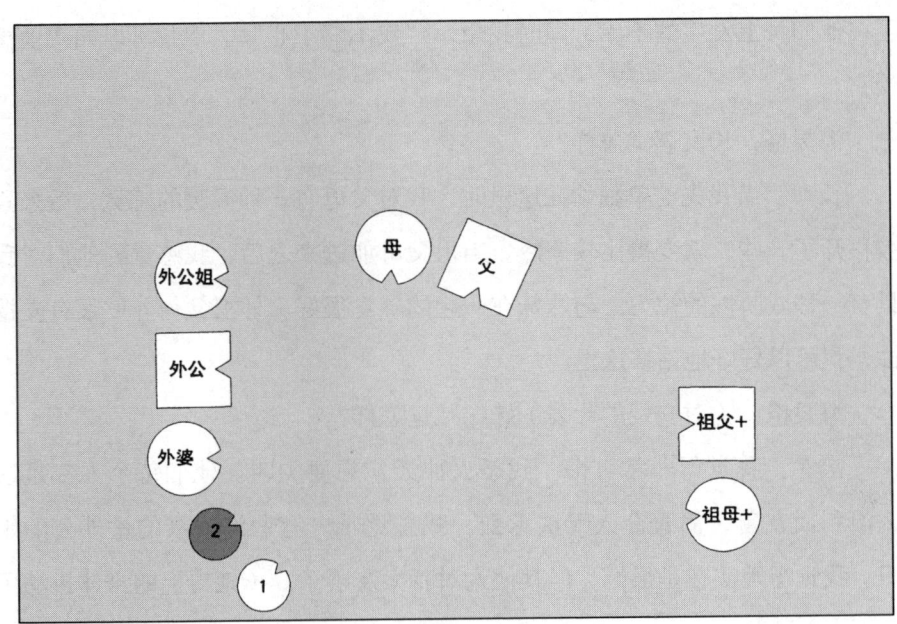

图82

父：父亲的代表

母：母亲的代表

1：第一个孩子的代表，女孩

2：第二个孩子的代表，女孩（安妮）

祖父+：祖父的代表，死于集中营

祖母+：祖母的代表，死于集中营

外公：外公的代表，改信犹太教

外婆：外婆的代表，犹太人，隐姓埋名

外公姐：外公姐姐的代表，藏匿外公外婆

海灵格：母亲感觉怎样？

母亲：现在感觉还好。刚才在排列时，我看不到两个女儿，我可以强烈地感觉到她们的失落。

海灵格：父亲感觉怎样？

父亲：我周围充满了许多能量，相当地沉重。刚才听到父母死在集中营里，我想，"我不够小心"。但对这件事我的感觉也相当地客观。我看到了在他们身上发生的不幸，同时我想，"我不够小心"。但我可以如实地接受它。

海灵格：长女感觉怎样？

长女：当我先前单独站在这里时，我对父母有一种温暖的感觉，后来我被移开了一些，就变得比较寒冷。当祖父母加进来之后，我感觉到他们对我具有一种威胁性的拉力。与妹妹在一起的感觉很好。外祖父与外婆很有支持性，我可以好好地站在这里。

海灵格：（对安妮的代表）妹妹感觉怎样？

次女：我觉得非常可怕。我怒火冲天，想要尖叫。他们每个人都是这么温和而友善，简直令人无法承受。我感觉唯一有些许联系的是外公的姐姐。我觉得她实在是很好，但其他人对我太友善了。（她自己的身体抖动了一下。）

海灵格：产生幻觉以逃避现实是最容易的方法。

次女：你的意思是说比面对现实要容易吗？

海灵格：没错。

次女：是的，我意识到那样是比较容易些。

祖父+：奇怪，我感觉我的两条腿好像是长到地板里去了，而同时，我又感觉到我好像飘到空中去了。有一股暖流流向我的儿子和他的家庭，还有一些友善的能量流向外祖父母和那个姐姐那里。但他们看起来像是一群我只是模糊知道的人而已，其中还混杂着一种希望他们好的感觉。

祖母+：我很奇怪我并没有参与其中，好像他们没有一个人注意到我似的。

（海灵格更改排列，让孩子们可以面对父母，把被杀害的祖父母移动到后面远一些，进入背景里去，见图83。）

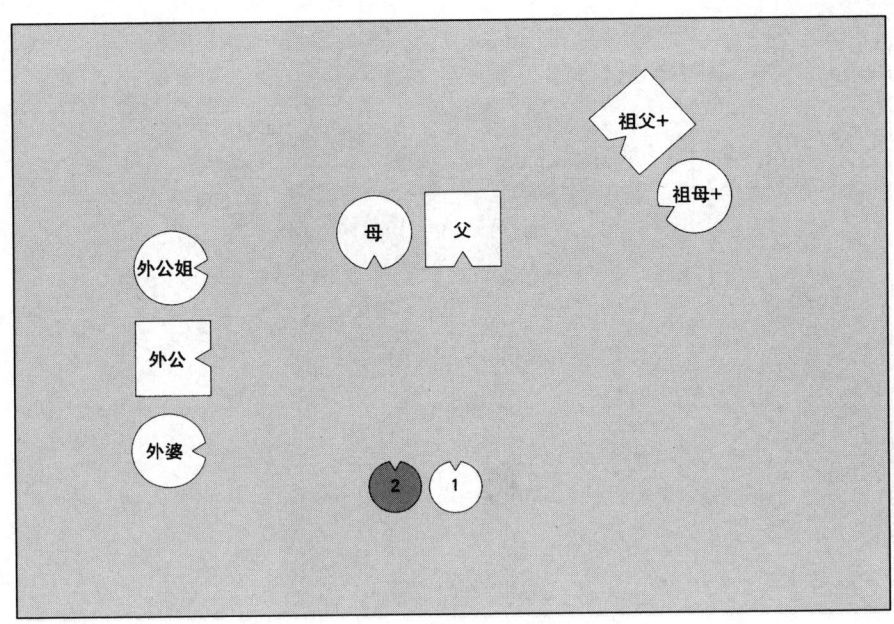

图83

祖母+：这样好多了。

海灵格：（对父亲）这样对你来说呢？

父亲：我更有力量了。

海灵格：去世的人也应让出位置。

外公：现在我感觉很好。当另外两个祖父母先前站在我的对面时，我们之间有一股很强的力量，那样对我很好；我也感到很有力量。当他们离开后，那股力量也消失了。我的两个孙女先前离我太远了，现在她们就站在我面前，这样比较好。

外婆：之前我感觉到自己好像是他们所有人的母亲，现在我比较能够转向我的丈夫了。

外公的姐姐：我的心在强烈地悸动，但我知道那样没事的。

（海灵格把外祖父母和外公的姐姐移动到后面更远的背景里去，见图84。）

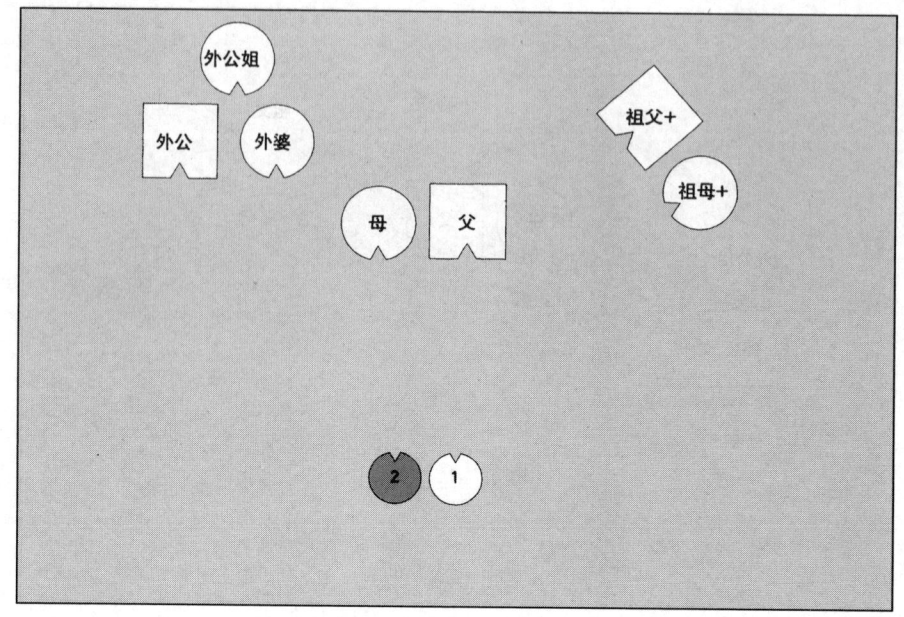

图84

外公的姐姐：这样比较好，这是最平静的地方。

次女：父母现在处在一个安全的位置，我可以看到他们，也可以注意到他们。祖父母也处在一个好的位置。但我没有办法清楚地看到外公的姐姐。

海灵格：（对母亲）你对站在后面的父母和姑姑感觉怎样？

母亲：很好。

海灵格：我们是否去处理被排除的人或是有权力的人，情形将会大有不同。有权力的人可以站到后面背景的位置去，而被排除的人需要站到前面的位置来。但是在这个家庭之中，已故的成员都得到了承认和尊敬，所以到目前为止，其他人的生命也可以经由过去而畅通无阻地继续下去。

（对安妮）好，站到你自己的位置上去。

（安妮站到她的位置上去，并且开始啜泣。）

海灵格：睁开眼睛，带着爱注视着他们。

（安妮点头，注视着他们。）

海灵格：好，我们到此为止。

生命的恩典

艾达：我感觉很好，并且体内有一股燃烧的感觉。（她十分激动，快要落泪了。）

我希望更常去倾听内在的声音，它是存在的，我有时能感觉到，而且越来越频繁。但我要更加信任它。

海灵格：曾经有一个虔诚的犹太人，每晚都向上帝祈祷，希望能够让他买彩票中奖。持续多年之后，有天晚上，他听到上帝的声音说，"请你至少给我一个机会去帮助你，去买张彩票吧"。

艾达：嗯！我曾经多次体验到生命的恩典。（她依旧快要落泪了。）

海灵格：注视着你的父亲，就让他留在那儿。带着爱注视着他——和他的家庭。就让他们留在那儿，留在他们所在之处，带着爱注视着他们。接受他的祝福，将你父亲被杀的兄弟姊妹们带到你的心里。他们是否设法让所有的孩子都在一起了？

艾达：没有。（她表现出解脱的迹象。）

海灵格：那是不可能的，它依旧存在某处，被安全地保护着。就让它留在被保护的地方，维持这样，你可以就让它留在那儿吗？

（艾达点头。）

海灵格：德语中有一个很好的字用来指称墓地，平安院（Friedhof）。那意味着"平静之处"，那应该是一个平静的地方。死者也应该被允许平静地安息。现在可以了吗？

（艾达点头。）

海灵格：现在我们已经发现一个对你更好的指引了。

威廉：我不想多说什么，我非常感动。

索菲：我感觉很好，我很平静。我的能量水平又再度提升了，比今天早上又高了一些，没有其他问题了。

克拉拉：我也感觉很好，感到很充实而且富足。

家庭系统排列：寻找并且承认早逝的父亲

杰伊：我想排列我的家庭。

海灵格：好。

杰伊：父亲在和我母亲结婚前，曾经结过婚又离婚了。在他的第一段婚姻中有一个儿子。

海灵格：那个儿子由谁照顾长大？

杰伊：在我父亲去世前两年他跟我们一起住，然后他跟祖母一起住，四年后他的生母派人去接他，他就到意大利去与她同住，然后他就一直留在那里。父亲药物成瘾，死于肾脏衰竭。

海灵格：你知道父亲第一段婚姻为什么会破裂吗？

杰伊：显然是因为父亲的毒瘾。我的父母彼此处不来。

海灵格：在父亲的家庭中有发生什么特别的事吗？

杰伊：祖父是个酒鬼。

（杰伊排列他的原生家庭，见图85。）

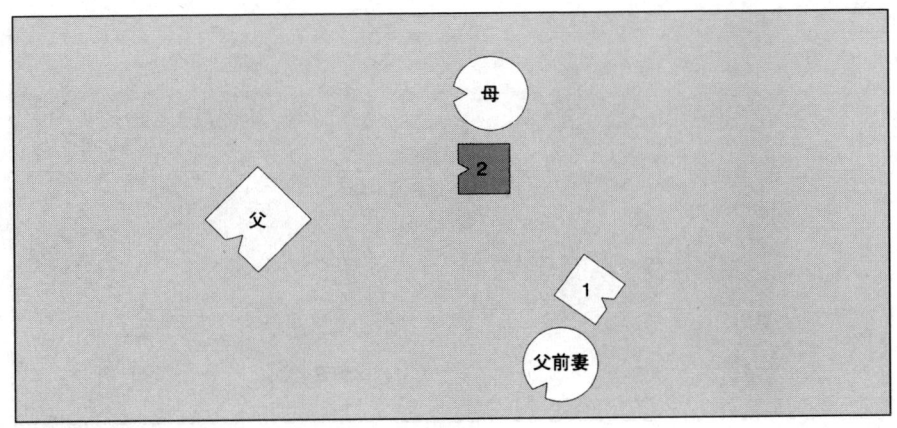

图85

父：父亲的代表
母：母亲的代表，父亲的第二任妻子
父前妻：父亲前妻的代表，第一个孩子的母亲
1：第一个孩子的代表，男孩，父亲在第一次婚姻中所生
2：第二个孩子的代表，男孩（杰伊）

海灵格：父亲感觉怎样？

父亲：非常悲伤。

海灵格：第一任妻子呢？

第一任女人：我对我这个位置感觉一点都不好。我知道我有一个儿子，但我与其他人都没有关系，这使我生气。我完全是自己一个人，我想要与儿子在一起，至少我应该有能力做这一件事。

海灵格：儿子感觉怎样？

儿子：所有的一切都是这么不真实，我感觉好像是在进行哲学推理。

海灵格：对，那的确很不真实。

（海灵格将祖父排在父亲前面，面对着父亲，他们两人互相微笑，然后父亲向后退一步。海灵格将第一任妻子的儿子转过身使其面对家庭，当把第一任妻子排到她儿子的旁边时，她表现出放松的迹象。见图86。）

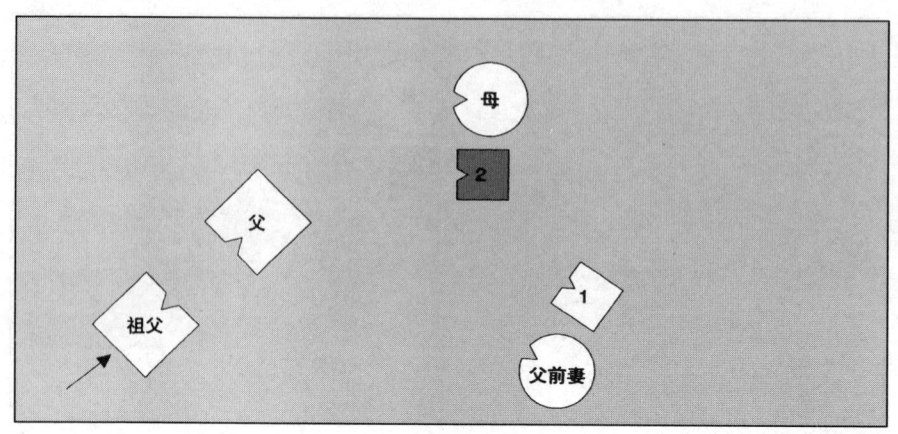

图86

祖父：祖父的代表

海灵格：（对父亲）感觉如何？

父亲：很棒。

海灵格：母亲感觉怎样？

母亲：在我丈夫的父亲加入之前，我在想我要转身并且带着儿子离开。但当他的父亲一出现，我丈夫突然间似乎又再次变得有趣和富有吸引力。

次子：刚开始时，当父亲单独站在那里，我想："那一定是个有趣的人，我想更清楚地看到他的脸。母亲是唯一的依靠，我很高兴她在那儿。"当我的祖父出现时，我察觉到父亲的感觉更好了，这样对我也好。我感觉到比一开始时好多了。

（海灵格更改排列，见图87。）

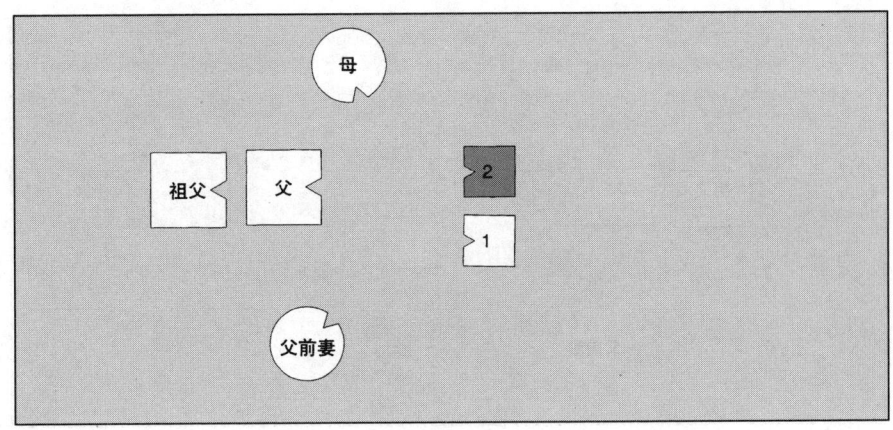

图87

父亲：现在我的视野更宽广，两个女人似乎都很友善而且积极。儿子们都在我的视线之内，整个排列似乎是平静而稳定的。

长子：我的感觉似乎是忽冷忽热的，我想站在弟弟旁边，但我知道我们来自不同的母亲。

次子：刚才我的左手有一股寒流，但是祖父出现后便消失了，这样很好。

海灵格：（对杰伊）站到你自己的位置上去。

（杰伊站到他的位置上去，环顾四周，赞同地点头。）

海灵格：我想跟你做个小小的实验，让你知道男人的意义。

（海灵格将他排列在父亲前面，背对着父亲，见图88。）

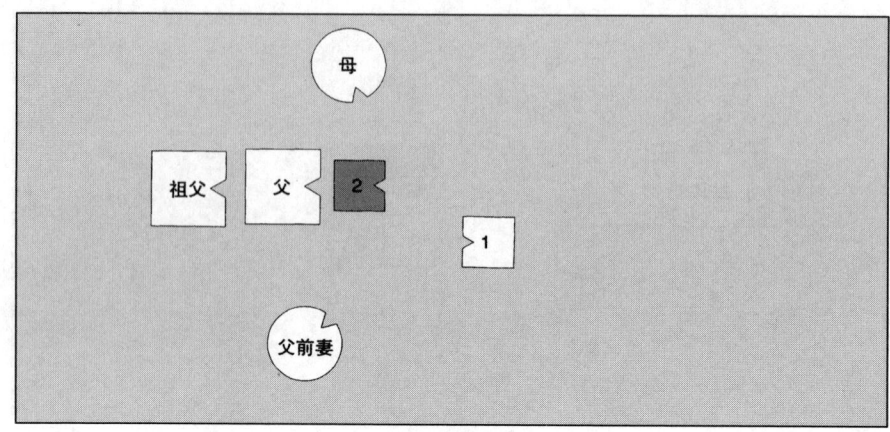

图88

杰伊（沉默一会儿之后）：这使我有点畏惧。

海灵格：在那儿多待一会儿。

（在一段长时间的沉默之后）跟着你的感觉走，转过来面对你的父亲。

（杰伊转过身来，伸出双手环抱着父亲，他们互相拥抱，杰伊大声哭泣，见图89。）

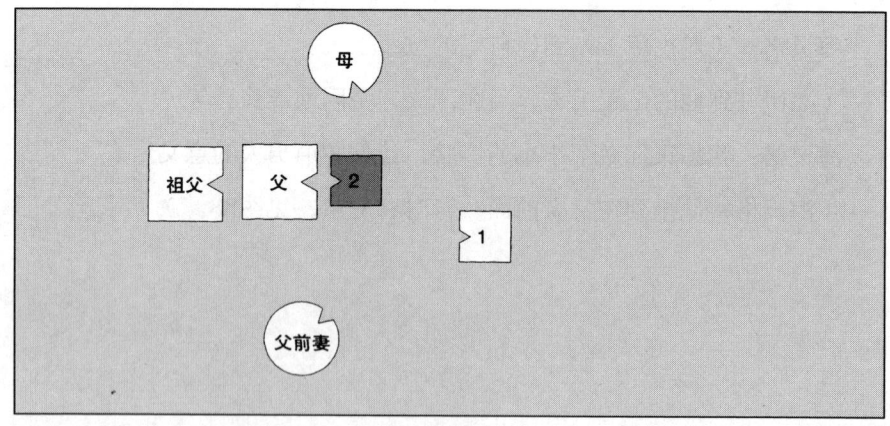

图89

海灵格：（对杰伊）深呼吸！张开嘴巴。不要发出声音，只要深呼吸。

深呼吸,吸气,吐气。用力!不要让步于软弱!

(对祖父)如果你想的话,你可以拥抱他们。

(祖父拥抱两人。)

海灵格:(当他平静下来,对杰伊)回到你的位置,注视着他们所有的人。(见图90)

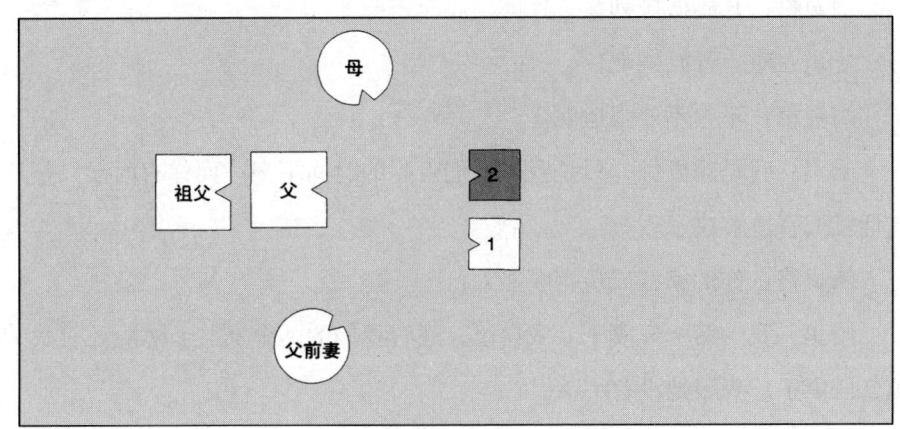

图90

海灵格:(对杰伊)这样可以了吗?

杰伊:可以。

家庭系统排列:适当的离异

海灵格:哈里,接下来我将对你进行排列。

哈里:我了解了某些事情。我曾经被抨击,而我很高兴曾经有过这样的经验,因为现在我知道那些旧有的事情再也不能伤害我了。

(团体笑了。)

我现在在考虑我目前这个家庭的重要性,也就是我组建的第二个家庭。因为几乎这里所有的排列都跟原生家庭有关。我这样问是因为我娶了一个女人,她……

海灵格：你想要什么？

哈里：过去我组建过一个家庭，但二十年前已经离异了。我想在这个家庭中得到内心的自由，因为直到现在，我……

海灵格：我们来进行排列，然后我们将可以很快地看到它想说明什么。

哈里：我想我们只要用几句话就可以完成的。

海灵格：开始做排列。

学员：对，开始做吧！

海灵格：不，不要强迫他。

哈里：我是想要做，只是我怕我们听剩的时间不多。而你有时候只是几句话就把事情解决了。

海灵格：你的家庭成员有哪些人？

哈里：我的第一任妻子、我自己，还有我们的两个女儿。然后还有我的第二任妻子，我跟她没有小孩。

海灵格：为什么和第一任妻子分开？

哈里：她想离开我。

（哈里排列他现在的家庭，见图91。）

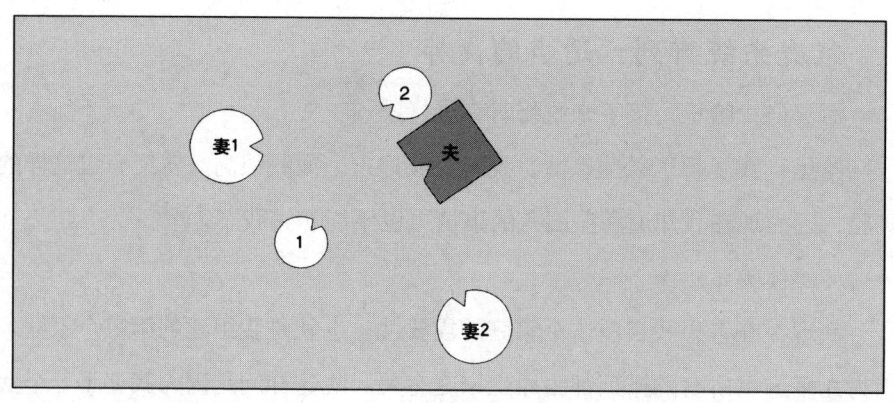

图91

夫：丈夫的代表（哈里）
妻1：第一任妻子的代表，第一个和第二个孩子的母亲
1：第一个孩子的代表，女孩
2：第二个孩子的代表，女孩
妻2：第二任妻子的代表

海灵格：丈夫感觉怎样？

丈夫：首先我对我的女儿们有一股强烈的性的感觉。我已要求哈里更正我的位置，因为那种感觉很奇怪。我想知道当我改变位置之后，那种感觉是否会改变，但它依然存在。我几乎不能注意到家庭中的其他成员。

海灵格：第一任妻子感觉怎样？

前妻：我非常愤怒，尤其当小女儿对我笑的时候。我感觉她站在我和我丈夫之间，她不属于这里。

（父亲对小女儿笑了。）

海灵格：大女儿感觉怎样？

长女：我更能够感觉到我的父亲，而不是其他人。我对他抱怨。我也觉得自己代表了母亲，我确实必须告诉父亲我对他评价很低。

次女：我感觉到我完全处在一个不适当的地方。如果我父亲再靠近一英寸的话，我将会猛烈地攻击他，我不确定我是对父亲生气还是对母亲生气。

长女：我很疑惑我的妹妹在那里做什么。

第二任妻子：我对他是如此愤恨，以至于我的喉咙都抽筋了。我觉得好像我被一脚踢开，被利用完了之后一脚踢开。

（海灵格更改排列，见图92。）

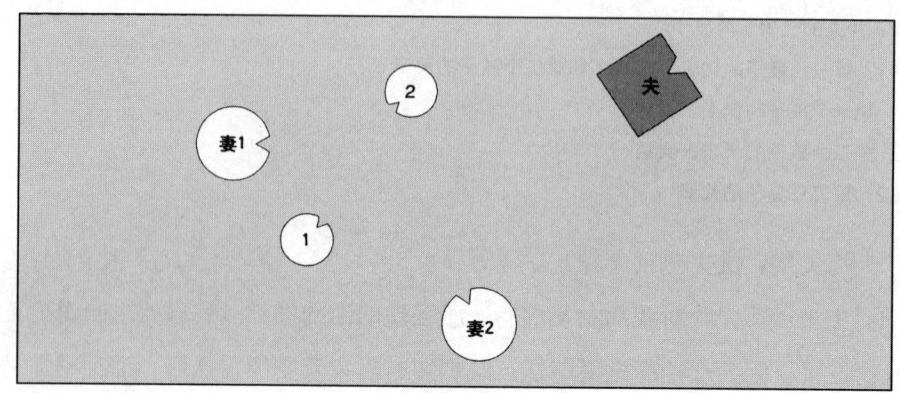

图92

海灵格：（对哈里的代表）现在怎样？

丈夫：我可以看到窗户外面的大教堂。

海灵格：那么你感觉怎样呢？

丈夫：感到被吸引。这是真的，我可不是胡乱说废话。这样很好，我要到那里去。对于我背后的那些人我并没有什么感觉。

海灵格：第一任妻子感觉怎样？

第一任妻子：我觉得还可以，但我必须跟孩子谈谈，以澄清一些事情。

长女：我有点生气。之前我与父亲有些争论，而现在他就要抽身离开了，我感觉我想要从背后勒住他。

（海灵格再度更改排列，见图93。）

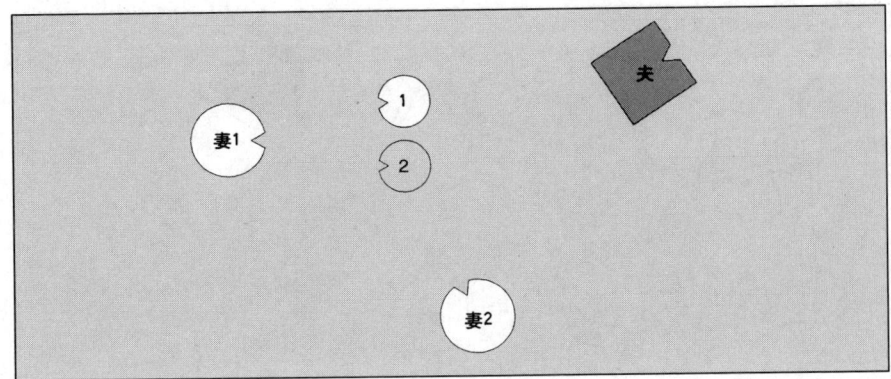

图93

海灵格：现在怎样？

（母亲与女儿彼此相互微笑。）

次女：当父亲走远一些时，还有当母亲说她有些事情想要和我们说时，我开始觉得比较好。

第二任妻子：我感到重获自由，我想要离开。

海灵格：（对哈里）在你的家庭中你们的分手是适当的。

丈夫：我有另外一种感觉，好像我瘫痪了，动弹不得。

海灵格：（对哈里）你的原生家庭发生过什么特别的事吗？

哈里：我祖母虽然嫁给祖父但并不爱他，而我认同了我的叔叔，他才是祖母真正想要一起生活的人。这个女人（他指着他的第一任妻子）并不真的想要跟我结婚生小孩，我花了很长的时间来说服她。

海灵格：从你与原生家庭的牵连纠葛来看，你不应该这样做。所以你应该离开家庭，这很合适。

哈里：那么对我来说怎样才是适当而且被允许的呢？

海灵格：我只能从排列之中显示给你看什么才是显而易见的。我不对其他任何事情发表意见。

（海灵格排列解决方案，见图94。）

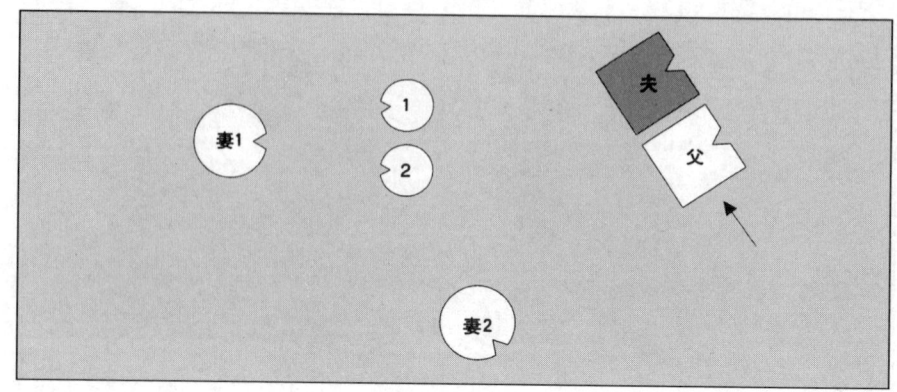

图94

父：丈夫父亲的代表

海灵格（对哈里）：想不想站到你的位置上去？

（哈里站到他的位置上去，海灵格将他父亲排列到他旁边。）

哈里：我感到自由，而我也喜欢接近我的父亲。我感觉到与父亲和解了，他的命运也是我的命运。

海灵格：好，到此为止。

错误事件所隐藏的祝福

弗兰克：当我一想到我是在怎样的情况下结婚，就有一种不自在的感觉。我早已清楚地知道，如果我和我妻子结婚的话，那将会是一个错误，因我爱她不够深。这就是我的感觉。但是如果我不与她结婚的话，事情就会继续以旧有的破坏性的方式发展。然后我们双方都说："我们结婚吧，如果合不来的话，我们就可以永远分开了。"当然，那样是一定行不通的。然后我就想要离开，我要得到自由，而那样做也是得不到自由的。我在不知不觉中一次又一次地犯错，我愤怒、不安，而且让最糟糕的事情发生了。那就是为什么我总是有罪恶感。

海灵格：有一个简单的解决之道。有一位名为Le Bon的心理学家写了一本书。

弗兰克：《大众心理学》（德文书名：Die Psychologie der Masssen，英文书名：The Psychology of the Masses）。

海灵格：没错。他写了《大众心理学》这本书，而同样这位Le Bon，别人告诉我他还写了另外一本书，关于精英分子的心理学。我还没有看过这本书，但看过一篇书评，说那位Le Bon发现精英分子和一般大众的不同仅在于一点。

弗兰克：在于他们相信自己是精英？

海灵格：不是，在于他们不在自身以外去寻找犯错者，而是立即承担起自己的责任。因此他们永远保持在积极的行动当中。但可惜只有少数人属于精英分子。

（团体笑了。）

弗兰克：但你总是说，我们所能达到的最高境界就是平凡。

海灵格：你的解决之道就是去说"我做错了，我自己承担后果"，然后你就可以立刻行动。这和你在错事中积累经验是不一样的，是一体两面的事。不管有多困难，每一件事都包含了一份祝福在其中。

下一步

尤纳：我感觉被撕裂了，扯向不同的方向，但我不知道到底为什么。我想将我所学习到的应用在工作上，但我又是如此地焦躁不安，我不知道为什么会这样。

海灵格：也许是因为该是迈出下一步的时候了。如果你迈出了下一步，也许你那焦躁不安的感觉就会消失了。

亲密与约束

尤纳：我发现在我所看到的大部分家庭系统排列中，家庭成员彼此之间站得都比较远。但对我来说，把家庭成员排得很近是非常重要的。这是否意味着我的家人之间太过亲密也太过约束了？

海灵格：对，家庭中的每个成员都需要有自己的空间。

尤纳：而我的家庭中缺少了这样的空间？

海灵格：对，过度亲密是对成长的拒绝。

母亲与孩子

约翰：我一直在想我应当去看我母亲并且拥抱她。

海灵格：不，那样就太冒昧了，让你的母亲留在平静之中。但你可以请她祝福你，你也可以对她说，你知道当你在医院时，对她来说是多么困难。除此之外，如果你再多做些什么的话，你将会再度开始重复不断地试图给予，而没有以一个孩子的身份保持在接受的状态。告诉你的母亲，你了解她为你所做的一切，你也敬重这一切，并且感激她为你所做的一切。

为年老的父母做适当的安排

利奥：我又再度感到软弱了，但我现在已经准备好要练习自我克制。我在困惑，如果我父亲又再度表现得像个小孩时，我该怎么做，因为这样会使得每件事情似乎又不同了。但是接着我认为，在必要的情况下，确实要依靠母亲来确保她的丈夫同意接受治疗。

海灵格：是的，那是她的事而非你的事。只有当你的母亲无法照顾父亲时，你去照顾他，这才是适当的。

困难的是当孩子面对父母时，他们立刻会再次感觉像是一个5岁或7岁大的小孩；而当父母面对孩子时，不论孩子已经多大了，父母对待他们就如同他们还是只有5岁或7岁大的孩子一般。那也就是为什么很多成人很难去照顾他们年老的父母，因为在他们的父母面前，这些成人依旧感觉自己像是小孩子一般。

对这些成人来说，解决之道就是对他们的父母说，"如果你们需要我，我就会给你们适当的照顾"。这是一句关键的话语。当他们这样说时，他们是以成年人的身份来说的，而在这个层面上，他们才能以孩子的身份来尊敬他们的父母，并且依然能够去做适当的事。

对父母来说，只有孩子而没有所谓成年的孩子，然而孩子无法永远只做父母要他们做的事，但通常他们有可能去做正确的事。

勇于为所当为

罗尔夫：我感到精神集中，每件事情都在汩汩地流动着——我并不很清楚要流动到哪里去。我在找寻我的幸福，我看到眼前充满了幸福。

海灵格：下一步便是要鼓起勇气，为所当为。

罗尔夫：我就知道你会告诉我一些好的东西。

展望未来

玛莎：我感觉很好，感觉像是走在正确的途径上，但我知道我必须要经历整个过程，直到达成目标。

海灵格：你已经踏出了第一步，而且新方向也确立了。接下来，在种子开始萌芽、玫瑰开始绽放之前，通常要花个一两年的时间。

特娅：你刚才谈到那个过程要花两年的时间，和我的经验完全一致。一年前我参加了你的一个工作坊，当时在工作坊里的经历对我一直起着作用。

达格玛：此刻我只是感觉到非常感激，也非常充实。我感觉我的内在仿佛有些种子需要时间去萌芽。自我克制在我的专业上是非常重要的，我要停止过度的企图，并且留意施与受的平衡。这种感觉真美，我在工作坊中受益良多。但还有一件事我也很喜欢，听起来有点儿奇怪，就是我有种深沉的渴望，希望能够更有彻底性，我倾向于一开始时带着极大的热忱，然后便放弃而去做别的事。

海灵格：我想告诉你有关于在心理治疗上的彻底性，但它从未超过整体的百分之二十。任何一件事情的透彻度如果超过百分之二十，那就太过彻底了，而且只会引起麻烦。

卡尔：当我想到我来参加这个工作坊的目的时，我有种很棒的自由的感觉。此刻我主要在想我似乎获得了关于克制的力量，这是我很大的收获。

埃拉：我全身充满了能量，而且双手发热。利奥说他怎样在内心经过一番争论之后，才可以向母亲鞠躬，我很欣赏这一点。我想我也处在类似的状况，但我没有办法做到像他那样。

海灵格：你可以秘密地做，那将会有最好的运作结果。

埃拉（笑）：是吗？我一直在想我从未真正尊敬并以我的母亲为荣，我总是把自己放在高于她一些的位置之上。现在，我希望我能以她为荣。

海灵格：是的，而你要怎样才能做到呢？最好是我来跟你说一个故事。

故事：世界之道

一只蜜蜂飞到一串樱桃花瓣上采蜜，吸饱了花蜜之后，便满足地飞走了。但之后她因良心的折磨而开始受苦。"有些事情出了差错"，她心里想着，因为她感觉自己好像是在一场盛宴中饱餐了一顿，却忘了带给主人一个会令他高兴的礼物。

她困惑着她能够做些什么以弥补这个差错，但她无法下定决心，于是日复一日、月复一月地，时间就这么过去了。

然而她并没有忘记这件事，有一天她对自己说："我一定要回到樱桃花瓣那儿去跟它道谢。"于是她振翼起飞，找到了那棵樱桃树，但是，糟了！之前那一串樱桃花瓣生长的地方，现在只剩下一串深红色的果实。于是蜜蜂非常伤心。"现在我永远也无法向它道谢了"，她心里想着，"我永远失去机会了，但这也让我接受了一次教训。"

当她还在想着这件事情时，一阵阵芳香扑鼻，粉红色的杯状花朵正在向她招手，于是她快乐地让自己投入了一次新的冒险。

敬重曾经做过的

马库斯：每次你的工作坊接近尾声时，我总是对我的角色感到困惑，至少会持续一个星期。你是否有另外一个故事可以帮助我？

海灵格：我可以告诉你一个关于我自己的故事。我曾经接受家庭治疗师的训练。当我的训练结束后，我想："这就是我所要做的正确的事。"但是当我回顾之前我所做过的事时，觉得那也很好，所以我决定继续使用之前的治疗方式。但是很奇怪，一年之后它自然就发展成为家庭治疗了。

（课程结束）

归属权的秩序:
针对家庭治疗师
所举办之工作坊

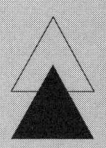

解决之道犹如宗教实践

丽塔：多年来我感到牵连纠葛着某些东西，我想尽办法，想弄清楚是怎么回事，但每次当我觉得快明白的时候，却发觉另一边又把我拉了回去。

海灵格：只有极小数人能成功地摆脱牵连纠葛。他们虽然领悟到了牵连纠葛的问题，但当面临抉择时，退缩的吸引力还是非常大，很多人都无法摆脱。从牵连纠葛到解决的转变是一种精神实践。意思是，你必须上升到另一个更高的层次，与曾经的过往做出深刻的的告别，这个过程将会令人感到孤单。

比如说，如果你住在一个山谷的小村庄里，你的生活与周围所有人都紧密相连。如果你离开村庄爬上高山，你就可以获得更广阔的视野，也会觉得和不同的人和事物有联结，但是你却失去了在山下村庄时所感到的亲密和安全。这就是广阔的眼界会让人们感到孤单的原因。除此之外，从亲密迈向自由会让一个孩子产生罪恶感，正如对先前清白感和归属感的离别以及对最初忠诚的背叛也会产生罪恶感一样。

同样，如果我们能够信任陌生而不可预料的未知事物，不再固守曾经知道的东西，问题的解决过程就会成功。这实质上是一项宗教实践。所以，作为治疗师不可以存有幻想，以为可以控制解决过程。虽然我们能够做一些事让解决过程变得简单些，而对于很严重的牵连纠葛，如果能够成功解决并对事情有所帮助的话，这对治疗师和当事人来说，就好像是一份恩赐。

丽塔：我想着有关妹妹的问题。（她开始哭泣。）

海灵格：你妹妹发生了什么事？

丽塔：妹妹被她的男友刺死，因为她抛弃了她的男友。而现在我却要承担一切。

海灵格：你承担一切，妹妹会好过吗？

丽塔：不会，理智地说，我知道不会。

海灵格：虽然你理智上知道，但是你仍感受到有一股强大的力量要你承担这一切，这正是我刚才所描述的困境。待在熟悉的村庄远比到山上呼吸清新的空气，让心灵被美景触动容易多了。你可以感受到转变将是一件多么痛苦的事。

家庭系统排列：不孕的女人收养一个小孩

海灵格：（片刻之后，对丽塔）我们现在来排列你的原生家庭。

（对团体）当我们在具有能量的地方排列时，团体的能量最强。刚才丽塔的能量最强，所以我首先来排列她的家庭。

海灵格：（对丽塔）你结婚了吗？

丽塔：是的。

海灵格：有没有孩子？

丽塔：有一个养子。

海灵格：养子？为什么？

丽塔：因为我不孕，丈夫和我都想收养一个孩子。

海灵格：孩子也想被收养吗？

丽塔：我想是的。

海灵格：孩子到你家时有多大？

丽塔：五天大。

海灵格：孩子怎么去你家的？

丽塔：孩子的母亲把他交给我们收养。她在医院等着我们。

海灵格：孩子的父亲呢？

丽塔：孩子母亲并没有提到他，在文件上也没有他的姓名。

海灵格：（对团体）奇怪！在我们的社会中，如果男人没有地位，那何来的父系社会之称呢？

（对丽塔）你在婚前是否已经知道自己不能生育？

丽塔：不知道。

海灵格：是在婚姻期间检查出来的吗？

丽塔：是。

海灵格：你的丈夫有什么反应？

丽塔：他没有觉得有什么问题，也没有因此而影响我们的感情。

海灵格：（对团体）伴侣中无法生育的一方是没有权力要求对方留下来的。如果对方仍然决定要留下来，无法生育的那一方便要更加倍地敬重他。这是重要的，这样就不会产生问题了。

丽塔：我很感激他。

海灵格："感激"这个词含义模糊。

丽塔：是的，我知道。

海灵格："敬重"才是正确的字眼，这样就好了。不过由于不孕，你的权利比你的丈夫要少。

某学员：如果按照你以前所告诉我们的，伴侣关系优于父母和子女之间的关系，那我就不明白你刚才对丽塔所说的话了。毕竟他们之间的伴侣关系正面临危机。

海灵格：你的异议会有帮助吗？

同一学员：我想是的。

海灵格：不，异议只会带走某些东西。

（对团体）她的异议对丽塔有帮助吗？她带走了对丽塔最重要的主题，将它转移成理论层面的讨论。那就是这种介入所带来的影响，非常危险，要小心应付。有些人用异议作为主要的治疗方式，当某人向他们带出一个问题，他们只会用异议回答，例如，他们会说，这还不算是什么严重的问题。

学员：对丽塔的问题和她所说的话我没有异议，异议是针对你对事情的解释。

海灵格：这又是另一个异议。我们可以继续讨论下去，但是丽塔就会被我们继续留在困境里了。

（学员们笑了。）

海灵格：（对丽塔）我们先来排列你目前的家庭。你们之中有谁曾结过婚或订过婚？

丽塔：我的丈夫曾经结过婚。

海灵格：他们有没有孩子？

丽塔：没有。

海灵格：他们为什么分手？

丽塔：我所知道的是，他们彼此根本不适合对方。根据我丈夫的观点，他是因为责任感的缘故才结婚的。

海灵格：是这样吗？

丽塔：他是这样说的。

海灵格：对，那是他说的。

（团体笑了。）

海灵格：你的系统里出现的人有你丈夫的前妻、你丈夫、你、养子，还有养子的父母。养子现在多大？

丽塔：5岁。

海灵格：是男孩还是女孩？

丽塔：女孩。

（丽塔开始排列家庭，见图95。）

海灵格：（对团体）你们判断一下，看看她是否集中精神在做排列，还是只根据先前所认定的构想来做。我们一定要留意某人是否在严肃认真地排列，这一点很重要。如果态度不严肃的话，一定要中断排列。这是一件非常严肃的事情，绝不能三心二意地去做，只有以严肃的态度对待，它才会起作用。如果用心观察，你们都可以看出排列的人是否认真严肃。

海灵格：（对丽塔）现在继续排列吧，但要态度严肃，集中精神。

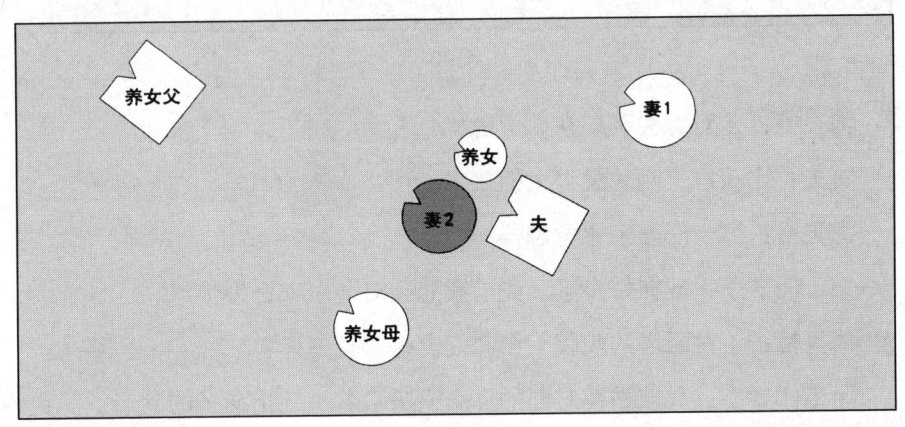

图95

夫：丈夫的代表

妻1：第一任妻子的代表

妻2：第二任妻子的代表（丽塔）

养女：养女的代表

养女父：养女父亲的代表

养女母：养女母亲的代表

海灵格：（对团体）你们留意到排列中的人在看谁吗？所有人都在看着被排除的父亲，那就是解决之道的关键所在。丈夫感觉怎样？

丈夫：我觉得和前妻之间的关系很紧张，我觉得我应该站在她的前面。

海灵格：好的，跟随你的感觉，站到她的旁边去吧。（见图96）

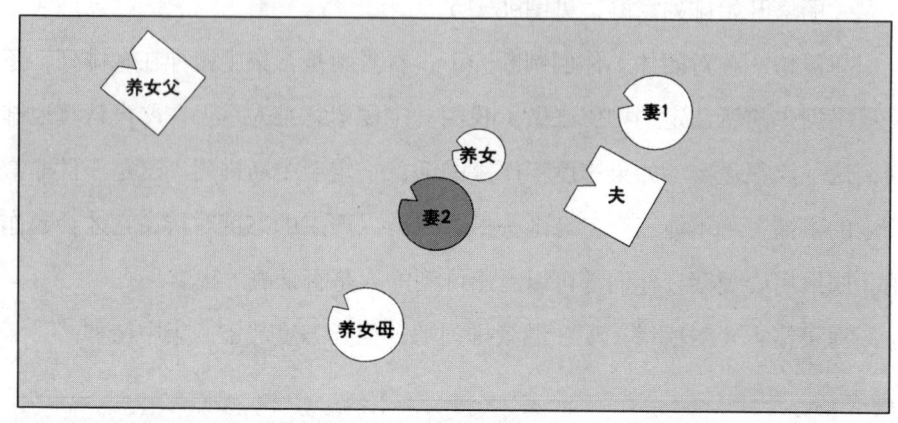

图96

海灵格：（对丈夫）现在感觉怎样？

丈夫：比较好。刚才觉得太拥挤了。

海灵格：第一任妻子感觉怎样？

第一任妻子：现在好多了。先前我感到对这个家庭很愤怒。

海灵格：（对丽塔的代表）第二任妻子感觉怎样？

第二任妻子：我被站在对面的那个人吸引着（她指孩子的父亲）。我感到背后有某些东西，但不知道是什么。奇怪的是，我对丈夫现在所站的位置没有不适的感觉。

海灵格：养女感觉怎样？

养女：我感到有点虚弱，没有力气。

海灵格：孩子的母亲感觉怎样？

养女母亲：我有股想要离开的冲动，但又走不了，我感到被束缚着。

（海灵格更改排列，见图97。）

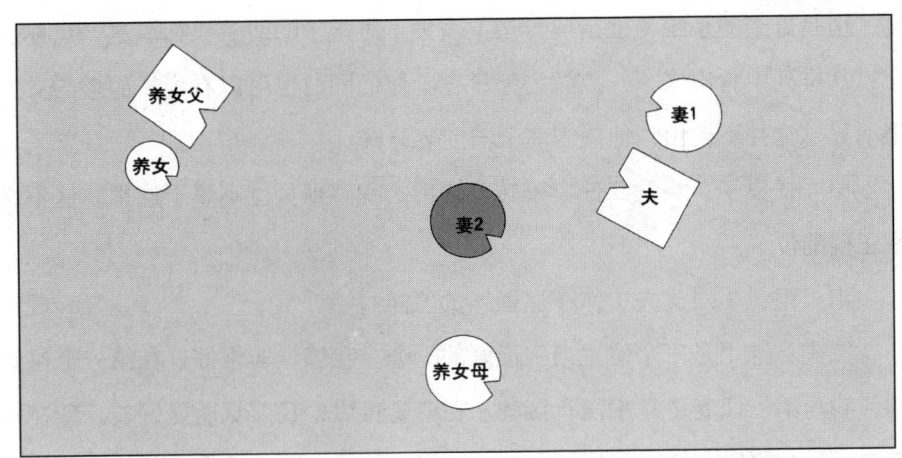

图97

海灵格：这就是解决之道了。

孩子的父亲感觉怎样？

养女父亲：刚开始时，我有一种不属于这里的感觉，后来当另一个男人向后退，我开始能够感觉孩子的养母。现在孩子站在我身边，我第一次感受到她是我的孩子。

海灵格：孩子的母亲现在感觉怎样？

养女母亲：我感到好多了，还想移动一点位置。

海灵格：那就移动吧！

（她向前走几步，离开其他人。）

海灵格：（对团体）从代表们的反应上你们可以看出孩子的母亲由于将孩子送给他人收养而丧失了作为一个母亲的权利。不过你们可以看到父亲以及他的家庭仍然和孩子有联结，孩子不仅属于她的父亲，也属于父亲的家庭，比如祖父母，以及父亲的兄弟姐妹。你们要考虑这个联结。如果后来这个孩子非常希望找到她的父亲及其家庭，我是不会奇怪的。如果她有那样的愿望，你应该帮助她。当孩子被父亲的家庭接纳了的时候，她就会感到安全。但是母亲的系统（他指向母亲）丧失了对孩子的所有权利。这一点你们可以从排列中看出来，一点拉力都没有。你们同时也可以看到，丽塔的丈夫很明显感觉并不自由，他尚未完全与前妻分开。

第一任妻子：当第二任妻子转身之后，我感到再也不属于这里。这不是我正确的位置。

海灵格：（对丈夫）你在那里感觉怎样？

丈夫：这里是三个位置当中最好的一个。我感觉非常好。在第一个位置时，我与第一任妻子几乎没有接触。在前妻身边，我感觉明显好转。现在她转过身，我可以与她直接接触，感觉更好。但最主要的是我觉得孩子很好，她站到父亲身边，我就可以放下重担。

海灵格：很明显，那才是孩子归属的地方，你现在站到第二任妻子旁边去。（见图98）

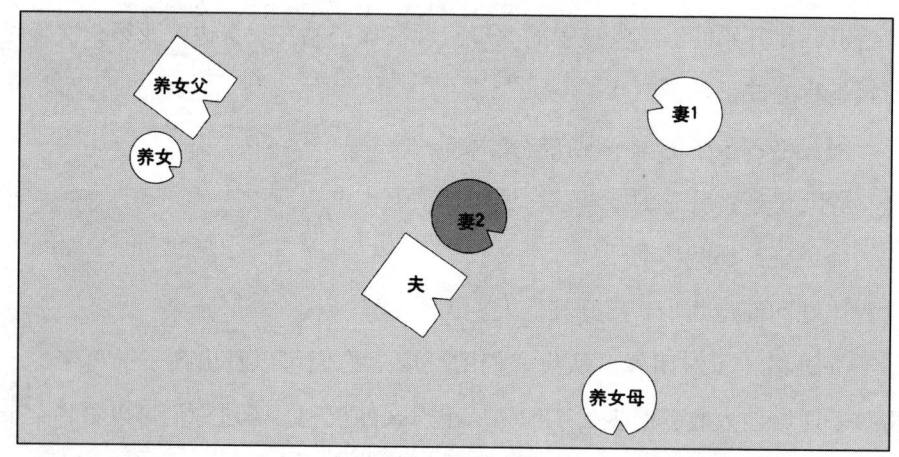

图98

海灵格：（对丽塔的代表）你现在感觉怎样？

第二任妻子：我刚才非常孤单。自从丈夫站到我旁边之后就好多了，只是丈夫的前妻让我很恼火。

海灵格：（对第一任妻子）当他走向第二任妻子时，你向外移动，现在尝试找一下哪一个位置对你比较好。

第一任妻子：我想再多走开几步。

海灵格：（对团体）正如这里我们所看到的，当第二段婚姻关系出现时，一个规则是，第二任妻子必须站在丈夫与第一任妻子之间，这是需要勇气的。只有当第二任妻子站到丈夫与第一任妻子之间时，第一任妻子才会离开丈夫。如果丈夫站在两个女人中间，他会被拉向第一任妻子。

孩子现在感觉怎样？

养女：很好。我很奇怪离开养父母这么远却没有感到丝毫不安，在这里比先前感觉好多了。

海灵格：（对丽塔）收养不是一个好主意。

丽塔：这是什么意思？

海灵格：我们已经知道这是什么意思了。如果你想让事情好转，就要按照家庭系统排列中所看到的那样去做。如果愿意的话，可以站到你的位置上去。

丽塔：（站到她的位置之后）在这个位置感觉不好。

海灵格：不好？

丽塔：因为我失去了与孩子的接触。

海灵格：你是无可救药了。

（长时间的静默）

海灵格：就是这样。

丽塔：这是怎么一回事？

海灵格：你的注意力都放在你认为对自己好的事情上，也就是你的需求上面，但没有注意孩子的需求。一旦你认为你的需求对你来说比孩子的需求更重要，你就无可救药了。好了，到此为止。

代价

海灵格：（对团体）当他们草率地处理收养一事，甚至竟然没有尝试找寻孩子的父亲，更谈不上给他权利或责任，他们便要付出严重的代价。从丽塔排列的系统中我们可以清楚地看到这一点。她为了孩子而牺牲丈夫，丈夫被拒绝，这就是她要付出的代价。丈夫在家庭中已没有机会，他也将会离去。在草率收养孩子的家庭中，收养孩子的父母通常以伴侣或自己的孩子作为代价。我看过不少收养孩子的家庭中，妻子后来怀孕了，却将胎儿打掉，或是他们自己的孩子中有一个会死亡或自杀，这都是对收养的一种赎罪。

归属权的等级制度

*海灵格：*只有当孩子是在无依无靠确实需要被收养的情况下，收养才是合理的。被收养的孩子并不是只有一个父亲和一个母亲，忘记这一点是很危险的。比如说，丽塔以为她收养的孩子只有一个母亲。实际上孩子有父亲，还有祖父母、叔伯婶姨等，我们可以看到孩子仍然以某种神秘的、系统的方式和他们有所联结。当孩子确实无依无靠时，陌生人才可以代替血缘亲属，即使这样，很多被收养的孩子仍然无意识地和生身父母及其家庭联结在一起。在这种情况下，采取寄养会比收养要好。一般来说收养是太过极端的做法，孩子并不需要这样。与寄养相比，收养可以给予孩子什么呢？寄养更加适当，如果有困难出现，可以用更适当的方式来解决。

异议

*海灵格：*当孩子长大成人，她会因为和父母及其家庭分离而对养父母采取报复，而这种行为也是合理的。

学员：（愤怒地）我无法再忍受听你的这种预言了。那些只是你个人的意见，而且是危言耸听。

*海灵格：*我要给你讲个故事。

> 有两个人走进一个房间，房里的墙上有一幅画挂歪了，其中一人说："那幅画挂歪了。"另一个人说："那幅画挂歪了，是因为你说它挂歪了。"第一个人回答说："如果是因为这样才挂歪了，那你可以轻易地就把它挂正了。"

这是个相当令人困惑的故事，但请别介意。

同一个学员：母亲丧失了对孩子的权利，这一点我明白，但为什么父亲没有丧失对孩子的权利呢？他没有和孩子在一起，又抛弃孩子的母亲，甚至不留下姓名。我认为从系统的观点来看，父亲也同样丧失了权利。孩子没有人可以依靠，然后丽塔收养了她。

海灵格：（对团体）她所说的是我们所不具备的信息，也不是丽塔所提供的信息。所以我不想进一步讨论。她关于父亲的说法都是假设，她编造了一个故事。丽塔说母亲没有透露孩子父亲的姓名，这就是所有我们真正知道的，而这和她所说的他抛弃她，甚至不留下姓名，根本不是一回事。我当然可以假装没有看见代表们的反应，但如果我这样做，便是欺骗丽塔，辜负了她想要了解隐藏动力的渴望，而那是她已经感觉到在她的家庭中在运作的动力。我这样对待她就好像我相信她只是对皆大欢喜比较有兴趣，而不是想了解事情的真相。如果这是某人所想要的，要做到那样并不困难。如果我想欺骗某人的话，只要赞成他们的异议就可以了。

另一个学员：如果家庭系统毫无次序可言，显然不需要再这样继续下去了，那么重建系统秩序的可能性是什么呢？

海灵格：我们已经看到，当孩子和父亲的家庭之间的联结和归属展现出来的时候，孩子的代表感觉很好。这就是重建次序的方法。

同一个学员：应该还有其他的可能性。

海灵格：不，你是无法操纵系统的。

另一个学员：我不明白你所说的欺骗某人是什么意思。如果你赞成他们的异议呢？

海灵格：如果我屈从了提出那种异议的人，我就是欺骗了当事人。

学员：你认为当孩子足够大时，她有可能去寻找亲生父亲吗？

海灵格：有可能，但如果养父母反对，孩子是无能为力的。

学员：即使孩子到了15或20岁？

海灵格：对，这只会将成人应该处理的冲突推到孩子身上去。

学员：你的意思是说寻找孩子的亲生父亲是养父母的职责？

海灵格：对，不只是找到他，而且还要将孩子送到亲生父亲和他的家庭那里去。

学员：如果孩子不想去呢？

海灵格：那就是整个排列的作用所在。一开始丽塔甚至没有考虑到那个父亲及其家庭，甚至想都没有想到他们。如果孩子不想去见她亲生的父亲和家人，那样将会很难知道这是孩子自己真正的意愿，还是她只是无意识地接纳了养母的意愿。必须帮助孩子分辨出她自己真心想要的和她周围成人的需求。在整个系统当中去承认他们的位置，这是成人的责任，而我们的确知道孩子的亲生父亲被忽视了，被别人排除在外，这是我们所看到的。

孩子有归属父母的权利

第三个学员：你的意思是不管母亲基于什么原因不透露父亲的姓名，对找寻解决之道都没有影响？

海灵格：对于孩子想知道父亲的需求来说，这完全没有影响。如果有所谓的基本权利，那么其中之一必定是孩子有归属父母和他们的大家庭的权利。德国法律规定：孩子有权知道谁是父亲，母亲需要向孩子说出父亲的姓名。试想，哪一种法律秩序会允许人自作主张向孩子隐瞒他父母的资料，而将孩子占为己有；或者劝告身处困境的母亲，交出孩子给别人收养，好像孩子父亲不存在；又或者是对没有孩子的伴侣提议收养孩子？那是违反常理的，但是却有很多人以为这样是正常的。孩子有权利归属于父母和他们的大家庭。

焦点在受害者及孩童身上，而非加害者

学员：就我的角度来说，不论后来的发展如何，丽塔的排列是其工作的第一步。我们得到的信息是，母亲不想透露父亲的姓名，我想背后是有某些原因的，所以事情有一个发展和动力，谁知道如果孩子到了父亲那里又会发生什么事呢？

海灵格：你又再次试图以孩子为代价来抚慰丽塔。你所讲的这种考虑宽恕了成人的过错，而让孩子，最为弱小的人，背上沉重的负担。把这些负担留给真正需要负责的人，即成人，又有什么错呢？如果你试图替母亲找辩护的理由，那么我便无法让她严肃地去面对她行为的严重性，也就无法找到真正的解决之道了。只有当她正视所有责任，她才会留意应当做些什么，之后她才有可能做出有帮助的事情。如果你确实对这件事情态度严肃，就应该把责任留给有力量去承受的人，而不是像很多治疗师和领养专家所说的那样留给孩子。

我还想答复你有关丽塔家庭排列结果的问题。你不能对排列结果提出异议，排列已把真相展示出来。排列的人不是我，而是丽塔，我只负责寻找解决之道。只有在你完全承认这个明显的真相时，真相才会继续发生效用，引发下一步。如果你说可能会有不同的结果，你就降低了排列的严肃性和力量，并自认为比丽塔身上所发生的知道得多。只有当你严肃地对待系统排列所展示的，解决之道才有可能浮现出来。所以，这就是为什么在进行家庭系统排列的过程中，我并不害怕让人们面对他们行为的最严重后果的原因，因

为我相信，只有看到了事实真相，才能找到解决之道。

丽塔的排列显示出在她现在的系统中有破坏性的力量，所以她需要能够意识到情况的严重性，然后才有力量去处理其他方面的事。最困难和最严重的才是实际上有作用的，如果缓和事情的严重性，只会夺走力量。从一开始，我的注意力就落在孩子和丽塔排列系统的方式上。系统中的每个人都在看着孩子的父亲，我让孩子和父亲产生联结，因为他们都背上了沉重的负担，他们是受害者。只有同时注视他们两人，才能找到解决之道。如果我们只是关注孩子母亲和养父母的感觉，我们就不会注意到父亲已被排除在外，而且孩子和父亲之间的联结也会被忽视。这样的话，我们就加入了加害者的行列来对抗受害者，而不是在帮助受害者。

下一步

丽塔：当孩子来到我们家时，我很想做一点特别的事。（她哭泣）我到教堂去插了一束花，替孩子和她的母亲祈祷。我并不觉得我们之间有什么问题，我完全没有想到孩子的父亲，但我知道我必须做点什么事。

海灵格：心理治疗中一个主要的问题是，很多女人表现出好像丈夫和父亲都与孩子的事无关，并没有考虑他们的想法，一切有关孩子的事都只是由女人做主。奇怪的是，很多男性治疗师也没有考虑到男性的权利。他们相信女人所说的一切，当她们诅咒男人时，他们便站到女人这边。这样是不会有解决之道的。只有治疗师在心中给予被排除的人一个位置时，他才有力量。我有力量让我找到解决之道，是因为从一开始孩子的父亲在我心中就有一个位置，所以我找到了解决的方法。

（对丽塔）事情还可以补救的。同意吗？

（丽塔点头。）

海灵格：你的脸上已经泛起了一丝光彩。

丽塔：我感觉轻松多了。

学员：一方面，对你所说的我十分感动，其中令人难以置信的智慧激发了我。我内心得到了一种满足，这也是我们共有的渴求：终于有一个人告诉我们应该怎样做，他知道什么是正确的，什么是错误的。同时我内心也涌起一丝不安，因为我感到有时你会危险地趋向教条主义，其中混合着你的真理和一些教条性的概论，而我觉得它们可能是破坏性的。例如，之前你对丽塔说她家庭中的一切是那么混乱而严重，她的丈夫会离开她。现在你又回到某个特定的范围，并且也给丽塔找出了解决之道的机会。

海灵格：因为我相信丽塔希望看清事实的真相，而且我也愿意直言不讳地指出排列所呈现出来的破坏性的动力，因此我给了她一个改变的机会。而她也通过让自己对动力敞开而把握了这个机会，因此我们才能共同去进行下一步。

成员：是的，我只是表达出我的困惑。

海灵格：没有第一步就不会有第二步。

如果你愿意的话，我可以告诉你怎样应付困惑和不安。当你有这样的感受，又觉知到一股反抗的力量时，不要停留在思考当中，要去观察事物，看看什么是正确的，什么是错误的。如果你这样做了之后，仍然和我的看法不一致，请告诉我，我便得到修正的机会，我就知道我可能缺少了某一个角度的观察，大家可以相互交流。当某人认真地向我表达他所体验到的东西，我同样也会严肃对待。如果你只是从假设上提出异议，我们就会混淆假设的前提和真实的体验，这样便无法对话了。如果你一直在观察丽塔，你会看到当中起作用的力量和变化。

当你有正当理由提出异议时，很重要的一点是，你要注视着当事人。和当事人面对面时，你必须自问：如果你表达出异议，将会有什么影响？这个异议是会增强还是会削弱当事人的力量，是会帮助还是危害当事人？这样你就可以立刻得到一个衡量的标准，然后你就会知道介入是有益的还是破坏的。好吗？

学员：好的。

借由终止而得到解决之道

学员：在我身上开始发生一些效果。在排列过程中我注视着孩子母亲的那位代表，她一直都保持着微笑，尤其是在她想要移动到远些的地方，还有要离开的时候。

我思考的是你所谈到的和大家族的联结，以及依据法律的规定，孩子依然归属于他的血缘家族这件事。一直以来我都认为收养孩子是一件伟大的善行，是一种人道行为。直到我开始寻找我的父亲，他自从与母亲离婚后住得非常远，我才知道，对我来说找回父亲是非常重要的，不论母亲把他说得有多坏。我可以想象，对被收养的孩子来说找到父母一定是一种解脱。但对这一切我又不是那么清楚，因为我不相信丽塔的女儿和她的亲生父亲住在一起，就是最终的解决之道。

海灵格：我不太明白你的意思。

学员：我并不清楚你所谓的解决之道是什么意义。但丽塔的这个解决之道并不是最终的解决之道。

海灵格：这的确就是一个最终的解决之道。

学员：什么？

海灵格：这个解决之道是最终的。

学员：真的吗？

海灵格：解决之道（solution）这个词有双重意义，这里是指借由终止而得到的解决之道（It is a solution through dissolution.）。

学员：就是溶解、消失的意思吗？

海灵格：我所说的就是我的意思。这可不是一种文字游戏，或是一种似是而非的介入。

震惊而恐怖

雷蒙德：我现在比较平静了，刚才感觉很糟糕，好像所有的东西都堵在胃里一样。当你对丽塔说"你是无可救药了"时，我到现在都还感到非常震惊，我想这实在是明确得令人害怕，我听起来就好像是你在说，"现在你可以走了，我再也不想为你处理任何问题了"。但是还好这些都在课程当中得到解决了。

海灵格：当人逃离视线时才会因惊慌而不知所措。你如果是一直注视着丽塔，你就会体验到不同的感受。很多人一听到任何似乎会惊吓到他们的事，便立刻闭上眼睛，开始在内心里形成画面，那些画面才是真正可怕的。

雷蒙德：我的脑海里形成了另外一个恐怖的画面，我想象……

海灵格：你有没有留意到你怎样逃避了我的目光，就在刚刚？

雷蒙德：有，那倒是真的。

海灵格：试试看，当你直视着我时，是否能够说出你刚才想要说的话。那是非常困难的，你看吧？所谓"伟大"的主意只有在闭上眼睛时才出现。

（团体笑了。）

海灵格：（对团体）刚才他又逃避我的视线了。

（对雷蒙德）我马上可以看出你是否有联结。让自己保持联结并将自己限制在直接的感知中是非常困难的，那意味着你必须为你所震惊的事情放弃很多自由。

雷蒙德：你实在是太强有力了。

海灵格：对，我就是这样，你知道为什么吗？因为我与世界本然的样子和谐一致，即使之中有令人恐惧的事物。在我的生命里，我遭遇过非常可怕的事，但同样也遇到过非常美好的事，而我已经对世界本然的样子没有恐惧了。这就是为什么我能说出那些话，因为我与一切事物和谐一致。一切伟大都是从令人敬畏的事物中得到它的力量，谁逃避正视这些事物，便会葬身在脱离现实的幻境中。

雷蒙德：我转移视线，是因为我想集聚内心的力量来说些重要的话。

海灵格：不，那样做只会使你变得软弱，因为你失去了与他人的联结。只有在你与交谈对象联结时，才会强壮有力。你现在感觉怎样？

雷蒙德：我有更多的能量了。

海灵格：我告诉你另外一个秘密。有些治疗师像是一个好妈妈，而有些就像是战士。像战士的治疗师就需要有战士的勇气。战士会走到极限，只有在极端的情况下才能做出决定。战斗的输赢比例通常是五十对五十，但有勇气走到极限的人，会发现自己更加强大。真相被严肃对待时是和善的，而且真相也值得被严肃对待。当真相不被严肃对待或是不受重视时，它就会进行报复。

我们自己行为的后果是我们自己的真相非常重要的一部分。所以，治疗师对人们的帮助，大部分是帮助他们面对自己行为的后果，即使这个后果对他们来说是一个极端的要求，但最终好的结果还是会来自我们与真相的联结。如果治疗师表现得好像一个人可以逃避自己行为的后果，那么这个治疗师就在不知不觉中满足了幻象，因为不负责的后果只会有不好的影响，这尤其会发生在那些清白无辜的人身上。

同情和遗忘

学员：我想了很多，部分是因为我了解到在处理收养这件事情上，很多时候没有经过深思熟虑；另一方面，我体会到了丽塔的反应，我无法想象，解决之道是要她放弃孩子。

海灵格：我告诉你一个关于同情的故事。

曾经有个名叫希尔伯的人，他失去了所有的一切，而且全身从头到脚还长满了脓疮。在绝望之中，他坐在一堆灰烬上面。当他的朋友们听到他的困境时，便前来安慰他。你知道他们是怎么做的吗？他们就坐在离他不远处的地上，整整七天，他们之中没有人说过一句话。他们才是真正有力量的朋友。

或许有一个治疗师会走向他并且对他说，"别担心，情况并不是看起来那么糟，很快就会好转的"或者是诸如此类的话，这样对他那极度绝望的痛苦来说并不恰当，试图减轻极度的痛苦永远都不会是恰当的。更重要的一点是，每一个人都有力量面对他的难题以及解决之道，而且唯有他们自己才有办法，其他人都无能为力。你对丽塔的关心只会使她软弱。

关于如何应付这种问题，我会给你举一个例子。我现在已经完全忘掉了丽塔还有她的状况。除非我再次与她进行系统排列，否则我不会再想起她。

曾经有个严重自杀倾向女人，在第二天从工作坊里冲了出去，很多人都担心她会自杀。但是我把她忘记了，我就是没有再想起过她。

那次工作坊的最后一天有人说看到她带着一条毯子走到树林里去，有些人认为她将会自杀。但是我忘掉了她，事实上，在工作坊当中我并没有再想起她。课程结束之前十分钟，她进来了，而且做了所有应该做的事。她有力量去做这些事，是因为我把她给忘记了。

我的担忧只会掠夺她的力量，所以我与她保持和谐一致，我忘掉她便是对她极大的敬重。借由忘记她，我把她交托给她的灵魂，再也没有比这更好的事了，但这需要极大的力量。去担心别人是容易得多了，有时人们还担心得相当夸张，但那也只不过是装模作样罢了。

耳闻与眼见

另一个学员：之前我在惊恐与赞叹之间被拉扯着，而且我根本搞不清楚是怎么一回事。现在比较清楚一些了，我的惊恐来自我所听到的字句；我的赞叹则来自我所看到的。而我现在知道了，我比较信任眼见的而非耳闻的。

海灵格：正确的字句会让过程更进一步。

同样的罪恶有着同样的结果

学员：你说如果女人遗弃孩子，她就失去了作为一个母亲的权利。这一点我理解，但如果是男人遗弃孩子呢？有没有什么不同？

海灵格：对男人也完全一样，没有什么不同。

异议妨碍解决之道

学员：我心里有一幅画面，丽塔的结局还是未知数，家庭系统排列只显示出下一步。难道没有这种可能吗？那个父亲也有可能和母亲一样，因为把孩子给别人收养而同感愧疚。

海灵格：各种可能的假设会使我虚弱而无法果断地行动，我不做这种事。当我说她无可救药时，在那一刻我很清楚那是实情，我并不是在批判她，我只是对她还有对我自己保持敞开。如果事情之后有不同的进展，那是因为我们双方都非常认真地看待这个真实的问题。如果最后结果有所不同，对我来说也没有问题。那是你和我的程序之间的不同。拒绝涉入这种假设性的思考，是一种心灵的训练，它就像跨入黑暗之中并且信任真相。

学员：但这个画面依旧出现在我心里，我想告诉你这一点。

海灵格：就算你有这个画面，也未必就是正确的。有些人以为当他们有一个画面，或感受到某些东西时，那就一定是正确的，但那是荒谬而可笑的。从你的内心看入无尽黑暗之中，不需要任何目的，没有任何偏颇，而且毫无畏惧，这样出现的画面，与你所想象的，或只是突然出现的画面相比而言有着不同的品质。当一个浮现自你内心的画面出现，然后消失，它就达到效果了。

洞察力与行动力

丽塔：对于某些已经困扰我一段时间的问题，我得到了很大的收获，我想要谈谈这方面的内容。我现在正在接受一项个人治疗……

海灵格：在你继续谈下去之前，我要先打断你。

先花些时间感受一下，看看你现在变得有多坚强。你能够感觉到吗？你有多么地神形合一？

（对团体）她已经不再哭泣了，那已经过去了。你们看，她的力量来自先前介入所产生的正面效果。

（丽塔笑了。）

海灵格：好，继续说吧！

丽塔：从治疗中我认识到分离对我来说是个难题。当我把注意力从孩子身上转向我丈夫时，我给了孩子一个脱离我的机会。我相信这就是我们的冲突所在，而这个冲突对我而言是相当沉重的。我可以用一个字眼来形容解决之道，那就是"相互信赖"。

海灵格：忘了那个字眼吧。它只会掠夺你的力量，你所描述的已经很清楚了。

丽塔：我相信解决之道是去允许孩子能够自由，假如我能够做到这样……

海灵格：不，不。允许孩子自由并非你的权力。孩子属于她的父母，她在她所归属的地方便是自由的，她必须回到她归属的地方。你必须帮助她并确保她去到了她的父亲及其家庭那里，在那里她才可以成长。只要你这样做了，孩子就会以一种感激之心转向你。这是另外一方面。她将会感激你，因为你尊重了她。

丽塔：但在实行方面还有困难，我真的不知道要怎么做。

海灵格：你现在得到了一个画面，这个画面会产生效用。你不必马上行动，只需等待，直到内在的画面产生力量。突然间，当时机成熟时，一切都会轻而易举地发生。洞见与行动必须要经常保持分开。如果有了某种洞见就立刻展开行动，往往会背道而驰。在有所洞见之后，你必须等待，无论这个洞见有多么正确。这是关键所在，你必须保持着那个画面，让那个画面继续酝酿，直到力量展现出来使你能够付诸行动。好吗？

丽塔：你说关于收养这个孩子的决定是不负责任的，对于这一点我仍旧感到不舒服。我很抱歉，我无法同意这一点。这些问题我已经牵涉其中多年了，我也一直在寻找正确的方法，对我来说这些可是一点儿也不容易。

海灵格：把我的话当作一种客观的描述。从主观上来说，你仔细地考虑了收养一事，但你仍旧忽视了孩子的亲生父亲，以及孩子与他的联结。当然，当时你并不知道有任何更好的做法，因此现在你也不需要后悔。那是一个很重要的疏忽，而这个疏忽对每一个人都有其后果。就算是你犯了一个错误——事实上，正因为那是一个错误——它产生了一股前所未有的力量。这一番迂回也并非真正绕道，它反而是一条吸取有益经验的路径。所以那并没有白费，甚至对孩子来说也没有白费。我们所犯的错误往往是最好的老师。你可以接受这一点吗？

丽塔：可以。但我还没有真正明白其中含义。但我相信终有一天我会明白的。

海灵格：在一本卡罗斯·卡斯塔尼达（Carlos Castaneda）的书中，有一段关于知识的敌人的精彩章节。知识的第一个敌人就是恐惧，当一个人克服恐惧之后，便能获得清晰，而清晰就成为他的下一个敌人；而当他克服清晰之后，便能获得权力，而权力便成为下一个敌人；而当他也克服了权力之后，便几乎到达目标了。这时他要面对的最大的敌人，就是宁静的需求，而这个敌人是无法完全克服的。但最终能够稍稍瞥见一点知识，能拥有此刻，任何代价的付出也都值得了，不是吗？

丽塔：是的。

继承而来的孩子

阿伯特：我已经结婚二十年了，我自己有三个孩子，而现在我又从一个父母双亡的家庭中继承了四个孩子。我感到很困惑，我该怎么办？

海灵格：这个情形听起来有些不对劲，他们的亲戚应该对他们负责。如果他们的亲戚中有家庭可以接收的话，那么你承担这四个孩子的养育责任就是错误的。如果没有其他人了，你的介入才会是好的，但是如果有其他人的话，你便是不恰当地承担了责任。我们不能将孩子视同物品一般地继承，这是不可能的想法！你至少也该从那对父母那里继承一些金钱吧？

阿伯特：没有。

海灵格：只有那四个孩子？他们一定把你当成了傻瓜。

阿伯特：很有可能。

海灵格：这里面有些奇怪，但我们尚未弄清楚。你一定不要接受他们，你的尊严让你不要这样做。

阿伯特：还有其他的问题牵涉其中。在亲戚们知道有遗嘱之前，他们把四个孩子各自做了分配，这就是我所顾虑的。

海灵格：让他们以他们自己的方式来处理这个状况。你需要保护自己的心灵，不要有任何干涉别人家事的企图。你甚至不需要知道那些事情。

家庭系统排列：男人同意私生女继父的收养权

雷蒙德：我是个心理学家，已婚且有两个孩子。在前一段关系中有一个私生女，现住在另外一个洲。

海灵格：她离得很远。她多大了呢？

雷蒙德：她16岁了，她母亲与男友移民到了那里。

海灵格：你与私生女的关系怎样？

雷蒙德：六年前她回德国住了两年，我们的关系很好。以她的年龄来说，我们目前的关系非常恰当。在圣诞节我收到一封感谢信作为礼物，还有生日时也收到过信。偶尔我们也会互相寄录像带。我想要进行我的家庭系统排列。

海灵格：好，开始吧。

雷蒙德：我将以前任女友作为开始。

海灵格：什么？你将以谁作为开始？

雷蒙德：以我的前任女友。

海灵格：你必须以你的第一任妻子作为开始。

雷蒙德：我们并没有结婚。

海灵格：你必须以你的第一任妻子作为开始。

雷蒙德：好，我明白。

海灵格：我在捍卫那个不被赞同的人。还有谁属于这个排列之中？

雷蒙德：和第一任伴侣所生的女儿，然后是我的第二任伴侣，也就是我现在的妻子，我们有两个孩子，一个女儿、一个儿子。

海灵格：谁曾经结过婚，或曾经有过一段亲密关系？

雷蒙德：我的第一任伴侣曾经结过婚，我是造成他们分手的原因。

海灵格：他们有孩子吗？

雷蒙德：没有，这也是他们婚姻破裂的一个原因，那个丈夫无法生育。

海灵格：这是重要的信息，因为那意味着他们之间的联结受到限制。这样的话法律上的合法性只能占极小的权重。

雷蒙德：在相遇之前，我现在的妻子有一段已维持了两年的亲密关系。他们的关系在非常混乱的情况下结束。

海灵格：当第二任伴侣之前也结过婚时，那样会是比较容易的；如果一个有过伴侣的人去选择一个从来没有过伴侣的人，不如选择有过伴侣的人来得容易。

雷蒙德：我的第一任伴侣已经有了新的丈夫。

海灵格：他们有孩子吗？

雷蒙德：没有，但那个丈夫收养了我的女儿，这样会有问题吗？

海灵格：这样会有问题。她会向养父严重报复。你不应当这样做，你没有极力反对吗？

雷蒙德：没有，我同意收养。

海灵格：你同意？看在老天爷的分上！你女儿一定会对你大发雷霆的。你不可能把她交给另外一个男人去做她的父亲！你要对她说，你撤销决定，她依旧是你的女儿，你会承担起一切权利和义务。

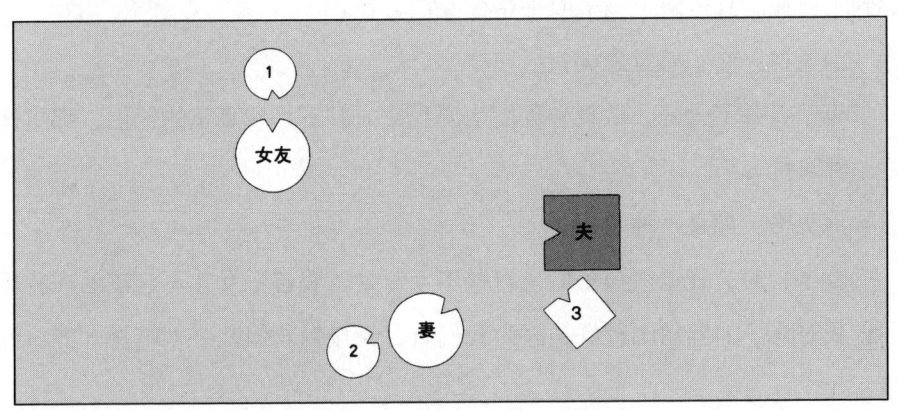

图99

夫：丈夫的代表（雷蒙德）

前女友：丈夫婚前女友的代表，即第一任伴侣，没有结婚

1：第一个孩子，女孩，与未婚女友所生

妻：妻子的代表，即第二任伴侣

2：第二个孩子，女孩，与妻子所生

3：第三个孩子，男孩，与妻子所生的第二个小孩

海灵格：（对雷蒙德）你今天早上做过梦吗？

雷蒙德：我梦见儿子站在门外。

海灵格：当然，你才是站在门外的那个人。从排列中就很清楚了。

前女友感觉怎样？

前女友：我的背在痛。后面有种很奇怪的感觉，好像有种被拉扯的感觉，但同时我又无法向那个方向移动。这种感觉非常奇怪。

海灵格：长女感觉怎样？

长女：当我与母亲单独站在这里时，我感觉很好。现在我的胃在痛，里面好像有什么东西在震动着，觉得不舒服，但没什么胁迫感。

海灵格：（对雷蒙德的代表）丈夫感觉怎样？

丈夫：我对现在的家庭感觉很好。但对站在那儿的第一任伴侣和长女却感到不自在。其他两个孩子似乎是在保护着我。

海灵格：妻子感觉怎样？

妻子：并不太好。从某种程度来说我丈夫并不是我真正的伴侣，那更像是一种对抗。

海灵格：那是一种对抗。

妻子：对，我觉得孩子们也有些不大对劲，我感觉女儿不应该站在我后面。我对儿子的感觉比较好，因为我们有目光接触。但我必须转身才能看到我女儿。

海灵格：（对雷蒙德的前女友，她的背痛越来越严重）转过身来直到你觉得比较好。你有这种反应，我不能把你留在那儿。

（海灵格将雷蒙德的前女友排列到她女儿旁边，见图100。）

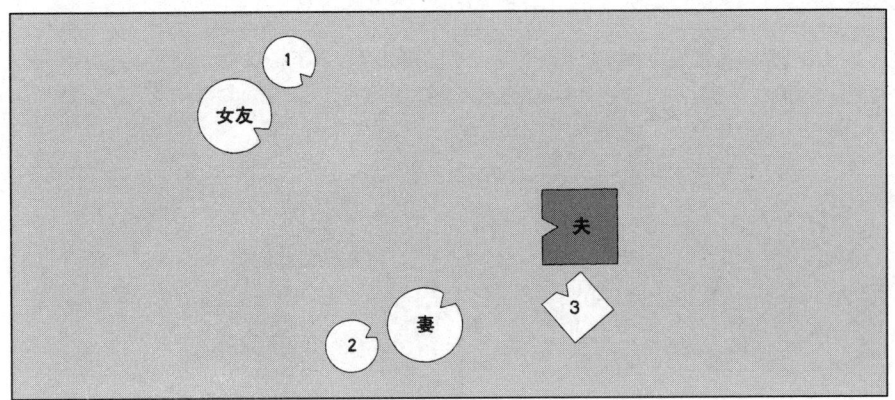

图100

海灵格：次女感觉怎样？

次女：不好，我感觉无助，没有保护，而且不安全。

海灵格：（对雷蒙德）她有长女的那种感觉。

雷蒙德：她们彼此经常通信。

海灵格：她有了长女的感觉。

海灵格：儿子感觉怎样？

三子：我感觉必须支持我父亲，也感觉到被利用。

海灵格：（对雷蒙德）你们两人都是站在门外的，你和你的儿子。

海灵格：现在我们要做第一个重要的改动。

（海灵格把长女排列到父亲旁边，见图101。）

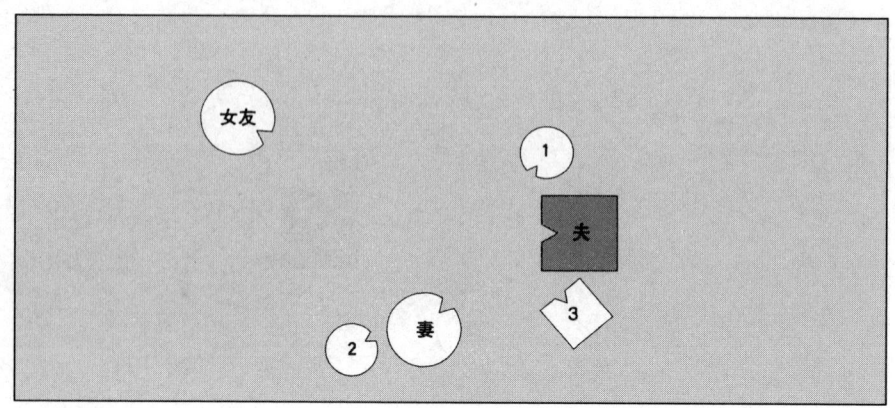

图101

长女：我不喜欢站在这里，我想要离开一些。

海灵格：试试看。

（她离父亲远了一点。）

长女：我不喜欢她（妻子）这样盯着我，有威胁感。

（海灵格将前女友的丈夫加入排列，见图102。）

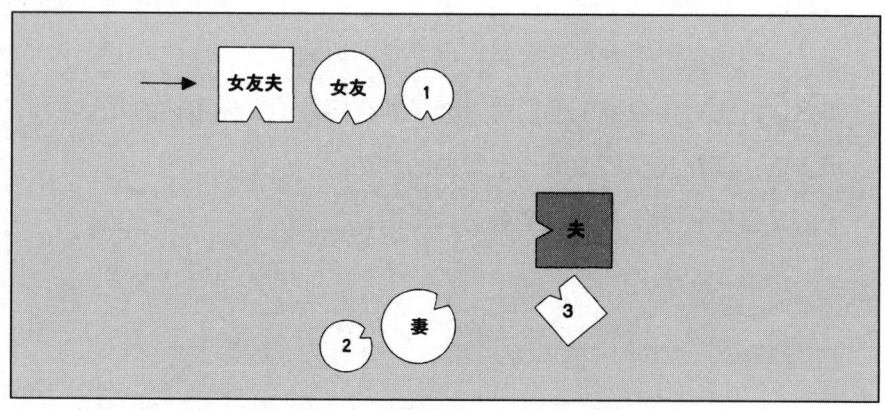

图102

女友夫：丈夫婚前女友的丈夫的代表

海灵格：现在长女感觉怎么样？

长女：现在好多了，我母亲就站在我旁边。

海灵格：（对雷蒙德的代表）对丈夫有什么改变吗？

丈夫：当大女儿出现时，我很喜欢。但之后我妻子似乎有了威胁性。我被拉向大女儿那边，但我又不想离开现在的家庭。我仿佛在被拉扯着。

海灵格：对次女有什么改变吗？

次女：我感到徘徊在两者之间，我和父亲之间什么联结也没有，和父亲在一起我还是没有任何安全感，也没有感到被保护。我宁肯转向我姐姐。我不知该到哪里去才好。在父亲这边越是没有安全感，我便越觉得被拉向姐姐那边。

海灵格：（对雷蒙德）她的感觉就和她姐姐一样。她姐姐也是感到夹在两者中间。

（海灵格排列解决方法，见图103。）

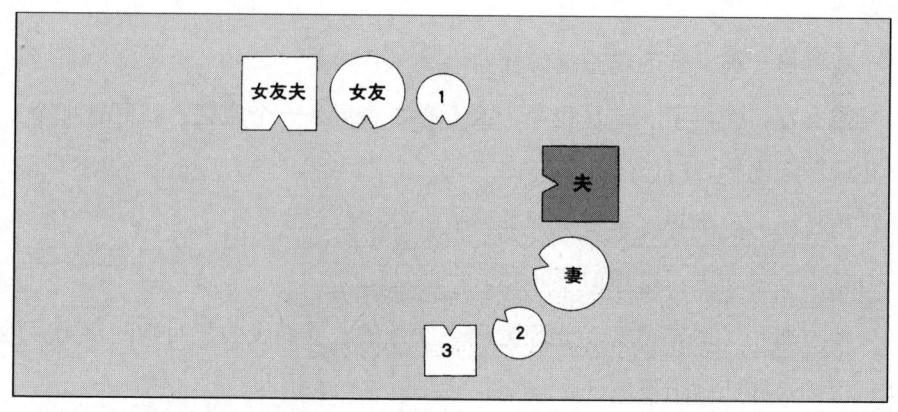

图103

（两个婚生子女首先站到父母对面，然后再离他们的母亲近了一些。）

海灵格：妻子现在感觉怎样？

妻子：我不喜欢孩子们站在我对面，现在他们站在我旁边，我感觉好多了。

海灵格：次女现在感觉怎样？

次女：好多了，比较安全。

三子：对我也比较好。

海灵格：（对雷蒙德）孩子们不信任你，他们比较信任母亲。

三子：当长女出现时，我感到解脱，压力突然间消失了，现在非常愉快。

海灵格：（对长女）现在你试试能够和父亲靠得有多近。

（她走近父亲，然后又回到母亲身边。）

长女：我一点都不觉得安全，我宁愿跟母亲在一起。我喜欢能够看见我的弟弟妹妹，那样很有趣，但当妹妹离我远一些时，我会因为她要离开而感到伤心，但也因为能够看见弟弟而感到高兴。我有些相当新鲜的感觉，我没有感觉不好。我必须能够看见他们两个都在我父亲旁边，这对我来说很重要。

海灵格：前女友现在感觉怎样？

前女友：太棒了。这是我第一次不必去看另外一个家庭，我盯着那个二女儿看，远比我看自己的女儿还多。

海灵格：她的丈夫感觉怎样呢？

前女友的丈夫：这里似乎不错。

海灵格：（对雷蒙德）你因为同意女儿的收养而丧失了对她的权力，她就是根据这样而做出反应的。

雷蒙德：对。

海灵格：来自伴侣中任何一方前一段婚姻或是前一段关系的孩子，不应该被现任伴侣所收养。这对孩子以及系统来说都非常不利。

雷蒙德：我以为这样对她是比较好的。

海灵格：这都是理性的考虑。你可以告诉她，你感到很抱歉，而且无论发生任何事情，她都可以信赖你，你永远是她的父亲。这样可以让事情好转。告诉她你随时都欢迎她来找你，而且她跟你其他的孩子都拥有同样的权利，在遗产以及其他类似问题上。之后事情可能会缓和下来。想不想站到你自己的位置上去？

（雷蒙德站到他的位置上去，环顾四周。）

雷蒙德：平静，这真是一种平静的感觉。

海灵格：这是平静的，因为整个系统是在秩序之中，家庭中的每一个成员都有他们正确的位置。走近你的大女儿，看看感觉会是如何。

（对长女）当他走近你时，你是不是感觉到了和解？

长女：哦！有！我可以清楚地想象那个画面。（她笑了。）

海灵格：（对雷蒙德）这便是下一步了。

（对团体）我要告诉你们一个有关收养的故事，这个故事很容易懂。

故事：天堂与人间

一个柴夫和他的妻子一起住在大森林里，他们有个3岁大的独生女。因为贫穷，他们常常都不知道怎样才能养活女儿。一天，圣母玛利亚来到他们的家，对他们说："你们太贫穷了，是不能养活女儿的，不如把她交给我，我带她一同到天国，由我来做她的母亲，照顾她。"虽然柴夫和他的妻子心有不忍，但他们跟自己说："如果这是圣母玛利亚所要的，我们又能如何呢？"所以他们便将女儿交给圣母玛利亚。她们来到天国之后，女孩儿吃面包，喝鲜奶，与天使一同玩耍。但私底下她还是惦念着父母和多彩多姿的人间。

当女孩儿14岁时，圣母玛利亚再次出发去旅游，因为她也常常思念人间。她召唤女孩儿，对她说："你拿着天国十三扇门的钥匙，并保证十三扇门的安全。但你只能打开十二扇门，观赏里面的珍藏；这把小钥匙可以打开第十三扇门，但那是你的禁区，你切勿打开它，否则会带来不幸！"女孩儿答应："我永远也不踏进第十三扇门！"

圣母玛利亚走后，女孩儿游览天国的房间，她每天打开一扇门，直到她参观过所有十二个房间。每一扇门后面都坐着一个基督教的十二门徒之一，身后光环萦绕。女孩儿每一次打开门都非常开心。

只有第十三扇门仍然关闭着，女孩儿很渴望知道里面隐藏着什么东西。有一天当她独自一人时，她想："现在只有我一个人，没有人知道我是否打开了第十三扇门。"她拿出那把小钥匙，把它放进门锁内，转动它。门打开了，房间内充满着灿烂的金色光芒。这一定是个秘密的圣所，是最神圣的地方了。女孩儿也发出光辉，她冲入室内，用手指触摸那些黄金，她欣喜若狂地颤抖起来。

刹那间女孩儿想起了圣母玛利亚的禁令，她缩回手指，离开房间，把门关上。但女童的手指已经变成黄金了，她想把黄金洗掉，但是没有成功，她只好惶恐地等候圣母玛利亚回来。

圣母玛利亚一点也不急，她喜欢人间。她回到天国后，便召唤天使和女孩儿，向他们讲述发生在人间的种种新事物：在那里，人们有些奇怪的箱子，他们只需按钮，便可以看到世界上所发生的事情。

圣母玛利亚叙述道，有一天，她在一个箱子里看到有个女人胆敢去拜访山里的大猩猩，由于猩猩比人强大八倍，这是十分危险的一件事，但猩猩却允许女人接近它们。有一天，一只年轻的雄猩猩靠得这个女人非常近，甚至近到她能够用手指去抚摸它的背。那只雄猩猩非常柔顺，很顺从她，随便她怎样都可以。

之后当地人送给女人一只小猩猩。小猩猩失去了父母，没有了父母的照料和食物，非常虚弱。女人便本着慈母的心照料小猩猩，使它早日复原。虽然她对小猩猩呵护备至，但她还是看出小猩猩非常想念其他同伴。因此，当女人再次拜访猩猩群时，她把小猩猩带在身边，并交给了它们。当最年长的猩猩看到她们，便大叫着冲上前去，把小猩猩夺回，交给母猩猩。猩猩群并没有伤害女人。女人看到小猩猩在同类中非常快乐，也非常安全。

圣母玛利亚还说了很多其他的故事，她甚至忘记问及钥匙的事。

第二天她召唤女童让其交回钥匙。她试探地问："你真的没有到第十三个房间去吗？""没有，"女童说，"你禁止我这样做。"圣母玛利亚问道："那你为什么把手藏在背后？"她对女童说："伸出手来！"女童感到羞愧，但心知不能隐瞒，便将那只有金色手指的手伸出来。圣母玛利亚叹了一口气说："我想总有一天会发生这种事的。"她脱掉白手套，说："看，我也有一只金手指。"

她对女童说："你已经知道这么多事情了，你很快也会知道其他所有的事，回到人间去吧，那里有你的父母和兄弟姊妹，还有其他男人、女人和孩子。"女童欣喜若狂，非常感激。圣母玛利亚还帮女童收拾行李，向她告别。临走前，她还送了女童一双白手套，用来保护她的知识的证据。

疾病与健康的系统条件：
"医疗与宗教"国际会议中
针对重症患者及其医师
和治疗师所举办的研讨会

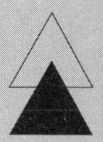

介绍性演讲：
信念促成疾病，醒悟便得康复

天和地

这里所说的"天"是指那些在家庭中导致严重疾病、意外和自杀的命运共同体；而"地"是指那些依然可以再扭转命运的种种行为实践。

家族中的严重疾病、意外和自杀事件，有可能与家族成员孩子般不成熟的信念有关。即使他们受着命运之苦，生重病或即将死去，仍然会有一些异想天开的想法，例如，他们以为通过自愿替某人承担病苦，或为某人赎罪，便能够消解家人的疾病和灾难。

接下来的内容是从家庭系统排列中所观察到的有关人们异想天开的信念

和醒悟。如果能从上述信念中醒悟出来，便可能激发治愈力量，让生命呈现更好的状态。

命运共同体

属于同一个命运共同体的人包括：兄弟姐妹、父母亲、父母的兄弟姐妹、（外）祖父母，有时甚至是（外）曾祖父母中一到两人，以及所有为了上述这些人而让出自己位置的人，例如，父母亲或（外）祖父母的前任婚姻伴侣，或以前的未婚妻，以及所有那些已离开或遭遇不幸的人。因为这样才使得其他人能够取得他们在家族中的位置，而有机会加入这个命运共同体或因此而得到利益。

家族忠诚及其后果

命运共同体中的每一个成员，彼此之间以一种极深的忠诚而相互联结着。联结最深的便是孩子与父母之间、兄弟姐妹之间和夫妻之间的忠诚。此外，后来进入家庭的人和那些为他们让出位置的人之间，也会建立起一种特殊的忠诚，尤其是当那些人有着沉重的命运时。

因此，第二任妻子往往会对丈夫的第一任妻子表现出潜意识的忠诚，或是第二段婚姻中的孩子，会对父亲或母亲第一段婚姻中的孩子有一种秘密的忠诚。父母对子女的忠诚没有子女对父母的忠诚那么强烈，但我们也同样观察到在伤害者及其受害者之间，以及在参战的老兵和他们阵亡的战友之间，有着一种强而有力且意想不到的忠诚。

渴望平衡

这种忠诚会导致后来的和较弱小的成员渴望紧握住先前和较强大的成员，不让他们离去或是死亡；如果他们已经离去或死亡了，后来的人和较弱小的人也希望跟随他们而去。

这种忠诚也会导致另一个结果，获得利益的人会去分担处境不利者的命运。因为这个原因,健康的孩子会渴望变得和父母一样染病;幼小清白的人会渴望成为强大而有罪恶的人。在这种忠诚的影响之下,健康的人对患病的人感到有责任;同样,清白的人对罪恶的人,幸福的人对不幸的人,活着的人对过世的人,也感到有责任。

所以,获得利益的人会愿意以他们的健康、清白、生命和幸福为其他人的健康、清白、生命和幸福做赌注和牺牲。他们满怀希望,以为通过放弃自己的生命和幸福就可以保障和拯救其他人的生命和幸福。

家族成员中的忠诚表现出,在某个成员的利益获得和另一个成员的不幸遭遇之间存在着系统平衡的需要:在清白、幸福的人和罪恶、不幸的人之间,在健康的人和患病的人之间,在活着的人和去世的人之间。当系统尚未恢复平衡,别人不愉快时,他也会感到不愉快;当别人患病或感到罪恶时,健康的人或清白的人也会感到不舒服或有罪恶感;当至亲的人去世,他也会有想要死去的念头。

因此,在这个命运共同体的限制之中,忠诚、平衡以及补偿的需要会使一个成员走进别人的命运,参与别人的罪恶、疾病,甚至死亡。他们尝试以自己的灾难为他人带来平安,以自己的疾病为他人带来康复,以自己的罪恶感或赎罪为他人带来清白感,或是以自己的清白感为他人带来罪恶感,甚至以自己的死亡为他人带来生命。

疾病跟随深切渴望而来

由于对平衡和补偿的系统需求利用了疾病和死亡,这类疾病就是想要归属命运共同体的深切渴望而导致的结果。因此,除了一般所知的医疗援助之外,心理上的帮助和照顾也是康复所必要的。当医生积极地尽其所能诊治病患的疾病时,心理治疗师要意识到疾病的系统重要性。当治疗师了解到他们是与爱和归属的力量在一起工作,而他们有可能会自以为是地对抗这些力量时,他们就会比较克制。治疗师作为力量的同盟者,而不是对手,其工作仅是帮助他们的当事人和病患与这些力量保持和谐一致。

"宁愿是我而不是你"

在一个团体催眠治疗过程中，有个患有多重硬化症的女人看见自己跪在瘫痪母亲的床边并内心暗暗决定："宁愿是我而不是你，亲爱的妈妈，我愿意代替你受苦。"团体中的每一个人都被这个孩子的爱所感动，但有一个学员却忽视了这份为母亲而愿意承受疾病、痛苦和死亡的爱。他恳求治疗师说："你必须帮助她脱离那种痛苦。"

但我们怎能如此放肆地以这种方式介入，而侮辱了孩子之爱呢？很确定的是，试图要她放弃孩童时期的承诺，只会增加而不是减轻她的痛苦；强迫她隐藏自己的爱，只会让她更加坚定通过自己受苦来拯救母亲的决心。

用另外一个例子可以清楚地说明一个医生或心理治疗师所能做的，以及他们所必须谨慎去避免的是什么。一个年轻女人，也是深受多重硬化症之苦，她进行了一个家庭系统排列，其中母亲站在父亲的右边。这个患者自己就站在父母对面；在她左边，是那个14岁时死于心脏衰竭的弟弟，那个弟弟的左边，是另外一个最小的弟弟。（见图104）

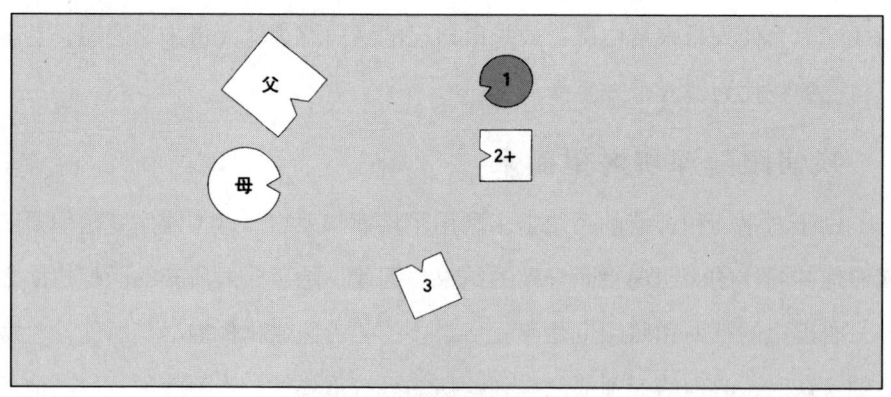

图104

父：父亲的代表
母：母亲的代表
1：第一个孩子的代表，女孩（当事人）
2+：第二个孩子，男孩的代表，14岁时死于心脏衰竭
3：第三个孩子的代表，男孩

根据代表们的报告，治疗师让那个已故弟弟的代表离开房间到门外去，这反映了他死亡的事实。当他离开时，当事人代表的脸上立刻泛出了光彩，很明显她母亲也感觉舒服多了。因为治疗师已经观察到父亲和最小的弟弟有一股想要离开的冲动，所以他也让他们离开房间。当所有的男人都到门外去时（表示他们都已经死亡），母亲挺直了身体，脸上出现了放松的表情，然后每一个代表就清楚了，原来母亲才是那个在系统压力之下要死去的人——不论是什么原因——当家庭中的男人准备好替她而死时，她深受感动而且如释重负。（见图105）

图105

为了让隐藏其下的动力更加清楚，治疗师叫所有的男人进来，而让母亲离开，到门外去。刹那间，所有的代表都感觉到从承担母亲命运的系统压力下被释放出来，他们都感觉好多了。（见图106）

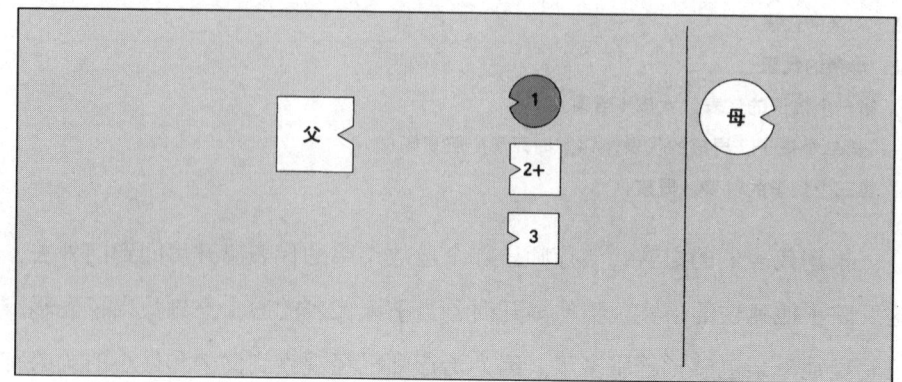

图106

为了要测试一种可能性,那就是女儿的多重硬化症和母亲所隐藏的自己应该死亡的信念之间有着系统性的联结,治疗师叫母亲进来,将她排列在她丈夫的左边,而把女儿排列在母亲旁边。(见图107)

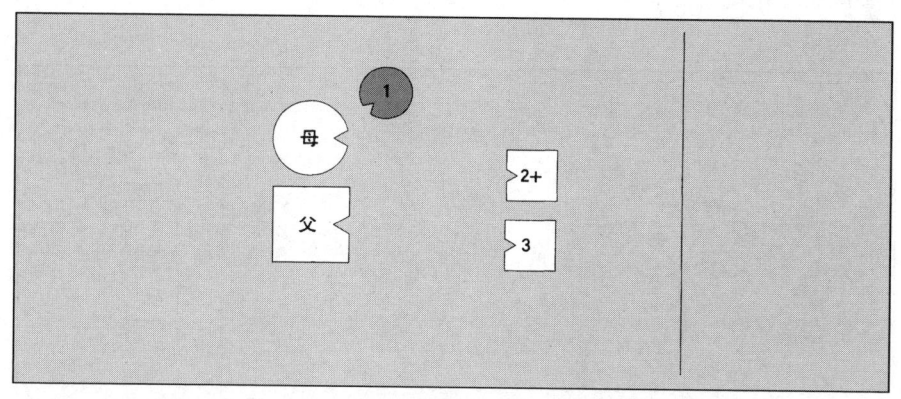

图107

治疗师要求女儿直接注视着母亲的眼睛,然后带着爱对她的母亲说:"妈妈,我愿意为你而做!"当女儿说出这句话之后,她的脸上发出了光彩,而她的疾病在系统上的意义和目的对每个人来说就变得一目了然。

睿智的爱

通常一个治疗师所能做的就是将孩子之爱展现出来,并且信任爱本身的动力,然后去寻找真正需求的是什么。孩子们为着爱,不论要付出什么样的代价,都是基于一种善的良知,并且坚信他们所做的是一件正确而高尚的事。然而,当这样的爱在宽容而体谅的治疗师的帮助下得以展现出来之后,孩子便明白盲目之爱永远也无法达成目的。

孩子们怀抱着荒诞的希望,他们以为通过牺牲就可以治愈心爱的人,保护他们免于受到伤害,为他们赎罪,使他们能够逃离不幸,甚至将他们从鬼门关抢救回来。但是对一个成年人而言,当他们那盲目之爱以及他们那孩子似的期望和渴望一同被展现出来之后,他们就能意识到:盲目之爱和牺牲不可能克服所爱之人的疾病、苦难和死亡。

当孩子之爱的目的以及达成这些目的的方法被展现出来之后,它们便失去了神奇的魔力,因为它们根植于神奇的信念,而这样的信念是无法在成人的世界中存在的。然而这份爱还是会持续下去,而且当结合了原因之后,就具有了更高的识别力。这份曾经导致疾病的爱,现在便会寻求一种不同的、具有启迪性的解决之道。如果依旧可能的话,他们便会去实现爱的真正目的,而使得生病成为一种不必要的行为。医师或治疗师可以指出方向,但他们也要尊敬这份孩子之爱,他们只是以一种更好的方式去帮助这份爱达到目的,那样孩童般的心灵才能够放心。①

"我将代替你离去"

伴随着致命性疾病的最普遍的神奇信念之一就是孩子的决定:"我将代替你离去。"在厌食症的案例中,那孩童般的心灵经常这样决定:"亲爱

---

① 此处所称的"孩子""孩子的爱",不是单指年纪小的孩子,而是泛指各种年纪的仍抱着孩子般信念的人,他们的爱仍像孩子般盲目。

的爸爸，我将代替你离去。"而在先前多重硬化症的案例中，孩子的决定则是："亲爱的妈妈，我将代替你离去。"我们经常会发现，在自杀和致命性的意外事件背后，这些动力在运作着。

"虽然你离去，我仍然留下来"

什么是有帮助和治疗性的解决之道？当你面对着至爱的人，带着爱的力量和信念说出盲目之爱的"我将代替你离去"这句话时，解决之道便浮现出来。有时你要不断重复这句话，直至你将所爱之人看成一个独立的个体，承认和感知他的存在，才可以使他与自己分开。否则，认同会一直保留和延续下去。

一个人面对着深爱的人，如果能够以全部的力量并且带着坚定的爱，成功地说出这些字句时，他就确认了孩子之爱，只不过是在一个不同的情境下。孩子之爱的确认和成人的接触结合在一起，让孩童般的心灵意识到爱和被爱的人都是成人。而这种知晓在爱和被爱的人之间划出了一条界线，同时也在他们各自的命运之间划出了一条界线。然后，我们就有可能意识到其他人从我们的牺牲中一无所获，相反，我为了所爱之人而付出的努力更可能是一种负担，而不是帮助。

接着要向所爱的人说第二句话："亲爱的爸爸、亲爱的妈妈、亲爱的哥哥、亲爱的妹妹——不论是谁——虽然你离去，我仍然会留下来。"当这句话是针对已故父亲或母亲时，再附加一句："亲爱的爸爸、亲爱的妈妈，我留下来了，请祝福我，虽然你已去世，也请保佑我平安。"

我现在举一个例子来详细说明：

有一个女人，她的父亲有两个残障的弟弟，一个耳聋，另一个患有精神疾病。父亲由于对弟弟的忠诚，想分担他们的命运，便与他们同住。但看到弟弟的不幸，他不能容忍自己的幸福。他女儿察觉到爸爸的感觉，她做出了拯救的行为，替代了父亲。当她进行家庭系统排列时，她的代表冲向父亲的弟弟们，并且拥抱他们，仿佛她在心中对父亲说"亲爱的爸爸，我将会离开，这样你就能留下来了"以及"我宁愿代替你分担他们的不幸"。这个当事人患有厌食症。

她的解决之道是什么呢？这个女儿首先必须注视着父亲的弟弟们，将他们视为独立的个体，然后在心里对他们说："当父亲留下来与我们同在时，请爱他；当我留下来与爸爸同在时，也请爱我。"

"我将随你而去"

孩子心中的一句"宁愿是我而不是你！"是希望阻止父母的离去或死亡。而"我将跟随你"这句话，是孩子对早逝、久病、残障的父母或兄弟姐妹所说，更精确的说法是："我将跟随你一同生病"或者"我将跟随你死去"。

因此，在家庭中产生作用的第一个句子是："我将跟随你。"这是孩子的话语。当这些孩子日后为人父母时，他们的孩子将会制止他们完成这句话语，而他们的孩子们所说的是："宁愿是我而不是你。"

"我将继续再活一段时间"

有帮助性、治疗性的解决之道的首要任务就是用"我将随你而去"这句话将严重疾病、意外和自杀企图背后的动力展现出来。孩子要用孩子至爱的所有力量和信念，面对着至爱的人大声说出："亲爱的爸爸、亲爱的妈妈、亲爱的兄弟、亲爱的姐妹——不论是谁——我将随你而去，即使是死去。"这里重要的是病人要重复这个句子，直至他意识并知觉到至爱的人和他是两个分开的独立个体。公开地将这个动力说出来，可以让孩子清楚地了解到，他的爱无法消除自己和已故亲人的分离，因此我们每个人必须了解和接受这些限制。这句话允许孩子承认自己和至爱亲人之间的爱，孩子可以看到：当没有别人的干预时，尤其是没有他们孩子般的干预时，他们至爱的人更容易去实现他们自己的命运。

孩子接着对已故的至爱亲人说第二句话，以释放去承担不良后果的使命感。那就是："亲爱的爸爸、亲爱的妈妈、亲爱的兄弟、亲爱的姐妹——不论是谁——你已经死了，而我将继续再多活一段时间，然后我也将死去。"或者也可以说："在我有生之年，我会尽可能地好好活着，然后我也将死去。"

当孩子看见父母亲其中一人跟随其家庭中的某一个人走向疾病和死亡时，他们可以真诚地说出下面的话而获得自由："亲爱的爸爸、亲爱的妈妈，即使你离去，我仍然会留下来。"或"即使你离去，我尊重你作为我的父亲，我尊重你作为我的母亲。"当父母亲其中一个自杀身亡时，孩子可以说："我尊重你的决定，并且向你的命运鞠躬致敬，我尊重你作为我的父亲，我尊重你作为我的母亲；我永远是你的孩子。"

导致疾病的信念

"宁愿是我而不是你"和"我将随你而去"这两句话是本着善的良知和对清白的信任而说出来的，同时它也与基督教教义和基督教范例相当类似。例如，在约翰福音中说："没有比为朋友奉献出生命更伟大的爱了"，还要求真正的信徒愿意追随他至十字架受难甚至死去。

基督教义中经由受苦和死亡得到的解脱，以及基督圣人和英雄偶像加强了孩子的信念和希望，使得他们以为能够代替别人承担疾病、不幸和死亡；通过自己的疾病和自己的苦难，就能够解决别人的疾病和苦难；通过自己的死亡，就能够挽救别人的死亡。他们还希望就算在人世间找不到拯救的方法，如果他们和逝去的人一样也失去了生命，他们就可以和逝去的人合二为一，他们相信能够通过死亡而重新获得拯救。

以爱康复

在牵连纠葛之下，康复和拯救的效果远超过医术和治疗方法所能及的，它需要一种心灵的蜕变与实践，使病人回归到更广阔伟大的层次，以消灭那些神奇的信念和愿望。有时可能需要医生或治疗师以心灵的蜕变与实践铺平的道路，但无论它何时发生，它超越了人类的力量，感觉像是一种恩典。

我以下面这个故事来加以说明。

故事：信念与爱①

很久以前，有个男人梦到上帝的声音说："起来，带着你唯一且心爱的儿子，带他到我所指示的山顶上去，在那儿将他献祭给我。"

第二天早上男人起床后，他注视着儿子，他唯一且心爱的儿子；又注视着他的妻子，孩子的母亲；然后他注视着上帝。之后他带着儿子来到上帝所指示的山顶上去，他在那儿建了一个祭坛。在那儿他又听到另外一个声音，然后他献祭了一头羊以取代他的儿子。

他的儿子会如何看待父亲？

父亲如何看待儿子？

妻子如何看待丈夫？

丈夫如何看待妻子？

他们如何看待上帝？

而上帝又如何——如果有上帝存在的话——看待他们？

另外一个男人梦到他听见上帝的声音说："起来，带着你唯一且心爱的儿子，带他到我所指示的山顶上去，在那儿将他献祭给我。"

第二天早上男人起床后，他注视着儿子，他唯一且心爱的儿子；又注视着他的妻子，孩子的母亲；然后他注视着上帝。他注视着上帝并且当着上帝的面回答说："我不会那样做！"

---

① 该故事与280页"更强大的信念"中的故事内容相同，但作者在两处有不同的侧重点。为了保持和原版书的一致性，将该故事继续保留。——编者注

>   他的儿子会如何看待父亲？
>
>   父亲如何看待儿子？
>
>   妻子如何看待丈夫？
>
>   丈夫如何看待妻子？
>
>   他们知何看待上帝？
>
>   而上帝又如何——如果有上帝存在的话——看待他们？

以疾病赎罪

导致疾病、自杀、意外和死亡的另一种系统动力来自为罪恶赎罪的愿望。在很多文化下，赎罪被视为有价值的好的事情。但如果我们从系统的角度来看，赎罪只是对现实的严重扭曲，只能让我们承受痛苦。那些无法逃避的和不受人控制的命运或事件，如疾病、残障或孩子夭折，会被看成罪恶并需要赎罪。当某人由于他命运中的牵连纠葛而触犯了某些东西，造成别人的损害，但自己却因而得到利益、帮助或生命，他同样会有罪恶感，例如孩子体验到母亲在分娩过程中去世。

同样，也有经由个人实际行为而带来的罪恶感，例如并非处于困境之中，却舍弃了孩子，或是错待别人，或是将某些恶毒的东西附加在别人身上。不论是来自命运的或是来自个人行为的罪恶，人们常常会以赎罪来抵销，用赎罪来补偿罪过，希望再次得到平衡。

这些行为，对当事人虽然不好，却又经常受到宗教教义和模仿偶像的鼓励，例如那些想以受苦或死亡来达成解脱的信念，或是那些通过自我惩罚或严重痛苦就可以洗净罪恶的宣传。

以赎罪作为补偿却使不幸加倍

我们的赎罪行为会满足我们想要回复平衡的盲目要求，但是当平衡是通过疾病、意外或死亡而获得，实际上又能获得什么呢？本来是一个人受害或死亡，反而变成有两个人受害或死亡。更不幸的是，赎罪对受害者造成双重的伤害和加倍的不幸，因为他们的不幸又孕育了其他人的不幸，他们的死亡又导致了其他人的死亡。

还有一点值得考虑，赎罪是一种简单的解决方法。正如那些奇怪的思想和行为以为单是自己的不幸便能够治疗别人，自己的苦痛便能够拯救别人；赎罪意味着苦痛和死亡便已足够，不需要正视人们的关系，也不需要正视不幸者遭受的痛苦。

如果一个孩子的母亲死于分娩，孩子对母亲就会有罪恶感，因为他的生命是母亲以自己的生命为代价换来的。如果孩子想通过承受苦难或自杀来赎罪，母亲的不幸便会倍增——她失去了自己的生命，而且孩子也死了。母亲给予孩子的生命没有得到尊重，她的爱也没有得到重视与感激，她的死便是白费了。更糟的是，母亲的死亡带来的是苦难而不是欢乐，而且死掉的不只是母亲一个，而是母亲和孩子两个。

要帮助孩子，我们必须记住，孩子不仅有赎罪的愿望，他的"宁愿是我而不是你"和"我将随你而去"的愿望，也是带着爱的。只有成功地为这两句话找到有治疗性的解决之道，才能够处理孩子赎罪的愿望。

补偿的治疗方法

什么样的解决之道是既适合孩子也适合母亲的呢？孩子应该说："亲爱的母亲，你为了我的生命所付出的代价不会白费，为了纪念你和以你为荣，我会活得有所作为。"孩子要积极生活，取得成功，而不是受苦、失败和死亡。孩子以这种方式和母亲形成的联结，与跟随母亲不幸和死亡相比要更为紧密。孩子带着爱面对母亲，以这种态度接受和完成生命，母亲便活在他的眼中，常存在他的心中，祝福和力量也从母亲那里流动到孩子这边。

和通过赎罪来补偿不同，这种补偿会带来快乐和健康，而前者只会造成痛苦和死亡。这种补偿带来祝福，孩子为了纪念母亲做些美好、善良的事，那么母亲也参与了孩子的成就。通过这种方式，母亲和孩子都与他们的命运进行了和解。

和解比赎罪好

通过赎罪的行为我们逃避人与人之间的关系，通过赎罪我们把罪恶当作一个对象来处理，以为破坏了自己某些珍贵的东西还能够偿还。当我们以不公平的方式对待另一个人，带给他不幸，导致他的身体或生命发生不可补偿的损害时，这些赎罪又有什么作用呢？因为没有正视对方，才会相信通过赎罪，例如做出伤害自己的行为，便可以得到解脱。如果正视了对方，便一定会明白，希望因赎罪而带走的，正是必须保留下来的东西。

对于个人要背负的罪过，也有需要注意的地方。如果因为某些原因而失掉了孩子，女人常会以危害生命的疾病来赎罪，或是放弃和孩子父亲的关系以及日后的伴侣关系。母亲有时会感受到赎罪的要求，或是跟随已死孩子的愿望，如同孩子想要跟随母亲一样。我们现在做一个假设，当一个孩子本着"宁愿是我而不是你"的想法因为母亲的罪恶而死去，而母亲又以疾病或死亡来赎罪，那么孩子对母亲的爱和为母亲而死付出的代价就白费了。

个人罪恶感的解决方法是以和解的行为来代替赎罪。当你去正视那些受到自己不公平对待的人时，和解便会出现。例如当母亲或父亲看着被否认或被遗弃的孩子时，对他说"我很抱歉！""我在心里给你留一个位置""我将会做一些好事来纪念你，你也将参与其中"，或者"你应享受我为了纪念你所创造的成果"，那么孩子遭受的苦难也就不会白费。因为母亲或父亲在纪念和注视孩子之时所创造的事是透过孩子而发生的，在这段时间之内，孩子与父母亲联结在一起，参与了他们所做的事情。

人世间的罪恶是会消逝的

人世间,每一件事都是短暂而无常的,因此,假以时日,甚至连罪恶也必须允许它成为过去。

疾病乃是企图为他人赎罪的结果

在家庭排列中,经常可以看到,一个家庭成员通过自己承担另一个成员的罪恶和后果而为之赎罪。孩子或伴侣会说"我将跟随你,分担你的罪恶及其后果",或者说"宁愿是我而不是你"。他们承受了别人拒绝接受的罪恶和它的后果。

举个例子,有个女人在团体中讲述,她拒绝照料年老的母亲,把她的母亲送到养老院去。结果就在那个星期之内,她的一个女儿患了厌食症,开始全身穿着黑色的衣服,去拜访不同的养老院,每星期有两天到养老院去照顾老人。没有人知道,甚至是那个女儿自己也不了解她为什么会这样做。

疾病乃是拒绝以自己父母为荣的结果

导致严重疾病的另一个隐藏的家庭动力是,孩子拒绝以爱来接受自己的父母并且以自己的父母为荣。他们抬高自己,自以为可以超越人世。例如有些罹患癌症的人,宁愿死去也不愿在父亲或母亲的面前鞠躬。

以自己的父母为荣便是以大地为荣

以自己的父母为荣,便是以父母的本来面貌去敬爱他们,并且接受他们;而以大地为荣,便是以大地的本来面貌去敬爱大地,并且去接受大地,包括生与死、健康与疾病、开始和结束。这是一种深刻的心灵训练,在更早时期,我们称之为朝拜。那是一种终极的心灵训练,令我们体验到一种完全的臣服,完全不计任何代价的臣服。臣服就是给予一切并且接受一切,接受一切并且给予一切——带着爱。

最后，让我告诉你们一个哲学故事，这个故事可称为"两种幸福"，但在这里我称它为："不在与存在。"

故事：不在与存在

一个僧人，出外寻找绝对，
在市场之中来到一个商人面前，
请求对方给自己食物。

商人瞥了他一眼，踌躇片刻。
当商人把所能给予的东西交到僧人手中时，
对他提出一个问题。

"你对我的要求有何意义？
你要求我给予你生存所缺乏的东西，
却轻视我及我所能满足你生存的东西？"

僧人回答：
"相较于我所追求的'绝对'
其他一切似乎确实是微不足道。"

商人并不满意，
以第二个问题再度试探他：
"如果这么一个'绝对'存在的话，
它必然是超越我们所能及的。
因此任何人怎能擅自假想去寻求它
如同它可以被发现
就躺在某一条长路的尽头呢？
任何人怎能占有'绝对'

或是声称比其他人拥有更多的'绝对'呢?
相反,如果这个'绝对'存在的话,
任何人又怎能偏离它
而被它的意志和努力所排除呢?

僧人回答:
"唯有那些准备要放下的人
放下现在最接近他们的一切,
并且愿意放弃受当下所束缚的人,
才能到达'绝对'。"

商人仍未信服,
再以另一个想法考验他:
"假定有一个'绝对'存在,
它一定是接近每一个人的,
尽管隐藏在显而易见且持久之中,
就如不在隐藏于存在之中,
过去和未来隐藏于当下之中。

"相较于存在
对我们所显露的短暂和有限,
不在似乎无限于时间和空间,
而相较于当下
过去和未来亦是如此。

"然而不在唯有在存在之中才能对我们揭示
就如过去和未来

唯有在当下才能揭示。

"就像黑夜和死亡，
不在持守着，我们所未知的，
某些尚未到来之事。
但正当有些片刻
在眨眼瞬间，
不在刹那间启发了存在，
就如火光一闪照亮了黑夜。

"因此，绝对亦是如此接近我们
在此时此地
并且启发了此刻。"

僧人对商人提出
一个他自己的问题：

"如你所言属实，
那么，
你我之间，
还有什么？"

商人说：
"之于我们，仍然还有
不过片刻，
这个大地。"

研讨会

家庭系统排列:"我将跟随你"

海灵格:在这个研讨会当中,我将会示范如何寻找我在演讲中所谈到的疾病与健康的系统条件。因此我将主要对遭受致命性疾病之苦,如癌症、糖尿病,或是多重硬化症,或者是有自杀倾向的学员进行家庭排列。

(对坐在轮椅上的阿斯特丽德)我想从你开始。请到我这里来,你可以坐在轮椅上。你有什么疾病?

阿斯特丽德:我有糖尿病,已经透析很长一段时间了。透析之后我还做过肾脏移植手术。

海灵格:我将尽我所知的一切来为你服务。如果你用你自己内心的和你父母亲的积极方面和我进行家庭排列的话，也许我们会找到某些对你有帮助的东西。好吗？很好。告诉我一些你的家庭状况。你的家庭中有没有发生过任何比较极端的事情？比如说，有没有人夭折，或有没有人自杀？

阿斯特丽德：在我之后还有第三个孩子，出生后三天就死了。

海灵格：这是重要的，一个夭折的孩子的兄弟姐妹都会有强烈的反应。家里还发生过其他事吗？

阿斯特丽德：我的糖尿病开始发作和我外公病逝于癌症是同一个时间，他与我们住在一起。

海灵格：母亲的家庭里发生过其他重要的事吗？例如有没有人夭折？

阿斯特丽德：母亲的弟弟14岁时在大战期间死于白喉。

海灵格：你的父母或祖父母、外公外婆之中，有谁之前曾经结过婚或是有过固定的亲密关系？

阿斯特丽德：没有。

海灵格：现在让我们通过团体成员的帮助来排列你的家族系统，首先在团体中选择人物的代表。我们需要某个人来代表父亲，某个人代表母亲，第一个孩子是？

阿斯特丽德：我哥哥[1]。

海灵格：第二个孩子？

阿斯特丽德：是我。

海灵格：要找一个人代表你。夭折的孩子是？

阿斯特丽德：女孩。

海灵格：也要为她找一个代表。她死于什么原因？

---

[1] 后来得到信息知道，阿斯特丽德的哥哥在妹妹夭折的同时开始患上哮喘，虽然五年后他才知道有一个夭折的妹妹。——作者注

阿斯特丽德：不清楚。

海灵格：不清楚，你是指什么意思？

阿斯特丽德：母亲告诉我那个孩子不肯吃奶，这就是我所知道她的死因。

海灵格：她是饿死的。然后呢？

阿斯特丽德：这是我唯一听到过的解释。除此之外，从来没有人和我提到过她。

海灵格：对孩子的死，父母之间有没有互相责备？

阿斯特丽德：从没有人谈起过她。

海灵格：好，现在让我们来排列每个人的位置，你能够走过去排列他们吗？

阿斯特丽德：可以。

海灵格：你知道怎样进行家庭系统排列吗？

阿斯特丽德：不知道。

海灵格：现在你逐一排列被挑选出来的代表，排列的位置是根据你和家庭中其他成员之间相互关系状态的感知。当你感到排列的位置是恰当时，就让他们站在那儿。完全根据你现在的感觉去排列他们，你的感觉是正确的。当你排列完成之后，就可以坐下来。（见图108）

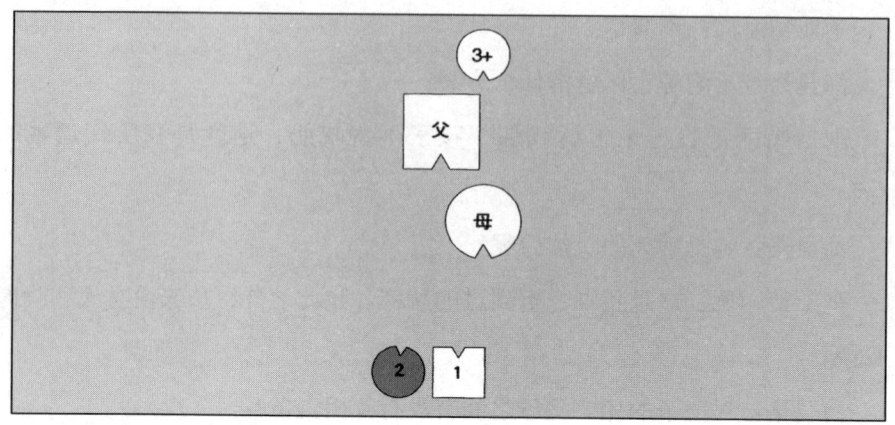

图108

父：父亲的代表

母：母亲的代表

1：第一个孩子的代表，男孩

2：第二个孩子的代表，女孩（阿斯特丽德）

3+：第三个孩子的代表，女孩，出生后不久夭折

海灵格：父亲感觉怎样？

父亲：我感到被夹在两者中间，威胁来自后方。后面的东西有点神秘莫测。我有种冲动想要转过头去看。

海灵格：母亲感觉怎样？

母亲：后面有很多看不见的东西，我的感觉很强烈。

海灵格：儿子感觉怎样？

儿子：我感到与妹妹的联结很强，但离父母却很远。

海灵格：（对阿斯特丽德的代表）次女怎样？

次女：我感觉到父母看着我的样子太亲密了，我很高兴我和他们不是非常亲密。

海灵格：夭折的孩子感觉怎样？

三女+：我认不出任何人，我不属于这里。

海灵格：我准备将夭折的孩子排列在其他人看得到的地方。（见图109）

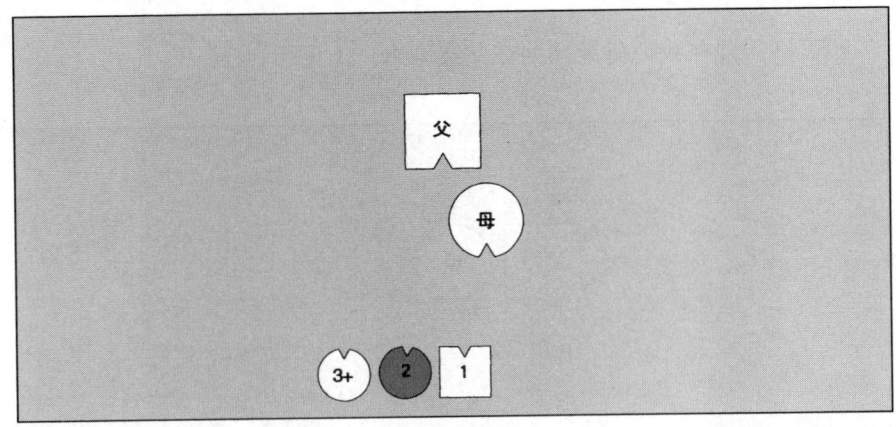

图109

海灵格：对父母有没有变化？

父亲：我自在多了，我感到妻子与我还是太紧密了，但呼吸畅顺得多了。

海灵格：母亲现在感觉怎样？

母亲：我感到轻松多了。

次女：我也感到好多了。

（两姐妹相对而笑。）

海灵格：你们俩人之间刚刚发生了什么？

次女：我觉得有她在旁边很好。

海灵格：（对团体）从这个家庭我看到几个不同的画面。第一，母亲想离开家庭，跟随死去的孩子。第二，女儿想阻止母亲离开，宁愿自己离去。第三，女儿也想跟随死去的妹妹一同死去。

你们有没有看到她们两姐妹之间的相互理解和她们之间的爱？

（两姐妹再次相对而笑。）

海灵格：你们看到了吗？她们是无法隐藏的。

（团体笑了。）

海灵格：现在我把母亲排列在父亲旁边。（见图110）

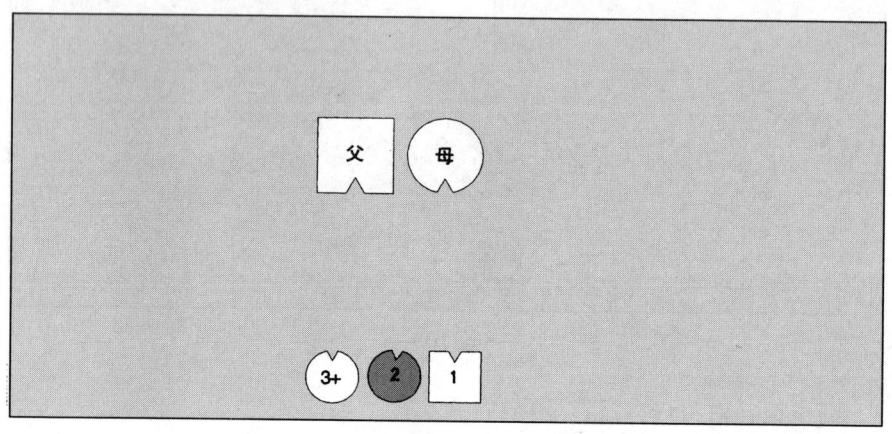

图110

海灵格：现在感觉怎样？

父亲：我被拉向右边，远离我的妻子。

海灵格：（对父亲的代表）你有可能感觉到要离开的冲动。走过去站到夭折孩子的旁边。感觉如何？

父亲：我感觉很好。

海灵格：（对阿斯特丽德）父亲的家庭发生过什么事？

阿斯特丽德：我父亲的其中一个弟弟在大战期间非常突然地死于肺炎。

海灵格：（对父亲的代表）回到妻子的旁边去，我将把你已故的弟弟加到排列中。（见图111）

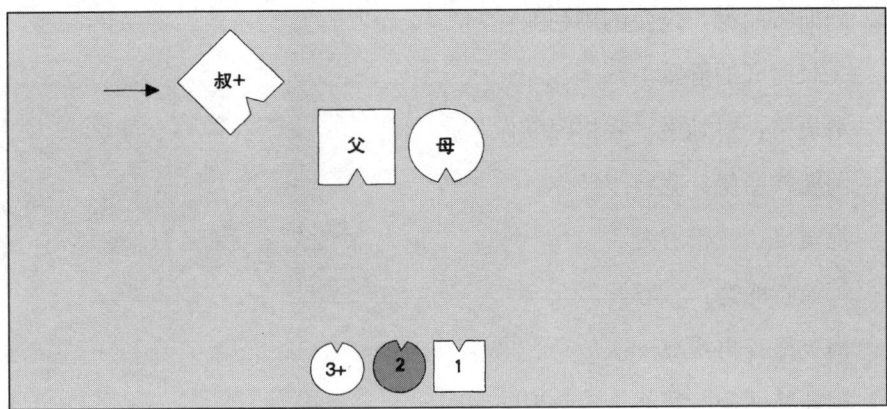

图111

叔+：父亲弟弟的代表，已过世

海灵格：有什么变化？

父亲：感觉很好，右边的拉力消失了。

（其他的家庭成员都没有什么变化。）

海灵格：（对团体）父亲可能想对已故的弟弟说，"我将跟随你"。母亲现在感觉怎样？

母亲：我觉得当他弟弟加进来之后有了一些改变，之前我和丈夫两个人之间的关系似乎有些不太对劲，现在已有改变，但他弟弟不能站得太近。

海灵格：对。如果他站得太近的话，你将会失去你丈夫。

（对阿斯特丽德）你现在想不想站到你自己的位置上去？

（阿斯特丽德站到她自己的位置上去。）

海灵格：妹妹叫什么名字？

阿斯特丽德：玛利亚。

海灵格：看着她，对她说"亲爱的玛利亚！"

阿斯特丽德：亲爱的玛利亚！

海灵格：再重复一次！

阿斯特丽德：亲爱的玛利亚！

（长时间的静默）

海灵格：对她说"我将跟随你"。

阿斯特丽德：我将跟随你。

海灵格："带着爱。"

阿斯特丽德：带着爱。

海灵格：再重复一次！

阿斯特丽德：我将带着爱追随你。

海灵格：这个句子感觉对吗？这句话是真的吗？

阿斯特丽德：是的。

海灵格：夭折的妹妹现在感觉怎样？

三女+：不大好。

海灵格：没错。

三女+：我不需要她。

海灵格：（对团体）这是一种理想的幻灭，也是一种醒悟。

（对阿斯特丽德）我现在将要把你的妹妹带离你，让她去她所归属的地方。

（对已死妹妹的代表）坐到父母前面的地板上去，背靠着他们！（见图112）

疾病与健康的系统条件 | 369

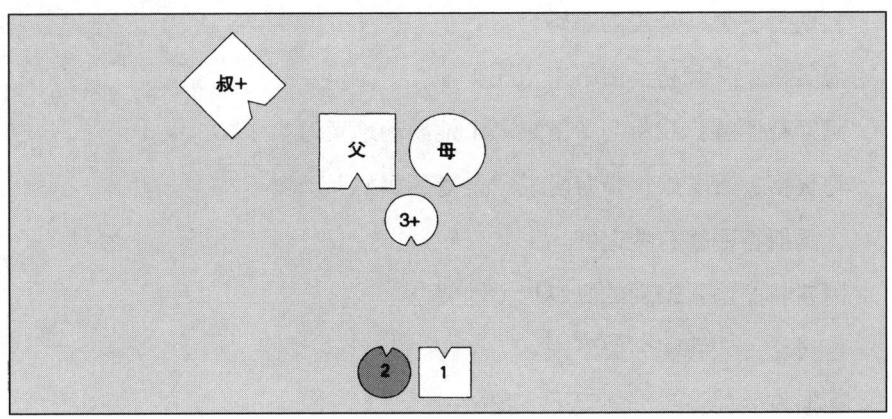

图112

海灵格：（对父母）把一只手轻轻地放在她的头上，你们两个人都这样做。

海灵格：夭折的孩子现在感觉怎样？

三女+：比较好。

海灵格：父母亲的感觉呢？

（父母点头，彼此相互微笑。）

海灵格：（对阿斯特丽德）对你夭折的妹妹说"亲爱的玛利亚！"

阿斯特丽德：亲爱的玛利亚！

海灵格："那是你正确的位置。"

阿斯特丽德：那是你正确的位置。

海灵格：说"我留在这里"，然后睁开眼睛！

阿斯特丽德：我留在这里。

（长时间的静默）

海灵格：深呼吸！看着母亲对她说"亲爱的妈妈！"

阿斯特丽德：亲爱的妈妈！

海灵格：对她说"亲爱的妈妈！"

阿斯特丽德：亲爱的妈妈！

海灵格："我将会留下来。"

阿斯特丽德：我将会留下来。（她激动地哭泣。）

海灵格：看着她，带着爱说"亲爱的妈妈"。

（阿斯特丽德有些迟疑。）

阿斯特丽德：亲爱的妈妈！（她哭泣）

海灵格："我将会留下来。"

阿斯特丽德：我……我……我……

海灵格："我将会留下来。"

阿斯特丽德：我将会留下来。

海灵格：再说一次，很简单。"亲爱的妈妈。"

阿斯特丽德：亲爱的妈妈，我将会留下来。

海灵格：现在看着父亲对他说"亲爱的爸爸！"

阿斯特丽德：亲爱的爸爸！

海灵格："亲爱的爸爸！"

阿斯特丽德：亲爱的爸爸！

海灵格："我将会留下来。"

阿斯特丽德：我将会留下来。

海灵格：对你来说好像跟父亲说这句话比较容易一些。再次看着母亲。我要把你排列在母亲旁边，就像这样，非常地靠近。（见图113）

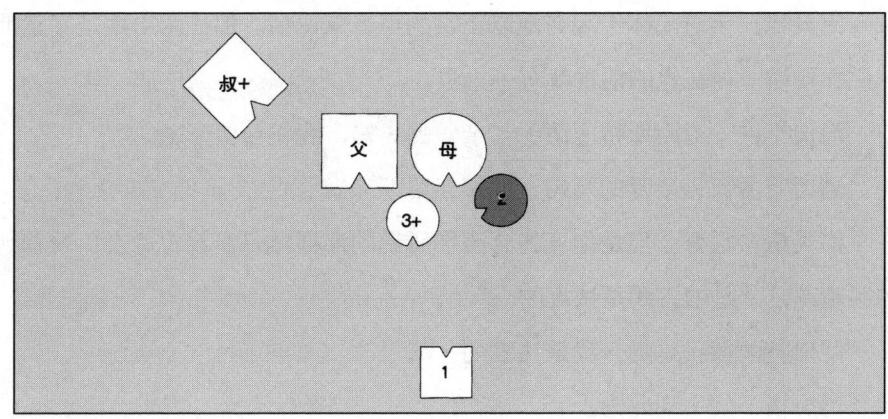

图113

海灵格：看着她。看着她的眼睛并且说"亲爱的妈妈！"

阿斯特丽德：亲爱的妈妈！

海灵格："我将会留下来。"

阿斯特丽德：（很坚决地）我将会留下来。

海灵格：没错。再说一次！

阿斯特丽德：亲爱的妈妈，我将会留下来。

海灵格：（对母亲）用你的双手抱着她！

（对阿斯特丽德）说"亲爱的妈妈，我将会留下来。"

阿斯特丽德：（大声地）亲爱的妈妈，我将会留下来。

海灵格：没错。"亲爱的妈妈，我将会留下来。"

阿斯特丽德：亲爱的妈妈，我将会留下来。（她哭泣着。）

海灵格：深呼吸！吸气，吐气，深呼吸！用嘴巴呼吸！吸气，吐气，深呼吸！对，就像那样。温柔地重复"亲爱的妈妈！"

阿斯特丽德：亲爱的妈妈！

海灵格："我将会留下来。"

阿斯特丽德：我将会留下来。

海灵格：（对团体）现在她以正常的声音来说话。那显示出她是真正地在说那句话。现在她的话语就有了力量。

海灵格：（对阿斯特丽德）"亲爱的妈妈，我将会留下来。"

阿斯特丽德：亲爱的妈妈，我将会留下来。

海灵格：很好。但是你真的会照你所说的那样做吗？看着母亲！看着她的眼睛说："是的，我是认真的。"

阿斯特丽德：是的，我是认真的。

海灵格：好，到此为止。

（海灵格带阿斯特丽德回到座位。坐在她旁边的女人试图用手去抱她，海灵格马上阻止。）

海灵格：你所提供的安慰将会干扰她内心深层的运作。她已经处在一种与她自己相联系的最好的状况了，你的安慰只会干扰她。

（对团体）这是一个很高强度的工作。但我相信我们已经看到，哪些力量导致疾病，以及要得到康复所需要的力量。我们可以看到，导致疾病和脱离疾病都是来自同样的爱，只是目的不同罢了，爱的本身并没有改变。

有任何疑问吗？

学员：在父亲方面不是还有一些尚未解决的事吗？他也想要死去。

海灵格：这个工作的重要原则之一是，不要去做超过病人所需要的。对阿斯特丽德来说再也不需要别的了，这已经相当清楚。这就是该停止的时刻，否则能量会变弱而枯竭，结束的时机就是在张力达到最强的那个片刻。不需要去做细节的处理，也不需要询问"你现在感觉如何？"之类的问题，那样只会带走能量。你能感受到吗？

学员：是的。

补充资料

四个月之后,我收到了阿斯特丽德寄来的这一封信:

现在已经过了几个月了,我一直在犹豫不决,一方面我真诚地渴望告诉你,与你的相遇给我的生命所带来的改变;另一方面当我想付诸行动时内心的胆怯阻止了我,以至于直到现在才提笔给你写信。

最为明显而实际的"成功见证"是:过去三年来经常发作的肾炎和尿失禁现象,突然间就消失了。

这对我而言较之乍看之下的病情明显好转,要更为意义深远。因为感染而发炎不仅会危及肾脏移植的成功,也会迫使我必须接受进一步的手术,那些手术在不同的环境下相当复杂,而且手术的成功率也很值得怀疑。

这句"我将会留下来",渐渐生效了,我对母亲已经没有了从前那种固执的想法,我能够自主地决定,我要继续活下去。

对于"我将跟随你"和"宁愿是我而不是你"这两句话的觉知,已影响了我诸多家庭成员中相互之间如网状般紧紧相扣的牵连纠葛,至少在我和夭折的妹妹的关系中产生了明显的解脱和释放。

突然之间,我可以马上结束有生以来的"疾病生涯",病症也不再恶化。那份持久的间接自杀愿望,也已经失去了力量及理由。

家庭系统排列:母亲跟随残障的孩子步入死亡

海灵格:(对布鲁诺)你有什么问题?

布鲁诺:我感到浑身不自在,有一种不知道何去何从的感觉。

海灵格:你的家庭中发生过任何特别的事吗?

布鲁诺:母亲在四年前去世了,她当时是与父亲一起在山上。

海灵格:那是意外事故吗?发生了山难吗?

布鲁诺：她失足滑了一跤。后来我从父亲口中知道他曾在一段时间有婚外情，我本来早应发觉这件事的。

海灵格：他不应该向你提这件事，这与孩子没有关系。这类事情在系统中属于父母的层次。父母有着上一层的序位，孩子在下一层的序位不应该知道父母的秘密。所以，在治疗中我总是很谨慎地保护父母的秘密。这些资料对你并不重要，在家庭中有没有人早逝？

布鲁诺：有，我的妹妹。

海灵格：她那时多大？

布鲁诺：她当时是18岁，我大她两岁。她患有唐氏综合征[①]。

海灵格：唐氏综合征？这是一项重要的信息。在家庭中如果有一个孩子残障，其他健康的成员会感到像是得到了某种利益，似乎是不劳而获。他们往往会限制自己，面对残障的兄弟姐妹，他们不敢接受生命。我们必须寻找困扰你的原因，这是第一个着手之处。

（对团体）当我们在探索与这种与牵连纠葛类似的动力时，问题不在于任何人的好坏，或是个人的责任，简而言之就只是命运而已。有许多超越清白与罪恶的力量在运作着。所以我们不是在寻找有罪的人，而是试图去观察运作中的系统力量，并且去发现与这些力量保持和谐一致的解决之道。

（对布鲁诺）在家庭中还发生过什么重要的事件吗？你有多少兄弟姐妹？

布鲁诺：就有我们两个。

海灵格：只有你们两个？那关系自然更加强烈。父母之中有谁曾经结过婚或有过固定的亲密关系？

---

① 唐氏综合征，又称先天愚型或Down综合征，是由染色体异常而导致。1866年，Dr. John Langdon down第一次对唐氏综合征的典型体征，包括面部特征进行完整的描述并发表，因而，命名为唐氏综合征（Down综合征）。——编者注

布鲁诺：没有。

海灵格：父母之间有没有因为妹妹的残障而互相指责？他们之间有没有人认为可能是对方的错？

布鲁诺：我母亲在生我妹妹时，年纪稍微有点大。

海灵格：她那时多少岁？

布鲁诺：40岁。

海灵格：你父亲责怪母亲吗？或是你母亲责怪父亲吗？在你的印象中情况是怎样的？

布鲁诺：父亲没有责怪母亲。但我相信，母亲有罪恶感，而且试图为已发生的事找到一个原因。

海灵格：我们现在排列你的原生家庭，以你的父亲、母亲、你，还有你的妹妹来开始。（见图114）

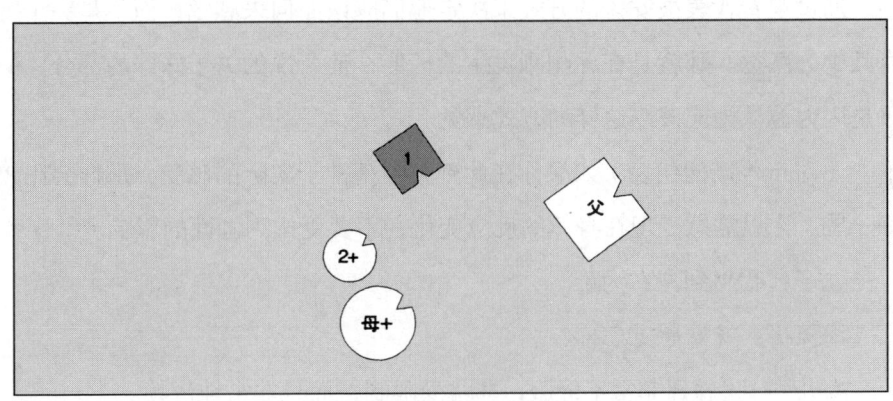

图114

父：父亲的代表

母+：母亲的代表，死于意外

1：第一个孩子的代表，男孩（布鲁诺）

2+：第二个孩子的代表，女孩，患有唐氏综合征，18岁时去世

海灵格：父亲感觉怎样？

父亲：有些沉重。

海灵格：沉重？可不可以讲清楚一点？

父亲：我并没有面对我的家庭，这是一种不愉快的感觉。

海灵格：母亲感觉怎样？

母亲：我感到非常忐忑不安，我没办法接触到丈夫和儿子。我感到完全没有机会。

海灵格：是的，就是这样，没错。

（对布鲁诺的代表）儿子感觉怎样？

儿子：我感到左右为难，被拉向不同的方向。我感觉妹妹似乎在把母亲从我身边带走。

海灵格：（对团体）有时，当我们进行这样的工作时，人们站在排列之中，通过观看代表被安排的方式来决定他们应该如何来感觉，而不是完全置身其中去感觉。那就是在此刚刚发生的情形，他所说的关于妹妹的部分，似乎是因为他认为应该以这样的方式感觉。

（对布鲁诺的代表）如果你在此刻集中精神于实际的感受，那样会比较好一些。你只需感受现在身体的反应变化，不要受排列画面的影响。

儿子：我感到左右为难。

海灵格：妹妹感觉怎样？

女儿+：我感到非常不舒服，非常受限制，而且非常地依赖。

海灵格：走出房间，把门关上。

（对团体）当某人离开房间，表明那个人已经死亡或是自杀了。在这个案例当中，她死了。（见图115）

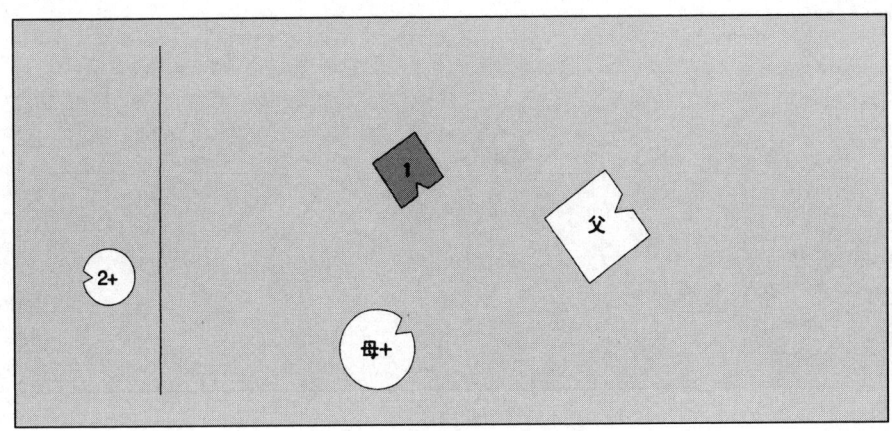

图115

海灵格：母亲有什么变化？是比较好还是比较差？

母亲：比较差，我感到非常孤单。

海灵格：对父亲呢？是比较好还是比较差？

父亲：比较差。

海灵格：哥哥呢？是比较好还是比较差？

儿子：两者都有。一方面我比较能够看清楚母亲，这是一种解脱。

海灵格：（对团体）就是这点，当有人死掉，其他人很难说出他感到解脱。但这是常有的情形。当他说他同时既感到比较好，也感到比较差时，我会理解为他感到比较好。

儿子：是的，那倒是真的。

海灵格：这就是事实。事情就是这样，而且其中并没有错。那并不意味着有人是不好的，或是邪恶的。

（对母亲）现在走到门外去！你是下一个死去的人。走出去，并且把门关上！（见图116）

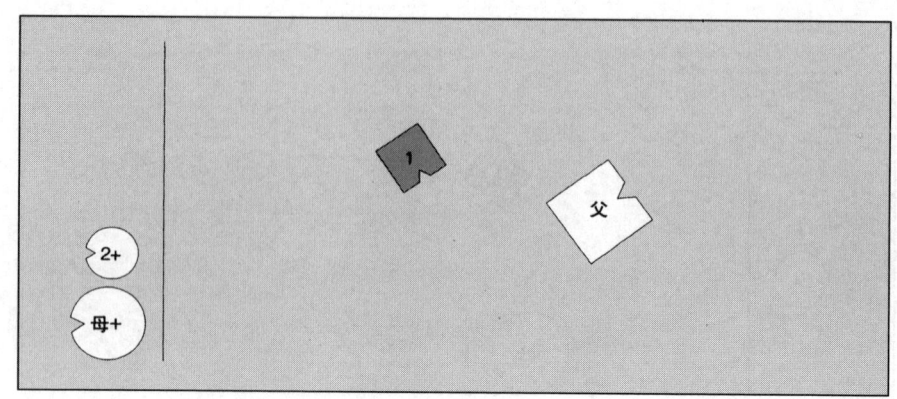

图116

海灵格：父亲现在感觉怎样？

父亲：非常糟糕。

海灵格：（对团体）仔细检视一下父亲真正的感觉是什么。他所说的真的是这样吗？

（父亲的代表笑了。）

海灵格：你们看吧？这是一种被禁止的感觉，事实是他现在感到比较好。在家庭中他根本就没有机会。在此情况之下，除了爱上另外一个女人之外，他还能怎么做？当你看到他的处境，你能够责怪他吗？不，你不能责怪他的。

（对布鲁诺的代表）你现在感觉怎样？

儿子：不好，我感到孤单得可怕。

海灵格：（对团体）很清楚，我们现在所看到的当然不是一个好的解决之道。但这是这个特定的家庭所发现的一个解决之道。现在让我们来看看是否能找到一个更好的解决之道。

海灵格：（对门外的母亲和女儿）你们现在可以进来了，站回到你们之前的位置。（见图117）

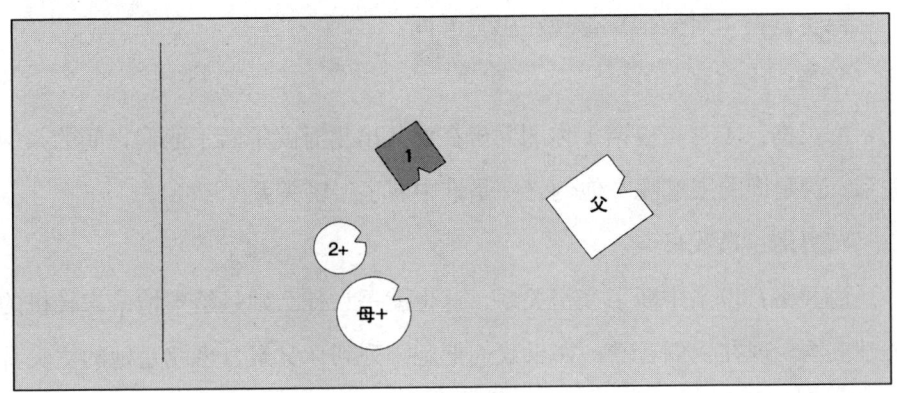

图117

海灵格：（对女儿）你在门外感觉怎样？是比较好还是比较差？

女儿+：我先做了一个深呼吸，然后我就感觉比较好了。

海灵格：（对母亲）你在门外感觉怎样？是比较好还是比较差？

母亲+：比较好。看到女儿我很开心。

（母女两人相视而笑。）

海灵格：（对布鲁诺）她看到女儿很开心。现在你可以看到母亲死亡背后所隐藏的动力吗？她跟随女儿而死，这是一种可敬的动机，但不是一个令人满意的解决之道。（见图118）

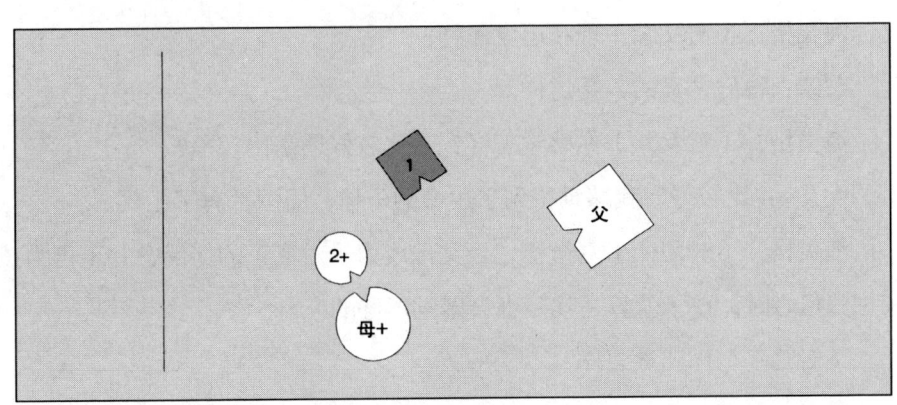

图118

海灵格：（对父亲）你现在感觉怎样？

父亲：比较好。

海灵格：（对布鲁诺）你的父母在女儿出生时就中断了他们之间的亲密关系。这是谁的主意呢？他们之中是谁中断了亲密关系？

布鲁诺：是我母亲。

海灵格：母亲中断了亲密关系，这也就是为什么她是给事情带来转机的关键人物。现在我们看看，如果我们把她排列到你父亲，也就是她的丈夫身边时，会有什么事发生。（见图119）

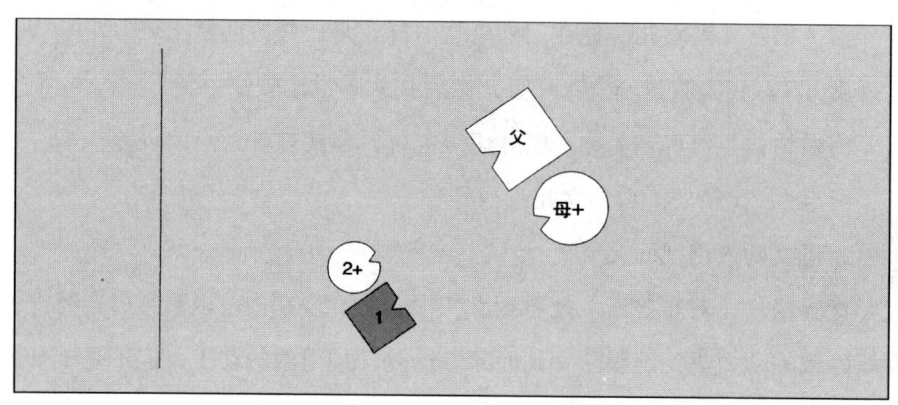

图119

海灵格：（对父亲）现在感觉怎样？

父亲：很好，真的，是这样。

海灵格：（对女儿）你感觉怎样？是比较好还是比较差？

女儿+：比较好。我感觉得到了生命的乐趣，周围都有了生气。

海灵格：（对团体）真奇怪，当父母成为一对真正的伴侣，并不再为孩子过分担心时，孩子就算是残障也会感觉很好的。

（对儿子）你感觉怎样？

儿子：很好。

海灵格：女儿感觉怎样？

女儿+：我也很好。

海灵格：母亲感觉怎样？

母亲+：现在解除了压力。

海灵格：对。这会是个更好的解决之道。经常发生这样的事情，现代的父母在孕育孩子时，都太过低估了他们所涉入的风险。也许这正是在这个案例中所发生的事。如果他们能够全然接受生出残障孩子的风险的话，他们仍然可以承认对于他们来说有一个残障女儿有多么困难。但如果他们依旧相互维系，没有中断他们之间的亲密关系的话，每一个人就有可能找到一个更好的解决之道。

（对布鲁诺）当你看到父母像这样站在一起时，你有何感觉？站到你的位置上去，看看会有什么感觉。

（布鲁诺站到他的位置上。）

海灵格：现在看着你的妹妹对她说："亲爱的妹妹！我是你的哥哥。"对她说，她叫什么名字？

布鲁诺：玛利亚。

海灵格：说"亲爱的玛利亚！我是你的哥哥"，对她说。

布鲁诺：亲爱的玛利亚！我是你的哥哥。

女儿+：我爱你。

海灵格：（对布鲁诺）对她说"我尊敬你的命运"。

布鲁诺：我尊敬你的命运。

海灵格："无论你发生什么事，我都支持你。"

布鲁诺：无论你发生什么事，我都支持你。

海灵格："而我也接受我自己的命运。"

布鲁诺：而我也接受我自己的命运。

海灵格：现在我还要让你进行另外一个练习，可能不是很容易，但是有很好的治疗效果。现在和妹妹一起向前走几步，再走近一些，向父母鞠躬。随着你的感觉，带着爱，向你们的父母鞠躬，向所有他们为你们所做的一切，鞠躬！

（他们鞠躬，布鲁诺开始哭泣。）

海灵格：（对布鲁诺）这就是治疗性的情感。说"亲爱的爸爸，亲爱的妈妈"。或者是你年幼时对他们的称呼，深呼吸！

布鲁诺：亲爱的爸爸。

海灵格："我敬重你。"

（布鲁诺犹豫了。）

海灵格：说出来。

布鲁诺：我敬重你。

海灵格："亲爱的妈妈。"

布鲁诺：亲爱的妈妈。

海灵格："我敬重你作为我的母亲。"

布鲁诺：我敬重你作为我的母亲。

海灵格：现在挺起胸膛站好，注视着你的父母，直视他们的眼睛，你的父亲和你的母亲。

（对父母）你们现在感觉怎样？

（父母双双满足地点头。）

海灵格：没错。现在你们可以感觉到自己的尊严。

（对布鲁诺）现在你也能感觉到你自己的尊严，感觉到你作为一个父亲的尊严，可以去面对你自己的孩子。好，到此为止。

（对排列中的所有代表）你们现在可以回到自己的座位。

（对团体）你们是否能够注意到我在进行排列的过程中对这个排列的

深刻尊敬，对每一个参与其中的人的尊敬呢？我们总是朝向着解决之道而前进，朝向着那些对布鲁诺的生命和目前的家庭提供力量的解决之道，而不需要在过往中仔细搜查。

还有任何问题吗？

学员：你为什么没有让他详细叙述他的状况？你井然有序地排列他的原生家庭，是不是因为在一开始时你就已经非常清楚了？

海灵格：不是。我想看看他是否与某些事物产生了牵连纠葛。当他一提到他的妹妹时，我便马上清楚在他的家庭系统中牵连纠葛的地方了。

在家庭中如果有一个残障的孩子，总是有其重要性的。当他说出残障妹妹的早逝，以及后来母亲因意外丧生的时候，这个重要性就更加清楚了。这些对我来说都是必须处理的重要信息。如果还有其他的信息，我们迟早也会发现。我以明显的事件，通常是重要的事件作为开始。布鲁诺母亲去世是重要的事件，妹妹的死也是重要的事件，她患了唐氏综合征同样也是重要的事件，其他的事便无关紧要了。如果我不马上寻找解决之道，而让求助者讲述所有一切可能的事情，那只会扰乱自己。当你们让重要的东西在身上发生作用的时候，你们会马上感到力量的存在。不需要问更多的问题，重要的是看他在讲述的时候具有力量还是缺乏力量。当布鲁诺提及这些重要的事件时，每个人都能感到力量的存在，我以这份力量来工作。

女儿的代表：对于这项工作的强度，我感到甚为惊讶。

海灵格：当然，你参与了这个排列工作，可以直接感受那是怎样在运作，当你在排列中的位置改变时，你的体验也随之改变，但我无法解释原因。在家庭排列中每个人都能够参与陌生者的命运和陌生者的情感，我们也不知道为什么。但如果我们可以做到这一点的话，可以想象，孩子在家庭中与其他成员的命运及情感产生的牵连纠葛是多么强烈。

另一个学员：我惊讶于你对你的排列是如此的确信和肯定，以及能准确地把重要的与不重要的分开。

海灵格：我可以告诉你怎样才能学习到这些。你想知道吗？

学员：我当然想知道。

海灵格：那就是要忘记所有你已经学习到的，这是其一。其次是你要带着爱心和尊敬去观察排列中的每一个人。在这个案例中，就是带着对布鲁诺、他的母亲、他的妹妹的爱和尊敬，他们是三个主要的人物。然后你便拭目以待，等待解决之道自然地呈现出来。带着这样的基本态度，解决之道通常很快就会呈现出来。当然有些技巧你可以学习，例如在这种情形中，重要的是观察如果有人死亡，系统会有什么变化。要做这方面的考察，你可以将去世的人排列到门外去。这个系统的解决之道是一个家庭成员的死亡，但这不是一个好的解决之道，所以我们需要寻找另一个更好的解决之道。

布鲁诺向我们展示家庭的时候希望能够找到解决之道。在他的心中，他对家庭中的种种关系有一个画面。但是他的家庭系统的解决之道是不幸的，导致了妹妹和母亲两个成员的死亡。当布鲁诺这样展示他内心的画面时，我们可以采取较好的解决之道。不需要改变布鲁诺的家庭，解决之道仍然会生效。父亲不需要改变，他根本也不需要知道在这里所发生的一切。去世的人已经死了，但布鲁诺可以将一幅新的、更好的画面放进心里，带着爱，一切都会好转起来。

（对布鲁诺）你现在带着一幅新的内心画面回家，你的孩子会变得神采飞扬。这就是家庭排列所做的事情，简单却又直达事物的核心。

学员：我有一个操作方面的问题，如果布鲁诺单独到你的治疗室，你会不会在第一次治疗中马上排列他的家庭？如果是这样的话，是否还需要继续治疗？

海灵格：不需要继续治疗。布鲁诺所需的一切在第一次治疗中已经出现了。但他要留意一些东西，以系统动力的角度来看，他的女儿将会模仿他的妹妹，会与他妹妹的命运产生牵连纠葛，因为直到现在妹妹尚未得到完全的尊重。而现在当他回家之后，他会见到家庭中发生的变化，因为他对死去的妹妹充满了尊敬。单是这样，他女儿便会好转，因为他现在是带着爱去正视妹妹。

治疗过程的进行有如弹道曲线，开始时能量水平很快地上升至高峰，然后下降。在高峰时便要终止工作，之后再出现的一切只会消耗能量，因为能量会被用于解释和分析之上，而不是集中于解决之道上。

学员：在第一次治疗中，你是否会像这样工作？

海灵格：通常是的。

我不会再与布鲁诺多做任何其他的工作，因为所有需要的都已经做了。当然，这也暗示着我对他的力量和他父母的支持非常信任。现在他与父亲、母亲和妹妹在一起，再没有比这个安排更好的了。当我一旦送他到所属的地方，我便退回。

在中国古代，有一位哲人名叫老子，他写了一本《道德经》。里面有一句话可以作为治疗师的格言："功成身退。"我也是本着这种态度在工作。我不做事后对话或再次分析，当工作结束，就是结束了。

父亲的代表：我感到非常紧张，尤其是在结束的时候。

海灵格：谢谢你，你提醒了我某些重要的事情。在家庭系统排列中，当代表是一项任务。你已经完成了工作，虽然这项工作很辛苦，但你是出于对他的爱而做的。

当你站在那里时，你能感觉到所代表的那个人的感受。在排列当中体验到的感受是不可以套用在自己身上的，这一点非常重要。你不能认为"当我感受到这一切时，这种感受也会给我带来影响"，因为这将使自己非常混乱。所以，当排列工作结束后，你要彻底离开这个系统，回到你自己的系统中。清楚了吗？

什么时候让你处于非常紧张的状态？是在当你作为一个父亲，儿子在你面前鞠躬的时候吗？

父亲的代表：对，我认为是的。

海灵格：我想我知道为什么那会如此困难。承受自己应得的尊敬有时候是很困难的。但是当儿子在向你鞠躬时，如果父亲走到儿子面前，叫他不必再鞠躬的话，那将会是一大错误。你一定要允许他向你鞠躬，因为他需要能够去尊敬你。那也是你们之间的爱能再次流动的唯一途径。

（对布鲁诺）从他的感受中我们可以认为你父亲是不容易接受尊敬和爱的。是这样吗？

（布鲁诺点头同意。）

海灵格：是的，他的代表的感觉也是那样。

（对父亲的代表）无论如何，学习接受尊敬和爱对你来说是有好处的。尽管这听起来可能会很奇怪，但是谦卑能够让你接受子女对父亲应有的尊敬。因为人们并不是通过他们本身的价值而成为父亲的，而是通过适当而称职地付出爱而成为父亲的。成为父亲与他的好坏没有关系，只与他是否愿意承担风险并付出爱有关。我是抱着尊敬的态度看待和处理这件事的。

你还有什么话要说吗？

父亲的代表：现在没有。

学员：开始时我很想知道你问他的问题是什么，之后我感到很惊讶，其实根本就不需要问。

海灵格：我告诉你一个秘密，只有当你朝向着解决之道的方向工作时，直觉才会生效。如果你只是关注问题，视野就会狭窄和受限。你看到了细节，却错过了整体——正是所谓的"只见树木，不见森林"。但是如果你是朝向着解决之道的方向看，你总会把视线投向整体，正确的途径便会向你召唤，这时你直接走向它即可。你可以忘记其他一切，因为你已经拥有了所有你所需要的。

另一个学员：你说父母在残障女儿出生之后就中断了他们的亲密关系，妻子以一种赎罪的方式牺牲了亲密关系。对此我印象非常深刻。我在想是否自己也想到了这一点，接着我又在想这是否只是一个理论。但是之后排列中所发生的事情，以及布鲁诺所叙述的证实了你的观点。

海灵格：不需要再问任何问题，这已经很清楚。他们的关系已经破裂，这一定和女儿的出生有关。不管是何原因使得母亲做出那样的行为，情况都不会有变，因为她自己当时也不知道还有什么更好的方法。她缺乏帮助，在那样的年纪冒险生下了孩子却没有得到应有的尊敬。

学员：对此我印象深刻。

家庭系统排列：宁愿死去也不向自己的父亲鞠躬

海灵格：让我们继续进行下一个排列，我想要为患有严重疾病的人工作，因为这才是我们最能尽力之处，也是我们能从中得到最大学习之处。

赫尔曼：我想要做排列，我患有骨癌。

海灵格：好，我将为你排列。过来坐到我旁边。这是一种严重的疾病。你生病多久了？

赫尔曼：一年。

海灵格：这段时间内做了哪些治疗？

赫尔曼：我做过化疗，也参加过各种心理治疗团体。

海灵格：你结婚了吗？

赫尔曼：结婚了。

海灵格：有小孩吗？

赫尔曼：没有。

海灵格：你没有小孩是不是有什么特殊的原因？

赫尔曼：我们想有小孩，但一直都没有消息。

海灵格：在你目前的家庭或是原生家庭中有什么特别的事吗？

赫尔曼：我唯一想起来的是，我父亲和他兄弟的关系非常不好。他们共同创立了一家公司，但是后来散伙了，之后就再也没有互相联络过。

海灵格：你的祖父呢？

赫尔曼：我从来不知道他的情况，父亲也从未多谈。我对他一点儿都不清楚。

海灵格：奇怪，你父亲没有谈过他。我们来排列你的原生家庭。你的家庭包括你父亲和母亲、你自己，还有你的兄弟姐妹。你有几个兄弟姐妹？

赫尔曼：我只有一个妹妹。

海灵格：在父母之中，有谁曾结过婚或有过固定的亲密关系？

赫尔曼：我不知道，我想是没有。

海灵格：有没有孩子流产或夭折？

赫尔曼：没有。（见图120）

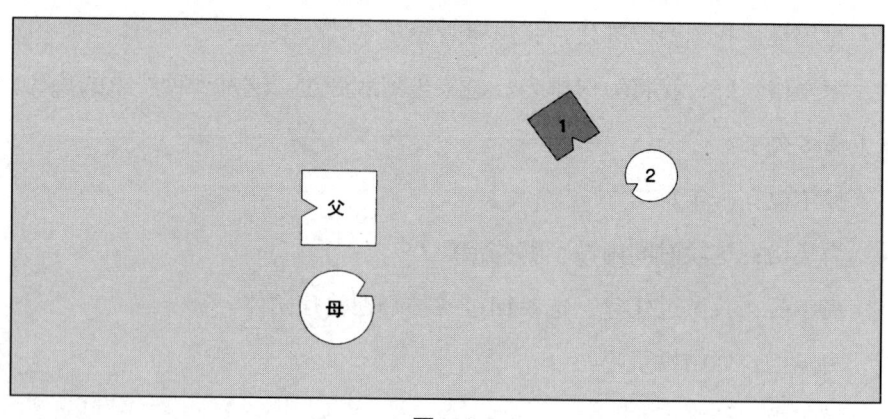

图120

父：父亲的代表

母：母亲的代表

1：第一个孩子的代表，男孩（赫尔曼）

2：第二个孩子的代表，女孩

海灵格：父亲感觉怎样？

父亲：我好像是突然投胎到人世。

（团体笑了。）

海灵格：你的感觉呢？

父亲：我感到有那么一点儿没有承诺的感觉，非常的……（他叹了一口气。）

海灵格：（对团体）父亲被牵引，想要离开，你们看到了吗？他必须离开。但问题是，他要跟随什么人？

（对母亲）母亲感觉怎样？

母亲：我非常高兴看到我有两个这么可爱的孩子，但我距离他们相当遥远。我丈夫要怎么样随他高兴，他要留下或是离开，对我来说都一样。

海灵格：（对团体）她的反应非常奇怪，他们之间没有爱，你们看到了吗？根本就没有爱。我经常看到有一个人被牵引要离开，而另外一个人则是留在原地。我怀疑那就是在此所发生的情形，妻子才是那个真正被牵引要离开的人，但她的丈夫代替她而离开。这就叫爱。

你们看到她的面部表情了吗？她看起来很有恶意。如果她的丈夫离开，她就是胜利者。当你在排列中作为一个这样的代表时，你对于所发生的事或是所体验的感受是没有影响的。如果你代表了一个在邪恶中产生了牵连纠葛的人，那么你就会以那个人的方式来感觉。

父亲：为什么我在这里根本就没有任何的感觉？

海灵格：我做一个更改，你转身面向家庭，而妻子转身背离家庭，看看会怎样。（见图121）

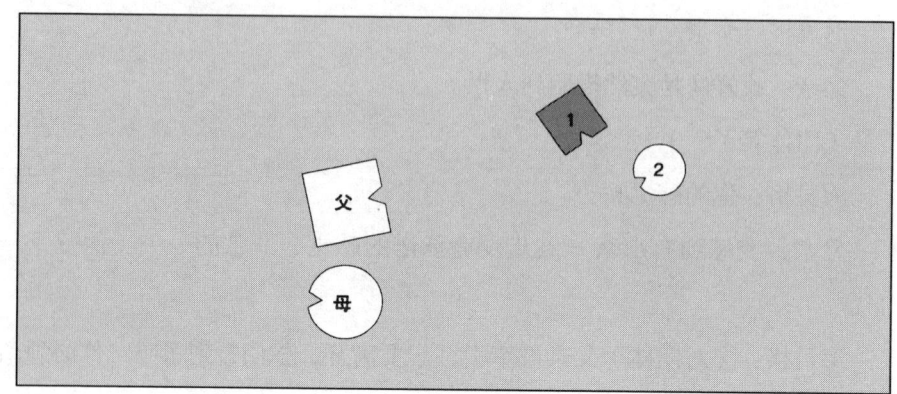

图121

父亲：（对他的妻子，态度轻率地）我们再转过身来吧（即丈夫转身背离家庭，而妻子转身面向家庭）。

海灵格：请保持严肃，否则我们就无法尽我们所能地来为赫尔曼工作。孩子们现在感觉怎样？

长子：如果他再转身，我就要大发雷霆了。

海灵格：没错。女儿感觉怎样？

女儿：起初我有一种感觉，哥哥和我才是这个家庭中真正结婚的一对夫妇。

海灵格：妻子现在感觉怎样？是比较好还是比较差？

母亲：我还不想被送走。我想要转身，继续与孩子们在一起。

海灵格：你刚才看着哪里？

母亲：看着我丈夫吗？

海灵格：不，有一个人在你前面。他是谁？你在看什么？

母亲：看着我自己的生活、我自己的历史吗？

海灵格：那是一种猜想，那是没有帮助的。

（对赫尔曼）你的母亲在注视着谁？是谁使得她想要离开？她要跟随哪

一个人？

赫尔曼：她妹妹三年前过世了，但……

海灵格：不，不是这个。

赫尔曼：她母亲若干年前也去世了。

海灵格：不是，一定是更为严重的某件事，发生的时间更早，但显然是你的家庭禁止去知道的事。

（对团体）在此有一个家庭秘密存在，孩子们感觉像是一对真正的夫妻，而如果他们的父亲再度转身的话，他们就要大发雷霆了；母亲却不在乎父亲留下或是离开，她注视着另外某一个人却没有说出来。我们必须尊重她的秘密并且跟随这个动力。我将要让她的代表离开这个家庭，然后看看会有什么影响。

（海灵格引导母亲远离家庭，见图122。）

图122

海灵格：你在那里感觉怎样？是比较好还是比较差？

母亲：比较好。

海灵格：这就是了。这就是事实的真相了。有某种我们并不知道的力量将你牵引离开家庭。丈夫的感觉怎样？

父亲：当我转身面向家庭时，我顿时感到沉重和悲痛。

海灵格：站到孩子的面前去。孩子们，转身面对你们的父亲。（见图123）

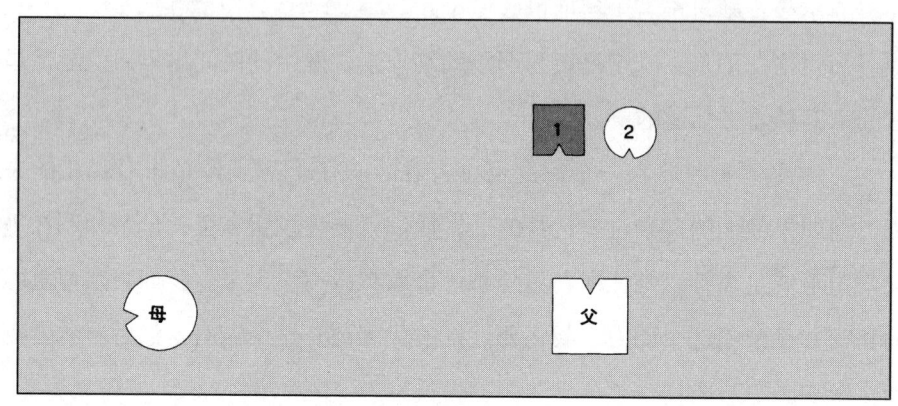

图123

（父亲和孩子们温暖地相互微笑。）

海灵格：（对赫尔曼）站到你自己的位置上去。现在感觉如何？

赫尔曼：奇怪，我感觉非常陌生。

海灵格：大家都可以看到，父亲的爱对孩子们是好的，但某些事使得你难以去感觉到这份爱。让我们看看是否能找到一个对你具有治疗性的移动。现在站到父亲的左边去，带着爱注视着他。转身面对他并且注视着他，说"爸爸"。

赫尔曼：爸爸。

海灵格：说"亲爱的爸爸！"

赫尔曼：亲爱的爸爸！

海灵格："请你留下来！"

赫尔曼：请你留下来！

海灵格："如果我也留下来，请你祝福我。"

赫尔曼：如果我也留下来，请你祝福我。

（长时间的静默）

赫尔曼：我是为你而做的。

海灵格：什么才是你真正想说的句子？

赫尔曼：我非常愤怒。

海灵格：好。基于某些理由，即使你病得很严重，你仍然转过身去拒绝了爱，回到愤怒当中。对他说，"我将代替你离去"。

赫尔曼：我将代替你离去。

海灵格：大声一点。

赫尔曼：（愤怒地）我将代替你离去。

（长时间的静默之后，赫尔曼依旧感到愤怒。）

海灵格：（对团体）他将会愤怒地死去。他无法摆脱他的牵连纠葛。

（对赫尔曼）你的愤怒比你的健康更为重要。你对父亲做了些什么事？

赫尔曼：（挑战地）我不知道。

海灵格：你有没有对父亲做错什么事？

赫尔曼：我不知道。

海灵格：比如，你有没有瞧不起他？

赫尔曼：（坚定地）对！我恨他。

海灵格：就是这样。

赫尔曼：他曾对我……

海灵格：现在知道你父亲做过些什么对我们并没有帮助。重要的是你的愤怒已经影响了你的健康，不论原因是什么。再次站到妹妹的旁边去。

（对团体）与恨和解，重新取得爱，能够影响疾病的发展方向。即使疾病本身无法治疗，与恨和解并重新取得爱也会使得死亡容易一些。现在他要做的最好的事情就是跪在父亲面前，带着尊敬向父亲深深地鞠躬。但他做不到,他宁肯愤怒地死去。

（对赫尔曼）是这样吗？

赫尔曼：不！

海灵格：你是否愿意这样做？

赫尔曼：我会尝试。

海灵格：不是尝试！你是否愿意这样做？

赫尔曼：（坚定地）愿意。

海灵格：好，那么我会帮助你。跪下深深地鞠躬，直到额头顶地，伸开双手，手心朝上。对，就像这样。深呼吸。说"亲爱的爸爸！"

赫尔曼：亲爱的爸爸！

海灵格："我满怀尊敬向你深深鞠躬。"

赫尔曼：我满怀尊敬向你深深鞠躬。

海灵格：再说一次，以平常的声音来说。

赫尔曼：亲爱的爸爸，我满怀尊敬向你深深鞠躬。

海灵格：没错。这就是正确的话语。深呼吸。"亲爱的爸爸！"

赫尔曼：亲爱的爸爸！

海灵格："我满怀尊敬向你深深鞠躬。"

赫尔曼：我满怀尊敬向你深深鞠躬。

海灵格："我敬重你作为我的父亲。"

赫尔曼：我敬重你作为我的父亲。……

海灵格："而你也可以有我作为你的儿子。"

赫尔曼：而你也可以有我作为你的儿子。

海灵格："我满怀尊敬向你深深鞠躬。"

赫尔曼：我满怀尊敬向你深深鞠躬。

海灵格：就像这样停留一会儿，保持不动和平静，深呼吸。放松并且放掉一切。当你觉得可以了，就站起来回到你的座位去。

（长时间的静默）

深呼吸，用嘴巴呼吸。这是让爱流动最好的方法。吸气时将父亲带到心里，吐气时让你的爱流向父亲。

（长时间的静默）

现在回去站到妹妹旁边，注视着父亲。以一种尊敬的姿势稍微地低下头，然后再挺直身体。

（赫尔曼站到妹妹旁边去。）

父亲对此感觉怎样？

父亲：难以接受，难以相信……

海灵格：难以相信什么？难以相信他真正地尊敬你并且敬重你？

父亲：对。

海灵格：对，是有可能。

（对团体）当代表们将他们所体验到的感受正确无误地报告出来时，这个工作当中就很难会有欺骗的事。我经常观察患有癌症的人，发现他们往往觉得死亡比起要他们敞开心怀在父母面前鞠躬要容易得多，他们宁肯愤怒地死去，也不愿向父母鞠躬。

（对赫尔曼）再度注视着父亲，向他说，"求求你"。

赫尔曼：求求你。

海灵格："再多给我一些时间。"

赫尔曼：再多给我一些时间。

海灵格："求求你。"

赫尔曼：求求你。

海灵格："再多给我一些时间。"

赫尔曼：再多给我一些时间。

海灵格：这就是我们一直在寻找的那个片刻。你的心敞开了一些，现在你可以把你的信任放在心里面。

（对团体）他还无法走向父亲，他也还无法拥抱父亲。如果硬要他这样做，那只会是一个游戏罢了，没有任何好处。

（对赫尔曼）好了，我们到此告一个段落。我也会把我的信任放在你的心里，可以吗？

赫尔曼：好的。（他不真诚地微笑着。）

海灵格：不，我不可以。你的微笑告诉我，我不可以。

赫尔曼：好啊！你可以！

海灵格：小心！你所相信的没有所发生的事实重要。我不想跟你争执，我只想帮你。所以我对每一个讯号都是认真看待。你的微笑并不真诚，你的心虽然敞开了，但你很快地又以一个不真诚的微笑来掩盖这个敞开。如果我假装没有看到，那我就只是在跟你玩游戏罢了，我们承担不起用像你这样的严重疾病来玩游戏，癌症由恨生成，却远远地回避着爱。

好了，到此为止。

赫尔曼：我可以感受到这一点，谢谢你。

海灵格：（对团体）对于令我们感到恐怖、让我们充满了担忧和害怕的事情，我还有几句话要说。当我们与这些事情保持和谐一致时，这些令我们感到恐怖的事情就会转而具有正面效果，甚至比爱的效果还强大。这也就是为什么治疗师必须和这些事情保持和谐一致，并且认可它们，无论它们可能会是什么。我与那些毁灭性的力量保持和谐一致，也和治疗性的力量保持和谐一致，两者完全相同。正因为我与赫尔曼的疾病保持和谐一致，所以我可以认真地看待他，他也可以认真地看待我，同时他也可以认真地看待他的疾病。只有当他能够正视将他从爱拉向恨的力量时，他才有机会去选择生存而不是死亡。

学员：像这样的工作要如何继续下去呢？还会继续吗？

海灵格：不，就是这样了。

学员：我的意思是也许下星期或者……

海灵格：不，我们的工作已经结束。赫尔曼非常清楚应该怎么做。假如我们现在再多做一些的话，将会使得我们已经完成的工作变成徒劳无功。所以一切就到此为止。

另外一个学员：为什么你会觉得不是父亲要离去，而是母亲呢？一开始时似乎是正好相反的。

海灵格：正如我所说的，我从她的面部表情上看到了这一点，我从代表身上获得信息，而当我测试这些信息时，她感觉比较好。这不是我第一次看到这样的事情了。但在场的每一个人都可以很清楚地看到这一点。

另一个学员：你如何解释当人们参与一个家庭系统排列时，所感觉到的事情跟他们自己毫无关系这个现象？

海灵格：我无法解释，它就是在这样发生，我看到它就是这样，也可以检验代表们在家庭系统排列中是否确实真的感觉到家庭中正在发生的运作。这就是我所需要进行的工作。

学员：为什么你不让他表达对父亲的愤怒呢？大多数心理治疗师都会鼓励人们把情感表达出来。

海灵格：很多年前我做过原始治疗，所以我很熟悉那种允许情感流动的治疗效果。代表们的反应显示出父亲和孩子之间的爱是可以感受到的，在某个时刻赫尔曼也感受到了，但之后他又回到了愤怒的状态。他的愤怒并不是他自己对父亲的感觉，而是系统中另外一个人的感觉，那就是一种牵连纠葛。像他这种患有严重疾病的人，并没有很多时间可以浪费。要不就是他学习对爱和生命敞开他的心，要不就是他继续落入并非由他所生的恨之中。我确信的是，除了医药治疗之外，他所能做的最好的事就是，不管是什么样的系统力量在牵连纠葛着他,让自己从中解脱出来。这可是生死攸关的事。

好,在课间休息之前,我们是不是再进行一次排列?

几位学员:好。

家庭系统排列:小儿麻痹症、不易受孕及难产的后果

海灵格:克里斯塔,我将为你排列。你可以到前面来吗?

(对马克斯,克里斯塔的丈夫)你要一起过来坐在她的旁边吗?这样你也可以参与。

(对克里斯塔)你有什么疾病?

克里斯塔:有时我感到没有精力,这很可能是因为我的小儿麻痹症。另外由于我的声带已经麻痹了四十年,所以我只能轻声细语,不能大声说话,医生最近才发现那是由小儿麻痹症引起的。我整个咽喉部位和横膈膜都是麻痹的,但在没有检查出来之前我一直不知道。

海灵格:你什么时候得的小儿麻痹症?

克里斯塔:在我14岁时。

海灵格:家里发生了什么事?

克里斯塔:我行了坚信礼①。

海灵格:那不应该会有这么严重的结果。你现在有什么问题吗?

克里斯塔:我女儿也行了坚信礼,自此之后,我的精力似乎在逐渐衰退。半年前我已无法站立起来,后来我的精力就消失了,甚至不能支撑身体,我就是完全地垮掉了。这一切始于一次肾盂肾炎,在那之后我似乎就再也无法恢复元气了。

海灵格:我们先来排列你目前的家庭系统,之后再来看看原生家庭中的

---

① 坚信礼,一种基督教仪式。根据基督教教义,孩子在一个日时受洗礼,十三岁时受坚信礼。孩子只有被施坚信礼之后,才能成为正式教徒。

重要人物。你目前的家庭有哪些成员?

克里斯塔:我丈夫、我和女儿。

(克里斯塔从团体中挑选学员代表她的家庭成员。)

海灵格:你女儿出生的时候发生了什么事吗?

克里斯塔:我有严重的中毒问题,差点死亡。医生说我有百分之十五的存活机会,孩子却一点希望也没有。或许我应该告诉你我的曾祖母死于分娩。

海灵格:这是重要的。不久前在我的一场研讨会当中,有个女人怀孕期间得了精神病。她的母亲死于分娩。之后,在她的家庭系统排列中,我就把她排列在她死去母亲的对面,让她把她的孩子介绍给她母亲,并且请求母亲祝福她的孩子。刹那间,一股强烈的爱涌现出来并且贯穿三代。稍后,或许我们也将为你做些类似这样的工作。但现在我们先来排列你目前的家庭。(见图124)

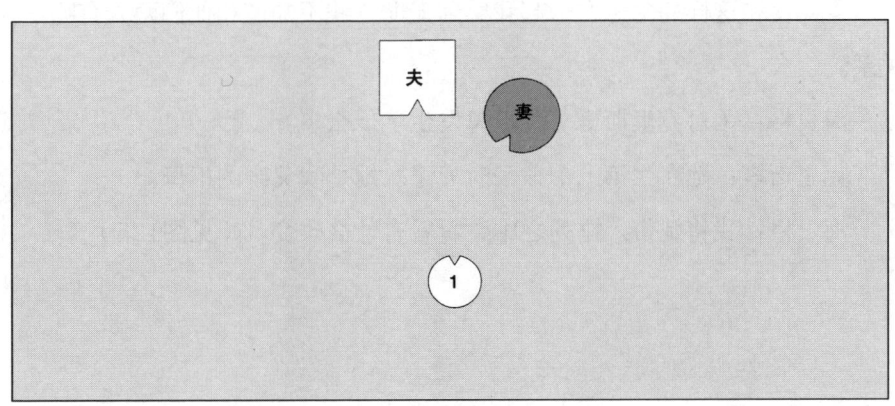

图124

夫:丈夫的代表

妻:妻子的代表(克里斯塔)

1:唯一的孩子,女孩

海灵格：丈夫感觉怎样？

丈夫：我感到与前面的女儿有联结，但我想要转过身去一些，面向我妻子。

海灵格：妻子感觉怎样？

妻子：我觉得非常冷，在一开始当她请我代表她的时候我就已经开始发抖了，到现在还是这样。我以为站到丈夫旁边会感觉比较好一些，但是却没有。

海灵格：（对克里斯塔）你有时候是不是会像她所形容的那样感到发抖？

（克里斯塔点头。）

海灵格：（对团体）你们看，代表克里斯塔的人可以感觉到克里斯塔的感觉，虽然她事先并不知道会这样。

女儿感觉怎样？

女儿：和这样的父母在一起我感到无助。我不知道和他们两人有哪一种关系。

海灵格：（对克里斯塔）曾祖母发生了什么事？

克里斯塔：她在生第七个孩子时死了。她是我父亲的祖母。

海灵格：我将她带入排列之中，看看有什么改变。（见图125）

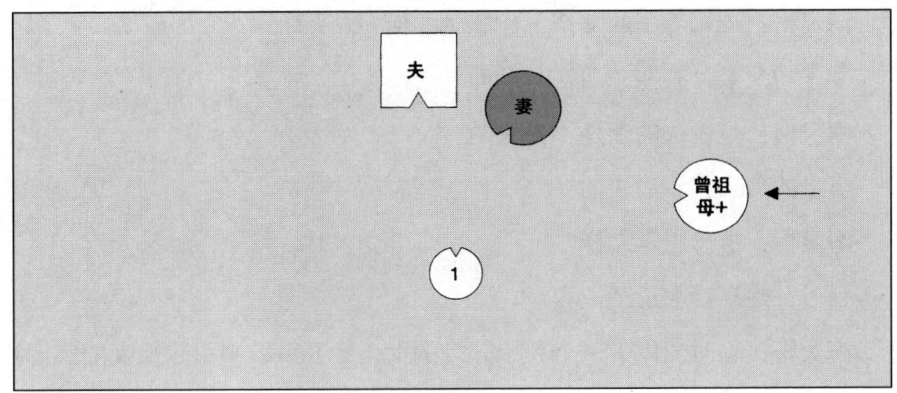

图125

曾祖母+：妻子曾祖母的代表，因难产而死

海灵格：有没有改变？

妻子：现在有了另一个人，我得到了支持，我刚才感到非常孤单。

海灵格：女儿现在感觉怎样？

女儿：她对我也有帮助。我看着她，而我的父母总是看着别处。

海灵格：（对克里斯塔）现在我加入你的父亲和他的母亲。（见图126）

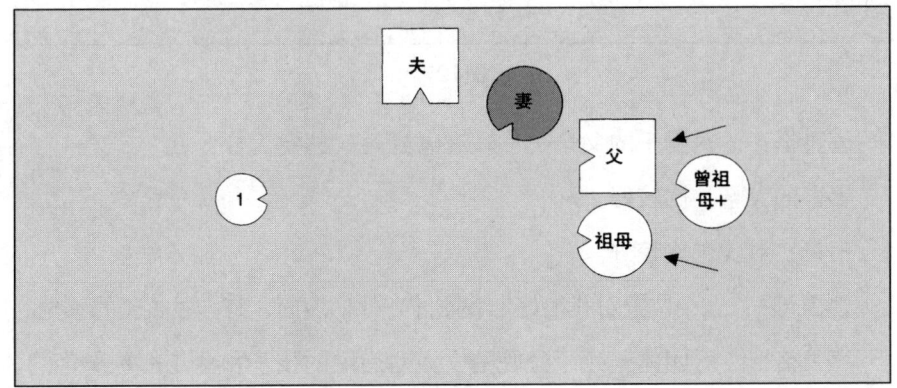

图126

父：妻子父亲的代表

祖母：妻子祖母的代表

海灵格：（对妻子的父亲）你感觉如何？

妻子的父亲：有些东西在我后面。

海灵格：是愉快的还是不愉快的？

妻子的父亲：不愉快的。

海灵格：祖母感觉怎样？

祖母：她离我太近了。

海灵格：（对团体）一个死于分娩的女人会在系统中引起很大的焦虑和恐慌。

（海灵格排列已故的曾祖母，让她站到祖母左边，见图127。）

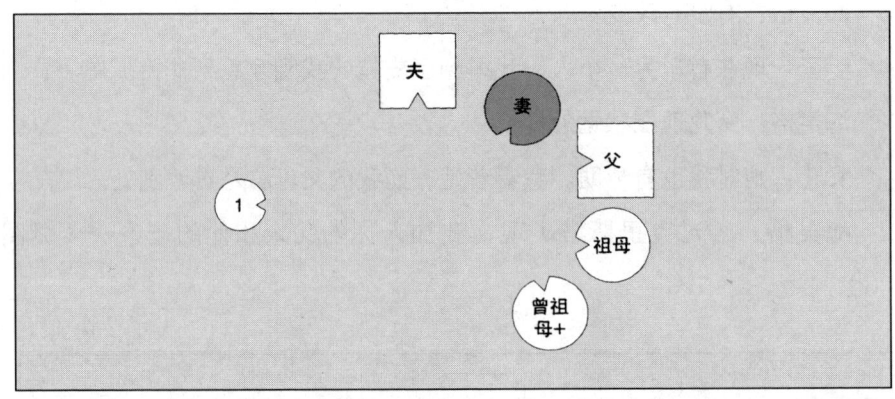

图127

海灵格：（对妻子的父亲）你现在看到她，感觉怎样？

妻子的父亲：比较好。

祖母：对我也比较好。

曾祖母+：这个位置对我很好。我刚才在他们后面，有一股暖暖的感觉。

海灵格：（对团体）死于分娩的女人对后继的孩子和孙儿都是和善的。因为这些女人都会希望她们的后代好。

（对克里斯塔的代表）你现在感觉怎样？

妻子：比较好。我的右边开始感到温暖，我从左边得到很多力量和元气。

海灵格：我现在修改排列系统。在家庭系统排列中，通常是依照顺时针方向排列，首先是丈夫，然后是妻子和孩子，孩子依照年纪大小排列。但是当妻子有这样严重的问题时，她便排在第一位，然后她的丈夫排在第二位。（见图128）

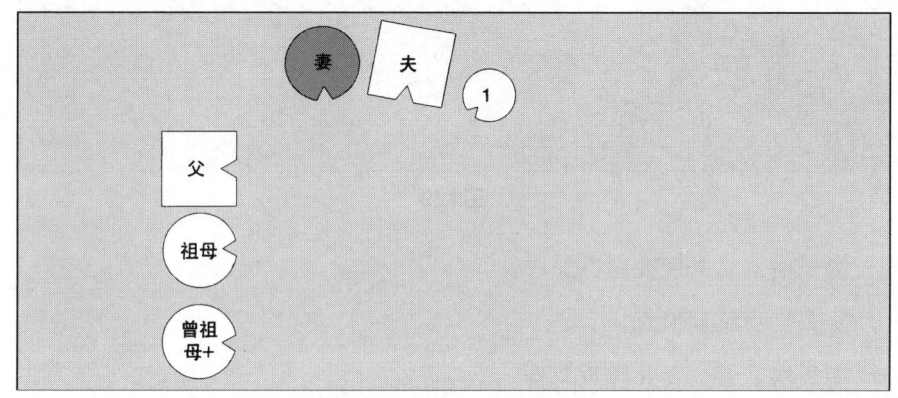

图128

海灵格：你现在感觉怎样？

妻子：我感到周围充满能量。

海灵格：能量？

妻子：刹那间两边充满了生气，刚才两边还有区别，左边先开始温暖，现在右边也暖和起来。现在我可以毫无困难地站在这里。

海灵格：（对团体）你们是否听到了呢？

（对克里斯塔）"能量"是你的关键词，站到你的位置上去。

克里斯塔：奇怪，我女儿出生之后，我的左臂就麻痹了。

海灵格：站到排列中去，试着找出你的正确位置，你可以移动其他人，如果你要他们离你较近或是较远一些的话。

（克里斯塔站到自己的位置上去，她靠近丈夫一些，并示意父亲、祖母和曾祖母靠近一点,见图129。)

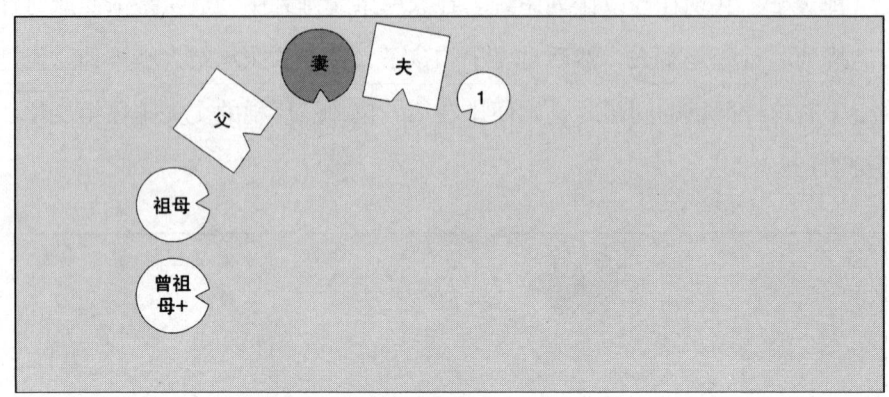

图129

海灵格:丈夫现在感觉怎样?

丈夫:我感到很好。

海灵格:好。女儿感觉怎样。

女儿:好。

海灵格:(对团体)我把女儿从母亲的影响范围内带出来,把她放进父亲的影响范围内,因为母亲的系统会给这个孩子背负太重的负担。

(对马克斯,克里斯塔的丈夫)想不想站到你在排列中的位置上去,看看感觉有多好?

(马克斯站到他的位置,满意地点头。)

海灵格:(对克里斯塔)注视着曾祖母并且向她说,"如果我留下来,请你祝福我",望着她。

克里斯塔:如果我留下来,请你祝福我。

海灵格:你可以用更友善的方式来说。带着能量对她说,"请……"

克里斯塔:(坚定地)如果我留下来,请你祝福我。

海灵格:没错。

克里斯塔：如果我留下来，请你祝福我。

海灵格：对她说"我会留下来"。

克里斯塔：我会留下来。

海灵格："和我丈夫。"

克里斯塔：和我丈夫。

海灵格："和我的孩子。"

克里斯塔：和我的孩子。

海灵格："如果我留下来，请你祝福我。"

克里斯塔：如果我留下来，请你祝福我。

海灵格：现在对祖母说。

克里斯塔：如果我留下来，请你祝福我。

海灵格：对父亲说。

克里斯塔：如果我留下来，请你祝福我。

海灵格：很好，是的。

（海灵格让她背靠着曾祖母，曾祖母把双手轻轻放在她的肩膀上，见图130。）

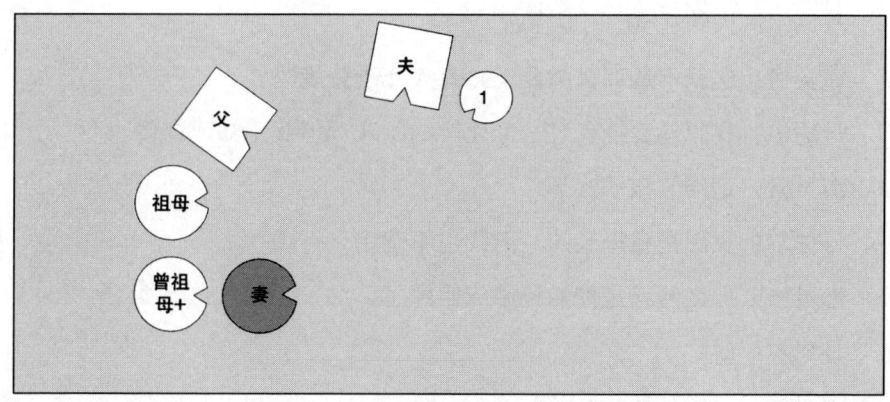

图130

海灵格：从曾祖母那里汲取能量和力气吧！

（片刻之后）现在回到丈夫旁边，再看看曾祖母，并对她说"如果我留下来，请你祝福我"。

克里斯塔：如果我留下来，请你祝福我。

海灵格：现在有能量了。好，到此为止。

家庭系统排列：异性认同

海灵格：（对丹尼尔）现在轮到你了。刚刚休息时我们也谈过了。过来坐到我旁边。我还要知道一些有关你家庭的事。父母结婚了吗？

丹尼尔：是的。

海灵格：他们有几个孩子？

丹尼尔：三个儿子。

海灵格：父母当中有谁曾经结过婚或曾经有过固定的亲密关系？

丹尼尔：没有。

海灵格：在父母的原生家庭中有没有什么特殊的事情？

丹尼尔：祖母死于癌症。

海灵格：她死时多大年纪？

丹尼尔：大约在60,65岁左右。

海灵格：这就不是那么重要了。有人死于分娩吗？

丹尼尔：我想是曾经有过一个死产的胎儿，但我不知道详情。

海灵格：是谁的孩子？

丹尼尔：我想是我母亲的，但我也不确定。

海灵格：那么他就是你的兄弟或姐妹了。

丹尼尔：对。

海灵格：是男孩还是女孩？

丹尼尔：我不知道。

海灵格：你认为呢？

丹尼尔：可能是个女孩。

海灵格：没错。你的排行顺序是？

丹尼尔：我是最小的一个，排行第三。

海灵格：那个死婴是在你之前还是之后？

丹尼尔：在我之前。

海灵格：就在你之前的那一个吗？

丹尼尔：我想是的。

海灵格：现在我们排列系统。我们先不要排列那个婴儿，稍后再把她加进来。（见图131）

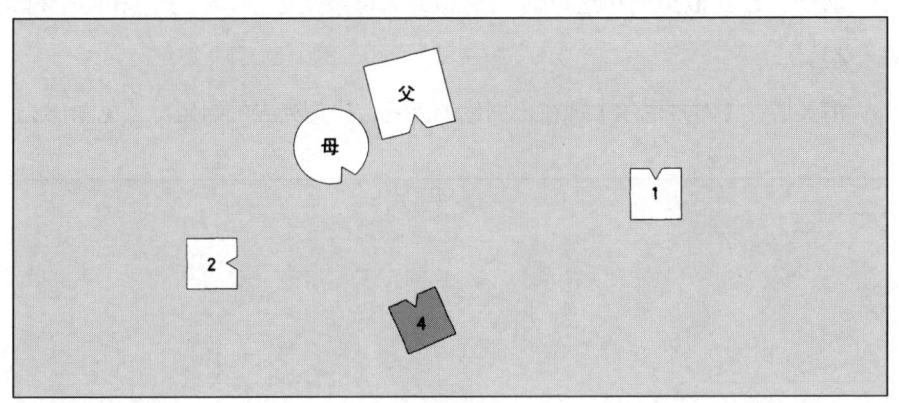

图131

父：父亲的代表

母：母亲的代表

1：第一个孩子的代表，男孩

2：第二个孩子的代表，男孩

4：第四个孩子的代表，男孩（丹尼尔）

海灵格：父亲感觉怎样？

父亲：我正在疑惑究竟发生了什么事让长子离得那么远。除此之外，妻子阻碍了我与次子之间的联结，我很想和他有所接触。

海灵格：母亲感觉怎样？

母亲：我有些无所适从，我看不到丈夫，也看不到长子和次子，唯一看到的是最小的儿子。

海灵格：长子感觉怎样？

长子：我背后有一种非常不安的感觉，除了父母之外什么也看不到，但我也只能用眼角的余光看到他们。

海灵格：次子感觉怎样？

次子：我想走到大哥后面站着。

海灵格：（对丹尼尔的代表）最小的儿子感觉怎样？

幼子：当我被排列在这里时，我感到离母亲太近了，我宁愿和两个哥哥在一起。

海灵格：（对丹尼尔）现在根据你的感受，排列死去的姐姐。（见图132）

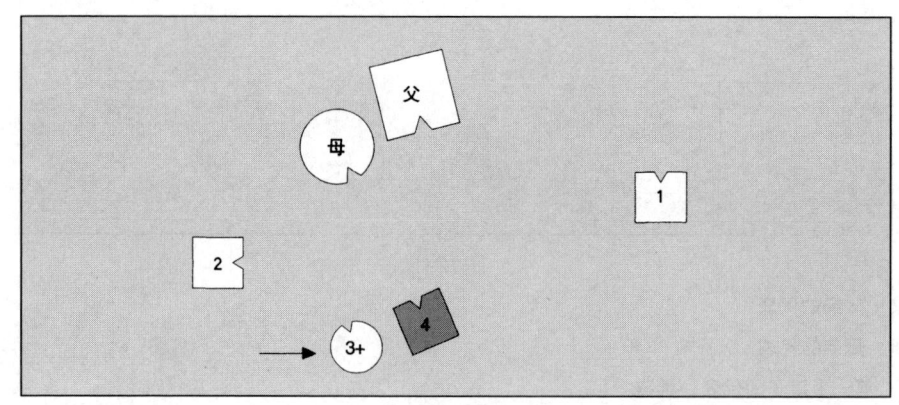

图132

3+：第三个孩子的代表，女孩，死产

海灵格：对最小的儿子有没有改变？

幼子：我觉得非常可怕，这对我来说太近了，而且没有安全感。

海灵格：姐姐感觉怎样？

三女+：我觉得不属于这里。

海灵格：父母现在感觉怎样？

母亲：我喜欢这个孩子。

父亲：加进了一些东西，但情形并没有真正改变。

海灵格：（对丹尼尔）我可以对团体简短地描述你的情形吗？

（丹尼尔点头。）

海灵格：（对团体）刚才在休息时，丹尼尔告诉我他有分裂的感觉，好像被从中剖成两半似的。他不太确定自己的性别身份，究竟是男人还是女人。当家庭中一个男孩要去认同一个女孩，因为没有女孩可以代表某个女性角色时，有时就会出现这种情形。这就是他的情况。女孩应该到父母那里去。

（对女儿的代表）坐到父母前面，背靠着他们。

（海灵格安排母亲站到父亲左边，并让他们用一只手轻轻地放在女儿头上，然后他让儿子按照出生的次序站在父母面前，见图133。）

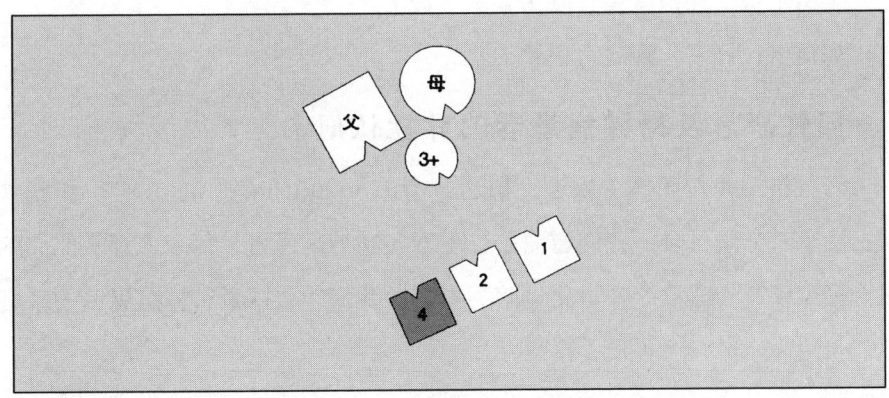

图133

海灵格：你们现在感觉怎样？

父亲：我是一个自豪的父亲。

母亲：我感觉很好。

海灵格：最小的儿子现在感觉怎样？

幼子：我现在我可以放松了，感觉恰到好处。

（父母相视而笑。）

海灵格：（对团体）现在他已经脱离了认同，因为已经给予了他姐姐一个正确的位置，他再也不必代表她了。丹尼尔可以成为他自己，而不用再去代替别人，也就是她姐姐了。

海灵格：（对那个姐姐）坐在那里的孩子感觉怎样？

三女+：这就是我归属的位置。

海灵格：没错。

（对丹尼尔）想不想站到你自己的位置上去？

（丹尼尔站到他的位置上去，环顾四周。）

海灵格：哥哥们感觉怎样？

长子：太棒了。

（两个哥哥互相微笑着点头。）

海灵格：好了，到此为止。

同性恋者及精神病患者的异性认同

海灵格：（对团体）最近，根达·韦伯（Gunthard Weber[①]）和我共同主持了一个研讨会，我们邀请了二十五名精神病患者，每个人都由他们的主治医生或者心理治疗师、父母陪同参加。我们想要探索精神病患者的家庭

[①] Gunthard Weber，根达·韦伯，德国精神科医师，家庭治疗师，海德堡大学教授，国际系统疗法协会创始人之一，曾发表七十多篇相关论文、数本著作。

动力。我们的假设是精神病患者可能认同两个不同的人，但这个假设很快就被推翻了。我们很快便看到几乎所有的精神病患者都有着异性认同。例如，在一对夫妇的家庭系统排列中，他们在精神病院的女儿代表着父亲死产的双胞胎弟弟，因此她变得神志不清。

在丹尼尔家中如果有一个女儿，她便可以代表死产的姐姐。但现在只有儿子，所以其中一个便要代表死去的姐姐。

现在的问题是，我们应该怎样来处理这种现象？从经验上来说，同性恋倾向不大可能会改变，主要是因为在男性的同性恋关系中，异性认同会发展成一种日后难以切断的联结，几乎在异性恋者身上也是一样。由于家庭状况而导致成为同性恋者的人身上背负着一个艰难、沉重的负担，他唯一能够采取的建设性选择，就是欣然接受。所有其他的选择只会造成长远的负面结果。

（对丹尼尔）但你还可以做一些事。就是在一年之内，你想象带着去世的姐姐去体验世界上美好的事物——带着你的爱。奇妙的是，爱能够解除认同。当我认同某人时，仿佛我就是那个我所代表的人。我不会感知到他和我分开，因为这意味着爱无法在我们之间流动。一旦我开始去爱这个人的时候，我就会感知到他和我自己是独立分开的两个人，这样一来认同就被解除了。这时我会感觉到跟我所爱的这个人既是相连的也是有区别的。

信任你的姐姐，她会帮助你的。

（对团体）还有任何问题吗？

学员：你刚才提到，在同性恋中，孩子通常是认同了一个性别相反的人。你的意思是说这是一个普遍性的原因吗？如果是的话，这将为同性恋主题加入一个全新的角度。关于变性呢？也是同样的原因吗？

海灵格：就系统动力而言，变性和同性恋并无不同，唯一的分别在于变性是一种极端的形式。

异性认同并不一定会导致同性恋，也并非所有的同性恋者都是异性认同者。那只是一个观察。但我也曾经为一些同性恋者做过排列，基于某些理由，他们代表了系统中被排除的某一个人。因此如果某人代表了被排除的人，也会出现同性恋的情况，例如一个男人也会因为代表了另外一个男人而成为同性恋者。也许认同一个被排除的局外人就是同性恋者通常被认为是局外人的原因之一吧。但这种同性恋者通常不会引起异性认同者所带来的那种苦恼。这样回答你的问题可以吗？

另一个学员：对我来说这个问题还没有得到解答。你的意思是说这些是导致同性恋的唯一原因吗？你如何解释某些社会对同性恋有完全不同的观点？就拿古希腊来说，他们认为同性恋根本是完全正常的？

海灵格：我一直都在提醒自己不要谈一些没有亲眼见过的事物。我们都看到在丹尼尔案例中所发生的事，因为我们看到了，我们才能这样说，但是你如果把我所说的当作普遍性的概论，那就太危险了。我不要你盲目地接受我所说的，只要保持开放地去思考它，并且进行你自己的观察。这是值得思考的，因为它有助于减轻许多同性恋者的重担；也使得他们能够以一个不同的角度来看待他们自己的命运。至于他们能不能——或是应不应该——改变，那又是另外一回事。

另一个学员：你怎样解释双性恋？

海灵格：这也是一种同性恋。

从认同母亲的恋人转成支持父亲

（在第二天的课程中）丹尼尔：对我的家庭系统排列我还想起一点，母亲曾有一个朋友，他去了美国，至今杳无音信。

海灵格：母亲还有一个男友？

丹尼尔：对。当时我也知道，他只出现了很短的时间便消失了。他就是母亲心目中的白马王子，是她真正想要结婚的对象。我到现在还相信是这样。

海灵格：这是很普遍的情形，一个孩子代表了父亲或母亲从前的恋人，甚至他自己都没有意识到这一点，而且这也不是父亲或母亲所期望发生的情形。你们三兄弟之中是谁代表了这个角色，我并不知道。代表了这个恋人的儿子会与父亲有冲突，而且也很难成为一个真正的男人。他无法接受自己的父亲来作为父亲，而他的父亲也无法给予他作为一个儿子所需要的，因为认同使得他们彼此之间成为竞争对手。

解决之道是，儿子把母亲看在眼里，并且对母亲说，"他是我的父亲，而我敬重他作为我的父亲。我和另外那个男人没有关系"。而且他也要对父亲说，"你是我的父亲，我敬重你作为我的父亲，你才是我的父亲，我和另外那个男人没有关系。我是你的儿子"。

丹尼尔：很奇怪，我经常感觉到我在扮演一个竞争对手的角色。

知识必须产生行动

丹尼尔：昨天我才了解到我父亲的家庭对我有多么重要。在这个家庭中，祖父就像凭空消失了一样，但从来没有人提起过发生了什么事，有些事情被隐瞒了。

海灵格：我现在不想处理这些。试图一次处理太多问题并非好事。如果你能够看见父亲背后的祖父，并同时去敬重他们两个，那样就够了。这一工作的指导原则就是，知识必须尽快转变成为行动。一旦我有足够的知识去行动，我必须停止研究，同时开始行动。如果我企图寻找更多知识，只会消耗行动所需的能量，知识就变成行动的替代品了。

家庭系统排列："宁愿是我而不是你"

海灵格：（对欧内斯特）过来坐在我的旁边。你有什么问题？

欧内斯特：五年前我做了一个黑色素瘤的切除手术，三年前，我的黑色素瘤又复发了，现在我又有急性静脉炎。除了手术之外，我已经治疗了……

海灵格：我不需要知道更多的信息了。你要不要看看你的家庭系统能够告诉我们些什么？

欧内斯特：好，我要。

海灵格：你结婚了吗？

欧内斯特：是的。

海灵格：有孩子吗？

欧内斯特：目前有一个，还有一个尚未出生。

海灵格：为了你的孩子你应该健康起来，你知道吗？

欧内斯特：我知道。

海灵格：否则他们将会有跟随你的倾向。现在就有了一个好理由，必须要为此而有所行动。

欧内斯特：确实如此。

海灵格：在你的原生家庭中，有没有发生过什么特殊的事情？

欧内斯特：我们一共四个兄弟姐妹。母系那边没有什么特别的事情，那是一个大家庭……

海灵格：你的兄弟姐妹呢？其中有没有死亡或夭折的？

欧内斯特：我父亲有皮肤癌，我大哥和妹妹也都有皮肤癌。

海灵格：哇！还真多。你父亲的家庭状况怎样？

欧内斯特：祖父在我父亲七八岁时就死了。

海灵格：死因是什么？

欧内斯特：似乎是因为战争。他的体内有个手榴弹的碎片，之后这个碎片开始移动。最后因为血液中毒，他很快就死了。

海灵格：你父亲有几个兄弟姐妹？

欧内斯特：有一个同父异母姐姐。

海灵格：这个同父异母姐姐是怎么来的？

欧内斯特：来自祖父的第一段婚姻。

海灵格：你祖父的第一任妻子发生了什么事？

欧内斯特：据我所知，她生产后不久便跳楼自杀，我也不知道是为什么。

海灵格：她是一个重要的人物。但我们要以你目前的家庭来开始。现在开始排列——你自己、你妻子，还有你的孩子。孩子多大？（见图134）

欧内斯特：4岁。

图134

夫：丈夫的代表（欧内斯特）
妻：妻子的代表
1：第一个孩子的代表，女孩

海灵格：丈夫感觉怎样？

丈夫：我有一种被包围的感觉，一方面，感觉相当愉快，但另一方面，又不是这样。

海灵格：妻子感觉怎样？

妻子：太挤了，我只能直视正前方。

海灵格：女儿感觉怎样？

女儿：我想离父亲远一些。

（海灵格把父亲带出排列，见图135。）

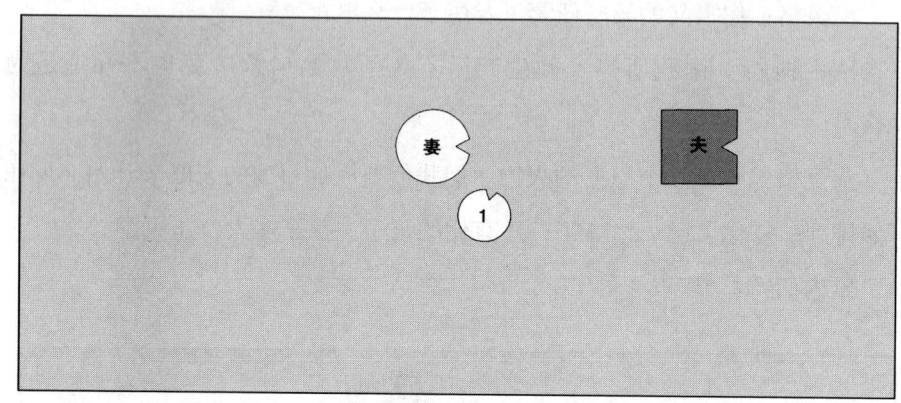

图135

海灵格：（对丈夫）你现在感觉怎样？

丈夫：我现在离得太远了。

海灵格：体验你的感受，是比较好还是比较差？

丈夫：比较好一些。

（丈夫一离开排列，母女俩便相视而笑。）

海灵格：（对团体）奇怪！你们看到了吗？

（母亲和女儿突然大笑起来。）

海灵格：你们看到了吗？他离开了，她们俩都觉得自由多了。

（对欧内斯特）是这样吗？

（欧内斯特点点头。）

海灵格：你想说些什么吗？

欧内斯特：现在我没办法说些什么。

海灵格：对，是很困难的。

欧内斯特：嗯！

海灵格：妻子的家庭发生了什么事？

欧内斯特：她父亲死于癌症。

海灵格：他死的时候有多大年纪？

欧内斯特：我不太确定。大概60或70岁吧，我想。但他去世之前已经与妻子离婚。

海灵格：他们为什么离婚？

欧内斯特：据我所知，是他的妻子要他离开的。

海灵格：他的妻子要他离开？

欧内斯特：她替他在瑞士找了一份工作。

（团体笑了。）

海灵格：（对团体）这个母亲的女儿正在对她丈夫做着同样的事情，跟她母亲对丈夫所做的完全相同。这是一模一样的重复。

（对欧内斯特）现在把你妻子的父亲加入排列之中。（见图136）

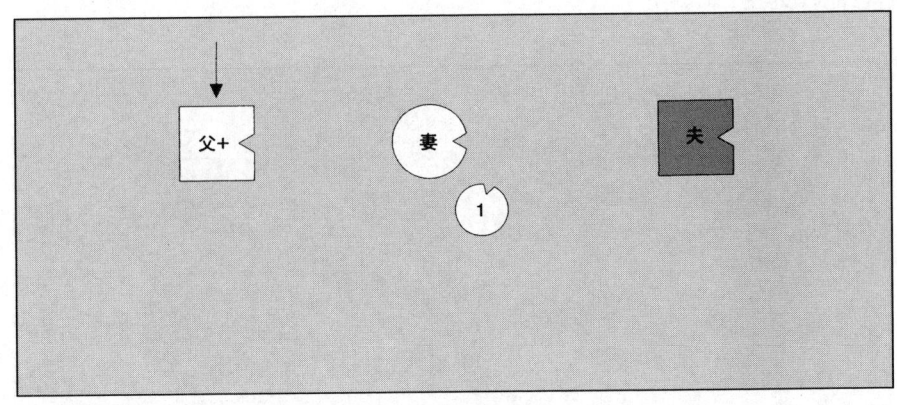

图136

父：妻子父亲的代表，已过世

海灵格：对妻子有什么变化？

妻子：我有个想往后退的冲动，想背靠着父亲。

海灵格：好，就那样做。（见图137）

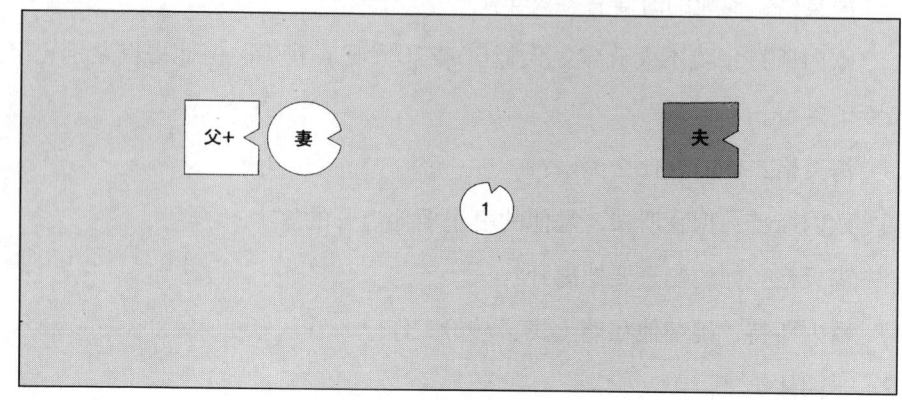

图137

海灵格：正确的动力可能看起来就像是这样。

（海灵格让妻子的父亲转过身来，并且把她排在他后面，这样她可以跟随着他，见图138。）

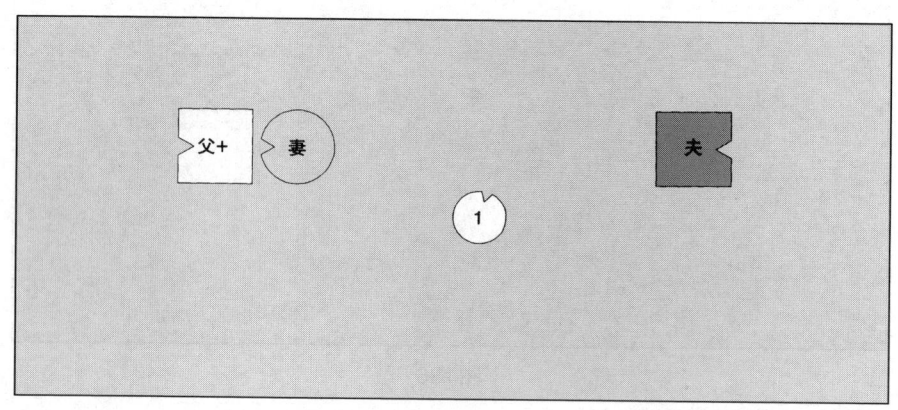

图138

海灵格：妻子的父亲感觉怎样？

妻子的父亲：面对这个方向感觉好太多了。

海灵格：妻子感觉怎样？

妻子：我想从后面拥抱父亲。

海灵格：（对团体）她的动力是"我要跟随你"。可是谁离开了？她的丈夫。男人真是好心肠的动物，该是有人要这样说的时候了！

（团体鼓掌，大笑。）

（海灵格让丈夫转过身来，并且把那个女儿排列在他的旁边，见图139。）

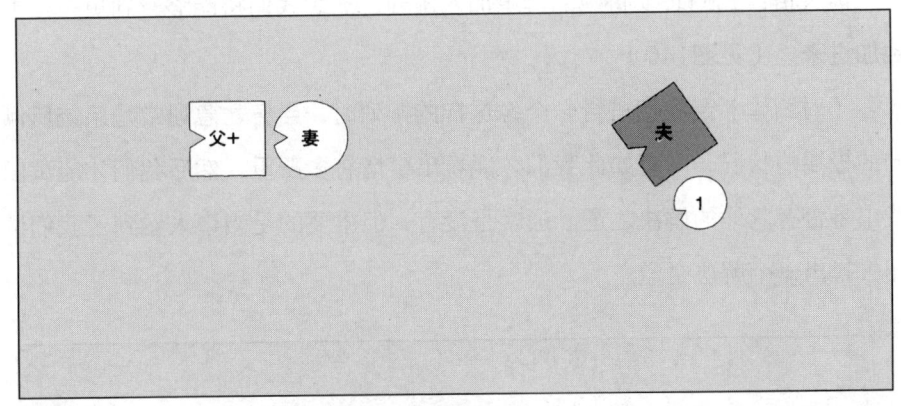

图139

海灵格：丈夫现在感觉怎样？

丈夫：好多了，我不再那么孤单了。

海灵格：女儿现在感觉怎样？

女儿：我觉得很好。

海灵格：（对欧内斯特）这就是你家庭中秘密的系统动力，你可以看到，这个系统并不好。我已经把可能发生的最糟糕的事呈现给你。

欧内斯特：我妻子怀孕了，这或许有助于我们找到解决之道。

海灵格：那不会改变任何事。在这里并没有任何改变。

欧内斯特：但我女儿已经为我改变了某些事。

海灵格：什么？

欧内斯特：我再也不会那么孤独了。

海灵格：这倒是真的，但安慰父亲的孤单对一个孩子来说并不合适。问题是，对于你妻子我们能做些什么？

欧内斯特：她必须能够放下她的父亲，离开父亲的影响。

海灵格：不，那样没有用。

欧内斯特：或者，她必须停止跟随父亲的想法。

海灵格：我们必须将她的母亲加入排列，然后我们将能够看到更多。把她加进来。（见图140）

（对团体）当我们进行一个像这样的排列时，当务之急通常是系统所倾向的极端的状况，唯有如此我们才能看出事情有多严重，然后我们才能试图找出是否有其他的解决之道。通常是没有，但重要的是当事人看到了我们试图去找出一个解决之道。

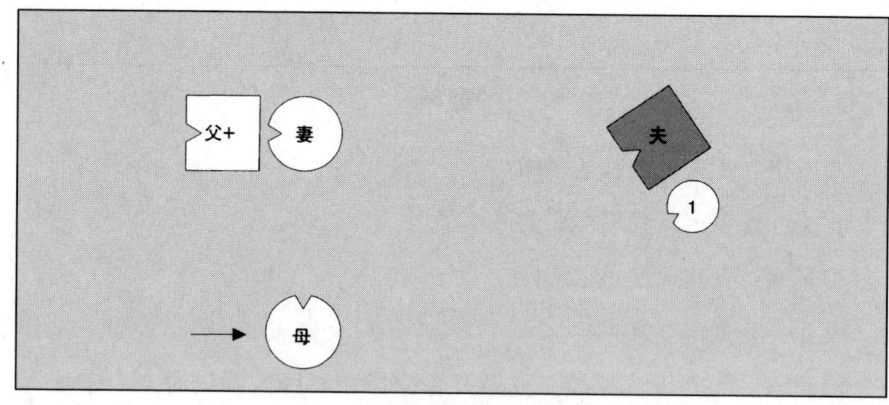

图140

母：妻子母亲的代表

海灵格：妻子现在感觉怎样？

妻子：比较好。我想到母亲那里去。

海灵格：好，去吧！（见图141）

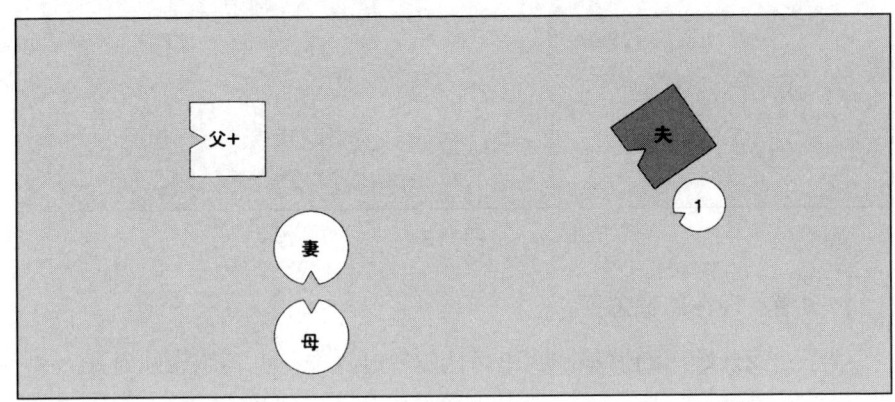

图141

（妻子愤怒地望着母亲。）

海灵格：（对团体）欧内斯特的妻子代表了谁才能具有这么大的愤怒？她的父亲，被要求离开的那个人。那么她愤怒的对象应该是谁呢？她的母亲。但实际上又是谁承受了她的愤怒呢？

学员：她的丈夫，那就叫作双重转移。

海灵格：（对妻子的父亲）你现在感觉怎样？

妻子的父亲：我感到了左边妻子的存在。

海灵格：现在转过身去，我们把你女儿排列在你旁边，让你的妻子转过身去，不要面向你。（见图142）

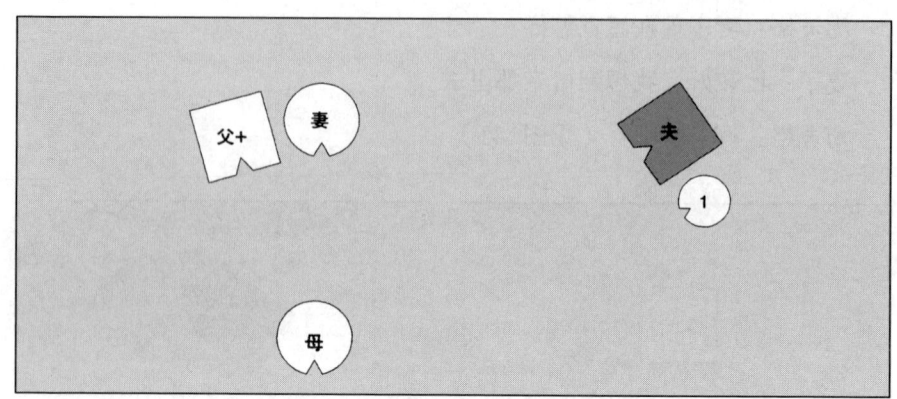

图142

海灵格：现在感觉怎样？

妻子：我开始感到愤怒，我不想让她转过身去，也不想让她离开。

海灵格：那是一个孩子的进退两难！孩子对父母双方都很忠诚。

（对妻子的母亲）妻子的母亲现在感觉怎样？

妻子的母亲：我几乎和我的家庭没有任何接触。

海灵格：没错。继续再走远一些。（见图143）

图143

海灵格：（对团体）我们不知道她的家庭发生了什么事，以及她为何有离开的冲动。但我们现在把这些暂且搁下，先在这个家庭中寻找解决之道。

（对妻子的代表）我应该寻找解决之道吗？

妻子：是的。（她笑着说。）

（海灵格排列解决之道，见图144。）

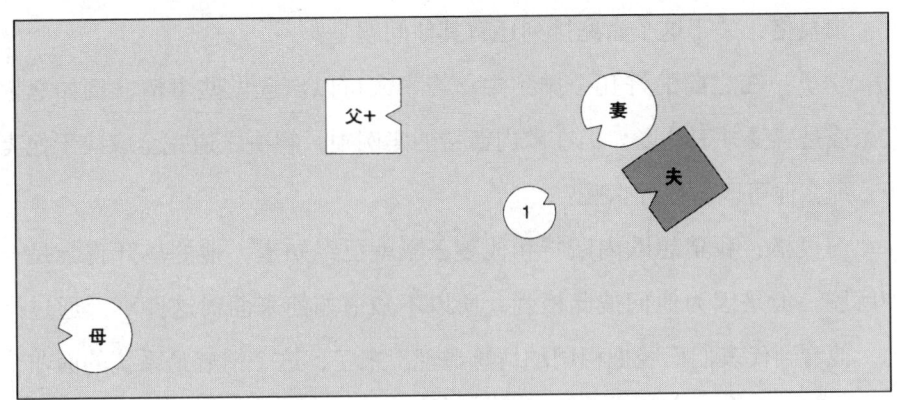

图144

海灵格：现在这样感觉如何？

妻子：好多了。我能够自如地呼吸了。我觉得这就是我正确的位置。之前我不知道该归属何处。

丈夫：我现在感觉到她更愿意接受我了，她就站在我旁边，这种亲近的感觉很好，之前都觉得并不真实。

女儿：现在我有了父母。

妻子的父亲：我有种友善的感觉。（他笑了。）

海灵格：（对欧内斯特）你想不想站到你自己的位置上去？

（欧内斯特站到他的位置上去，夫妻互相微笑，而且开起了玩笑。）

海灵格：有时能够找到好的解决之道。

（对欧内斯特）我从最明显的问题开始处理，这是你目前的家庭系统。我们还需要排列你的原生家庭，来看看你的癌症是不是与原生家庭里的动力有关。但是如果一下子处理太多的话，将不是一件好事。就这样好吗？

欧内斯特：好的。

海灵格：好了，到此为止。

家庭系统排列经由内在画面发生效用

海灵格：关于这个家庭排列还有其他问题吗？

学员：在之前的好几个排列中，当事人可以自己做些事情，例如尊敬父亲或是感受并表达爱。但在欧内斯特的案例中，解决之道完全取决于他妻子，那么他可以做些什么呢？

海灵格：我猜想欧内斯特和他妻子早就已经知道，他的离开将会是一种解脱，但是因为他们彼此相爱，所以不知道如何来面对这件事。通过排列，他看到代表们已经把相同的情感显现出来了，这个情感是系统的而非个人的。那是一种巨大的释放。欧内斯特现在对他妻子已经有了一个不同的画面，而且已经开始产生作用了，他可以告诉她所发生的事。

（对欧内斯特）只要告诉她所发生的事就好了，不需要任何的说明或解释。

（对团体）当某些事情正确无误地反映出正在发生的情况时，就不需要有所解释。欧内斯特只要告诉妻子这里所发生的事就够了，他并不需要多做些什么。而当他妻子听到代表们所感觉到的，她对自己感觉的理解将会改变，她将能够以不同的方式自由地来处理这些事情。由于欧内斯特对他妻子的关系已经发生变化，当他回到家之后，她最有可能注意到他的不同，因为他也知道他们正在处理一个超出他们个人关系的事情。我不能，也不可以再多做些什么了。

这个工作要求治疗师有很强的自我克制，他们必须要不惜任何代价去避免"多做些"，或是任何诸如此类的事情。

（后来证实，欧内斯特的妻子当时就在听众席上。）

"正确的事"

学员：我有一个技术上的问题。由你或是由当事人自己来挑选代表，这两者有什么不同呢？另外一个问题是：你经常使用"正确"（right）这个词——例如"在正确的位置"（in the right place）。这是基于某一套原则，还是根据你在当下观察所得出的结果？我学习到你的原则之一是，尊敬必须来自内心深处，子女必须尊敬父母并且以自己的父母为荣。

海灵格：在排列中由谁来挑选代表，或是挑选谁来做代表，并没有多大关系。不管是由当事人自己来挑选，或是由我来挑选以节省时间，并无不同。每一个人都可以作为任何其他人的代表——当然，假如他或是她同意这样做的话。

"正确"对我而言，就是当我观察到排列中的每一个人在他或是她的位置上感觉到舒适自在，就是这样。而当每一个人处于他或是她所属的位置时，秩序便会接着产生。然而这也取决于很多因素，而且在不同的排列中也不尽相同。我以系统中所观察到的运作原则为首要方向，但当我看到它们并不适用时，我便会脱离它们。

更为精确的说法是，那根本就不是我的原则。很显然，子女当然有不尊敬他们的父母的自由，但当他们不尊敬时会有其后果。反过来说，当家庭中的每一个人在他或是她的"正确"位置上时，尊敬和爱便会自然地流动，但流动方向主要是由上而下的，而非由下而上。

使用象征性物品做家庭系统排列

学员：如果是没有团体，只用象征标志，你如何像我们从不同夫妇和学员那里获取情感动力那样获取动力？

海灵格：这种工作形式只能在团体中进行。你也看到，这种工作所凝聚的强度真的只可能在团体中进行。这种强烈程度在个体治疗中极难达到。但有时治疗师在没有团体的情况下，必要时使用象征性物品也是可行的。而已被证实最好的方法是使用鞋子。当事人排列一双双的鞋子，就如同在团体中排列人物一样。当事人和治疗师想象相关人物站在鞋子上，他们也可以走到鞋子旁边，并且站在鞋子旁边去感受一下那双鞋子所代表的人的感觉。这是一种可能性。它与团体排列的相通之处是，如果当事人和治疗师允许他们的心、头脑，以及灵性，能够被环境所引导的话，即使在困难的情况下，也可以得到最好的结果。

当事人也可以站在长方形的地垫上。正如其他方法一样，心灵会随各种情况做出反应。所以也可以用替代物品来作为代表取得很好的效果。

学员：是谁来说出那个鞋子的"感觉"——是你还是当事人？

海灵格：这需要非常小心。当幻想或解释介入时，你便知道你在错误的轨道上了。但一位同事告诉我说，当他以鞋子来排列时，他只需站到鞋子的旁边，便能立刻感受到所代表人物的感觉。他可以信赖这个方法。你也可以透过练习来学习这种方法。但最好是由当事人站在鞋子旁边，去感受所代表的那个人的感觉，因为当事人总是比治疗师跟这些所被代表的人物更为亲近。

家庭系统排列：大哥夭折，二哥自杀

海灵格：（对弗瑞卡）你有什么问题？

弗瑞卡：我哥哥半年前自杀，我感到自己也处在危险当中。我父母认为我可能……

海灵格：你有没有曾经试图自杀？

弗瑞卡：没有，但我想过。

海灵格：好，接下来我将为你排列。你的家庭有哪些成员？

弗瑞卡：现在只有我和父母。

海灵格：哥哥是怎样自杀的？

弗瑞卡：他从高速公路上的天桥上跳了下来。

海灵格：他当时多大？

弗瑞卡：27岁。

海灵格：我们来排列你们四个人，你父亲、母亲、去世的哥哥和你。

弗瑞卡：母亲还有一个孩子，他出生后六天便死了——他是我大哥。

海灵格：我们将会需要他，当然，我们稍后再把他加进来。（见图145）

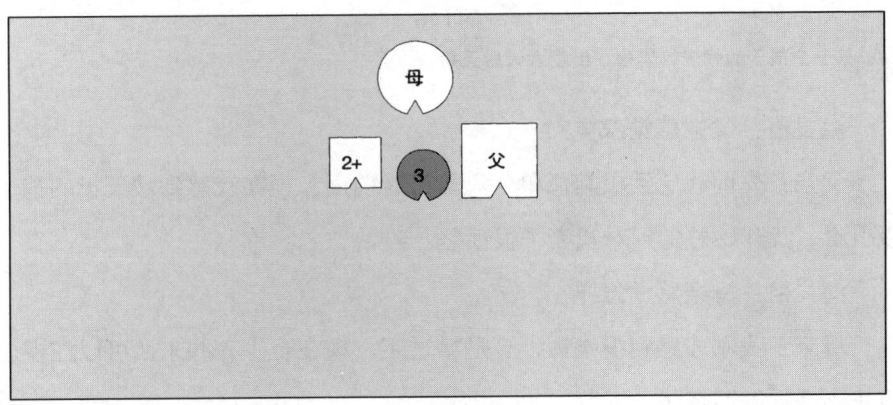

图145

父：父亲的代表

母：母亲的代表

2+：第二孩子的代表，男孩，27岁时自杀身亡

3：第三个孩子的代表，女孩（弗瑞卡）

海灵格：（对团体）整个家庭都朝向一个方向看，你们注意到了吗？他们可能全都注视着那个夭折的孩子。

（对弗瑞卡）有没有人因为孩子的死被责备？

弗瑞卡：有。孩子七个月时早产，我母亲责怪她的父亲对她很恶劣，使她精神受损，导致孩子早产。那个孩子拒绝吃奶，基本上是饿死的。

海灵格：现在我把这个孩子加入排列之中。（见图146）

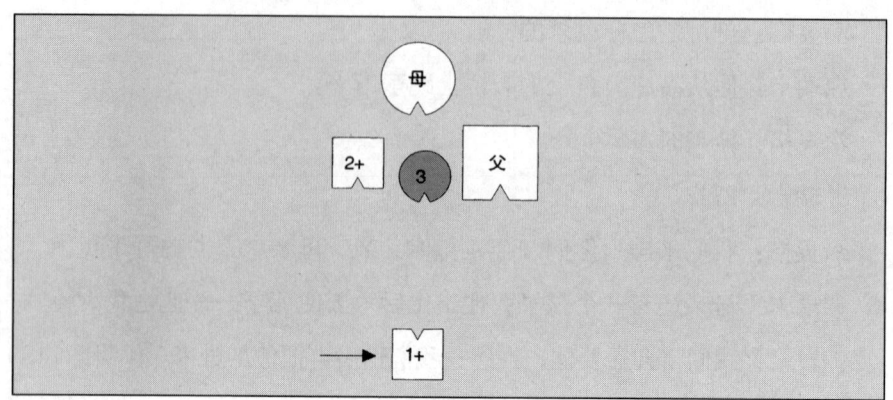

图146

1+：第一个孩子的代表，男孩，出生六天后夭折

海灵格：父亲感觉怎样？

父亲：先前我感到极其孤单，只能盯着前面。现在我感到被夭折的孩子吸引着，我开始感觉到对我妻子很愤怒。

海灵格：母亲感觉怎样？

母亲：我刚才感到很糟糕，真是糟透了。现在至少有些东西可以注视。但我还是觉得不舒服。

次子+：母亲站在我后面我感到非常不高兴。当她把手放在我的肩膀上时，我感觉更糟了。

三女：我想要离父亲再远一些，我被右边的哥哥吸引。但现在已经改变了，因为另外一个孩子在那儿。现在我与父亲之间的距离更大了。

海灵格：谁对孩子的死有罪恶感？那个母亲。而谁又代替她而死了呢？那个儿子。

（对夭折的儿子）你感觉怎样？

长子+：我之前感觉到很糟糕。不好的感觉来自我母亲。但也不只是她，首先是来自整个家庭，然后变得越来越清楚，其实是来自母亲。

（海灵格带母亲离开家庭，见图147。）

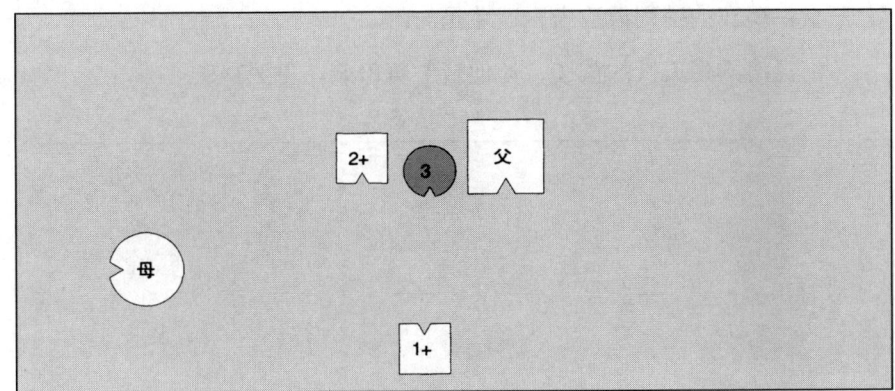

图147

海灵格：（对母亲）你感觉怎样？

母亲：比较好。右边的压力消失了。

海灵格：现在我来展示解决之道。（见图148）

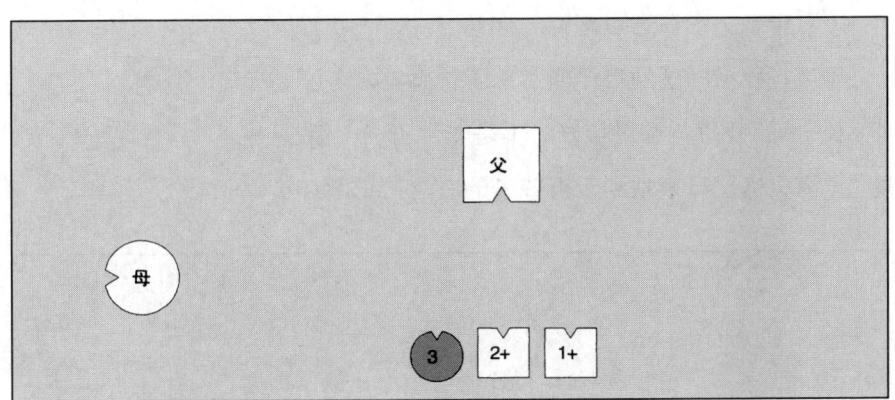

图148

海灵格：这样对父亲如何？

父亲：我感到我得到了解脱。

长子+：我感到被拉向母亲。

次子：我感到很安全。

三女：现在的排列很适当，这才是对的。

（海灵格排列夭折的孩子，让他背对着母亲，见图149。）

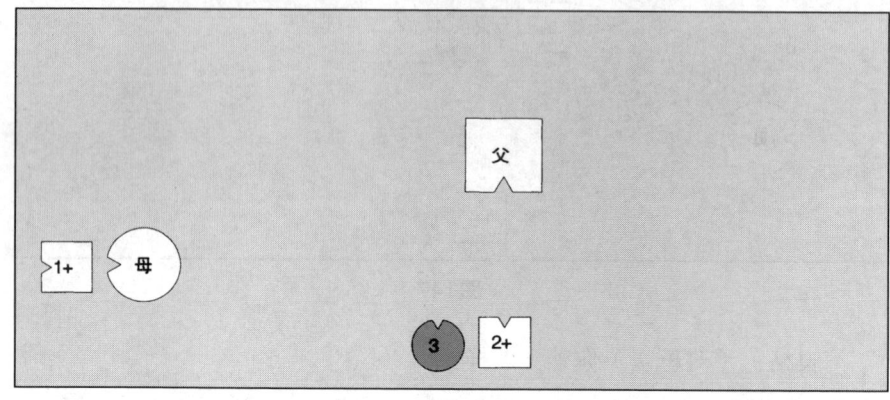

图149

海灵格：这就是动力所在。母亲对她夭折的孩子说，"我将跟随你"。

（对母亲）你在这里感觉怎样？

母亲：我渐渐感到自己非常慈爱，感觉好多了。

长子+：我感觉相对较好。不是非常正确，但是……

（海灵格让母亲站到夭折孩子的右边，见图150。）

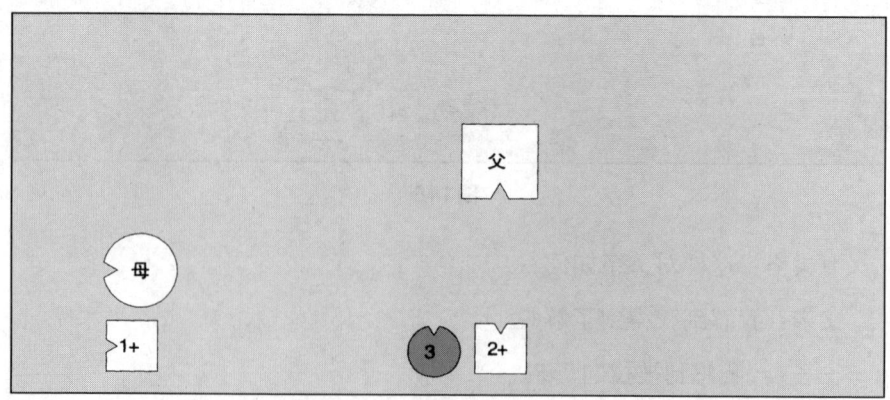

图150

海灵格：现在如何？

长子+：还可以更好。

海灵格：他正确的位置应该是与弟弟妹妹一起站在父亲旁边。当他不在这里时，弟弟妹妹的感觉如何？

次子+：我感到右边是空白的一片。

三女：我感到十分混乱。

海灵格：当他不在弟弟妹妹旁边时，他们会被引去跟随他。现在我展示另一个解决之道。

（海灵格让母亲在她丈夫的左边，夭折的孩子坐在父母前面，背靠着他们，见图151。）

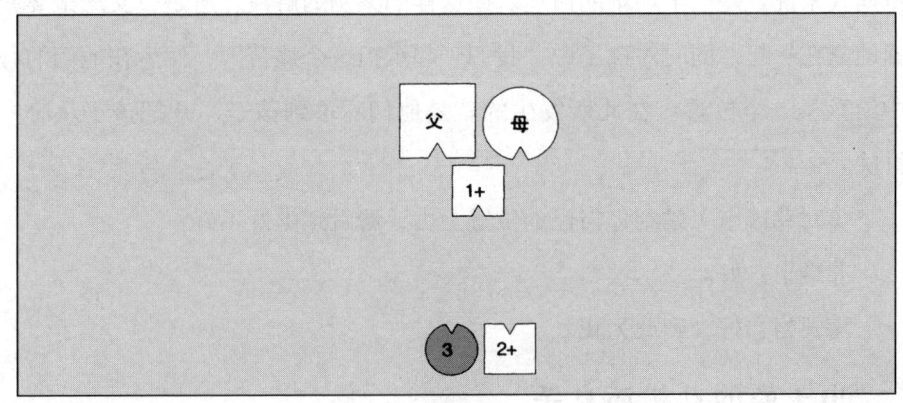

图151

海灵格：（对父母）把手轻轻地放在孩子的头上。

（母亲开始哭泣。）

海灵格：（对母亲）注视着孩子。靠着你的丈夫并对孩子说"我亲爱的孩子"。

母亲：我亲爱的孩子。

海灵格：再说一次。

母亲：我亲爱的孩子。

海灵格：深呼吸！用嘴巴呼吸！

海灵格：你现在感觉怎样？

母亲：我感到比较好。我现在能够看到其他人了。

海灵格：（对夭折的孩子）你感觉怎样？

长子+：比较好。

海灵格：（对自杀的次子）你感觉怎样？

次子+：这是我第一次看到我的母亲。

海灵格：（对团体）当一个孩子死亡时，父母亲发现去责怪自己或是责怪其他任何一个人，都要比面对他们的痛苦和命运更加容易。因为这对父母两人来说，是一个艰难的命运。像这样的案例的解决之道是，父母亲要紧紧地靠在一起，同时对孩子说"我们一起承担这个痛苦"，然后在他们的心中给孩子一个位置。在此所发生的就是他们看不到孩子，并把孩子从心中排除。

（对弗瑞卡）站到你自己的位置上去，看看感觉好不好？

弗瑞卡：好。

海灵格：好，到此为止。

出于爱的动机而自杀

海灵格：（对团体）就我的经验来说，自杀通常都是基于"我将跟随你"或是"宁愿是我而不是你"的动力。对这一点的知晓让我们能够以全新的态度来面对牵连纠葛：多一点爱意，少一点恐惧。我们可以去寻找自杀者所要跟随的人，以爱将那个人再次带回到当事人的眼前。当他再次得到注意以及在系统中得到应有的位置时，自杀的危机便会结束。当某人因为"宁愿是我而不是你"的动力而有自杀的倾向时，这也同样适用。当他代替某人而要跟随一个死去的人时，他也会有自杀的危机。

还有另外一些情况也会使人有自杀的倾向，例如，因罪恶而起的赎罪愿望。人们通常都是基于爱而自杀，就像我们在这个案例中所清楚地看到的那样。

学员：到目前为止，你总是通过当事人去找出解决之道，而在这个案例中你却是通过那个母亲。但弗瑞卡才是当事人，她能做什么呢？

海灵格：真正的当事人是那个母亲。我是为那个母亲，还有整个家庭而做的。明白吗？

以责备他人作为抗拒痛苦的防卫

弗瑞卡：我还有一个问题。我感觉到有某种程度的罪恶感。我觉得我应该能够阻止哥哥自杀的，而且……

海灵格：不，不。你现在所示范的动力正好与我刚才所形容的完全相同。当你责怪自己或是其他任何一个人时，你便是在逃避面对你的痛苦和命运的力量。这是一个廉价的解决之道，它比起向命运致敬来得容易多了。

你现在应该做的是告诉你死去的哥哥你尊重他的决定。如我们所见，你所想的并不是一个真正自由的解决之道。你应该尊重他的命运以及他所处的艰难状况，那样他就不需要担心他的死亡将会带来更多的不幸。这样可以吗？

（弗瑞卡点头。）

我们需要去正视这一点，这一点被忽略了。

拒绝回答

学员：有些事情我还是不太清楚，为什么自杀这么晚才发生？如果他要跟随那个夭折的孩子，为什么他没有早一点自杀呢？

海灵格：这个问题有什么好处？这个问题又帮助了谁呢？这只是个好奇的问题，想要寻找更多解决之道，只能找到我们不再需要的发现。如果我们去讨论所有可能的假设，那样只会破坏这个排列的作用而大伤元气。所以最好还是不要回答这个问题。

（学员点头。）

另外一个学员：罪恶感这个原则是不是特别与天主教、基督教，或是基于某种特定的文化有关？另外，澳洲的原住民也和我们一样有着完全相同的问题吗？

海灵格：那也是同类的问题，如果我回答这个问题的话，对弗瑞卡又有什么帮助呢？我看见在此起作用的动力，那就够了，其他地方所发生的事情也就无关紧要了。当你真正为澳洲的原住民工作时，你可以进行你自己的观察。

（团体笑了。）

当母亲自杀时

另一个学员：当病人在心理治疗中烦躁不安，后来发现他的母亲自杀了，那么，根据原则，你会把母亲的历史包含到他的家庭系统排列之中，还是将之搁置？

海灵格：我们是以基本的现象（phenomenon）来排列。一个家庭的所有成员组成一个命运共同体，我们所做的以及我们所承受的，都会影响共同体的其他成员，甚至会跨越好几代。但这个影响的整体复杂性，远超过我们在此所能处理的，所以我通常以尽可能少的人数来开始，就如你刚刚已经看到的。当我看到某个人需要加入排列时，我才把那个人带进来。你可以从一个小团体的动力中看到是否有必要去扩展它。如果母亲自杀，那一定是她在系统的压力下想要离开家庭。那么我会试着去看出她想要跟随谁，并且问问她的家庭中发生过什么事。当我找到那个人之后，我也会将他或是她带进来。但我从不与超出解决之道所需的人工作。我们无法与系统的所有成员工作，因为那样只会导致混乱。

当事人何时加入排列？

另一个学员：我有一个技术性的问题。当事人是不是要在所有人都有了正确的位置之后才加入排列？

海灵格：一般来说是的。当事人在其他人做好排列，反映出在他的家族系统中发生了什么事时加入排列，与当事人与其他代表在同一时间参与排列工作相比较，会有完全不同的感受。因为当事人或许会有抗拒，而在排列中的代表们抗拒会比较少，工作也会较为顺利，所以当事人对从排列所得到的感受印象会较为深刻。在某些情况下，我甚至不让当事人加入排列，例如当我察觉到他非常害羞或者有很大的羞愧心时，我会保护他，只让他在旁观看。

去世的人和活着的人在排列中应保持多少距离？

学员：你让去世的哥哥站到活着的妹妹旁边。我的感觉是，他们应该保持更大一些的距离以表明对哥哥的决定的尊重。

海灵格：哥哥应该直接站在妹妹的旁边。（对弗瑞卡）对吗？

（她点点头。）

海灵格：这便是答案了。她的点头便是答案。每个家庭都不尽相同，规则只有有限的价值。否则的话，我们只是按照理论来进行排列，完全没有考虑这个系统自己的动力。我们已经完全清楚动力展现出来的安排了。若哥哥不愿意站在妹妹的旁边，他早已自动移开，而不会站在那里。我完全信赖当时的动力。

家庭系统排列：吸毒的女儿——系统中缺少男性元素

海灵格：（对乔治）你有什么问题？

乔治：我有一个染上海洛因毒瘾的女儿。

海灵格：我们现在排列你目前的家庭。有哪些人属于你的家庭系统？

乔治：我妻子、我、我们的女儿，我妻子在第一段婚姻中有两个孩子。

海灵格：她的第一段婚姻为什么会破裂？

乔治：他们的个性非常不同，貌合神离。我妻子本来想与另一个男人结婚，但后来因为某些原因与她的前夫结了婚。

海灵格：为什么她想与另一个男人结婚？

乔治：根据她对我所说的，她觉得更加深深地依恋另外那个男人。

海灵格：我们需要他。你婚前有没有固定的亲密关系？

乔治：没有。

海灵格：妻子的两个孩子由谁抚养？

乔治：我妻子。但她的儿子表现得和她非常陌生，女儿也与她很疏远，不过还是有联络的。（见图152）

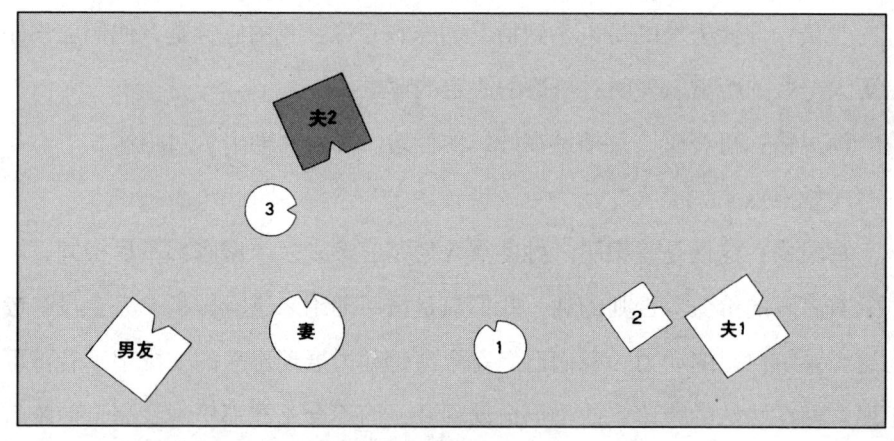

图152

妻：妻子的代表

夫2：妻子第二任丈夫的代表，第三个孩子的父亲（乔治）

夫1：妻子前夫的代表，第一个和第二个孩子的父亲

1：第一个孩子的代表，女孩

2：第二个孩子的代表，男孩

3：第三个孩子的代表，女孩

男友：妻子的男朋友的代表

海灵格：丈夫感觉怎样？

丈夫：我有两个感觉。第一个是我很愤怒，因为我们把女儿夹在中间像人质一样踢来踢去；第二个是我有一种不能做出改变的无助感。我想掐着妻子的男友的喉咙，叫他给我滚远一点。

海灵格：妻子感觉怎样？

妻子：我的左边，即男友那里有很多温暖（她笑着说），这让我感到惊讶。让我恼怒的是，我只能看到一个孩子，而且丈夫离我很远。

海灵格：解决之道已经一目了然。只有一个解决之道。

（海灵格让妻子和男友转身向外，把妻子排在男友的后面，见图153。）

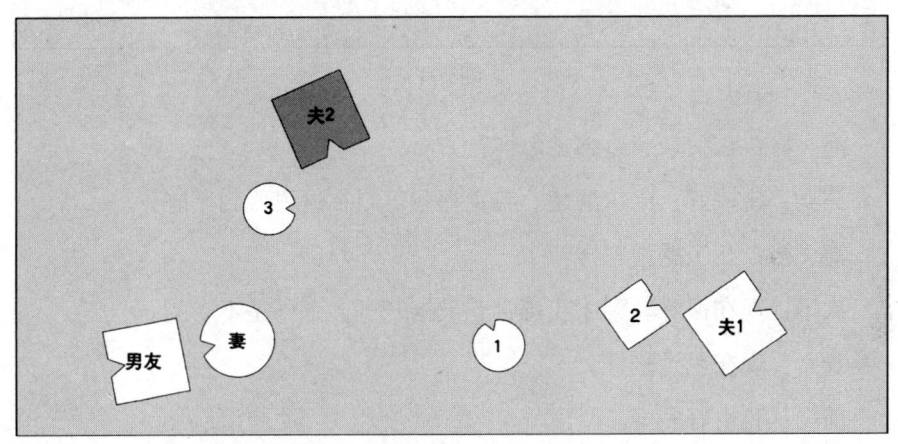

图153

海灵格：这就是解决之道了。丈夫现在感觉怎样？

丈夫：当他们转身时，我原有的紧张消失了。现在我只是孤单和伤心。

海灵格：女儿感觉怎样？

三女：刚才的情况很差，我感到如此地孤单，如此地无助，而且我觉得自己那么虚弱，不管我做什么，我甚至都无法伤害任何人。现在比较好一些了，我眼前还是空白一片，但情绪已经平静一些了。

（海灵格把女儿排列在父亲左边，让前夫转向，并让他的孩子们在他旁边，与他并排站着，见图154。）

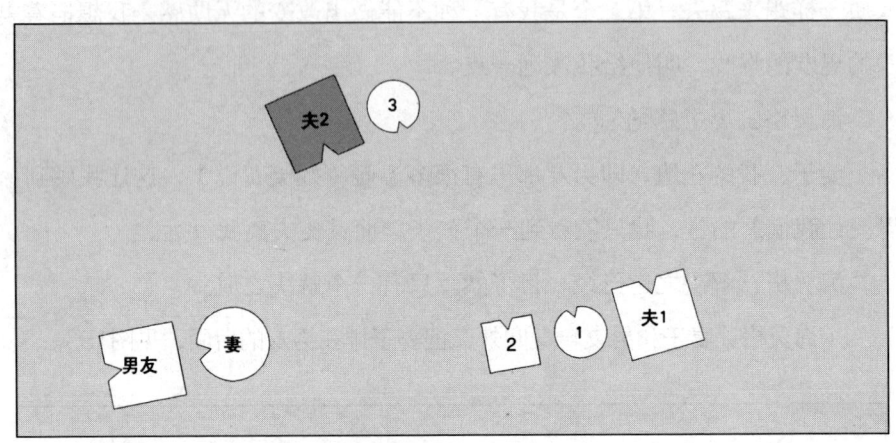

图154

海灵格：在父亲旁边感觉怎样？

三女：比较好，比较清楚。我觉得我可以在这里找到平静。

海灵格：儿子感觉怎样？

次子：现在很好。刚才我感觉我被推开了，那样是不对的。

长女：现在也比较好。

前夫：我也好多了。

海灵格：妻子感觉怎样？

妻子：不好，我感到我正在被惩罚。（她笑了。）

海灵格：基于适当的理由而被惩罚吗？

（她点头。）

海灵格：男友感觉怎样？

男友：我在第一次排列时感到非常好。当你让我转向时，我想我已经远离每一个人了，我并没有留意到你把她也转向我。当我看到她时，我突然感受到了温暖，我想，她其实应该站在我旁边的。

　　海灵格：我可以调整一下看看。（见图155）

图155

　　海灵格：（在观察到妻子和男友看起来并非那么幸福快乐之后）爱的梦想比起实际状况而言，多少还是比较美好的。

　　（团体大笑，鼓掌。）

　　海灵格：（对乔治）想不想站到你自己的位置上去？

　　（乔治首先站到女儿右边他自己的位置上去，之后却想移到她的左边去。）

　　海灵格：不，就站在你原来的位置。

　　乔治：这样的话，妻子离我太远了，我必须能够看到她，她必须离我更近一些。

　　（他女儿一边摇头，一边说："不可以。"）

　　海灵格：（对团体）没有人可以让女儿倚靠。

　　（海灵格把她排列在同母异父的哥哥姐姐旁边，见图156。）

图156

海灵格：在那里你感觉怎样？

三女：我要从当我站在父亲旁边时的感觉开始说起。在乔治站到他自己的位置之前，我感觉比较安全，而我也希望他能够给我一些安全感。但当他说"我妻子必须离我更近一些"时，我心里就想，"不，那样是不对的"。在哥哥姐姐旁边，我感到有了方向，就算我不知道要从哪里去寻求帮助，我也不知道能不能从父亲那里得到帮助，但我感到在这里我和他们有着同等的位阶，至少我和我的兄弟姐妹是处于一个平等的位置。

海灵格：我经常看到成瘾的模式。成瘾的出现是由于母亲鄙视她的丈夫，同时向孩子灌输"父亲一无是处"的观念，而且让孩子认为他们无法从父亲那里得到任何的好处，只能从母亲那里得到。这样，孩子便会对母亲提出过多的要求，这是有害的。成瘾便是孩子对母亲的报复，因为母亲不允许孩子从父亲那里获取他们所需要的。我曾经实际看到过某些成瘾得到了治愈，如果孩子的父亲以及母亲都能够被允许去给予孩子，而孩子也能够从父亲那里去接受，并且是在母亲亲眼所见的情况下那样做，那么孩子的成瘾便得以治愈。

但在这个案例当中，那是不可能的。父亲没有给予孩子所需要的。这个孩子不能从父母那里得到她所需要的,她只能依靠哥哥姐姐。

(对前夫)当她站在你孩子的旁边时,你感觉怎样?

前夫:没有什么不同。

海灵格:(对团体)他是所有人当中最为可靠的,孩子应该到他那里,那才是孩子能感到安全的地方。

(对乔治)这样清楚吗?

乔治:清楚。但在现实生活中是很难那样实行的。

海灵格:(对团体)我怀疑乔治也是没有父亲的,他也无法从父亲那里得到力量。

(对乔治)你的家庭状况怎么样?

乔治:我不是由我父亲抚养长大的,我妻子也不是由她父亲抚养长大的。

海灵格:这就是了。在这个家庭中没有男性的力量可以帮助那个女儿。现在我们把他的父亲加入排列,看看有什么改变。(见图157)

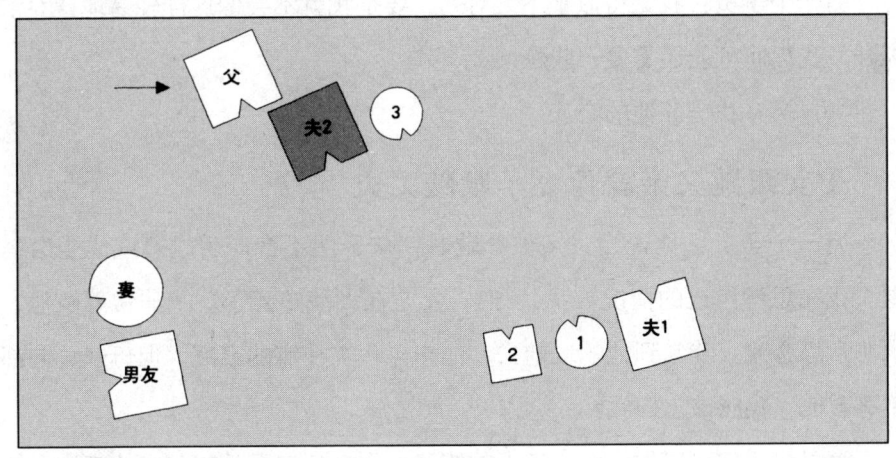

图157

父:第二任丈夫的父亲的代表

（海灵格把乔治的父亲的代表排列在他后面稍稍偏右一些。）

海灵格：现在女儿感觉怎样？

三女：我开始比较喜欢他了。（说着，她开始大笑。）

海灵格：（对三女）现在站到父亲的旁边去。

海灵格：现在感觉如何？

三女：比之前好多了。

乔治：对我也是。

海灵格：你现在可以担起照顾女儿的责任，并且放手让你妻子去走她自己的路了吗？

乔治：（迟疑地）是的，是的……

海灵格：好了，到此为止。

（对团体）还有什么问题吗？

学员：你为什么把女儿排列在她父亲的右边。

海灵格：为了保护她，使她免于母亲的伤害。

另一个学员：我觉得似乎不太对劲，要是我就不会像这样轻易地让乔治离开。我想他可能还需要一些建议。

海灵格：我信任他的心。

子女跟随父亲就像妻子跟随丈夫

另一个学员：你说当父亲被尊敬时，孩子便不会产生成瘾或成瘾会消退。我在思考自己的情况。我4岁时，父亲在大战中死了。我非常尊敬他，也非常想念他。我常到他的坟前去。他来自一个朴实的家庭，但母亲一向都不尊敬他。我应该怎样做？

海灵格：你可以做一个心理上的练习，你想象自己站在父亲的旁边，然后坦率地看着母亲，对她说，"他对我正如你对我一样重要，我接受父亲所给予我的一切，正如我接受你所给予我的一切"，然后就说出父亲的姓——假设父亲姓史密斯——对母亲说，"我也姓史密斯"。当你用想象的方式练熟了之后，在真实的生活中也要那样做，趁着母亲还在世时。要能够带着爱真诚地做到这样并不容易，而且需要极大的勇气。

爱的法则在夫妻关系方面，一般来说是要求女人跟随男人，意思是她要跟随他的家庭、他的语言、他的文化，甚至是他的宗教。她也必须允许他们的孩子去跟随父亲。我无法解释其中的理由，这跟父系制度无关。但一个人可以立即看到这样做的效果：家庭中会充满一股正向的情感和能量，而且和谐一致。

就我所知，唯一的例外是当父亲的家庭背负着沉重的命运时。在这样的状况下，孩子便要脱离父亲和他的家庭的影响范围，而转移到母亲和她的家庭的影响范围。

在一次团体工作中，有一个精神病患者与她的母亲一同参与。当我们排列病人的家庭时，母亲说："我的孩子有一半阿拉伯血统，因为我的丈夫是个叙利亚人。"这个父亲与一家人一起住在德国。我对她说："你的孩子是叙利亚人，你知道吗？"显然这个母亲从来就没想过这一回事——她甚至不知道她女儿应该信奉哪一种宗教。于是我问女儿。她说："我是回教徒。"——这件事情对母亲来说一直都是个秘密，直到此刻母亲才知情。然后我们就排列了这两个国家相互之间的关系，就像我们在做家庭系统排列一样。代表叙利亚的那个男人说："我感觉到自己非常慷慨。"母亲说："确实如此。"在排列中德国被给予一个尊贵的位置，但父亲的文化、语言和宗教信仰，则明显地有着优先级。当这一点呈现出来之后，女儿也被允许去自由地承认并且接受它时，她显得非常高兴，而且觉得自己有了正确的位置。

我所说过的关于妻子跟随丈夫的话，必须再加上后面一句才算完整，这句话便是："男人必须为女人服务。"两者都是属于爱的法则的前提，只有两者并存才能创造平衡。女人要跟随男人，男人要为女人服务。

学员：我还有一个问题。那个叙利亚人虽然住在德国，但他仍然是叙利亚人，是一个叙利亚父亲。难道他不应该偕同妻子一起回到叙利亚去吗？

海灵格：这我就不确定了。

另一个学员：我也有一个问题，圣经上说男人必须离开父母，依附妻子。也有一句俗话，"儿子结了婚，他的父母便少了一个儿子；女儿结了婚，她的父母便多了一个半子"。这不正好和你所说的相反吗？

海灵格：那我只能说"可怜的家伙"。

（团体笑了。）

学员：我父亲是捷克人，在我出生之前他便移民到德国来，他把德国当作自己的家乡，彻底离开了自己的家庭，在他母亲过世之前，都没有再见过她一面。像我这种情况应该怎么做呢？

海灵格：你会说捷克语吗？

学员：不会。

海灵格：那么你就必须要学！父母来自两个不同国家的孩子拥有两个故乡，这是非常重要的。母亲的国家必须受到尊重，但父亲的国家具有优先级。

学员：我感到处在一种混乱的状态，好像被分成了两半。

海灵格：（对团体）这是一个大好机会，可以检查看看我刚才所形容的。

海灵格：（对这个学员）选择一个人代表捷克共和国，一个人代表德国，一个人代表你自己。然后根据你的感觉去排列。（见图158）

疾病与健康的系统条件 | 445

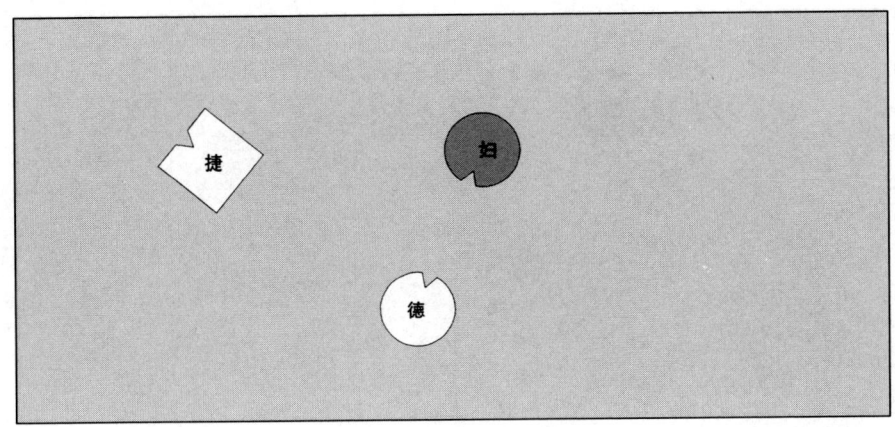

图158

女：女人（当事人）
捷：捷克共和国的代表
德：德国的代表

　　海灵格：捷克共和国感觉怎样？

　　捷克：很不好，我感觉被排除了。

　　海灵格：德国的感觉呢？

　　德国：我只能看到一个人，那个女人。

　　海灵格：女人的感觉怎样？

　　女人：不好，我失去了捷克共和国，我感到有缺陷；当我注视着德国时，我也不太喜欢我所看到的。

　　海灵格：（让捷克共和国的代表面向内部，并且问女人）你认为在哪里将会使你感觉最好，你想到哪里去？

　　女人：我想离捷克更近一些。（见图159）

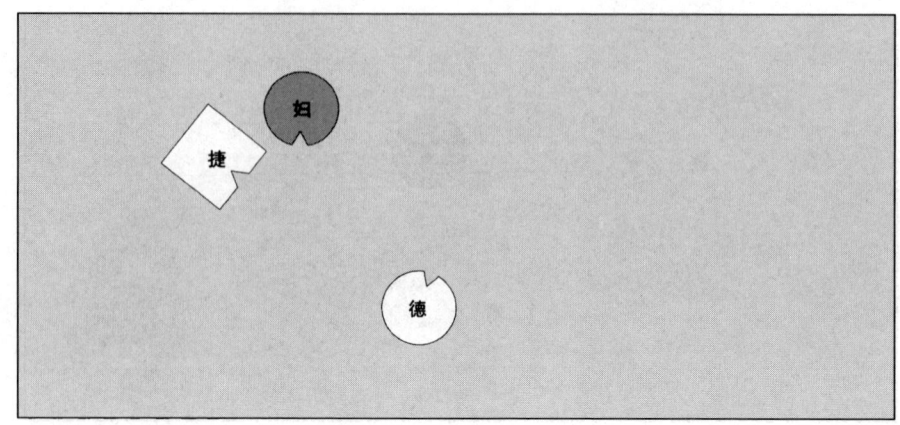

图159

海灵格：捷克现在感觉怎样？

捷克：比较好。但我感觉被拉向德国。

海灵格：德国的感觉怎样？

德国：我感觉我似乎失去了某些东西。

（在三者经过多次尝试之后形成了以下的排列，见图160。）

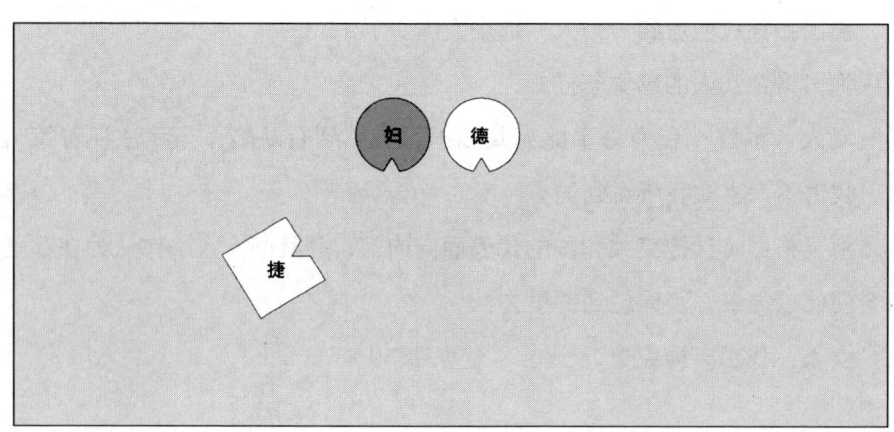

图160

海灵格：（对当事人）想不想站到你自己的位置上去？感受不同的位置，试着去找出你认为对两个国家最好的距离。

（她站得离捷克非常近，并且在笑，见图161。）

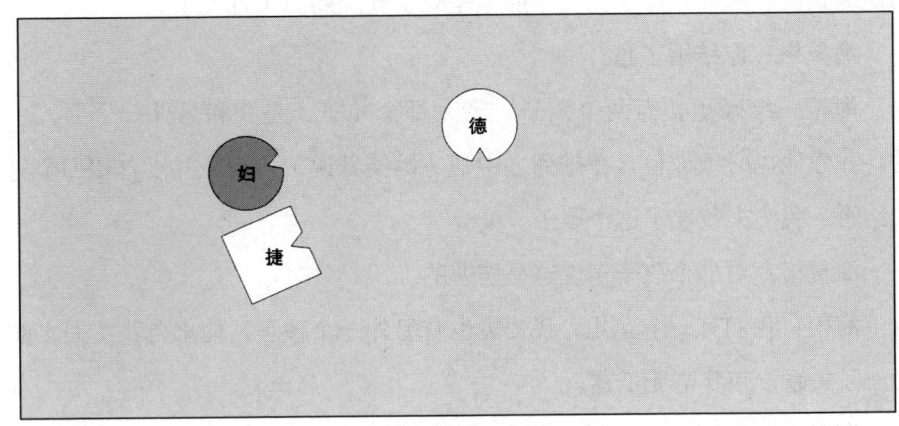

图161

海灵格：（对团体）你们现在看到我所形容的那种动力了吗？为了一个孩子的茁壮成长，他必须跟随他的父亲，到他的家庭和他的国家去。

（团体笑了。）

好了，到此为止。

另一个女学员：我还有一个问题。根据你的概念，我儿子应是西班牙人，他已6岁，但我与他父亲已经没有联络。那样对孩子将会如何？

海灵格：孩子有没有西班牙籍的祖父母？

成员：有，他有一个祖父。

海灵格：我们经常忘了除了父亲之外，在他的家庭中还有其他亲人。

学员：他还有一个叔叔。

（团体笑了。）

家庭系统排列：对男人毫不关心

海灵格：接下来我要为坐在我旁边的海蒂进行排列。

（对海蒂）你现在对大家简短地说一下你的问题。

海蒂：我患了乳腺癌。两个星期前我动了手术，我也是在那个时候才确切知道我得了癌症。母亲在九年前也是死于乳腺癌。（她笑了。）

海灵格：你结婚了吗？

海蒂：结婚了，有两个孩子。老大是个儿子，是我和另外一个男人生的。我想他也必须被包含在排列之中吧（她笑着说）。但我并没有和那个男人结婚。我丈夫收养了这个孩子。

海灵格：对那个孩子来说这是伤悲的。

海蒂：我们有一个女儿。我丈夫也有另外一个孩子，他来自我丈夫之前的一段关系，跟我毫无瓜葛。

海灵格：你为什么没有和第一个男人结婚？

海蒂：我不愿意与他结婚。我想，我已有了孩子，那就足够了，同时他也不是我心目中的白马王子。

海灵格：哦？你的丈夫呢？他之前结过婚或是有过一段亲密关系吗？

海蒂：他跟他第一个孩子的母亲有过一段亲密关系。他想和她结婚，但孩子的母亲拒绝了。

海灵格：我们以你目前的家庭开始。我们需要你、你之前的伴侣、你跟那个男人所生的孩子；然后是你的丈夫、他之前的伴侣，以及他们的孩子；最后才是你和丈夫所生的孩子。你丈夫之前的伴侣跟别人结婚了吗？

海蒂：没有，她独自一个人带大孩子。

海灵格：你的第一任伴侣后来有没有结婚？

海蒂：我不清楚。我们已经失去联络了，毕竟我们也没有婚姻关系。

海灵格：孩子一旦出生，便把父母亲联结在一起了，就像婚姻的联结一样。你不能用这种态度轻率以对。换言之，他就是你的第一任丈夫。

让我们来仔细看一下这次排列，排列你现在的家庭。（见图162）

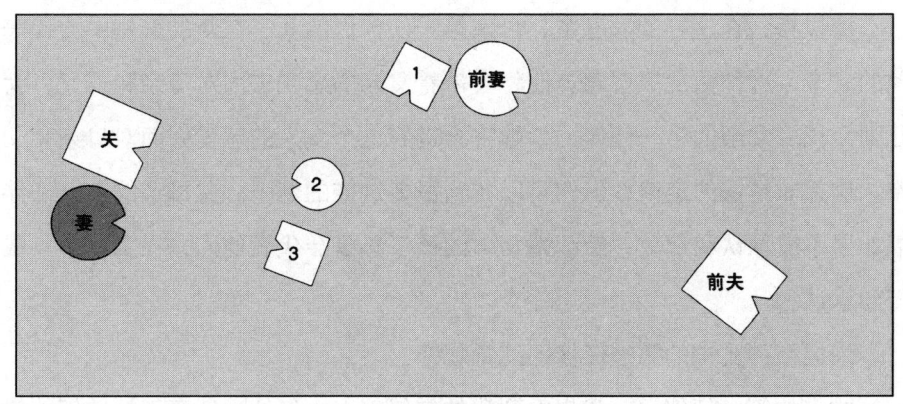

图162

夫：丈夫的代表，第一个和第三个孩子的父亲

妻：妻子的代表，第二个和第三个孩子的母亲（海蒂）

前夫：妻子第一任伴侣的代表，第二个孩子的父亲

前妻：丈夫第一任伴侣的代表，第一个孩子的母亲

1：第一个孩子的代表，男孩，与生母一起生活

2：第二个孩子的代表，男孩，与生母及继父一起生活

3：第三个孩子的代表，女孩

海灵格：丈夫感觉怎样？

丈夫：我感到好像在一个封闭的圆圈当中，与第一任伴侣和第一个儿子完全没有关系。

海灵格：妻子感觉怎样？

妻子：孩子是我们的障碍，他们把我和第一任伴侣分开，他们出现在我们之间。

海灵格：次子感觉怎样？

次子：我想到父亲那边去。

海灵格：在这里怎样？有什么感觉？

次子：这里让我感到有很大的限制。

三女：我感觉离母亲太近了，离父亲太远了。

海灵格：在这样的家庭中，母亲第一任伴侣的儿子在新的家庭中会代表他的父亲，这种情况很普遍。他将会带着父亲的感受去面对母亲和养父；女儿则会代表父亲的第一任伴侣，她将会带着这个女人的感受去面对母亲和父亲。这并非是铁的定律，但你可以看到很多这样的例子。父母亲的第一任伴侣如果不被承认和尊敬，后续婚姻中的孩子总是会代表他们，在家庭中争取得到承认。

海灵格：丈夫的第一任伴侣感觉怎样？

丈夫的第一任伴侣：我想看到我的前任伴侣，但他现任妻子的前任伴侣背对着我站着，这一点困扰了我。

长子：我觉得和任何人都没有关系，我不知道自己属于哪里。

妻子的第一任伴侣：我感到排斥、背叛和孤立，而且感到愤怒。

海灵格：他的儿子在这个家庭中也将会有这些感觉。我们现在将看看这个系统是否能连接到某种秩序。

（海灵格将妻子排列在丈夫的左边，将丈夫的第一任伴侣排列在他的右边，见图163。）

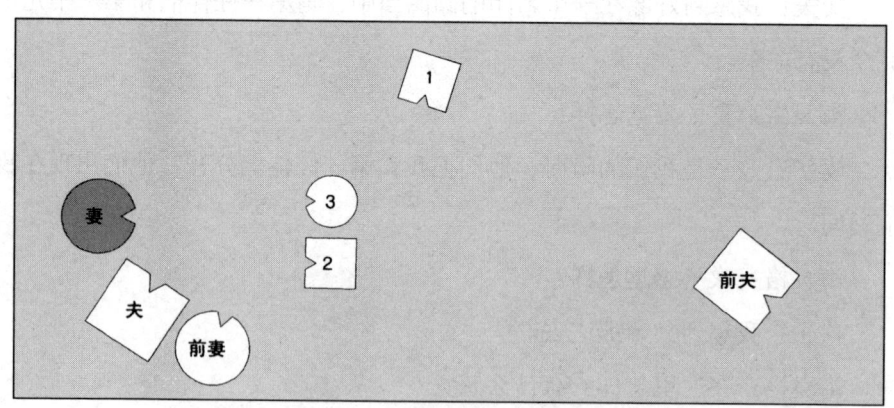

图163

海灵格：（对长子）你感觉怎样？你刚刚在笑。

长子：我刚刚希望可以站在她旁边，就在父亲的对面。那里是我喜欢去的地方，在那里我将不会感到那么孤单。

海灵格：妻子现在的感觉怎样？

妻子：我感觉好像我失去了容身之处，在这里我觉得一点都不好。

海灵格：丈夫感觉怎样？

丈夫：她太靠近我了。

海灵格：谁？

丈夫：她。

（他指着现任的妻子，并且又离他的第一任伴侣更近了一些。）

海灵格：（对团体）他最强烈的忠诚是针对她的。

（海灵格排列解决的画面，见图164。）

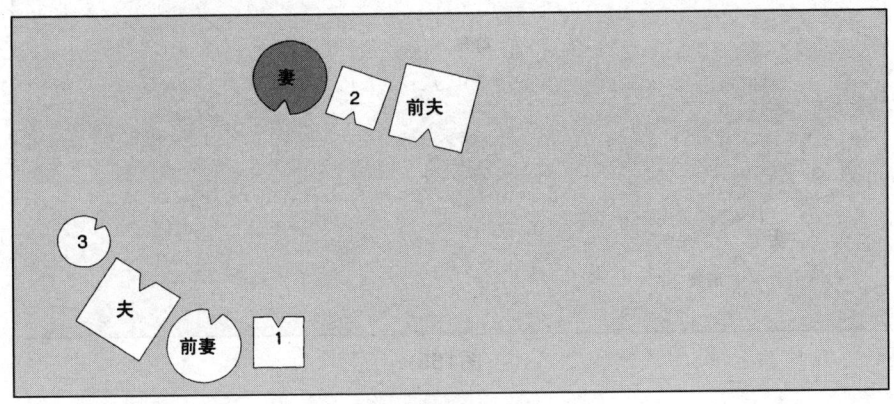

图164

海灵格：现在感觉怎样？

（丈夫认可地点头。）

妻子：好。

长子：可以。

次子：嗯，好。

三女：好。

妻子的第一任伴侣：这样我感到满意，但是我要她为发生的事情进行弥补，她应该站到我的左边来。

（妻子笑了。）

海灵格：我不想说服这种事。

（对海蒂）想不想站到你自己的位置上去？

海蒂：（停顿一会儿之后）那不是我的位置。我的女儿和丈夫在哪里？

海灵格：试试看你能不能找到一个更好的解决之道。但你必须先站到排列当中去，看看感觉如何，还有你对其他人的感觉如何。你并不是唯一牵涉其中的人。（见图165）

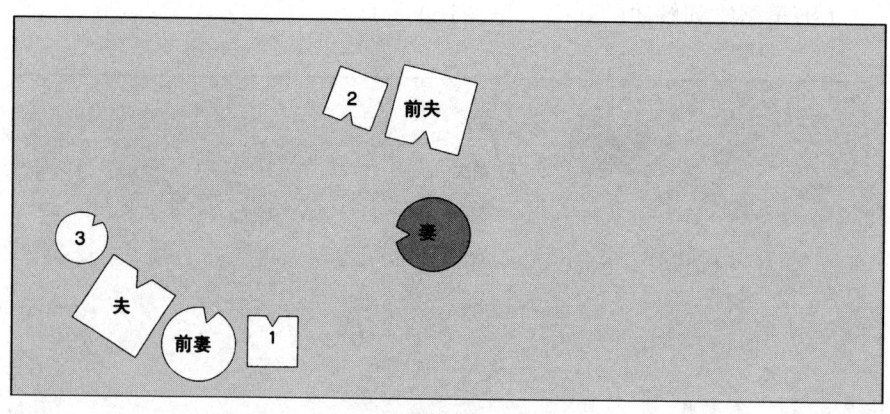

图165

海灵格：丈夫现在有话要说吗？

丈夫：真是奇怪了。她应当知道自己属于哪里，但却不是在那里。

海灵格：（对海蒂）你已经失去了和这些男人在一起的机会。

（对团体）你们看到她是如何对待她的男人了吗？根本就毫不关心。她根本没有顾虑到她的前任伴侣，或是她的丈夫可能会有的感觉。我们完全看不到她对男人有半点怜悯，她以为可以为所欲为，想怎样做就怎样做。可现在的结果却是两头落空。

（对海蒂）有时癌症是一种赎罪的形式。我承认这个观察是非常有限的，但根据我的观察，乳腺癌有时是对不公平对待男人的一种赎罪。

（对团体）她对待前任伴侣的态度表现出了极大的不尊重，就某种意义来说，他就是她的第一任丈夫。她的行为也完全没有顾及儿子，因为她剥夺了儿子的父亲。她的儿子被收养的事实，意味着他不止一次被剥夺了父亲，而是两次；孩子不仅要与另一个家庭同住，他甚至必须放弃亲生父亲的姓氏。

（海蒂抗议，她提出孩子合法的公民权以及监护权以示抗议。）

海灵格：这一情况的合法性是另外一个不同的层面，不论其合法性如何，你的儿子也是他父亲的儿子。我曾经为许多像这样的父子们工作过，他们花费数年时间试图去寻找对方，我知道他们之间的联系有多么强烈，即使他们彼此从未见过对方，甚至从不知道对方的存在。这样的联系对你儿子或者他父亲而言重要与否，并非由你来决定的。

（对团体）这是一个在家庭中母系权力不断占优势的典型范例，当他们的孩子在危急关头时，是由女人在做决定的。

（对海蒂）我们在此告一个段落，让它在你身上产生效果。

现在优先于过去

海灵格：（对团体）虽然海蒂和她的家庭因她之前的所作所为而承受痛苦，但重要的是别忘了其中还有另外一个系统的动力也在运作着，那和她的原生家庭有关。就某种意义而言，她也是别无选择，但是如果我们对现在的系统没有一些了解，也没有给她一个机会去体验她的牵连纠葛对现在这个家庭的影响，就回到更早的系统中去，是不会有任何帮助的。在没有解决目前的系统问题之前，就想在过去寻找解决之道也是不会带来任何好处的。

还有一点要注意的是层级次序的问题。现在的次序优先于过去的次序，因此现在的家庭优先于原生家庭。当目前家庭中有重要的事情需要解决时，原生家庭中尚未得到解决的问题就失去了它的重要性和力量。

孩子代表父母从前的伴侣

学员：请你再解释一下铁的定律好吗？

海灵格：哪一个铁的定律？

学员：在排列工作开始时你提到过一个铁的定律。

海灵格：哦！我想起来了。怎样可以看出与之前的伴侣有没有联结？如果在一段关系中有了孩子，一定会有联结的。当伴侣日后各自再度建立其他新的关系，而且与新伴侣又有了孩子的话，上一段关系中的孩子便会代表父母之前的伴侣。孩子会在亲生父母身上报复他们曾经在前任伴侣身上所做的不公平的事情。在海蒂的家庭中，我们可以看到她的女儿认同了父亲的前任伴侣；她的儿子则认同了母亲的前任伴侣，即他的亲生父亲。通常当现任伴侣能够认识到他们对前任伴侣所做的错事，并且给予前任伴侣应有的尊敬时，这种认同便可以得到解决。

到目前为止，在我所做的排列工作中，很少看到上述定律的例外。这就是我首先解决联结问题，然后解决其他问题的原因。这也是在开始排列之前，我总是会问父母中任一方是否曾经有过亲密关系的原因。

另一个学员：孩子代表前任伴侣有没有性别之分，女儿也可能代表母亲的前任伴侣吗？

海灵格：如果在家庭中没有儿子的话，女儿也有可能代表母亲之前的伴侣；如果没有女儿的话，儿子也有可能代表父亲之前的伴侣，但是这样的话这个儿子就会有变成同性恋的危险。我不知道在相反的情况中，女儿是否会有变成女同性恋的危险，但我确实在男孩的例子中观察到了上述现象。

因婚外情出生的孩子

学员：对于因婚外情而在婚姻关系尚存续时出生的孩子又会发生什么呢？

海灵格：他们属于亲生父亲。

学员：当同样的情况再次发生时，又会怎么样呢？我父亲在婚姻期间有一个私生子，我丈夫也是一样。

海灵格：重复发生这样的事实，表示那件事情在你的原生家庭中并未解决，以某种系统方式而言，你重复了你母亲的经历。也许那是因为你对母亲的忠诚，但是我们必须把它排列出来，才能更清楚地看见其中的动力。就这一点而言，我必须说些严厉的话，有时人们做了一些他们永远也无法矫正的事情。虽然爱具有令人惊异的弹性和宽恕性，但那并非意味着我们就可以为所欲为，指望做任何事都不会有严重的后果。

当男人在婚姻中与另一个女人有了孩子，他的第一段婚姻就结束了，他必须放弃他的婚姻，到那个孩子的母亲那里去。新的系统优先于旧的系统。如果他没有这样做，其结果对每一个人来说都会是不幸的灾难。即使他在第一段婚姻中有很多孩子，只要他进入了一段导致孩子出生的新关系，就要到新关系中的女人和孩子那里去。他当然还是其他孩子的父亲，他也依然必须对其他的孩子们负责，但他只能和那个新的女人一起维持伴侣关系。这对他的妻子来说，当然是一个沉重的负担，但是任何其他做法通常只会导致更坏的结果。

女人如果在婚姻中与另一个男人有了孩子，那个孩子应该归属于他的亲生父亲。很显然，她的婚姻当然也结束了，即使表面上依然维持现状，但已经今非昔比了。女人是否能够到新的男人那里去，还不能确定，但是孩子唯一安全的地方，就是与亲生父亲在一起。你可以想象，如果这个孩子出现在母亲的现任丈夫面前，将会有何感受，而那个丈夫对这个孩子又会有何感受。我曾经为试图使之可行的夫妇工作过，但是那个孩子在较深的层面总是会感觉到，他像是被硬推给一个不想要他的人，而且他也会觉得自己像是母亲的一个累赘。

学员：我有另外一个案例，两个人结婚了，而妻子和另外一个男人生了个女儿，但父母一直保守着这个秘密。现在女儿26岁了，她是否应该被告知真相呢？

海灵格：当然，她应该被告知真相。知道自己的父母是谁属于基本人权之一。孩子必须不计一切代价去跟随她的亲生父亲，这是她唯一安全的地方。

另一个学员：这个法则是从哪里来的？例如，你说孩子必须跟随亲生父亲？你如何解释呢？

海灵格：人们称之为法则，我却不这么认为，我说的是秩序和系统动力。我只是看见任何其他的选择只会更糟，因此我只是两害相权取其轻。而这样通常就会导致好的结果。这纯粹只是现象学上观察所得到的结果。

（团体鼓掌，并大笑。）

堕胎与其他子女无关

学员：孩子是否应该从父母那里知道关于流产和堕胎的事情？

海灵格：他们不应该知道。流产和堕胎是属于父母之间的亲密关系，与孩子无关。父母不能告诉孩子这类事情，如果孩子从某处知道了，他也必须忘记。如果孩子以爱对待父母，又尊重他们的秘密，他是能够忘掉的。但夭折了的孩子不仅只属于父母，他也属于整个家庭的，所以其他的孩子应该知道这件事。

学员：如果孩子问到流产和堕胎的事，但得不到答复会怎样？

海灵格：父母不答复是正确的做法。对孩子而言这是一个应该被禁止的问题，提出这样的问题是对系统较高层面的干预。

没有解决之道时将会如何？

学员：我有一个问题，在家庭排列中如果没有解决之道，正如我们昨天所见到的，你也说"这里无法继续，我们必须停止"。我们应该怎样处理这种情形？我曾听你说过，在特别沉重的命运中，我们会获得特殊的力量。关于这一点你可以多一谈些吗？

海灵格：如果找不到解决之道，或忽然清楚地知道根本没有解决方法，对治疗师而言，最困难的事情便是中断过程，放弃找寻解决之道。如果治疗师这样做，问题所具有的全部力量仍然保留在当事人身上。如果当事人把自己交托给这股力量，力量会自行寻找解决之道的。这可能会持续多年，但任何干预的企图只会弄巧成拙。我根据一个基本原则工作——每个当事人总是可以解决他自己的问题。如果其他人可以，当事人也可以。没有人可以像当事人那样有能力承受和解决他的命运。我常常体验到，就算是可怕的东西呈现出来了，当事人也能承受它。例如我告诉他已经来日不多了，他便会如释重负。他感到解脱是因为在某种程度上他已经知道自己即将死去，现在最终捅破了这层窗户纸。唯一改变了的是，一直以来第一次他可以直接而清楚地面对这个问题。

家庭系统排列：儿子遭遇一连串意外——"亲爱的父亲，我将代替你死去"

海灵格：（对伊莎贝尔）简短描述一下你的问题。

伊莎贝尔：两年前我的儿子遭受了严重意外，现在已经严重残废。我以为这是跟我丈夫的家庭有关，因为丈夫的母亲也是死于意外。丈夫的妹妹也发生过严重意外并受重伤，不过现在已经康复了。

海灵格：儿子有多大？

伊莎贝尔：31岁。

海灵格：我们现在排列你目前的家庭，稍后我再加入其他人。你有几个孩子？

伊莎贝尔：两个。

海灵格：你或丈夫曾经结过婚或有过固定的亲密关系吗？

伊莎贝尔：没有。

海灵格：好，我们首先排列丈夫、你和孩子，然后加入丈夫的母亲。（见图166）

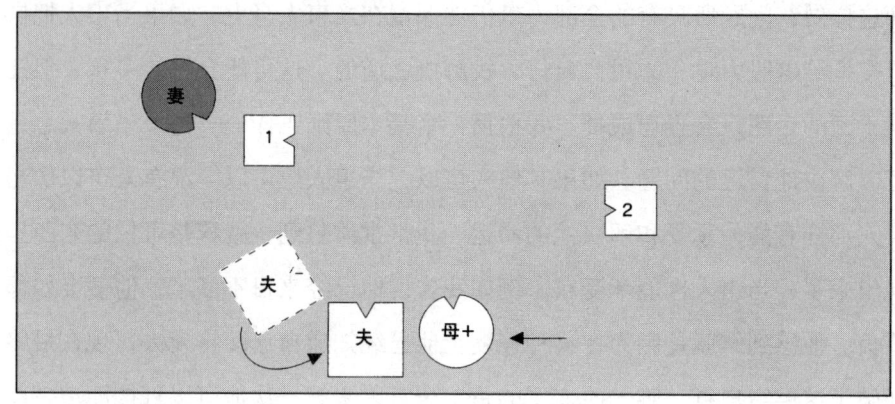

图166

夫：丈夫的代表

妻：妻子的代表（伊莎贝尔）

1：第一个孩子的代表，男孩，发生意外后严重残废

2：第二个孩子的代表，男孩

母+：丈夫的母亲的代表，死于意外

海灵格：丈夫感觉怎样，自从母亲加入之后，有没有什么改变？

丈夫：我的双腿在摇晃和发抖，非常不舒服。母亲加入之后，情况变得更糟了。

海灵格：靠近她。现在感觉怎样？

丈夫：比较舒服，我感到比较稳定，但失去了和周围环境的联系。

海灵格：（对伊莎贝尔）他母亲的家庭发生了什么事？

伊莎贝尔：他母亲的丈夫在战争中失踪了。

海灵格：我们也把他排列出来。（见图167）

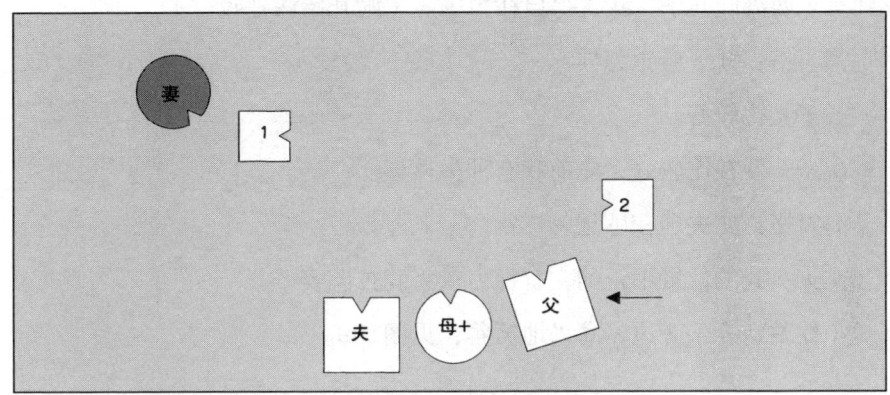

图167

父：丈夫的父亲的代表，在大战中失踪

海灵格：长子感觉怎样？

长子：我完全感觉不到母亲，祖母对我有威胁。

海灵格：我准备让你从影响范围中出来。

（海灵格更改画面，见图168。）

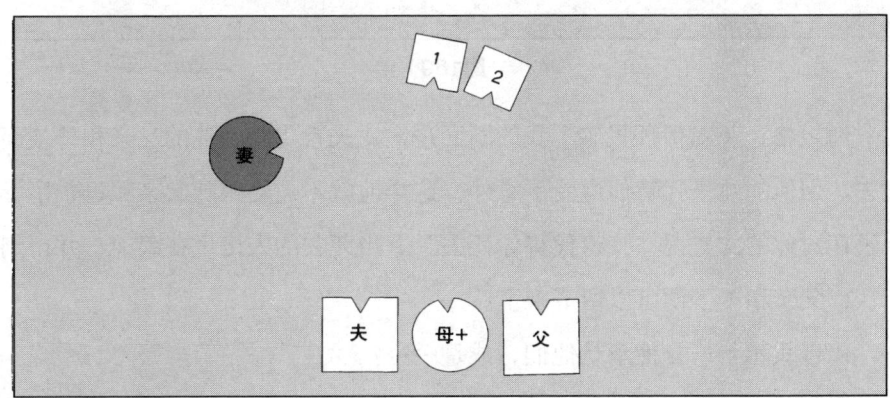

图168

海灵格：妻子感觉怎样？

妻子：现在比较好了，刚才很差，我感觉到心都快要被长子挤压出来，我与丈夫完全没有任何联结。当他的母亲出现后，我感到有种威胁。现在我感到有东西流向儿子，我觉得自在多了。（她开始深呼吸。）

海灵格：儿子感觉怎样？

长子：比较好。

次子：现在比较好，先前我有种失落感。

海灵格：丈夫现在感觉怎样？

丈夫：我的位置不正确，有种力量将我拉向妻子。

（他站到妻子旁边，高兴地笑着，见图169。）

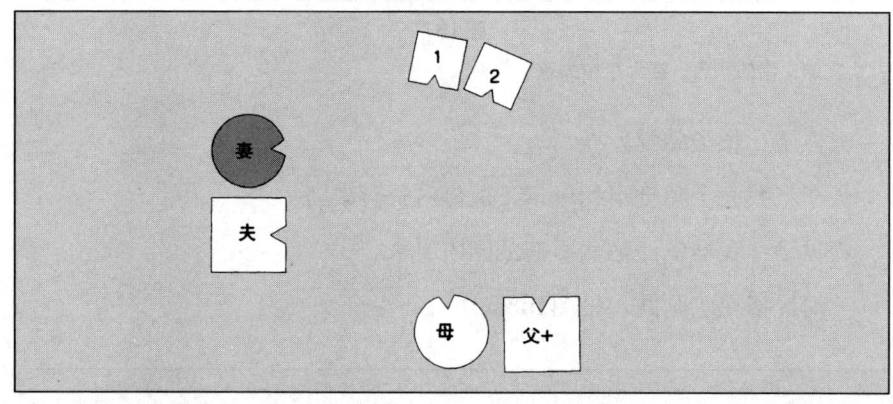

图169

海灵格：（对伊莎贝尔）我的画面是，丈夫希望跟随他的父亲和母亲而死去。但他的儿子代替他遭受了意外，这样他就不需要跟随父亲和母亲了。儿子在对你的丈夫说"我将代替你死去"。当死去的人出现在眼前，并得到承认，父亲和儿子便可以留下来了。

伊莎贝尔：一旦他承认他们，或是……？

海灵格：一旦他承认死去的人，没有恐慌，毫无保留，清楚地看着他们，他和儿子就可以留下来。他正在这样做，你看到他的转变了吗？

伊莎贝尔：看到了。

海灵格：当死者被尊敬时，你们的孩子就得到了自由。但他们要转移到母亲的影响范围之内，因为父亲的家庭会使孩子承担太重的负担。好了吗？现在你可以站到你自己的位置上去。

（伊莎贝尔站在她自己的位置上。）

（对站在丈夫旁边的伊莎贝尔）现在向丈夫保证，你们会同心协力一起照顾孩子。告诉他。

伊莎贝尔：（对丈夫）我们同心协力一起照顾孩子。

海灵格：丈夫听了感觉如何？

丈夫：这句话很难接受。在她说之前我感到自己站在这里强壮而有力，但我很难接受她所说的话。

海灵格：（对伊莎贝尔）你要对他说"我将会帮助你照顾孩子"。

伊莎贝尔：我将会帮助你照顾孩子。

海灵格：（对丈夫）现在是不是感觉好了一些？

丈夫：好了一些。

海灵格：（对团体）他担负着主要的责任，妻子只能支持他，但无法分担他的责任。他担负着首要的责任，因为他的儿子为了他而遭受意外。

（对伊莎贝尔）你清楚吗？

伊莎贝尔：清楚了。

海灵格：好了，到此为止。

（对团体）还有什么问题？

残废儿子的代表：当一个人处在这个牺牲者的角色中，他的权利是什么？对牺牲者来说，什么才是正确的事呢？

海灵格：我们还没有谈到这个问题，这是一个需要补充的重要问题。儿子如果在场的话，我会让他对父亲说，"亲爱的父亲，我愿意为你而做"。这是真相，当真相大白之时，他会从中得到力量。你能体会吗？

残废儿子的代表：可以。那么儿子是不是不需要再多想为什么父亲自己发生没有意外？

海灵格：他没有这个必要了。他不可能改变自己的命运。如果他意识到自己的行为动机是由于爱，他就能够更容易和命运和解。他也就能够心安理得地接受父母的照顾，这是非常重要的，否则他会害怕自己成为父母的累赘。

父亲的代表：我要说一下关于在结束排列时的情况。面对着遭遇不幸的儿子，我感受到了不可思议的力量，也感到强烈的忠诚。

海灵格：这是对伊莎贝尔非常重要的回馈。

学员：家庭中哪一个孩子会去承担这个角色，是否有一个原则？

海灵格：通常是第一个孩子承担这个角色，但这也不是一个固定的原则。

家庭系统排列：患厌食症的女儿——"亲爱的父亲，我将代替你离去"

学员：你曾谈及厌食症，有关这个主题可否请你再多谈一些？

海灵格：现场有一个患厌食症的病人。我们不如就来排列她的家庭，看看其中的动力。

（对朱莉娅）你愿意吗？

朱莉娅：愿意。

海灵格：（对团体）她刚刚出院，所以看起来好多了。

海灵格：（对朱莉娅）你不用说很多，我们来排列你的原生家庭就可以了。有哪些人属于你的家庭？

朱莉娅：父亲、母亲、我和四个兄弟姐妹。我也想加入我的前男友，因为一认识他我便开始有厌食症。

海灵格：我们不需要他，因为厌食症只和原生家庭有关。父母当中有没有人曾经结过婚或是有过固定的亲密关系？

朱莉娅：没有固定的亲密关系，但父亲有过一个重要的女友，对他的影响很大。

海灵格：我们要把她加入进来。（见图170）

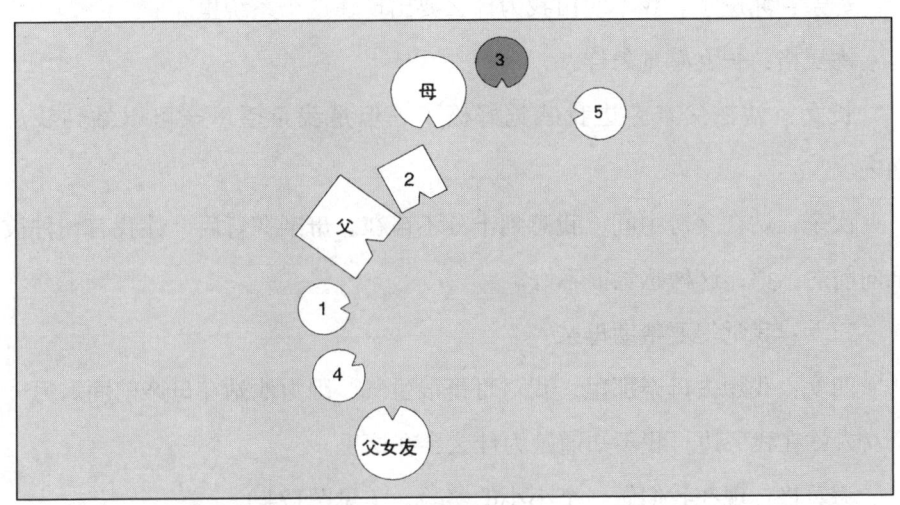

图170

父：父亲的代表

母：母亲的代表

1：第一个孩子的代表，女孩

2：第二个孩子的代表，男孩

3：第三个孩子的代表，女孩，患厌食症（朱莉娅）

4：第四个孩子的代表，女孩

5：第五个孩子的代表，女孩

父女友：父亲的女朋友的代表

海灵格：父亲感觉怎样？

父亲：（指向他女友的代表）她是谁？

海灵格：那个秘密的女友。

父亲：自从她出现后，我感觉很好。

（团体笑了。）

父亲：刚才我在想，该是要找个女朋友的时候了。

海灵格：母亲感觉怎样？

母亲：坏透了。我不明白我为什么要出现在这个系统里。

海灵格：长女感觉怎样？

长女：站在父亲旁边我感觉好极了，但是我希望母亲可以站到我后面去。

次子：站在父母中间，我感到十分不自在。母亲在背后，让我有一种被推向前的感觉，这种感觉很不好。

三女：我觉得要帮助母亲。

四女：我想去母亲那里，我对哥哥很生气，因为他站在母亲前面。另一个女人站在我旁边，我不知道她为什么会在这里。

海灵格：现在我们做一个小小的实验。（见图171）

（对朱莉娅的代表）你走出门外，把门关上。

（她走出门外，用力地把门关上。）

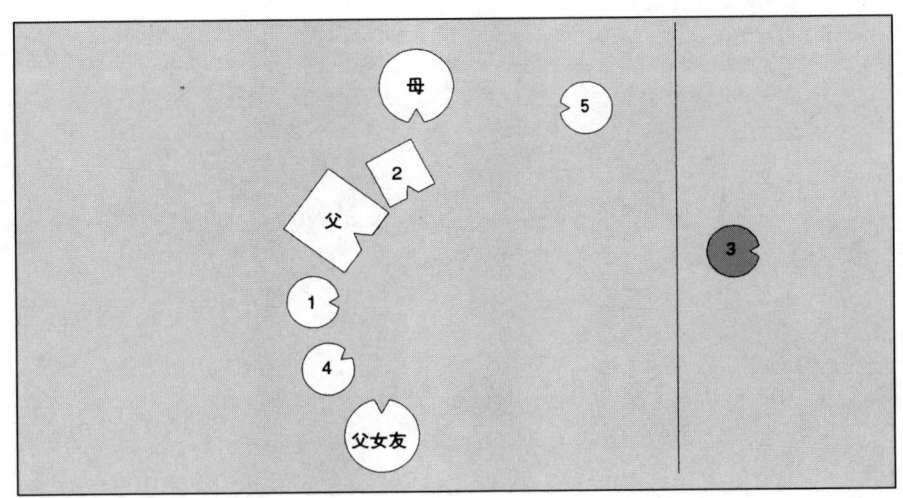

图171

海灵格：这对父亲有什么变化？

父亲：我无法忍受。这是不能容忍的。

海灵格：什么？

父亲：她走了。她是我的孩子！

海灵格：（对团体）厌食症的动力是，"亲爱的父亲，我将代替你离去"。当女儿离去，父亲便可以留下来。这里的动力是，父亲被拉向他的女友。如果患厌食症的人离开了，他就应该留下来。这是不好的解决方法，但也是厌食症的意义。我说清楚了吗？

多位学员：清楚。

海灵格：现在我们来寻找一个较好的解决之道。叫朱莉娅进来。

（海灵格将父亲和女友排列在一起，离家庭有些远，并背对着妻子和孩子，母亲面对孩子，见图172。）

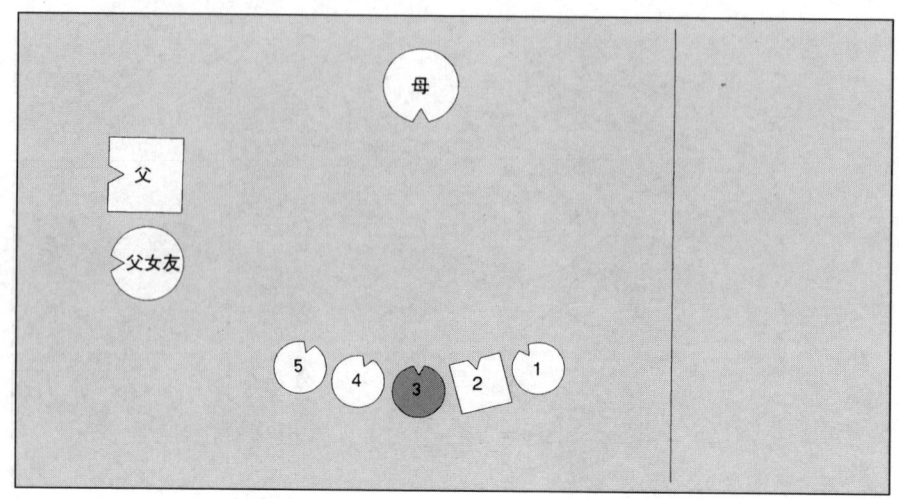

图172

海灵格：母亲现在感觉怎样？

母亲：我感到轻松了。

长女：我感到混乱。

次子：比较好。

三女：站成一排挺好的。

四女：像这样还好，但我不是很确定。

五女：很混乱。

海灵格：父亲感觉怎样？

父亲：我一直在这当中犹豫着。我在想，"我和女友的关系会不会有所变化？会是一个新的开始吗？""是不是不会有任何结果了？"

海灵格：这只是一个美丽的梦。

（父亲点点头。）

父亲的女友：刚才在那里我确实感觉不错，可以看到所有人，感觉他们就是我的家人。但在这里一点也不好。

海灵格：我们尝试另外一个解决之道。（见图173）

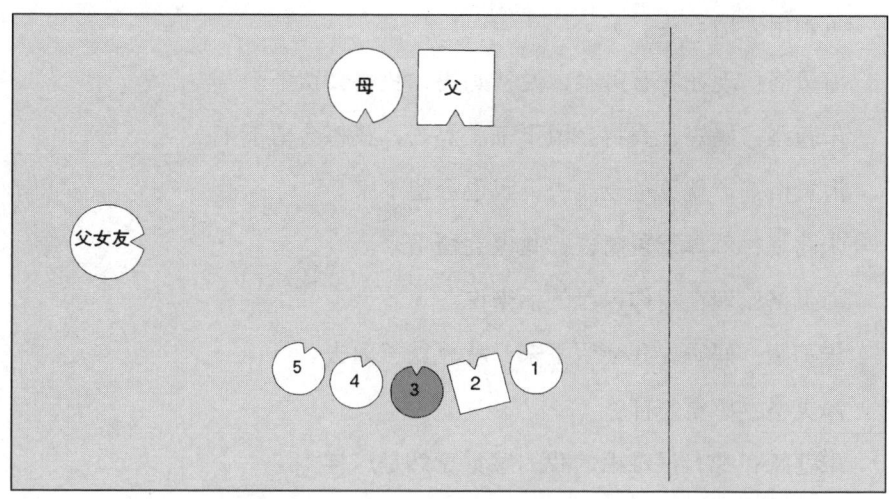

图173

海灵格：现在感觉怎样？

母亲：比较好。

父亲：嗨！孩子们！

长女：我感到这里充满了爱。

次子：刚才父亲离开时，我感到很愤怒。现在比较好。

三女：这样挺好。

四女：不错。

五女：挺好。

海灵格：（对团体）这个妻子从未完全接受她的丈夫，她也从来不曾有意识地介入他与另外那个女人之间。而这个丈夫也从未完全地接受他的妻子。在这种情况下，其中一个孩子为了让父亲能够留下来，宁愿自己离开。

（对朱莉娅）你想站到自己的位置上去吗？

（朱莉娅站到她自己的位置上去。）

朱莉娅：现在感觉到置身其中，非常难以承受。

海灵格：不幸与死亡是比较容易一些，你能感觉到吗？

（她用力地点头。）

海灵格：现在看着母亲，说"妈妈，我将会留下来"。

朱莉娅：妈妈，我将会留下来。妈妈，我将会留下来。

海灵格："就算爸爸离去，我也会留下来。"

朱莉娅：就算爸爸离去，我也会留下来。

海灵格：现在用你自己的话来说。

朱莉娅：妈妈，我会留下来，就算爸爸离去。

海灵格：感觉怎样？

朱莉娅：嗯，很难相信我的感觉竟然是这样。

海灵格：母亲现在感觉怎样？

母亲：很好。之前当女儿离开时，我也想离开。

父亲：我感觉自由多了，罪恶感也比较少了。

海灵格：（对朱莉娅）站到你母亲的旁边去，靠近她，对她说"妈妈，我将会留下来"。

朱莉娅：（以一种肯定而清楚的声音）妈妈，我将会留下来。

海灵格：（对团体）这听起来不是很棒吗？

（团体笑了。）

朱莉娅：站在这个位置就容易多了。

海灵格：没错，昨天我们在谈话时，我是怎么跟你说的？哪里才是你正确的位置？

朱莉娅：在母亲旁边。

海灵格：（对团体）和很多治疗理论相反，厌食症患者在母亲那里比较安全。我们已在这里证实了，至少我希望我们证实了！好，到此为止。

过食呕吐症

学员：我可以提出一个有关的问题吗？近来厌食症与过食呕吐症常被混

渚，现在很少有纯粹的厌食症，通常都是由厌食症转为过食呕吐症。

海灵格：过食呕吐症有着另一种动力。在过食呕吐症中，家庭的动力是孩子只能接受母亲所给的一切，却不能从父亲那里接受任何东西。出于对母亲的忠诚，孩子从母亲那里接受食物；又出于对父亲的忠诚，孩子把从母亲那里所接受的都吐出来。孩子便是以这样的方式来表示对父母双方的忠诚。

如果病人愿意合作，过食呕吐症的治疗方法非常简单。但通常他们都不愿意。标准的指引是当病人出现过食行为时，她应尽情购买喜欢吃的东西，然后将食物一一放在桌面上，拿着餐具，想象自己坐在父亲的腿上，每吃一口就看着父亲，对他说："和你在一起这些东西都很好吃，我很高兴从你那里接受一些东西。"说完后就尽情地进食。重要的一点是她要很有意识地这样做，而不要仅仅当成一种仪式。她也可以在进食时想象不同的话语来表达同样的意思。

当厌食症转变为过食呕吐症时，表明先前的厌食症患者还没有真正决定要留下来。她为了留下来而狂吃，又为了离去而把刚才吃下去的都吐出来。解决之道是，当她想要呕吐时，就对父亲说："爸爸，我会留下来。"

与上天的旨意及恩惠和谐一致

海灵格：我想谈谈一些治疗师在帮助寻找解决之道时应有的基本态度。往往有人因为婚姻上的难题给我打电话，要求治疗，通常我会说："我不会做的，这样你们就把应该保留在自己身上的东西转交给了我。你们如果一块来，你们的爱会受到损害，因为你们把属于自己的问题转移到了第三者身上。"我会建议他们分别打电话给我，或者我会对每一方提出一个建议，至于他们怎样处理我的建议，我绝不过问，我把一切都交托给他们的爱、责任和力量。寻求治疗也是这样，如果某人将他的问题寄托在别人身上，他就变得依赖别人，这样就会削减自己的力量。

持久的解决之道来自上天的旨意与恩惠，而非来自心理治疗技巧。体验到这一点的人会在刹那间意识到，他们和超越自身权力和力量的强大力量保持接触并和谐一致。我的工作便是尝试帮助人们与这股强大力量保持和谐一致。我感到自己被这股力量所指引，并对之顺从。这使得某种比我强大的力量通过我，对其他人有所帮助。

在类似于这样的大型团体中，对于那些没有时间让我针对他们的问题进行家庭系统排列的人，我会告诉他们上述内容。他们可能会觉得自己不够幸运，但我们不知道是否真是如此。

中国有一个"塞翁失马"的故事。说的是离塞上不远的地方，有一户人家，儿子特别爱骑马。有一天，儿子喜欢的马跑了，邻人都替他惋惜，父亲却说，怎么知道这不会成为一件好事呢？过了一个月，那匹马又跑回来了，并且还带来一匹匈奴的骏马。邻人们又都来祝贺，父亲又说，怎么知道这不是一件坏事呢？果然，有一天爱骑马的儿子不小心摔伤了腿。邻人们又都来慰问。父亲又说，怎么知道这不是一件坏事呢？过了一年，匈奴大举进犯边境，附近的青壮年都应征入伍，大多在战争中牺牲了。而这家的儿子因为跛脚而未参加战争，得以保全性命。

因此你看，一个人永远也无法断定孰为福祸。

（团体鼓掌，大笑。）

海灵格：研讨会已近尾声了。但是在我们分开之前，我还想跟你们说个故事。这是一个哲学故事，故事中有些对手正为了得到真相而奋战，而另一些对手可能正为了得到救赎或是治愈而奋战。在此也是如此，表面上的胜利者如果没有失败者是无法存在的；如果我们依旧饮用着泉水，我们又如何能够声称已经征服了喷泉呢？

当你们在聆听这个故事时，不需要带有任何观点。在聆听的过程中，由于不再需要执着于一个观点而去反对另一观点，我们会感受到无比美妙的自由。只有当我们必须再次表明立场时，我们才会陷入对立及冲突的控制之中。

故事：知识与智慧

一个细节观察家问一个先知：
"部分如何认识在整体之中的位置？

"部分的知识
与更伟大的整体的圆满智慧
又有何不同？"

先知答道：
"散乱的部分变成一个整体
经由听从
其中心的牵引，
经由允许
中心聚集它们。

"他们的整体性使得他们
美丽而真实。
然而，之于我们，他们的整体性
是如此显然，
一个轻柔的微不足道的表现
与一种迫切的要求，
要结合在一起，
隐藏于持久之内。

"要知道整体，

其许多部分不需要
知道，
或是谈论，
或是紧握，
或是完成，
或是彰显。

"我触及城里的一切，
只需跨进城门。
我敲响一声锣，
锣声振动，
引发较小的钟产生共鸣。
我挑选一个苹果，
握在手中，
虽然我对其来源
一无所知，
我只是吃。"

学者反对道：
"任何人渴望全部的真相，
必须也要知道其所有的部分。"

智者回答：
"唯有那些已经过去的，
其所有的部分才会知晓。
但真相根源于空无，

进入存在。
它总是新的，
隐藏其目的于自身之内，
正如种子隐藏于树木。

"因此，任何犹豫于行动者，
等待知道更多，
便错过正在运作者，
如同成为被宽恕的鲁莽。
他误把银两当货品，
而把神木作柴火。

学者以为，
一定还有更多
整体的答案，
便询问他所思所想，
但依旧失败。

智者说，
"整体就像一桶新鲜的苹果汁，
甜美而浓稠。
需要时间发酵
并且沉淀。
而那不懂品尝的愚者，只管猛灌，
而非啜饮，
便醉倒。"

关于系统的问与答

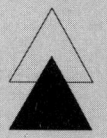

从系统的角度看问题和命运

诺伯特·林茨：亲爱的伯特，你是怎么开始以整体系统的角度工作的？

海灵格：这是很久以前的事了，回想起来也有些困难。我确实记得当初从事埃里克·伯恩（Eric Berne）的脚本分析（script analysis）时，我得到了一个决定性的顿悟。伯恩认为每一个人都生活在特定的模式之中，而且可以通过探索令自己感动的文学作品，例如神话、小说和电影，来理解这些模式。如果当事人将5岁时令自己感动的故事和现在令自己感动的故事进行比较，便会发现两者之间存在着共通之处。弄清楚这个共通之处会对他们生命中运作的脚本有更好的理解。伯恩认为这个脚本可以追溯至幼年时期父母灌输给我们的信息，但我却发现这并非全部事实。

林茨：你发现了什么？

海灵格：我看到某些早期经历中的脚本和父母的信息没有关系。比如说，在德国民间故事《侏儒怪》（Rumpelstiltskin）①中，描述了失去母亲的孩子再次被父亲抛弃的经历。如果当事人选择这个故事，我会问他们谁被抛弃了，结果经常是他们家里的某个人真的被送走了，当事人在无意识中决

---

① 侏儒怪（Rumpelstiltskin）：德国民间故事。故事的主人公是一个身材矮小的精灵，人称侏儒怪。他为了让一位姑娘成为国王，用法力把亚麻纺织成金线，并以姑娘成为王后之后生下的第一个孩子为报酬把金线送给王后，除非王后猜中他的姓名。结果，王后猜中了他的姓名。侏儒怪从此销声匿迹。——编者注

定来分担那个人的感受并据此做出行为表现。所以说，这种生命脚本就是父母信息没有被内化的例子。有些脚本是对个人经历或家里其他人的内化经历的记忆。

林茨：你所从事的脚本分析工作是如何继续发展下去的？

海灵格：后来我又不断发现，很多当事人挑选的故事与他们自己没有任何关系，但与另一位家庭成员有关。例如有一次，参加工作坊的一个学员被奥赛罗（Othello）的故事深深感动；我突然想到，这不可能是他的故事，一个孩子不会体验到奥赛罗的经历。于是我问他："在你的家庭中有哪个男性成员出于妒忌而杀了人？"他回答说："我祖父。他妻子对他不忠，他便杀死她的情人。"从那时开始，当我从事脚本分析时，我逐渐能够分清楚这个故事是指代当事人自己的经历还是别人的经历。不论我们是否意识到，我们所遭受的绝大多数苦痛都不是由我们所亲身经历的事情引起的，而是由系统中的其他人所经历或遭受的痛苦而引起的。

林茨：这么说，这提醒了你从系统角度来看，我们都是更大的社会系统的内部组成部分。你的顿悟在你的个人观察中得到发展了吗？

海灵格：不仅如此，实际上埃里克·伯恩在讨论剧本时，也是以一个系统的角度来构思，只是没有意识到系统的整体重要性，而后来的相互分析再没有提及这点。所以确切地说，伯恩早已给我指示出一条路线。

林茨：还有其他路线吗？

海灵格：有。我曾多年从事原始疗法（Primal Therapy），有一次我的当事人发泄了一些我无法理解的情绪。她对丈夫的态度简直是不可理喻，但她并没有察觉到。当时我也没有正确地处理这个个案，因为我也不知道该怎样做，事后我也因自己缺乏某些了解而感到难过。

林茨：如果以你现在的知识来看，你会有什么不同的做法吗？

海灵格：当时我自动地假设当事人所表达出来的情绪是她本人的感觉，但是这种假设却对她没有任何帮助。后来我开始意识到，这个当事人对她丈夫所表达的感受实际上是别人的感受。以前我认为感觉基本上只有两种：一种是原生感觉，是对当时的遭遇或伤害产生的直接反应；另一种是取代或抗拒原始感觉的感觉，例如，在应该生气时却会伤感，在应该感激时却会愤怒。

林茨：你是指派生感觉吗？

海灵格：是的。当我对这个当事人的反应进行思考时，我认识到另一种感觉的存在，我称它为假想感觉（assumed feelings）。这种感觉是从另一个人那里不知不觉地承接过来，又投射在与之无关的第三者身上的。比如说，一个女人对她的伴侣非常生气，结果这实际上是她的祖母对祖父的感觉。她的祖父开了一家酒吧，经常在客人面前撕扯祖母的头发。而当事人却把祖母对祖父的感觉转移到了伴侣身上。自此之后，在处理感觉和严重命运事件时，我开始从系统的角度来考虑整个问题。

我还做了另一些观察，发现做梦的人所做的梦有时根本和自己无关，却是关于另一个家庭成员的。因此如果我们以为梦的内容和做梦的人有关，就会引起误解，而且可能会对他不公平。你看，有时我们做了某些梦，或是体验到某种感觉具有系统的角度，同时也会揭示出我们在他人命运中的牵连纠葛。

老师及其影响

林茨：你说埃里克·伯恩对你成为一个心理治疗师具有很重要的影响，还有其他人吗？

海灵格：有很多。我的第一个老师是在美国受训时的南非团体动力治疗师。那些团体动力训练课程大都是由圣公会牧师为在教会的工作人员而举办的，所有宗教信仰的人和所有种族的人都被邀请参加。他们展示了一种方法，在这种方法下对立双方可以通过互相的尊敬而达成和解，对此我印象非常深刻。由于当时我在南非纳塔尔一所为非洲黑人而设立的学校担任校长，所以我可以将训练课程中所学的知识立刻实施起来。所以，我实际上是以团体动力作为开始，当时并没有想到要进行心理治疗工作。

林茨：是什么让你开始心理治疗工作？

海灵格：1969年回德国以后，我自己举办了团体动力的训练课程，却很快发觉自己所学的不足，所以我去了维也纳，开始接受心理分析的训练。这让我获益匪浅。在训练即将结束之前，训练分析师给我介绍了阿瑟·简诺维（Arthur Janov）的《原始尖叫》（*The Primal Scream*），当时这本著作在德国尚未出版。简诺维对核心感觉的直接处理方式让我记忆深刻。我悄悄地在自己的团体动力课程中尝试他的方法，效果显著。因此我决定在完成心理分析课程之后，去接受简诺维的原始疗法训练。两年后，我在美国跟着简诺维和他的第一助手一起待了九个月，参加了他举办的第一届原始感觉治疗师训练。其间我学到很多处理情绪的手法。自此之后，我从未受到奔涌而出的强烈感觉的干扰，当然，我仍然会被感觉所感动。

林茨：……但你不会卷入其中。

海灵格：我会保持一个超脱的态度。但我很快便发现原始疗法也有它的弱点。

林茨：哪些弱点？

海灵格：主要是当事人和治疗师经常让自己完全随着感觉而走，仿佛感觉会把他们带向客观的真理。我很快看穿了这一点，也防止自己出现这种情况，但是我保留了其中有价值的部分，其中之一让我印象深刻的就是当事人被要求完全属于自己，不被允许参与可能会分散感觉的讨论，在表达感觉的时候，当事人不会得到反馈。

林茨：你是如何将原始疗法的经验应用到之后的工作中去的呢？

海灵格：回德国后，我有一段时间集中应用原始疗法工作。我渐渐发现那些高昂、激动的情绪经常被用来掩盖其他的情绪，也就是孩子对父母那种原始的爱。那些愤怒、悲哀和绝望的感觉都是用来避免幼年时与父亲或母亲之间联系中断所带来的痛苦。

林茨："和父亲或母亲之间联系的中断"具体怎么理解？

海灵格：当一个幼小的孩子想和母亲或父亲待在一起却又无法实现时，可能是因为孩子在医院或恒温箱里，或者是因为父亲或母亲已经死亡，那么孩子对于父母自发的联系便会中断，对于父母的爱就会变成一种痛苦。这是非常重要的观察，多数情绪的痛苦都是中断了的爱。这种痛苦实际上又是爱的另一方面。基本上它们是一体的。强烈的痛苦让孩子极其不愿意去感受它。长大以后，孩子不愿去接近母亲或其他所爱的人，而宁愿保持距离。他们感受到的不是爱，而是愤怒、绝望和悲哀。当人们知道这一点时，便可以脱离那些表面情绪，重新建立爱的联结。治疗师可以帮助当事人找到和父母联系中断的地方，通过原始疗法、催眠疗法或家庭系统排列再次建立联系而完成联结，最终获得深刻的平静和满足。这时，由于早期创伤而导致的焦虑、强迫行为、恐惧、过度敏感以及其他神经症表现大多都会消失。

林茨：在这个过程中治疗师的作用是什么？你怎样帮助当事人"发现"和所爱的人之间联系中断的地方？

海灵格：这是一个重要的问题。我会在内心里和当事人的父母有所联结，因为我深深地知道我只是他们的代表，我可以陪伴当事人去和他们进行联系。当事人接触到父母之时，便是我退出之时。在这层意义上，我什么也没有做，父母做了这一切。

林茨：完成这项具有如此强度的亲密工作之后，你如何防止当事人在你身上投射太多的情感？

海灵格：当然，限制移情是一个重要的问题。当我帮助当事人完成中断的联系之后，他会忘记关于我的一切。当事人和他们的父母在一起，因为我已经退出，几乎不可能产生移情。如果用另外一种方法处理，当和父母之间的联系仍然是中断的，而治疗师又将自己放在父母的位置上，就很有可能产生移情，这样会很危险。

林茨：在你的工作发展过程中，还有哪些重要的治疗方法呢？例如，家庭治疗又扮演了什么样的角色呢？

海灵格：1974年至1988年这段时间，我探索着将原始疗法和剧本分析进行整合。在那期间，我开始对家庭治疗非常感兴趣，这是一种在20世纪70年代发展起来的疗法。其后我集中精神于家庭治疗，这也是70年代的趋势。我去美国待了四星期，参加了鲁丝·麦克莱顿（Ruth McClendon）和莱斯·卡迪斯（Les Kadis）的大型家庭治疗工作坊。我从他们身上学习了很多东西，尤其是关于家庭系统排列。他们做了让人印象非常深刻的家庭系统排列。他们通过直觉以及让当事人和代表一起体验来找到好的解决之道，当时我还不能理解它的原理，他们也无法解释，因为他们当时也没有意识到其中的基本模式。

林茨：那是在哪一年？

海灵格：这是1979年的事。之后，我安排麦克莱顿和卡迪斯到德国举办过两次课程，进行了多个家庭治疗（multifamily therapy）。他们将在五天之内同时与五个家庭做治疗。我大为震动，于是只想专门从事家庭治疗，这似乎是最好的安排了。但是当我回顾先前的工作时，我看到我已经能够帮助很多人。我决定继续从事我一直以所做的工作，我没有忘记家庭治疗，而且我也越来越清楚问题和命运需要用系统的角度处理。虽然没有积极地尝试改变，但我的治疗工作在一年之内有了很大的变化，已经变成了一种家庭治疗，并包含了我先前的经验。

林茨：然后你就自己开始从事家庭系统排列。

海灵格：对，但在这之前，我参加了由特娅·斯库菲尔德（Thea Schoenfelder）举办的两次有关家庭系统排列的课程。她的工作让人印象十分深刻，虽然我仍不完全清楚其运作原理，但我也开始对这一方法有了更好的理解。有一次在准备一份有关清白感和罪恶感的讲稿时，我意识到存在着一个原始秩序，当一个先进入系统的人和后来者相比具有优先权时，爱便能够成功地在家庭成员之间流动。

林茨：这也是你的独创性贡献，如"假想感觉"和"中断的联系"。

海灵格：在这里"独创性"真正所指的是什么？我所具有的顿悟，或许别人也同样具有。我不会将之视为个人专利，但是这次顿悟确实给了我有用的工具，使得我在家庭关系中能够察觉家庭和解决某些秩序混乱的问题。就是由那时开始，我自己举办家庭系统排列工作坊。很快我又识别出其他模式，如后来者代表被排除的家庭成员，以及在大家庭系统中补偿和系统平衡的意义等。

家庭系统排列

林茨：你说过在你之前已经有很多其他的治疗师进行家庭系统排列的治疗工作。那么你处理家庭系统排列的方式和这些人有什么不同呢？

海灵格：的确有很多不同。我十分相信一点，当某人排列他的家庭或参与别人的家庭系统排列时，他会接触到一些远远超出他的认知的东西，故此我绝不做强制安排。有些治疗师让参加者做出某种特定的姿势，如把身体向前倾或看着某一个特定的方向，他们称之为家庭重塑（family sculpture）。我并不这样做，因为我相信排列家庭系统的人以及参与排列的代表能够在更高层次和某些力量进行接触。我不会提供任何指示，因为我希望他们能够对这些力量的作用做出尽可能自由的反应。当代表全神贯注地融入所发生的事件中，他会自发地做出所需要的一切事情，完全不需要治疗师告诉他该怎么做。这和接受强制安排相比较，有着全然不同的力量。同样，如果一个人事先详细考虑后才排列他的家庭，那就一点作用都没有。家庭中隐藏的运作动力只会逐步地在排列的过程中呈现出来，对我们来说，它是一个意外惊喜。

林茨：你如何解释在家庭系统排列的过程中，系统的动力会真的呈现出来？

海灵格：我无法解释，但它却是有目共睹的。当参加者在家庭系统排列中处于家庭里的关系之中，他们便不再是自己了，而是用身体去体验他们所代表的那个人的症状和感觉，有时会承受那个人的生理疾病。不久之前，在一个专为病人而举办的工作坊中，有一个患了癫痫症的男人，他想进行家庭系统排列，可是他的病情却让他没有办法做排列，于是我让他的妻子为他做排列。在排列过程中，他的代表开始全身抽搐，好像他也得了癫痫，在我们解决家庭问题之前都无法停止。你看，一种远远超过我们平常所知道或所感受的直接知识和直接感觉是存在的。

林茨：是不是有一种集体潜意识在运作着？

海灵格：我不知道，我也避免给予任何名称。我只是看到家庭系统排列提供了观察隐藏家庭动力的方法。我并不相信系统排列总是揭示了家庭的客观历史真相，但是它们能够可靠地指出建设性的解决方法。我们经常能够看出参与家庭系统排列的代表是真的对家庭动力有所反应还是创造了自己想象的角色。有时他们抵抗家庭动力的作用或是陷在自身的牵连纠葛之中，这都使得他们无法完全地代表家庭成员。这时，我必须让他们离开家庭排列。

"看"

林茨：你常说某些事情可以清楚地"看"到，是什么让你能够清楚地"看"到的？

海灵格：这是一种超越实际现象表面的"看"，就是从它的全部背景和意义上全面地去"看"当下所发生的事情。

林茨：那么它就不只是观察？

海灵格：这是一种观察，但与一般的科学观察完全不同。科学的观察会缩小我们的焦点，让我们只对特定的细节感兴趣，这样便冒着失去整体或更高层面觉知的风险。而我所说的"看"更为宽广、深远，它超越单独的个体及表面现象而指向整体。当某人排列家庭系统时，我是以他或是她的家庭背景来看这个人。由于我是将系统排列看成一个整体，如果家庭中缺少了某个人，我可以很快看出来。当我在团体中验证这一点时，我问道："你们有何印象，还有人没有排列进去吗？"他们的回答经常和我的感觉一样。所以，这不是我独自拥有的知识。只需要一些练习，直至可以依赖对整体的知觉，就能够这样"看"。

对"看"的保留意见

对于用这种"看"的方式来联结，还有一点重要的考虑。如果某个人以这种方式去"看"，但却怀疑他所看到的，不管是暗自怀疑还是以其他方法来怀疑，"看"的能力就消失了。例如他或她对自己说，"这不可能是真的"或"我一定是在想象"，或开始疑惑或感觉焦虑不安，那么他或她的"看"就无法真正起到作用。有时一些年轻的治疗师对垂死的人进行家庭系统排列，"看"到了某人即将死去，但这个画面却让他们恐惧，不愿说出自己所看到的东西。如果他们假装自己没有看见，就失去了"看"的能力。

林茨：怎样才有可能"看"出一个人即将死去？如何才能确定呢？

海灵格：现在那就是……

林茨：……你刚才所说的那种保留意见吗？

海灵格：嗯，是的。很多治疗师对垂危的病人进行系统排列时，能够看到死亡将至，他们也会有保留意见的体会。但是在治疗中，我们有其他的标准。我们可以具有保留意见，但应该验证一下说出我们看到的画面所带来的后果是否和预期相吻合。我们可以告诉当事人我们的所见，并观察我们所说话语的效果，当事人也可以这样。比如说，如果我告诉某人我想象他将要死去，他回答"是的"，并因为能够说出他所知道的事实而如释重负，这就清楚地表明我看到了某些事情，这些事情正是他已经知道却又不敢承认的东西。有时我看到一段关系已经结束，当我告诉相关当事人之后，他们就松了一口气。

所以，通过反馈"看"得到验证并逐渐精确，同时我们信任"看"的勇气也会随着经验而不断增强。

米尔顿·艾瑞克森的催眠疗法

林茨：还有哪些治疗师对你的工作有影响？

海灵格：我非常感激米尔顿·埃里克森（Milton Erickson）的学生。

林茨：他们工作中的哪一方面你认为特别重要呢？

海灵格：首先，米尔顿能够认识并接受每个个体的本来面目，并试图在这些个体自己的语言和证明系统上和他们进行交流。其次，他尊敬当事人的信息，并在很多层面上对之做出回应，例如在表层上聆听当事人的话语，而在更深的层面观察他的身体语言和细微动作。人们传递出来的信号常常与他所说的大相径庭，治疗师在不同的层面去看和分辨。这经常令当事人感到惊讶，他们有时会问："你是怎么知道的？我并没有这样说。"事实上，我是通过观察他的身体语言而得知的。

林茨：米尔顿的哪些学生对你来说最重要？

海灵格：杰夫·瑞格（Jeff Zeig）和斯蒂芬·兰克顿（Stephen Lankton）是我主要的老师。在那之前，我参加了巴巴拉·施特恩（Babara Steen）和贝弗利·施托伊（Beverly Stoy）的工作坊。他们向我介绍了米尔顿·埃里克森的方法、神经语法程序学（NLP），以及治疗工作中故事的运用。例如他们在团体中根据对当事人的直接观察，抽取一些重要的东西，并用一个故事来加以说明。当时我希望自己也能够这样做，但是我做不到。然而，在不到两年之后，我就第一次在团体治疗时想出了一个治疗性的故事：大奥菲斯（Orpheus）和小奥菲斯，就是后来的关于"幸福的两个标准"的那个故事。

故事

林茨：你什么时候使用故事？有没有特定的原则？

海灵格：当我感到当事人卡在某个地方不太明白时，或者是我注意到遇到了阻碍时，就会有一个恰到好处的故事突然出现在我脑海中。我讲的大部分故事都是这样产生的。它们通常都具有令人意想不到的效果。

林茨：哪一种效果呢？

海灵格：故事最主要的一个好处就是它们可以间接起作用。如果我直接告诉当事人他可以或是他应该做什么，那么他们就和我有了直接接触，就算他们知道我说的是正确的，他们也要保持一定的距离，因为他们要维护自身的尊严。但如果我讲述一个故事，他们要面对的就不再是我，而是故事中的角色。有时我并不是直接向当事人讲述故事，而是对另一个人讲，他们就可以自主决定我的建议对他们是否有用。

林茨：有时候在个体治疗中，你会直接跟对方说。这是否有分别？你是否需要格外小心，或者你是否需要采用另一个故事？

海灵格：那要耍点小把戏的。例如可以说：我曾经遇上一个人，他对谁谁谁说……

林茨：你创造出某种氛围。

海灵格：对，我给故事创造出某种氛围：这是某人对另一个人说的故事，当事人就不会总是留意我。这个氛围创造出一个虚构团体，故事就在其中发生。

林茨：除了有启发作用，你的故事有时也有放松的效果。当你在工作坊中使用故事时有特定的计划吗？

海灵格：我不做计划。有时候在结束了艰难的工作之后，我觉得有必要放松一下，便想想有没有合适的故事或是自己能不能想一个新的故事。这是创造平静祥和的气氛以及准备后续工作的方式。我会说很多故事来启发团体接受某一点感悟，这些故事同时也可以起到休息放松的作用。所以你看，我试着让工作坊表现得像一场演出一样。首先是行动，然后是思考的时间，有时候遇上非常严重的案例时，还要加进一个笑话或一则有趣的轶事。

林茨：我猜想这种时刻同样有助于创建平衡。

海灵格：平衡，是的。而这也会增加深度，因为故事引入了相反的元素。理想地来说，这项工作既不是只有艰辛，也不是只有趣味；既不只是理论，也不只是实践，而是把这一切融合在一起，就像是一个丰富而完整的生命。

个人经验

林茨：当你回首过去，除了老师的影响之外，你还有哪些个人经验在你治疗工作发展中扮演重要的角色？

海灵格：在南非与祖鲁族多年的生活对我当然是最重要的经验之一。在那里我认识到并熟悉了另一种人际互动的方式，例如要有耐性和互相尊重。祖鲁族人决不会让人难堪，人人保持礼貌谦恭，所以不会有人觉得丢脸或是没面子，每一个人都可以拥有自己的尊严。再如祖鲁族人怎样对待孩子，父母亲又是怎样维持他们的威严，一切都是如此这般地理所当然，使我甚为感动。祖鲁族孩子也十分尊敬父母，我从未听过祖鲁族孩子对父母说过贬抑的话语，那真是令人不可思议。

林茨：你当时是在天主教传教士团体工作，这独特的工作环境对你有多大影响？

海灵格：那份细致的工作对我的要求很全面，它十分严谨并讲究纪律，现在对我仍有影响。在南非我管理一些学校，自己也教很多课，主要是英文，并长期担任约150所学校的教区行政工作的主席。那时的教育和行政经验对我现在主持工作坊也有很大的帮助。

林茨：当你在20世纪70年代初期离开宗教团体，改变了职业时，你有没有体验到任何压力？

海灵格：我离开时没有任何压力，无论在宗教团体方面还是在我个人方面都没有，因为这是一个成长。所以，对职业的转换我并不觉得是一个中断，而是一个延续的发展。

林茨：你的离去是非常平和的？

海灵格：对。我会带着美好的心情回想那段日子，我和那里的朋友们仍有联络。我感激我得到的一切，对所完成的工作抱有极大的尊重。

洞见

林茨：你在系统观点的心理治疗法中加入了哪些新的元素？能做一下总结吗？

爱

海灵格：我所看到最重要的是，人们一切行为的背后都有爱在运行着。不论这似乎听起来多么奇怪，爱也在我们所有的心理症状背后运行着。这表明治疗的本质是找到当事人的爱所在的关键地方。那便是问题的根源，在那里可以找到解决之道，因为只有通过爱才可以找到解决之道。我在使用原始疗法的过程中第一次领悟了这一点，后来又在剧本分析和家庭治疗中再次有所体会。我注意到在很多处理情绪的治疗方法中，治疗师告诉当事人"让愤怒发泄出来"，却基本上忽略了上述最重要的一点。我进一步观察到，治疗师在治疗过程中鼓励当事人对父母表达愤怒，甚至告诉父母想要杀死他们，事后当事人反而因此遭受到严厉的自我谴责。孩子的心灵无法容忍任何对父母的贬抑。唯有当我看到这一点时，我才全然意识到爱的广阔程度。所以，我总是先寻找爱，并保护爱，避免爱受到任何威胁。

平衡与补偿

海灵格：另一个极为重要的发现是，在施与受、亏损与获益之间，有着达到平衡状态的强烈需求。这一需求在每一个层次上都影响着家庭的关系，并在潜意识里甚至希望通过不幸的事而达到平衡。例如：假使我伤害了别人，我便会做出一些伤害自己的事；或者当我体验到一些美好的事物时，我就会以一些不幸的事来作为应付的代价。

林茨：是什么导致了这种矛盾的行为？

海灵格：很简单，因为人们想摆脱罪恶感和被团体排斥的威胁感，要求平衡的渴望非常强烈，好像好运气和不幸中的不平衡会威胁到我的归属。我突然理解到，很多问题都是由于这种对补偿的本能要求而产生的。只有在更高层次上找到另一种补偿的方式，也就是通过感激，并带着尊重和爱去接受自己的命运，这样才能够找到正性的解决之道。

林茨：有没有其他方面的影响让你采用现在的补偿治疗模式？

海灵格：Ivan Boszormenyi-Nagy关于"隐而不见的忠诚"（英文：invisible loyalties，德文：Unsichtbare Bindungen看不见的联结）的那一本书让我走上这一方向，很快就引起了自己在家庭中发现补偿需要的兴趣。我发现Boszormenyi-Nagy只是描述了本能补偿的负面影响，而没有提到找到解决之道的补偿是在另一个更高的层次上。

归属的平等权利

林茨：你还有哪些其他的顿悟？你治疗的主要目标是什么？

海灵格：还有一个重要的发现是，每一个家庭成员，不论在世或是故去，都有平等的归属权利。基本法则规定，不论他们做过什么，仍然是家庭系统中的一员，并对整体的家庭系统有着非常重要的作用。违反了这一法则所带来的不幸后果是无法逃避的。每一个家庭成员都有自己的位置和责任，没有人可以省去，也没有人可以被遗忘。

我们对否认或证实这一基本法则的反应是如此剧烈，由此表明所有成员的平等已深深根植于家庭心灵中。当一个家庭成员被排除或遗忘，例如，某人由于道德理由被认为不配属于家庭，或某人的命运让家庭成员焦虑不安而被家庭遗忘，如出生便死亡的孩子，这样家庭的反应有如做出了严重不公平的事情一般，必须有人为此赎罪。家庭系统的心灵不论什么原因都不能容忍一个成员比另一个成员受到更多尊敬，或视为更好或更坏。只有杀人犯例外，他／她确实必须被允许移出于家庭系统之外，进入更大的领域。在这个更大的领域中杀人犯的行为仍旧归属于整体。

家庭中如果有人被排除或是被遗忘，另一个成员常会在不自觉中代表那个被排除或是被遗忘的人，重复他们的感觉和命运来为此赎罪。这就是牵连纠葛的重要原因，这也会对当事人及其家庭和亲属带来种种问题。我们应当看到，归属家庭系统的基本权利并非来自社会或道德的外部要求，它位于我们心灵的深处，也位于我们建立和维持社会团体的生物性需求中。

这一基本法则适用于所有的家庭成员。每一个人都是以他自己的方式在为系统服务，没有人是比较了不起或是可以被遗忘的。身为治疗师，我所遇到的最严重的问题，都是因为破坏了这一基本法则而引起的。我会找回被排除的人，当他们被接受和得到承认时，家庭系统便恢复了和谐，当事人也得到解脱并获得自由。在平等的相互承认之中，爱在家庭成员之间得以重现：

丈夫与妻子、父母与子女、健康的人与病痛的人、先离去的人和后到来的人、活着的人与死去的人。作为一个治疗师，我守护着每一个成员的平等归属权利，为被排除的、被鄙视的、被遗忘的、被分离的，以及值得赞赏的成员服务，为这一切的和解而服务。

家庭中疾病的起因及治疗

林茨：你的系统治疗方法对什么问题特别有效？

海灵格：很显然，对由于牵连纠葛而导致的问题特别有效。

林茨：系统排列对哪些症状最有缓和作用？

海灵格：我最近在为重病患者工作时发现，某些严重疾病，例如癌症，具有导致疾病或阻碍痊愈的系统动力。第一种系统动力呈现出"我将跟随你"（I will follow you）的想法，表示某人想要跟随家庭中某个患病或已故的成员，跟随他一起患病或是死去。第二种动力呈现出"宁愿是我而不是你"（Rather me than you）的想法，表示一个孩子看到某个家庭成员在以上述方式跟随另一个早期成员时，希望自己代替他去跟随。我在严重疾病中观察到的第三种系统动力是以不幸来赎罪和补偿的无意识愿望。当重症患者认知到这些基本动力时，可以削弱这些动力的威力，并从苦痛中得到解脱。

我还观察到，有些症状和孩子早期与父母之间中断的联系（interrupted movement）有关。心痛和头痛常常是堵塞了的爱的一种表达，背痛的成因则通常是因为拒绝带着诚挚的尊敬向母亲或父亲深深地鞠躬。

重要的治疗步骤

林茨：在家庭系统排列中，哪些是你认为最重要的治疗步骤？你可以按照重要顺序来描述一下吗？

采取领导

海灵格：我注意到我们对于家庭情况的知觉与实际的家庭动力有很大的

不同。这表明在进行家庭排列时，如果我们在排列中所看到的与当事人所描述的家庭状况不相符，那我们不能轻易信任当事人所说的。当事人在做家庭系统排列时，我的知觉和经验会展示出一幅画面，告诉我家庭秩序是怎样被破坏的，关于如何矫正回复我也有着强烈的直觉。这幅画面引导着我去找寻解决之道。通过当事人的帮助，我们改变系统的排列，直到解决之道最终出现。最后我们确认一下该解决之道对每一个代表是否都有帮助，或者是否需要更进一步。

林茨：所以你应用你自己的内在画面，同时也应用当事人的内在画面？

海灵格：是的，一直都是这样。当事人对他们的家庭进行排列之后，我们不可能让他们自己寻找解决之道。家庭禁忌的力量很强大，人们不可能看到其所在家庭不允许他们看到的东西。靠当事人自己是找不到解决之道的，否则他们也就不需要来找我帮助了。我并不期望当事人相信我所做的一切都是正确的，但我也不允许他们用自己关于家庭动力的概念来控制排列工作。解决之道一经找到，我会让当事人亲自站到其代表所在的位置上去，他可以通过站在新排列里的感觉，来亲自验证这个解决之道是否正确。

直到极限

林茨：你经常让当事人去关注最终排列所引申出的严重后果，这种解决方式有时很难让人接受。

海灵格：我鼓励当事人去面对家庭动力的极端后果。有时这些动力具有非常可怕的后果，例如，有时孩子处于失败或死亡的系统压力之下，因为有父辈成员被轻视、回避或没有得到应有的尊敬。我鼓励当事人真诚地去面对能够带来解决之道的必要步骤。例如，他们必须向父母亲深深地鞠躬，并且重新建立对父母亲的尊敬；或者当一个家庭成员犯了谋杀罪时，便有必要让这个人离开家庭，有时这也是一个必要的结果。

林茨：具体而言，其意义何在？

海灵格：当一个谋杀犯的归属导致其他成员受到伤害时，他就必须声明放弃归属的权利及要求。例如如果一个母亲抛弃了自己的孩子，她便无权对孩子再有任何要求，为了让孩子能够感到自由和解脱，母亲必须让孩子归属到父亲那里去。

让当事人看到自己行为的后果是一种非常严肃的治疗性介入，当事人需要具备极大的勇气才能面对这样的后果。然而当我们能够面对自己行为的结果，并且看到什么是解决之道所必要的时候，就能获得力量做出必然而可行的决定。

附带一提，这让我想起了我另外一位老师，弗兰克·法雷利（Frank Farrely），在他的"刺激疗法"（Provocative Therapy）当中，对这种推到极限的做法有令人印象非常深刻的描写。他给我很大的启示，我对他心怀感激。

信任真相，即使真相令人震惊

林茨：但是在你的治疗团体中，确实有些学员被你那直接的方式所挑战而深感震惊吧？

海灵格：实际上我并未挑战当事人，他们是被自己所挑战。我只是协助创造一个情境，让学员能够看见真相，如此而已。

林茨：你可以看到真相吗？

海灵格：当事人自己其实已经知道那个真相了，真相只会让那些不想看到它的人感到震惊。

例如在一次课程中，有个女人患了不治之症，已经来日不多。她想排列家庭，但我说："我只排列两个人，你和死亡；选择一个人代表你，一个人代表死亡。"对局外人来说这是可怕的，但对这个女人来说却不是，因为她自己知道死之将至。她选了一个瘦小的女人代表她，一个高大的女人代表死亡，把两个女人非常接近地面对面排列在一起。那个代表她的瘦小女人望着死亡说："我有一种温暖的感觉，我脸上感到了死亡的温暖气息。"死亡对这个女人也有一种温暖的感觉。我告诉女人的代表，让她对死亡说："我满怀尊敬地向你鞠躬。"她照着做了，然后女人与死亡紧握双手，亲密地站在一起。排列让这个当事人面对她的现实情况。它不会让病情消失，但的确可以帮助她更好地理解如何更好地死去。

这就是真相呈现出来的一个例子，它会产生效果，因为真相已经呈现出来了。倘若某人认为死亡是恐怖的，他便会害怕展示出真相。我总是非常严谨地把真相呈现出来，真相不会被当事人推翻。其他人可能害怕真相，想提出异议，并且会说，病情不算恶劣，应该还有其他办法，而不肯面对死亡。在这样的状况下，我尊敬并且信任真相，胜过我信任人类关于真相的幻觉，这对于有些人来说似乎比较困难。但对我而言，这是一种对事实的谦卑而深刻的基本信任。

林茨：假若你允许人们在你刚才所描述的状态下去安慰某人的话，那样又有什么不对呢？

海灵格：这样一来真相便会降低到观念和武断的讨论层面上，那将使得人们产生的幻象比真相还要重要。我不会容忍对那些指导我的工作并受关注的真相有任何的轻视。

林茨：如果你容忍这种对真相的轻视和贬低，那对当事人将会有什么影响？

海灵格：它会削弱当事人的力量。从另外一方面来说，尽管真相是可怕的，但当它被人看到及承认时，会让人坚强而获得自由。

我举个例子：我曾经告诉一个女人说，她的婚姻无法挽救了，孩子应跟随父亲，而她必须独自生活。其他人反对如此，向她提供简易的方法，但我并不允许他们这样做。我并不是基于个人的意见告诉她婚姻无法挽救，而是因为通过系统排列我和她都已经清楚地看到这个事实了，我只不过是把我们双方都看到的事实说出来而已。有一个学员认为我对那个女人太残忍了，当天晚上他还因此而在内心与我搏斗了三个小时，但第二天当他看到那个女人脸上带着快乐的微笑出现在团体中时，他便了解到他对那个当事人的关切，还有他内心与我的搏斗都错失了当事人的真相。

林茨：当你冒着极端的风险这样做时，你如何看待自己？

海灵格：我认为自己是把真相呈现出来的人。真正去帮助和治疗当事人的，是真相，而不是我。有时真相非常残酷，有时又非常美丽。很多治疗师认为当事人无法面对真相，所以他们用辩解和幻想保护当事人。我信任真相，同时也信任当事人可以处理这一切。是真相让人们去做决定，而不是我。不论他们决定如何去面对真相，我都无法改变真相，而我也无意改变真相。

林茨：在当事人正视真相时，他们的内心有何变化？

海灵格：他们不再存有幻想。他们的"看"和行动有着另一种严谨和力量。就算他们的行动违反了他的认知，他们却知道自己在做什么，而不再是被盲目地驱使着，这就是前后的不同。

制止当事人描述问题

林茨：为什么你经常只允许当事人非常简要地陈述他们的问题？很多人对此有所不满。

海灵格：当事人能够描述的问题，根本就不是真正的问题。如果他真正了解问题所在的话……

林茨：……问题就不复存在了？

海灵格：没错。所以，依我的看法，一个人所描述的他的情况，几乎都不是真正合乎实情的。若再继续听下去，我只是在给他机会让他再次合理化并且加强他对问题的不正确描述。我绝不容许他随心所欲地陈述他的问题，他只需要告知重要事件，例如，父母之前是否曾经结过婚，他有几个兄弟姊妹，或者在他童年时期家庭中是否发生过重大而特别的事情。

林茨：所以你只让当事人告诉你事实。

海灵格：只是事实，不要任何解释。事实便可以告诉我当事人心灵的状态，以及关于问题或是牵连纠葛的根源，这些事实会给我所需的全部信息。

跟着能量走

林茨：但有些人会提供大量的事实。多少信息才足够让你获取清楚的画面？哪些才是重要的信息呢？

海灵格：事件和事实都是充满着能量的。当一个人在叙述一件事情时，我会知道当中是否有能量，是否有重大深远的影响。生命早期兄弟姐妹的死亡是具有很多能量的事件；母亲在分娩时去世，总是对很多代的后人有着很大的影响。对这种事情必须给予承认并做处理，因为它们总是会让人产生恐惧，人们会将它们深藏不露，所以也使得这个神秘事件的威力更加强大。当有人提及事件时，我通常会感知当中是否有矛盾。当事人特别提及某一个人时，我通常可以感知到这个人是否被另外一个家庭成员所代表。

林茨：你怎能如此确定呢？

海灵格：我会得到某种感知，然后便通过排列来验证我的知觉，通常还有其他事实来修正我最初的感觉。但一旦某个重要人物被提及时，就足以开始工作了，排列会提供给我们所需要的一切其他信息。

以最小值来工作

林茨：还有任何其他关于排列的问题是你认为重要的吗？

海灵格：以最小值来工作已被证实是重要的，只做那些必须做的。有时意味着要彻底忘掉过去而继续生活，并且信任排列所展现的形态，它自然会寻找到排列应有的结束。否则能量便会流失在好奇和知识上，而且也会忽略了行动。解决之道一旦呈现，我便立刻停止。我试图结束于高峰，即在能量最为强烈时结束。通过止于高峰，能量便不致流失于讨论，从而得以集中保留于付诸行动。而这也就是为什么我在排列结束之后，会打断细节的讨论。

林茨：这样的讨论有何影响呢？

海灵格：它会削弱排列的焦点，使其他成员有机会将能量偏移到自己身上，并且远离了解决之道，而转移到问题之上。

林茨：所以你会立刻与另外一个学员进行排列，或者开始转换话题？

海灵格：对，我会立刻继续进行下一件事。

终止工作

林茨：若在排列中找不到解决之道，你会怎么做？

海灵格：有时的确会发生这样的状况，当排列工作不起作用时，必须立刻终止。否则排列会变成一出闹剧，参与者也会不再信任它把真相呈现出来的能力。当我们必须终止一个排列时，如果我不允许任何相关讨论的话，它通常具有建设性的帮助。终止排列对某些人来说似乎非常困难，但通常在一两天后当事人会找到解决之道所需的信息。如果没有终止排列以及终止后所汇集的力量，一切也就毫无可能了。

林茨：所以排列过程的中断也具有治疗性的作用？

海灵格：是的，它能够帮助当事人。对于诚实地承认我们的能力有限，这同样适用。例如我有时会说："此时此刻我已无能为力了，所以我们必须停止。"虽然这种情形对参与者来说可能是非常难以接受的，但我相信对能力有限这个真相的尊重最终会帮助我们尊重有关治疗性资源的真相，所以我并不担心。而当我停顿下来，在团体中经常有人想出主意，再次带动排列过程。因此我并不坚持操控一切，而是与潮流共泳，其他的团体成员与我共泳在同一潮流之中，我们在所有可能指向正面解决之道的途径上相互交流。

禁止好奇心

林茨：这是一幅美丽的画面。我有时看到你借助一个模棱两可的答案，或是一个轻率的评论，来避免回答问题。为什么？

海灵格：当某人提出一个对他重要的严肃问题时，我一定会回答。这代表着一种尊敬的态度。但如果他提出问题只是为了考验我，我就会以模棱两可的回答或是一个笑话而抽身，有时也会和他直接对抗。

林茨：如果某人是出于好奇而提出问题呢？

海灵格：无聊的好奇心表示缺乏对他人的尊重。我不会出于无聊的好奇心而提出问题，我也不会回答好奇的问题。

不需要证明成功

林茨：有时你给人一种印象，你既不需要也不想要任何关于工作的反馈。为什么？

海灵格：我确实需要反馈，但最重要的反馈来自工作本身。当我看到我的工作对当事人产生的影响，以及它所带来的改变时，我就从工作本身直接得到反馈了。我的工作并不受限于症状，因此我不会追问某个症状是否消失了。我的目的不是消除症状，而是帮助当事人触及真相，并且与运作于他们家庭中的正向力量有所联结，这将会带给他们很多新的能量。而这个工作对其症状有益影响的程度又是另外一回事，并非我的原始初衷。这些症状主要是医生和精神病学家的责任，因此当我觉得有必要时，我也建议有严重病症的当事人，去找医生或是精神病学家诊治。

林茨：不追问工作成果，是否也有治疗性理由？

海灵格：这是一个非常重要的问题，也是一个我感到非常困惑的问题。我不要求反馈，但如果我收到某人在我们的排列之后感觉很好的反馈，我也总会因此而高兴。我不追问的理由是因为我深刻地感知到，我的"想要知道"会微妙地将我嵌入于当事人与他的心灵之间、当事人与他的命运之间，或者当事人与那"更伟大的整体"之间。当我为某人排列时，我试图与那个人的命运和心灵，以及那个"更伟大的整体"保持和谐一致。你看，对我来说这就是一个绝对的基本信念，我知道不是我在做这个工作，而是那些更伟大的力量在做。所以，当工作结束后，我便完全退出，不做任何事后查询。但若是我因为好奇，而去进行事后的追问，便是对这股力量失掉了信心，那样对我及当事人双方都会有不良的影响。当我们不信任那些力量，而相信我们必须自己做那个工作，或是相信我们自己能够做那个工作的话，那个力量便遗弃了我们。

林茨：当一个当事人满心欢喜地告诉你，治疗极为成功时，你可以接受吗？或者那样对你是一种打扰吗？

海灵格：喜悦是生命的本质，我喜爱喜悦，但我会让自己与这个诱惑保持距离，以免因为这一类反馈而自视过高。

林茨：那是否也是一种危险？它是否可能会使你寻求规则，然后比起依赖你当下的体验而言，更加依赖那些规则？

海灵格：那是同样的事情，同样是权力的诱惑。当我偶尔受到这股兴奋的反馈所影响，我便会自以为是，失去清醒的头脑，同时也就失去力量，不再自由。我知道得越少，便越能集中。因此我不想知道当事人曾为解决问题所做过的一切，这样我在进行排列治疗时就会完全没有约束。

当下即是

林茨：那些深入思考你的心理治疗的人们，经常会问"海灵格是从何得知这一切的？"或是"他如何能以这样的方式来看待事情呢？"你会如何回答呢？

海灵格：我从很多人那儿学习得来的。

林茨：我们之前已经谈到过这些。

海灵格：不，我是指另外一些不同的事。我是指那些当事人以及那些伤害者们，最终而言，他们才是最伟大的老师。当一位当事人带来真正的需求，我总是抓紧当下最主要的问题。我要求自己对需要的环境和相关人物敞开胸怀，尤其是对那些被家庭排除的人和伤害者也是这样。当我本着尊敬和爱把所有人归于视野之内；刹那间，解决之道便会呈现出来，然后我把它提供给当事人。经过几年之后，我也渐渐辨认出在很多家庭中重复出现的基本模式。

林茨：这是一种经验。

海灵格：对，从经验中我了解到重复的模式，例如在家庭中父母的昔日伴侣总是会被他们的孩子所代表。

林茨：当他们再婚时……

海灵格：……或是之前有个未婚妻，或是其他重要的伴侣，孩子也会代表他们。

林茨：你还发现了其他的模式吗？

海灵格：有时候在开始时我无法完全接受某种顿悟，我宁可没有那些顿悟。例如"女人要跟随男人"和另一个补充的句子——"男人应为女人服务。"我刚开始会抗拒这个顿悟，但现在却无法抗拒了。当有所顿悟时，我会如实地看它，然后将我所看到的告诉人们。我对这一洞察对人们的影响非常感兴趣，但我并不干涉人们如何看待它。我所表达的顿悟并不是我要维护的论题，或是将之视为某种绝对的真理。这只不过是某些来到我这儿的东西，我将它如实地传递下去，至于人们是否同意它，和我没有任何关系。

林茨：我再问一个常听到的问题："海灵格为什么如此确信地发表他的言论，就像必然的真理一般？"

海灵格：我总是以我在某一特定时刻之所见来描述事实，而每一个人若是留意此刻所呈现的，也都可以看到。真相对我来说是在某一时刻所展现的，它也指示出下一步的方向。当我以此方式看见真相时，我会全然肯定地陈述我所看见的，并仔细观察其效果，来验证它的正确性及有效性。当同样的事情发生在不同的情况下时，我不会像永恒的真理一样去参考原先的顿悟。我会再次正视新的片刻所揭露出来的真相。下一次它或许又会稍有不同，就算在当下所呈现的是跟从前的不同或甚至是完全相反的，我也会同样确信地说出在新的片刻我所看到的，因为当下即是。

林茨：所以你并没有建立一套准则？

海灵格：是的，完全没有。人们经常会提醒我说我前天是这样说的，我会感到被误解，因他假设我并没有活在当下。我总会朝向新的方向看，每次都会有所不同，因为当下的真相会被下一个真相所取代。这种着眼于当下真理的方式，就是我所指的"现象学"（phenomenological）方法。

林茨：但这岂不是跟你刚才所说的模式有所矛盾吗？

海灵格：（笑着）没错。当矛盾出现时，我正视它，在两者之间衡量轻重。

林茨：这种看待事情的方法，是否也是你直到最近才开始出版著作的原因之一？

海灵格：我很久以来就想用文字传达我的工作，但很多我所看到的仍未完整表述，例如我对良知的洞察。之后我意识到，尽管它们不完整，但只是看到和传达某些特定的部分也已经足够了，那样也会产生效果。

林茨：还有什么事情让你能以这种独特的方式来感知事物？

海灵格：卡洛斯·卡斯塔尼达（Carlos Castaneda）在他第一本书《唐望的教诲》（德文书名：Die Lehren des Don Juan，英文书名：The Teachings of Don Juan）中，针对知识的敌人写了一篇简要的论文。他称知识的第一个敌人为恐惧。唯有当一个人克服恐惧时，他才能够清楚地看到真相。

林茨：一个人如何克服恐惧呢？

海灵格：通过与世界的本来面目保持和谐一致，与一切事物的本来面目保持和谐一致。一个与死亡、疾病和谐一致，与自己和别人的命运和谐一致，以及与终结和世界上瞬息万变的自然和谐一致的人，就能够克服恐惧而获得清晰的认知。

林茨：谢谢你的答复。

海灵格：我也谢谢你。这是一次高强度而刺激的深入交流，对我甚有启发，也使我得到了对一些体验更清楚的理解。

Bert Hellinger and Sophie Hellinger
"New Family Constellation"
伯特·海灵格与索菲·海灵格
"新家庭系统排列"

通过海灵格学校，索菲·海灵格与伯特·海灵格展示和传授新家庭系统排列。家庭系统排列的领悟及其传授内容源于海灵格科学。

海灵格科学是一门广泛科学，是人类关系序位的科学。伯特·海灵格发现了这门科学，他和索菲一起共同努力，使其获得提升和发展。海灵格学校引领着爱的序位的理论和实践，确保家庭系统排列的教学质量与伯特·海灵格和索菲·海灵格所引领的家庭系统排列同频一致。

尤为重要的是，海灵格学校服务于生命与成功。几十年来，海灵格学校已经培养出许多一流水准的老师，他们通过家庭系统排列工作坊，协助许多人获得了成功。

海灵格家庭系统排列师培训课程的形式与方法，在海灵格科学的引领下独具一格。来自世界各地的人们在这里学习，他们跟随家庭系统排列的源头学习，因而有能力并被允许传递这份支持生命的礼物。

索菲·海灵格是海灵格学校的创始人，也是一位先锋，一直在寻求新的和非传统家庭系统排列的应用领域。她致力于服务人类，在协助生命的领域活跃了几十年。她的研究领域非常广泛，其成果远远超越了很多疗愈方法所能达到的。她的知识与技能跨越了从职业到健康、从心智到身体等诸多生命领域。

Family Constellation in the service of Life——True success in life and love

家庭系统排列服务于生命，服务于生命与爱的真正成功

工作坊和海灵格家排导师班内容概述：

家族系统排列、冥想和练习的议题包括：

- 伴侣关系和性：圆满而持久的爱

- 父母与孩子：当今的教育

- 健康与疾病：症状与内在移动

- 工作与职业：喜悦与成功

- 金钱的系统动力：人们可以"吸引"金钱吗？

- 生命障碍：是什么障碍？什么制约了我们的生命？

- 生命的基本法则：一切的关键

- 更多

我们的工作坊和家排导师班总是根据不断发展的生活需求发展与调整。

您可以扫描并关注我们的公众号，上面有您想了解的信息：

您也可以访问我们的网站

www.hellinger.com